明溪年鉴

2021 YEARBOOK OF MINGXI

中共明溪县委　明溪县人民政府 主办

中共明溪县委党史和地方志研究室 编

方志出版社
Publishing House of Local Records

图书在版编目（CIP）数据

明溪年鉴. 2021/中共明溪县委党史和地方志研究室编. —北京：方志出版社，2021.12

ISBN 978-7-5144-5060-6

Ⅰ. ①明… Ⅱ. ①中… Ⅲ. ①明溪县—2021—年鉴 Ⅳ. ①Z525.74

中国版本图书馆 CIP 数据核字(2021)第275609号

责任编辑：王娜
责任校对：刘玉霞
责任印制：梅中英
出 版 者：方志出版社
地　　址：北京市朝阳区潘家园东里9号（国家方志馆4层）
邮　　编：100021
网　　址：http://www.zgfzcb.cn
发　　行：方志出版社图书营销中心（010-67110500）
印　　刷：福州报业鸿升印刷有限责任公司
开　　本：889毫米×1194 毫米　1/16
印　　张：23.5
字　　数：557千字
版　　次：2021年12月第1版
印　　次：2021年12月第1次印刷
定　　价：260.00元

编辑说明

一、《明溪年鉴》是中共明溪县委、明溪县人民政府主办的地方综合年鉴，由中共明溪县委党史和地方志研究室编纂，每年一卷，公开出版。《明溪年鉴（2021）》为第十五卷。

二、《明溪年鉴（2021）》以马克思列宁主义、毛泽东思想、邓小平理论、“三个代表”重要思想、科学发展观、习近平新时代中国特色社会主义思想为指导，坚持辩证唯物主义和历史唯物主义的立场、观点和方法，深入贯彻落实中共十九大精神，围绕打造精品年鉴目标，全面、客观、系统地记述2020年明溪县自然、政治、经济、文化、社会、生态等方面情况，突出各条战线的新发展、新经验、新成就。

三、《明溪年鉴（2021）》原则上记述明溪县2020年度资料，为反映事物全貌，“县情总貌”分目部分内容起自发端。年鉴内容分为三大板块，卷首设新闻图片、专记、大事记、县情总貌，主体部分以各类事业条目和各乡（镇）概况条目为主要信息和基本撰稿内容，卷末设名录、附录、索引。

四、《明溪年鉴（2021）》体例采取栏目、分目、条目三级框架结构，部分层次较多的在分目下增设二级分目，以条目为主要载体。

五、《明溪年鉴（2021）》所用文字资料，均由有关单位提供并审核。有关全年主要经济指标数据经县统计局审核。个别部门数据由于统计口径不同而表述不尽相同，以县统计局年报数为准。

明溪县地图

比例尺 1：343 000

编制单位：福建省地图出版社　审图号：明S〔2021〕006号　资料截止：2019年12月

2020年11月9日，县委书记钟科（中）深入南方制药公司调研　（曾森锋 摄）

2020年9月23日，县长苏迎平（中）深入县儿童公园调研改造提升项目　（江月兰 摄）

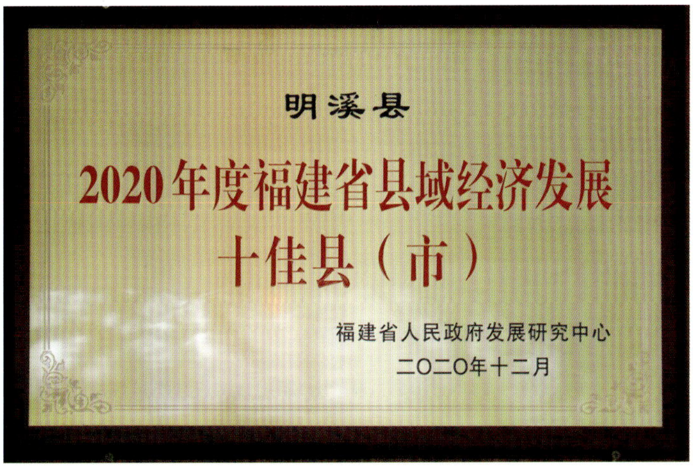

2020年12月，明溪县荣获“2020年度福建省县域经济发展十佳县（市）”称号
（县政府办 提供）

2020年8月，福建康墨新能源科技有限公司锂电池改性隔膜生产项目建成投产
（江月兰 摄）

2020年12月，三明旻和医药科技有限公司含氟核苷类中间体系列产品生产项目竣工
（江月兰 摄）

2020年12月16日，莆炎高速明溪城关至建宁段及城区互通连接线建成通车　（江月兰 摄）

2020年，明溪县12条小流域全部达到或优于III类水质。图为芦下陂水库　（张峰 摄）

2020年10月9日，明溪县市民服务中心建成并投入使用（江月兰 摄）

2020年12月3—4日，北京林业大学林业经济管理国际硕士研究生一行到福建君子峰国家级自然保护区管理局紫云管理所开展林业实践实习活动（福建君子峰国家级自然保护区管理局 提供）

2020年1月19日，明溪县在侨乡体育馆举办“风展红旗如画·军民鱼水情深”军民共建双拥晚会

（江月兰 摄）

2020年11月28日，明溪县首届柑橘采摘文化节在沙溪乡永溪村橘绿果业产业扶贫基地举行

（沙溪乡政府 提供）

2020年9月10日，明溪县举办首届“黄腹角雉杯”国际观鸟摄影大赛

（江月兰 摄）

2020年11月，明溪县检察院被中央精神文明建设指导委员会授予“全国文明单位”称号　（县检察院 提供）

2020年11月26日，海斯福公司技术总监张运文荣获“全国劳动模范”称号　（江月兰 摄）

2020年2月4日，明溪县选派总医院内科护士邓梅华（居中）到湖北武汉支援抗击新冠疫情　　（县总医院 提供）

2020年9月30日，明溪县开展应对秋冬季新冠肺炎疫情综合演练　　（江月兰 摄）

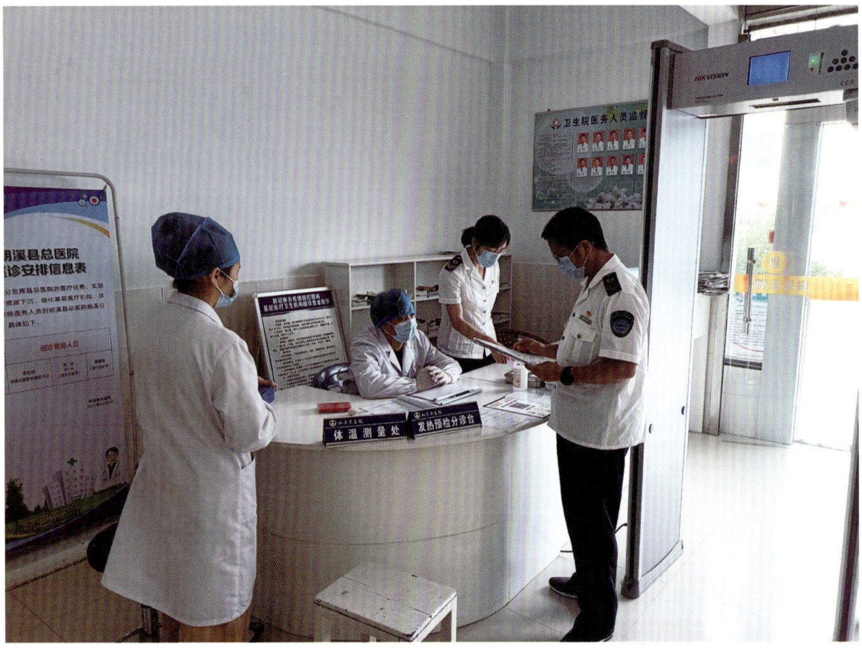

2020年5月26日，明溪县加强对乡镇卫生院疫情防控措施落实情况督查
（县卫生计生监督所 提供）

2020年12月16—31日，明溪县轮值承接三明市驻厦门机场疫情防控现场协调任务。负责配合协调现场集中医学观察及解除隔离后“点对点”转运至三明市居家医学观察人员的无缝衔接等工作　（县疾控中心 提供）

2020年2月2日，明溪县医护人员在县高速收费口值守，对过往车辆人员严格实行体温检测
（县疾控中心 提供）

2020年3月20日，明溪县疾控中心医护人员对县集中医学隔离观察点进行防疫消杀　（县疾控中心 提供）

明溪县大力推广“企业+基地+贫困户”扶贫模式，引导贫困户参与入股，助力增收致富。图为城关乡狮窠村“诗窠蜜蜂专业社”人员观察蜂情

（江月兰　摄）

明溪县强化医疗保障，实施“健康扶贫”行动，全力解决贫困群众“看病难”问题，切实减轻贫困户就医负担。图为市县医疗专家深入沙溪乡梓口坊村为贫困群众义诊　（县扶贫办　提供）

明溪县立足生态优势，以项目带动培育一批“观鸟+森林康养”基地，通过发展观鸟生态旅游脱贫致富，助力乡村振兴。图为夏阳乡旦上村天山岗“观鸟旅游合作社”分红现场

（县扶贫办　提供）

明溪县大力推进光伏扶贫，保障贫困户有持续稳定增收产业项目。图为沙溪乡光伏发电产业扶贫项目

（沙溪乡政府 提供）

明溪县发展以“温庄贡米”为品牌的硒锌大米产业，贫困户和其他农户通过种植订单优质稻增加收入

（盖洋镇 提供）

明溪县雪峰镇城东村农民别墅群 （张峰 摄）

明溪县沙溪乡梓口坊村新村建设 （张峰 摄）

目　录

专记

大事记

县情总貌

中共明溪县委员会

明溪县人民代表大会

明溪县人民政府

政协明溪县委员会

纪委监委

群众团体

法 治

军 事

应急管理

生态环境

城乡建设

经济管理与监督

金 融

农业和农村

林业与自然保护区

工业 园区建设

交通 邮政 通信

商贸服务

科技　教育

文体旅游　卫生健康

社会民生

乡镇概况

名　录

附　录

索　引

专　记

2020年明溪县疫情防控各防控组工作简述

2020年，面对突如其来的新冠疫情，明溪县委、县政府贯彻落实习近平总书记“坚定信心、同舟共济、科学防治、精准施策”的重要指示要求，启动重大突发公共卫生事件一级响应，1月24日成立“明溪县新型冠状病毒感染的肺炎防控工作领导小组（指挥部）”，组建15个工作组，领导全县上下齐心协力、英勇奋战，全力以赴战疫情、保稳定、促发展。

综合协调组　确保疫情防控指令畅通，实行24小时值班制度，做到上级紧急电报和紧急文件第一时间呈送、第一时间办理；制定下发县疫情防控指挥部文件42份、综合协调组文件56份。加强防控工作协调衔接，建立15个工作组日报告制度，收集整理各工作组工作信息、情况，下发疫情防控每日工作情况通报317期，进一步形成联防联控的工作合力。做好疫情防控后勤保障，做好中央、省、市、县新冠肺炎防控相关会议近30场，迎接省、市疫情防控专项督导检查约10次，督促指导县委党校培训中心等留置医学观察点建设，负责总体防疫医治能力的统筹调度，包括设施、设备、物资和医治、留置观察点的总体安排。

疫情防控组　重点人群管理跟踪方面。筑牢外防输入防线，做好入境返明人员异地隔离14天后的7天居家医学观察工作，研究出台了《明溪县入境返明人员7天居家医学观察方案》；严控国内重点区域人员返明。时时摸排国内疫情风险情况，运用“大数据+网格化”排查重点人群，公安部门推送的重点人员信息，第一时间核查清楚其所处位置，第一时间组织核酸检测，确保无一遗漏。外省返明人员健康档案创建5388份。重点人群核酸检测方面。强化联防联控，建立多部门会商机制，对所属行业部门重点人群按要求频次组织核酸检测。做到对重点人群做到“应检尽检”，重点行业和人群“适时抽检”，其他人群“愿检尽检”。全县核酸采样32253份，血清抗体采样1181份。外环境和食品标本采集2049份(其中外环境1017份，食品1032份)。应急处置能力水平方面。完成总医院、疾控中心2家核酸检测（PCR）实验室建设并投入使用，满负荷运转

2020年2月，明溪县疫控中心开展防疫环境消杀
（县卫生健康局 提供）

时，日最大检测量可达1656份。防控技术队伍建设方面。建立总人数60人的20支核酸检测采样应急队伍。建立1支32人的县级专业流调队伍，同时每个乡（镇）成立1支流行病学调查行动小组，全县88个行政村，全部建立1支储备流调协查队。新冠疫苗接种工作方面。制定《明溪县新冠病毒疫苗紧急使用实施方案的通知》《明溪县春节前重点人群新冠病毒疫苗接种工作方案的通知》，做好明溪县春节前重点人群接种相关工作。于12月18日起对重点人群进行接种，完成进口冷链食品从业人员、公共交通人员、因公因私出国人员260人接种。受种者未发现异常反应情况。

交通检疫组 抓好“点对点”转运工作，严防境外疫情输入，加强与各部门的无缝对接和闭环运作，严格落实从“国门”到“家门”全链条管理，平安接返境外返乡人员360余名。持续抓好旅客运输工作，织密重点部位防控网。按照《交通运输部关于印发客运场站和交通运输工具新冠肺炎疫情分区分级防控指南（第四版）的通知》要求，指导县域客运场站、运营单位、客运企业严格按照分区分级、差异化防控策略，全面落实客运场站、客运车辆、公共场所消毒措施及测温、验码、戴口罩、一米线等措施，进站旅客测温超20余万人次；落实站务及从业人员上岗前测量体温、定期核酸检测措施。抓好一线两重点工作，保障冷链运输安全。要求冷链运输经营者落实主体责任，对运输全过程进行管控，建立运输任务清单，详细登记每一次冷链运输任务的起讫点、路线、驾驶员、时间、运输物品产地、检疫（消毒）证明等信息，及时掌握所属车辆、人员去向情况，保持通信畅通。

宣传舆情组 “线上+线下”宣传。充分发挥平台阵地优势，制发各类宣传资料，进行“线上+线下”宣传，全年各级各部门在县主要工作群编发美篇1800条，发放宣传资料24.36万份。“音频+喇叭”宣传。录制“方言+普通话”两个版本防护知识内容，利用宣传车、“村村响”、手持喇叭等移动设备播放宣传音频，实现大街小巷全覆盖，全年出动流动宣传车（含摩托车）近1万车次。“硬核+暖心”宣传。组织发动全县公共领域宣传载体广泛张贴、发布疫情防控的“硬核”宣传标语、科普知识、预防方法等，全年全县使用“村村响”广播73个，悬挂横幅标语11881条，张贴海报13304个，583个LED电子显示屏滚动播放疫情防控标语，新增广告牌105个、宣传栏298个。“外防+内防”。全面落实“外防输入、内防反弹”总体防控策略，在海外疫情暴发之际，集中发布《致海外明溪侨胞的一封信》《告海外明溪侨胞温馨提示》等十多条通告，开辟问答类栏目《记者帮你问》，及时回应海外侨胞返乡不明事项。“复工+防疫”宣传。在“明溪新闻”“明溪在线”开设“复工复产进行时”“一手抓防控一手抓发展”专题栏目，发布《海斯福“硬核”复工Vlog》等192条复工复产、复课复学相关新闻；举办3场大型的副县长直播带货活动，开办推介类栏目《逛吃明溪》，刺激市民消费，助力第三产业发展。“重点+常态”宣传。步入常态化疫情防控期间，研究制定了《秋冬季疫情防控宣传方案》，对企业、学校、客运等不同领域的疫情防控宣传任务和措施进行了细化部署。发挥“楼栋群”“党建群”“海外乡亲群”等作用，对返乡人员返明须知进行大力宣传。“四轮”驱动，让防控知识家喻户晓。声音“走”进巷，在疫情防控严峻时期，组成由各年龄段构成的96支巡逻劝导队伍，用锣鼓、扩音器等，以普通话、本地话相结合的方式，在全县各乡（镇）、村大街小巷进行流动宣传，劝说群众不串门、不聚集、不扎堆。旗帜“树”起来，一个党员就是一面旗帜，策划推出《党旗飘扬》《防控疫情我在岗》系列栏目，在“明溪新闻”“明溪在线”“明溪头条”持续报道疫情防控工作中涌现出的党员优秀事迹。深度报道明溪护士邓梅华驰援湖北抗疫经历，创作了《今日出征！明溪“白衣天使”邓梅华驰援湖北！》《独家！邓梅华分享战“疫”经历》，宣传报道县内先进典型事例新闻405条。

医疗物资保障组 健全联合保障机制，建立联合保障组织，协同各单位、组织作战，合力统筹做好医疗物资保障工作。依托办公系统建立物资保障数据库，收集统计企业、部门等机构医疗物资库存，对重点医疗物资调拨收储和分发等情况存档，落实数据汇总机制。提高货源组织能力，立足明溪县实际情况，实行“统一调拨，统一储备，统一投放”的应急调度机制，在“e三明”上共进行了四次口罩摇号，共计拨出33732个。与县芳草大药房、康佰家大药房等企业建立“点对点”实时联系，每天跟进防控物资购进储备情况。全面动员社会力量捐赠应急紧缺防控物资，全年医疗物资保障组共收到各类企业捐赠口罩60000个。助力企业扩能转产，统筹职能部门主动对接、强化服务，积极助推企业扩能转产。推动福建省明溪海天蓝波生物技术有限公司转产生产口罩。

市场供应保障组 保障应急物资供应。紧急调拨应急物资，疫情防控工作开展以来，共调拨棉被380床、帐篷134顶、折叠床168张、雨具30套、毛毯10床、棉大衣18件、取暖器6个、84消毒液4吨、灭火器300个，第一时间把应急储备物资送达防疫一线。及时采购应急物资。根据疫情防控采购需求，紧急采购84消毒液5吨、食用油30吨、绿豆3吨、黄豆3吨、灭火器500个，合计支出采购费用47.61万元，有效保障了疫情防控物资需求。保障民生商品供应。建立农产品生产动态监测制度，动态监测明溪县生猪、蛋、鱼等畜禽养殖供应和蔬菜生产情况，加强种养殖生产指导，提高民生商品自给水平。全年全县未发生农副产品市场断供等现象。稳定民生商品价格。建立重要商品价格每日跟踪监测制度，每日对城区3家超市5个门店的蔬菜、鱼、蛋、油等27种重要民生商品销量、价格、库存进行监测。开展“平价商店”活动。根据春节和疫情平抑物价需要，1月20日至2月28日组织开展了为期40天的“平价商店”活动，并将活动首次延伸至乡镇。

企业复工组 精准防控促复产复工。督促企业落实“五个必须”（即必须有预案、必须履行承诺报备、必须全员健康管理、必须加强全面防控、必须落实日报告制度），进一步明晰职责要求。按照“严防输入、统筹兼顾”的防控策略，建立日报告机制，对返岗员工返明时间、交通工具、接驳方式等信息进行认真细致摸底。紧盯重点促复产复工。制定《明溪县应对新型冠状肺炎疫情推动农业工业服务业平稳健康发展工作方案》，按照保障民生企业、重点龙头企业、产业关联企业优先复工复产“三优先”原则，重点引导23家重点企业、10个市级以上重点项目及莆炎高速、兴泉铁路等重大基础设施建设项目加快复工复产。强化联系帮扶实行县级领导联系帮扶工业企业复产复工制度，每个重点企业和项目由1名县领导、1名责任单位领导和1名干部组建专班推进，干部兼任重点企业“防疫专管员”，协调解决问题28个。强化保障促复工复产。帮助13家企业争取列入国家、省、市疫情防控重点保障企业名单，其中国家级1家、省级5家、市级7家。全面落实减税政策，减免承租国有资产类经营性用房企业租金68.12万元，累计为17家企业办理稳定岗位、一次性稳就业等补助108.6万元。

城乡人居环境整治组 做好工作部署。制定印发了《明溪县应对新型冠状病毒感染的肺炎疫情工作领导小组城乡人居环境整治组工作方案》《明溪县应对秋冬季新冠肺炎疫情城乡人居环境整治工作方案》，督促各乡（镇）、各有关单位认真抓好贯彻落实。做好城乡人居环境卫生整治。常态化开展“清沟扫地摆整齐”行动，生活垃圾做到日产日清，全年清理各类垃圾9000余吨。强化环卫设施设备日常管理维护，对垃圾桶、垃圾清运车辆、转运站等每天进行清洗、消杀。全县设置专用废弃口罩收集桶467个，并在桶上张贴明确标识，引导群众定点投放。深入县委党校留观点、县总医院进行医疗废物检查和废水监测，共计检查76次，处置医疗废物3.83吨。深入开展爱国卫生运动。组织动员干部职工群众深入开展爱国卫生运动，县疾控中心对城区各重点场所、重要路段开展预防性药物喷洒，并对留观点超市、药店、车站等公共场所进行消毒，消杀面积5000平方米以上。

机关和学校工作组 加强人员动态管理。建立师生健康档案。建立师生健康管理工作台账，实时掌握、动态更新单位工作人员、学校师生14日内旅居史、近期动向、体温健康状况等信息，建立“一人一档”，严格落实“日报告”和“零报告”制度，发现异常情况及时报告处置。实施停课不停学。学校成立在线学习工作筹备小组，拟定工作方案，设置特色课程，分学段安排出线上学习课程表，通过电话、钉钉、微信等多种形式在线家访，鼓励学生使用钉钉、微信视频等与老师实时互动交流。教师进修学校强化各学科教学指导，教研员深入本学科一线教师的直播课堂，总结经验，归纳问题，提出改进建议，提升线上教学的水平。落实核酸检测工作。开学前师生员工全员检测；托幼机构（含民办园）教职工每月1检；中、小学校教职工每15天抽检10%。截至12月1153人完成检测，同时460名复学学生完成“适时抽检”。做好错峰放假开学工作。根据疫情防控形势，做好提前放假、推迟开学的工作方案及预案，扎实做好错峰错时放学、上学，妥善应对可能出现的突发状况，牢牢守住全县教育系统疫情防线，确保寒假放假、春季开学平稳有序。规范校园疫情防控措施。严把校门关。严格落实校园入口测温、验码、登记措施；做好晨（午）检工作；全面强化校园环境卫生整治工作。加强疫情防控宣传教育。各校通过主题班(队)会、国旗下讲话、黑板报、宣传栏、两微一端、LED走字屏等渠道，多形式开展健康教育，宣传普及疫情防治知识和防控要求。

2020年3月7日，县委党校教师志愿者在党校留观点前台值班 （县委党校 提供）

乡(镇)社区工作组 组织党员充实防控力量。开展“防控疫情、党员先行”活动，结合开展“双报到、双积分”行动，组织1587名党员到社区报到，助力社区开展疫情防控工作。发动全县6788名党员参与疫情防控捐款555630.06元。从党费中划拨72.5万元，支持基层党组织开展疫情防控工作。引导党组织发挥战斗堡垒作用。组织建立片区与楼栋微信群82个，设立临时党支部7个、党员志愿服务队37个、党员示范岗106个。在6个口岸同步建立临时党支部，抽调20名党员领导干部、志愿者驻点，“点对点”接驳境外入明人员，为全县实现“零漏管、零失管”发挥了组织作用。疫情防控一线考察识别干部。通过疫情防控一线考核考察、蹲点调研、督查检查等方式，及时了解掌握干部现实表现情况，发布四期《关于对打赢明溪县新冠肺炎疫情防控阻击战中担当作为的集体和个人表扬的通报》，共计通报表扬72名先进个人与12个先进集体，一线提拔与进一步使用5人，晋升职级5人，持续激励广大党员干部在疫情防控一线发挥作用，为疫情防控工作提供坚强组织保证。疫情防控期间有38名表现优秀的干部群众被确定为入党积极分子，有4人被接收为预备党员。

防控境外疫情输入工作组 主动靠前服务。依托在境外设立的4个联络组和4个服务中心，持续加强与境外侨领日常联系，时刻关注境外疫情变化，积极为境外侨胞提供防疫药品援助。实施全过程管理。全面摸排，第一时间掌握境外返乡人员行程信息，实行“一对一”行程跟踪，适时提醒注意事项、了解健康状况，建立全过程管理档案。主动与入境口岸现场协调小组沟通联系，加强与交通接驳组协作配合，“点对点”接驳境外返乡人员。开展“暖侨行动”。走访今年以来返乡侨胞500余人，发放防疫药品1040盒；走访慰问因患新冠肺炎去世的侨眷2人及困难归侨35人；协调卫健、疾控等部门优先为急需出国的老乡、归国侨胞接种疫苗1950剂次。

社会安定稳定组 运用公安大数据优势助力精准防控。县委政法委牵头县公安局成立大数据工作专班，全年共接收、核查反馈境外入明指令278批811人次；国内高中风险地区入明人员指令721批6603人次；核查手机数据指令270批4727条次；核查高风险涉疫区车辆指令21批1420辆；推送网安数据384条；推送疑似患者密切接触人员49人。深入开展侨情分析夯实数据基础。成立“明溪海外侨胞信息中心”，全面收集研判侨情信息。统计全县出国人员14352人，建设完成首个明溪县侨胞信息管理系统，实现侨胞信息快速登记、查询、统计以及地图标注等多项功能。加强非法入境人员管控严防非法入境。县公安局建立对境外入明人员从国外远端到口岸近段再到村（居）源端的全链条、无缝隙的闭环管理体系，有效切断境外疫情输入渠道。共摸排高危人员名单479人，查获非法入境人员46人，成功破获妨害国（边）境管理犯罪案件4起（其中组织偷越国边境案件2起），抓获犯罪嫌疑人16人，采取强制措施16人。严密治安阵地管理抢占工作主动。紧盯食、宿、行环节，持续推广出租房屋自主申报系统，召开旅馆业疫情防控工作会议，督促严格落实实名登记住宿旅客、查验“疫情防控行程卡”“八闽健康码”和“一查二问三报告”制度，查处不按规定登记承租人信息案件20起，不按规定登记住宿旅客信息案件5起。严打涉疫情违法犯罪维护社会稳定。县委政法委联合公、检、法、司各单位发布《关于依法严厉打击疫情防控期间十八种违法违规行为的通告，对工作发现、群众举报的违法犯罪线索快查快处。全年全县公安机关处置拒绝隔离警情1起，强制隔离1人，侦破口罩诈骗案件1起，删除网上有害信息52条，落地调查发布不实信息网民40人，批评教育22人，发布辟谣公告1期，把控了正确的舆论导向。严格落实封闭管理机制保障监所安全。实行战时勤务机制和全封闭管理模式，向县看守所增援警力，增配防护物质，组织开展内部工作人员核酸检测采样812人次，对新入所人员由办案单位全面开展“五项健康检查”，核酸检测在押人员1408人次，配合开展远程庭审24人次。积极开展疫情防控诉讼服务。县法院全面部署落实网上立案、审判执行等工作，发布《诉讼服务温馨提示》，安排专人负责接听咨询服务热线。大力推行“移动微法院”、网上立案、远程开庭等在线服务，网上立案286件，远程庭审54件，在线音视频调解311件，提供“12368”在线咨询200人次。全力提供优质法律服务。县公共法律服务中心通过法律援助异地受理，推行“零接触”线上公证，满足特殊时期群众需求。全年共异地受理法律援助案件2件，办理线上公证业务85起。严格落实涉疫场所安全防护。将各定点医疗机构纳入联勤武装巡逻范围，按照“一点一专班、一点一预案”的思路，加强定点医疗机构、发热门诊的巡逻值守，严防发生涉医扰序案事件；全县共有集中隔离医学观察场所2家、疫苗接种点8个，每个隔离点、疫苗接种点均有1名辖区派出所领导担任专班组长，负责安保工作，全县隔离点新增使用的摄像头20余个，累计整改安全隐患4条。

“一线两重点”工作组 依托一线两重点工作组及时牵头成立进口冷链食品疫情防控工作专班，明确工作职责及工作重点，将进口冷链食品疫情防控工作落到实处。根据疫情防控相关文件精神，迅速在全县范围内开展以生产加工、贮存、销售、餐饮冷库为重点环节的风险隐患排查工作。摸清冷链食品经营者底数，在全县范围内开展冷链食品经营者摸排工作；根据重点人群疫苗接种工作要求，进口冷链食品从业人员首批接种了疫苗，冷链食品从业人员全覆盖进行核酸检测，均为阴性；落实索证索票制度。冷链食品需索取“四证一单”，即追溯凭证、核酸检测阴性证明、消毒证明、入境货物检验检疫证明、报关单，否则一律不予上市。开展联合检查。组成联合检查组对我县辖区2家冷链食品经营单位、1家超市、县实验幼儿园、综合市场、县牲畜屠宰厂进行了突击检查。县市场监管局会同县疾控中心对生产加工、贮存、销售环节冷链食品、从业人员（尤其是新聘人员）、外环境（档口环境、案板、器具物表等）等进行采样和病毒核酸检测，采集核酸冷链食品样品数量911个（含市场），检测从业人员数量657个（含市场），检测环境样品数量910个（含市场），结论均为阴性。

监督检查组 严格“日查日结”。建立监督检查发现问题“日查日结”工作机制，要求监督组就检查发现的问题现场进行反馈，督促立即落实整改；每日汇总当天检查情况，形成《监督检查报告》。2020年，共计开展监督142次，监督单位555个次，发现并督促整改问题133个，收集建议及困难47个，形成54期监督检查报告。坚持“严管厚爱”。坚持“三个区分开来”，严把执纪问责关，对监督检查中发现疫情防控工作中不作为、慢作为、乱作为等形式主义官僚主义问题以及制造、散布、传播谣言问题，依规依纪从快从严落实责任追究。联合县委组织部开展干部担当作为考察，注重在疫情防控中识别干部，对表现突出、作出重大贡献的，予以表扬、嘉奖、记功。全年共查处疫情防控工作不力等问题6个，处理8人，通报疫情防控工作不力典型案例1期1起，形成有力震慑；共发布《关于对打赢明溪县新冠肺炎疫情防控阻击战中担当作为的集体和个人表扬的通报》4期，表彰11个先进党委，72个先进个人，发布《监督检查情况通报》13期，总结好的经验做法，通报存在的问题，形成干事创业的良好氛围。压实部门责任，助力复工复产。围绕相关职能部门履职情况，按照科学、合理、适度原则，开展“小专项”监督，督促市管、工信、人社、财政、农业农村局等部门切实做好疫情防控期间的民生保障工作。监督中注重发现收集企业在疫情防控中的面临的困难，及时向疫情防控指挥部报告，并帮助协调解决，做到监督、服务“两手抓”两手硬。全年全县各级纪检监察机关累计出动90人次，开展复工复产监督34次，发现并督促整改问题15个，协助解决问题4个。监督保障执行，服务返校复学。组建专项监督检查组对学校开学前各项疫情防控工作落实情况开展督查，重点抽查学校测温设备、教室、食堂、宿舍等场所消杀工作和口罩等疫情防护物资的储备情况，查阅相关预案、制度的制定落实情况，确保返校复学各项准备工作充分到位。抓实常态化防控，促进“六稳”“六保”。建立常态化监督小组，制发《关于开展疫情常态化防控工作的监督方案》，以“四不两直”方式对各责任单位开展全覆盖监督，制定应对秋冬季新冠肺炎疫情防控监督任务清单，督促各乡（镇）纪委监察组、相关派驻（出）机构根据任务清单开展疫情防控监督。组织对县市管局、商务局、农业农村局等部分“一线两重点”工作组成员单位落实秋冬季疫情防控工作情况开展检查，发现并督促整改问题2个。

大事记

1月

5日，明溪县在福州市举办项目专场招商推介活动，成功签订蛋鸡标准化养殖、新能源成型燃料、优质氢氧化钙生产、嘉捷仓储物流中心等13个投资意向项目，拟投资额达6.89亿元，其中亿元以上项目1个。

6日，央视《中国影像方志》摄制组走进明溪肖家山，摄制组采用航拍、延时摄影等拍摄方式，对肖家山地域特点、历史文化、自然风光和风土人情等特色文化进行全面、生动的记录。

8日，明溪县城关乡人民调解委员会成轩调解工作室被中华人民共和国司法部表扬为“大排查 早调解 护稳定 迎国庆”专项活动表现突出集体。

同日，福建省氟新材料工程研究中心揭牌仪式在明溪县工业园区海斯福三期T区举行。

10日，明溪县公安局、交通运输局、团县委、消防大队等相关部门联合举行2020年春运启动仪式暨“110”宣传日活动。

同日，明溪县2020年文化、科技、卫生“三下乡”集中示范活动走进夏阳乡，为当地百姓带来文艺演出、书写春联、科普宣传、政策咨询、专家义诊等活动。

12日，明溪县侨乡体育馆开馆，明洲大酒店开业，农产品产业链综合服务项目竣工。

13日，县委书记李腾到兴泉铁路火车站站前广场、奋发山海协作产业园调研。

18日，市委书记林兴禄到明溪走访慰问贫困群众，调研脱贫攻坚工作。

19日，明溪县在侨乡体育馆举办“风展红旗如画·军民鱼水情深”军民共建双拥晚会。

20日，明溪县召开“不忘初心、牢记使命”主题教育总结大会，学习贯彻习近平总书记在中央政治局“不忘初心、牢记使命”主题教育总结大会上的重要讲话精神，贯彻落实省委、市委部署，总结县主题教育开展情况，对巩固和拓展主题教育成果作出部署。

21日，明溪县召开旅外乡亲和工商界代表人士迎新春座谈会。

26日，明溪县召开防控新型冠状病毒感染的肺炎工作视频会议，贯彻落实习近平总书记在中央政治局常务委员会会议上的重要讲话精神，部署加强新型冠状病毒感染的肺炎疫情防控工作。

29日，县委书记李腾先后到紫岭、城西、城南、城东社区，检查指导新型冠状病毒感染的肺炎疫情防控工作。

同日，市政协主席黄鹤麟到明溪县走访县政协机关，了解疫情防控工作情况。

同日，明溪县疾病预防控制中心工作人员到城区时代广场、河滨公园、欧侨广场、综合市场等人流量较大的公共场所，对公共设施进行喷洒式消毒杀菌。

30日，福建大华鑫建设工程有限公司、厦门中联永亨建设集团有限公司、福建三建工程有限公司等8家建设公司捐助的KN95口罩、一次性防护口罩、乙醇消毒液等防疫物资到达明溪县。

31日，市委副书记、市长余红胜到明溪沙溪乡瑶奢留验站、夏阳乡新坊村、返岗人员定点宾馆等处，了解防控工作情况，看望慰问奋战在疫情防控一线的各级干部，协调解决实际问题。

是月，福建省农业农村厅公布福建省农业产业化省级重点龙头企业名单，明溪上榜企业有三明百事达淀粉有限公司、福建喜果红豆杉科技发展有限公司、福建南方制药股份有限公司等3家。

2月

2日，明溪县疫情防控备用隔离点完成建设，备用隔离点选址为县委党校新建学员宿舍楼。

4日，县委书记李腾，县委副书记、县长苏迎平实地检查城区疫情防控措施落实情况，现场协调解决有关问题。

同日，明溪县总院内科护士邓梅华出征驰援湖北新冠肺炎疫情防控工作。

6日，明溪县城建监察综合执法大队依法对农贸市场北入口影响通行的18个违章搭盖摊位进行强制拆除，拆除面积160余平方米。

同日，县委副书记、县长苏迎平到紫岭社区、上坊村、县委党校宿舍楼集中医学观察点等处实地检查疫情防控措施落实情况。

12日，县委书记李腾到海斯福化工有限责任公司，查看指导企业复工复产和疫情防控工作。

19日，福建武夷山国家森林步道明溪示范段在明溪县夏阳乡紫云村开工。

同日，县委副书记、县长苏迎平到南方制药、海西药业、玮士迈锂电环保装备、海斯福、旻和药业、三合生态等企业和重点项目点，指导安全有序复工复产，并现场办公解决企业实际问题。

21日，国网福建省电力有限公司明溪县供电公司组织铁军共产党员服务队到百事达淀粉有限公司、华达精铸有限公司开展企业用电安全检查。

27日，明溪县召开政银企对接加快企业复工复产推进会，学习贯彻中央统筹推进新冠肺炎疫情防控和经济社会发展工作部署会议精神，推动各金融机构抗疫金融产品与企业金融需求现场互动对接，研究“一企一策”“一事一策”具体措施。

28日，明溪县有16个项目列入市级重点项目，其中，包括科顺新型防水材料福建智能化生产基地建设项目、明溪南方制药抗肿瘤新药系列产品生产项目（二期）等12个省重点项目，项目总投资56.8亿元。

是月，明溪县市场监管部门对全县境内的酒店、企业开展特种设备安全检查工作。

3月

4日，明溪县召开严防境外疫情输入工作视频会。

5日，县委副书记、县长苏迎平到县总医院、县委党校学员宿舍楼集中医学观察点、商业宾馆等地，检查落实严控境外疫情输入工作。

9日，市政府公布三明市第六批市级非物质文化遗产代表性项目名录，明溪县申报的“明溪紫云豫章家学”“赖水金为革命剖心沥胆的故事”“风展红旗如画——红色御帘”“明溪夏坊英烈李狗女的故事”“客家团牌(明溪)”“明溪赵大将军庙会”6个非物质文化遗产代表性项目成功入选。

10日，市委副书记王进足到明溪县胡坊镇调研，了解胡坊镇疫情防控、脱贫攻坚、农村人居环境整治等工作情况。

11—12日，明溪县总医院医务人员到集中医学观察点送去具有提高免疫力作用的中药汤剂500余份，供境外返乡侨胞和工作人员服用。

13日，三明市明溪生态环境局到明溪县海斯福化工有限责任公司等10余家重点企业开展环境安全隐患再排查再整治，重点检查指导企业环保设施运行、日常管理台账和应急预案编制备案、应急物资储备等情况。

16日，明溪县在侨乡体育中心举办消防应急能力培训演练。

17日，明溪县召开全县统战工作会议。

19日，明溪县实验小学举行新冠肺炎疫情防控应急实操演练。

同日，明溪县召开创建新一届省级双拥模范城（县）动员部署会，部署全县争创省级双拥模范城（县）创建任务。

25日，明溪县召开全县宣传思想文化工作会议，并表彰2019年度明溪县践行社会主义核心价值观“最美人物”。

27日，明溪县林业局会同县人民法院、人民检察院、公安局森林分局等部门到瀚仙镇瀚溪村、龙湖村开展爱鸟周宣传活动。

4月

1日，明溪驰援武汉抗击新冠肺炎疫情的县总医院邓梅华护士完成任务，平安回到家乡明溪。

4日，明溪县在革命烈士纪念园、侨乡翠松陵园和县殡仪馆骨灰楼前举行集中代祭公益活动。

9日，明溪县召开创建“省级文明县城”工作部署会。

同日，市政协调研组到明溪县开展“提升我市省级以上经济开发区综合发展水平”专题协商调研。

15日，明溪县成立全市首个退役军人法律援助工作站。

同日，省自然资源厅到明溪调研2020年用地需求特别是重大项目用地保障工作。

同日，在明溪县公共资源交易中心举行的拍卖会上，明溪县档案馆西北侧地块成功拍卖，成交价为1.45亿元。

16日，福建省、三明市指导服务组到明溪县开展各领域安全隐患大排查大整治指导服务。

24日，明溪县举行明溪三合农产品深加工项目签约仪式。

25日，福建省委办公厅、省人民政府办公厅发布《关于明溪等6个县退出省级扶贫开发工作重点县的公告》，同意明溪等6个县2019年度退出省级扶贫开发工作重点县。

27—29日，明溪县交通运输局组织质监站、建设股、养护站，联合乡镇公路站开展2019年度全县桥梁工程验收工作。

29日，明溪县举行福建成伯绿色食品加工及冷链物流项目签约仪式。

30日，福建省工业和信息化厅公布福建省一、二、三产业“百千”增产增效行动制造业重点企业名单（第一批），其中三明市海斯福化工有限公司、福建南方制药股份有限公司、福建紫杉园生物有限公司、三明临江大林森活性炭有限公司等4家企业入选。

同日，明溪县在盖洋镇洋地际水库举行防汛应急救援演练。

5月

6日晚21时20分许，夏坊乡境内突降暴雨，1小时降雨量达50.6毫米，全乡6个村的烟叶等农作物，以及农田、道路、民房不同程度地受损。灾情发生后，夏坊乡连夜组织人员赶赴现场抢险救灾，抢修电路1处，清理路面障碍2处，转移危险区群众36人，扶正受压烟叶1.33公顷，烟田排涝10.67公顷。

8日，福建省文化和旅游厅到明溪调研第44届世界遗产大会考察点保护展示工作。

11日，明溪县举行农特港数字农业科技开发项目签约仪式。

12—13日，福建省委党史研究和地方志编纂办公室副主任林浩、年鉴工作处处长欧长生，市委党史和地方志研究室主任林善涛一行，到明溪调研党史方志工作。

13日，福建君子峰国家级自

然保护区红外相机监测拍摄到的国家二级重点保护野生动物——中华鬣羚视频亮相央视一套《秘境之眼》栏目。

15日，明溪县召开“2020年，敢拼会赢”活动动员部署会。

15—16日，明溪县沙溪乡连续两天遭受冰雹、大风、强降雨等强对流天气袭击，给当地的农作物、民房等造成严重损失，直接经济损失500余万元，无人员受伤。

17日，县委副书记、县长苏迎平到沙溪乡查看冰雹灾情，指导抗灾救灾，部署防灾减灾工作。

18日，明溪县召开学校及周边治安综合治理暨学校安全隐患大排查大整治工作推进会。

19日，明溪县成立全市首个县级社区矫正管理局。

19—20日，县委书记李腾带队赴广东佛山、深圳等地走访科顺防水科技股份有限公司、心海控股集团等企业，对接洽谈招商项目。

25日，明溪县总医院、明溪县疾病预防控制中心正式挂牌成立“明溪县医防融合办公室”。

同日，明溪县盖洋镇姜坊村，瀚仙镇龙湖村、岩里村，夏阳乡新坊村4个村共获得福建省建档立卡贫困村饮水安全巩固提升工程建设补助资金140万元。

29日，明溪县召开扫黑除恶专项斗争新闻发布会。

31日，明溪县首次在城关乡狮窠村推广无人机水稻种子直播试验。

是月，明溪县夏坊乡与漳浦县养殖户合股投资，建立三明市首个百亩淡水虾——罗氏虾生态养殖基地。

是月，三明市首个“老兵调解室”在明溪县退役军人事务局正式投入使用。

是月，明溪县人民政府与三明市交运集团签约公共交通综合服务开发项目。

6月

1日，明溪县召开中央和省直单位来明挂职干部座谈会。

5日，明溪县举办2020年意识形态工作培训班。

8—12日，省、市疾控中心专业人员到明溪县开展碘缺乏病和碘营养监测。

9日，福建中医药大学药学系郭素华教授一行6人到明溪县职业中学调研交流。

12日，市委副书记、市长余红胜到明溪县第一中学、城关中学调研指导高考中考备考及学校疫情防控工作，看望慰问一线师生。

15日，明溪县召开全县常态化疫情防控工作部署会，传达学习中央和福建省、三明市关于强化防控措施坚决防止疫情反弹等有关文件精神，进一步分析研判疫情形势，研究部署下阶段常态化疫情防控和中、高考期间学校防疫工作。

同日，明溪县委、县政府印发《关于抓好“三农”领域重点工作确保如期实现全面小康的实施方案》。

同日，由三明市农业农村局牵头，联合明溪县农业农村局、县应急管理局、盖洋镇人民政府等有关单位，在明溪县盖洋镇举办农机事故应急事故演练，农机服务组织人员、农机手代表和县乡有关工作人员等30余人参与演练。

18日，明溪县召开新冠肺炎疫情防控工作视频会，传达贯彻市疫情防控工作视频会议精神，部署疫情防控重点工作任务。

同日，明溪县民政局、县消防救援大队、县德亨仁厚医养中心联合组织开展养老机构消防安全警示教育和应急预案演练。

21日，三明市博物馆与旦上村“馆村联建”研学基地启动仪式在明溪县夏阳乡旦上村“归化之役临时指挥所”旧址举行，标志着全省首个“馆村联建”研学基地正式建立。

22日，明溪县教育局会同县公安局、市场监督管理局、卫生健康局、生态环境局、城监大队、供电公司及疾控中心等部门联合开展2020年明溪一中考点及周边环境综合治理专项活动。

25日，明溪侨乡体育中心游泳馆开始对外试营业。

29日，明溪县总医院新建的新冠病毒核酸检测实验室正式通过验收并投入使用。

30日，明溪县开展“文明明溪·爱卫同行”新时代文明实践主题活动。

是月，三明市食品安全委员会通报了2019年食品安全工作评议考核结果，明溪县在2019年食品安全工作评议考核等次为A级，位列全市第二名。

7月

1日，明溪县举办第二届“风展红旗如画”红色故事演讲决赛。100多名观众到场观看比赛，2万多名网友通过“明溪在线”微信公众号在线观看直播。

6日，明溪县举行重点项目集中开竣工仪式，集中开竣工的明溪县实验小学东部校区建设项目、明溪锂电环保新装备制造生产项目等8个项目涵盖新能源、基础设施、民生等领域，总投资13.33亿元。

10日，明溪县司法局与中国人民武装警察部队三明支队执勤一大队明溪中队举行《军民共建协议书》签字仪式。

10—11日，福建省医药集团有限责任公司高管到明溪县调研中医药资源和新医药产业发展情况。

16日，明溪县在县宣传文化中心开展明溪县“城市名片‘游’我来说”导游讲解员宣讲大赛。

18日，明溪县在夏阳乡旦上村举行以“明溪溪明　青山山青”为主题的全省摄影大赛启动仪式暨明溪红色旅游推介活动。中国摄影家协会副主席、省摄影家协会主席、秘书长潘朝阳等出席启动仪式，并宣布“明溪溪明　青山山青”全省摄影大赛正式启动。

22日，副省长郑建闽带领省自然资源厅、省农业农村厅、省扶贫办、台盟福建省委、省测绘发展中心、省高速公路集团、国网福建电力公司等部门相关负责人和鲤城区相关人员到明溪开展挂钩帮扶工作，协调解决困难问题。

26日，位于明溪县城关乡坪埠村的明溪县活禽交易和屠宰市场正式投入使用，成为明溪城郊范围内活禽交易和宰杀的集中点。

28日，县委书记李腾带领县四套班子领导、县直有关部门调研莆炎高速公路城区连接线、南山遗址公园、坪埠东路等项目建设情况。

30—31日，福建农林大学叶宝鉴博士一行到福建君子峰保护区开展兰科植物调查，共记录到长须阔蕊兰、高山毛兰、绿花斑叶兰、金线兰、建兰、春兰、寒兰、多花兰等17种，其中长须阔蕊兰、高山毛兰、绿花斑叶兰在君子峰保护区属首次发现，均为保护区内新纪录物种。

是月，三明市人民检察院、明溪县人民检察院联合制作的全市检察机关首部预防未成年人犯罪微电影《归巢》在最高人民检察院首届全国未成年人检察“三微”评选展播活动中获三等奖。

8月

3—7日，明溪县消防救援大队宣传小分队到全县9个乡镇开展为期一周的消防安全“大宣传、大培训”实地轮训活动。

4日，市委常委、政法委书记纪熙全带领检查组一行，到明溪县召开2019年度全面从严治党主体责任落实情况集体约谈会。

5日，明溪县人民检察院、团县委、县计生协会、县科协、雪峰镇城东社区联合举办“雏燕飞翔·科普引航”公益夏令营开营仪式。此次公益夏令营活动为期7天，开设交通知识、绘画、音乐等18个室内外课程，不收取费用，城东社区辖区30名儿童参与活动。

6日，明溪县开展以“推动全民健身　助力全面小康”为主题的2020年全民健身日活动。

10日，兴泉铁路（明溪段）最长隧道——西家山隧道全面顺利贯通。

同日，明溪县召开乡村振兴培训会，邀请三明学院副教授曾祥添作“乡村振兴战略与规划实施建议”专题讲座。

11日，明溪县召开关工委第七届全委（扩大）会议。会议对关心下一代工作的32个先进集体、53位先进工作者和2位突出贡献者进行表彰；对一批“五好”基层关工委进行命名；会议审议通过《明溪县关心下一代工作委员会工作规则》。

12日，明溪县召开防范遏制重特大生产安全事故和县政府廉政工作会议。

15日，在2020年纪念横渠1000周年诞辰关学文化系列活动中，全国张子后裔关学思想文化学会会长张声保、陕西省眉县横渠书院副院长赵军良和张文凯等领导、专家，到明溪县夏阳乡御帘村考察，并举行首家“横渠书院关学文化传承基地”授牌仪式。

19日，市委副书记、市长余红胜到明溪县沙溪乡、胡坊镇调研乡村振兴工作。

25日，明溪县举行“阳光1+1”社会组织牵手老区村座谈会和签约仪式，共有10个社会组织与10个老区村参加这次活动。

同日，福建省民政厅到明溪县调研指导养老服务、脱贫攻坚兜底保障等重点工作。

25—26日，福建省农科院一行专家7人到明溪县调研洽谈“院县合作”相关工作。

28日，明溪县沙溪商会暨第一届理（监）事会成立大会在沙溪乡举行。沙溪商会是明溪县第一家乡镇基层商会。

31日，由明溪县文体和旅游局、明溪县盖洋镇人民政府主办的“全福游 有全福·绿都三明 最氧三明——‘风展红旗如画’2019年盖洋徒步行”活动，在盖洋镇村头村举办。

9月

1日，明溪一中新教学楼正式投入使用。

同日，明溪县智慧停车项目正式投入运营。

7日，三明市文旅康养暨新材料产业推介会在厦门市举行，明溪县的招商项目含氟新材料、含氟医药生产项目和心海高端森林康养项目参加集中签约仪式。

9日，明溪县举办新冠肺炎防控基层医疗机构能力提升培训班。

10日，明溪县举办首届“黄腹角雉杯”国际观鸟摄影大赛瞳镜之旅启动仪式。

11日，九三学社中央委员、北京大学教授陆杰华、高级工程师柳建一行到明溪县开展苏区行活动，并受邀作文旅康养和乡村振兴专题报告会。

13日，第27届上海国际茶文化旅游博览会全国名优茶评选活动结果揭晓，全国六大茶类共选送86个茶样，获奖28个茶样。其中，明溪县狮子峰茶叶专业合作社选送的华山野茶（红茶类）茶样获金奖。

16日，明溪县委宣传部（网信办）、县公安局、县总工会、县妇联、团县委、县信用联社、明溪电信等单位在城区拱桥广场开展以“网络安全为人民 网络安全靠人民”为主题的2020年国家网络安全宣传周活动。

18日，明溪县农业农村局在胡坊镇奋发村举行明溪中药材农业产业化联合体成立大会暨揭牌仪式，全市首家中药材农业产业化联合体正式成立。

同日，三明市市场监督管理局为明溪县荣获第四届“三明市质量奖”的福建南方制药股份有限公司授牌，并颁发“首批三明市质量标杆学习基地”牌匾。

19日，明溪县夏阳乡御帘村举办“中国绿都·最氧三明四季行”明溪红绿村游记暨御帘第五届油饼节活动。

20日，三明市科技馆联合明溪县科协、民宗局、计生协会等相关部门，在城东社区开展以“决胜全面小康，践行科技为民”为主题的全国科普日活动。

21—25日，省妇联、省妇女儿童活动中心和明溪县妇联、县人力资源和社会保障局联合举办为期5天的闽姐姐创业就业技能培训暨家政服务（月嫂）公益培训班。

25日，明溪县召开全县农村村民住宅规划建设管理工作现场推进会。

26日，福建省工业和信息化厅对2020年省级高成长培育企业名单进行公示，其中三明市海斯福化工有限责任公司和福建南方制药股份有限公司2家企业入围。

27—28日，2020年福建省全

民健身运动会明溪系列赛暨第五届“银鹰杯”气排球比赛在明溪县侨乡体育中心成功举办。

28日，明溪县举办第二届“侨乡月正圆·情牵千万家”中秋诗会，1万多名群众通过现场直播观看晚会全程。

29日，总投资600万元的明溪县烟花爆竹配送中心正式启用。

30日，明溪县开展应对秋冬季新冠肺炎疫情应急综合演练。县疫情工作指挥部工作专班、紧急医学救援队、卫生防疫队、市场监督管理局应急队、卫生健康局、公安局、交通运输局等13个部门和各乡镇近200人参加演练。

同日，明溪县在革命纪念园举行第七个烈士纪念日公祭活动。

10月

1日，明溪县举行升国旗仪式，庆祝中华人民共和国成立71周年。

3日，福建农林大学陈世品调查团队到明溪县福建君子峰国家级自然保护区开展维管植物科学考察时，发现一种未知的蚂蚁，图片经蚁网鉴定，确认为蚁科多刺蚁属-阿玛多刺蚁防御亚种，为中国蚂蚁新纪录。

9日，明溪县红色归化培训中心揭牌仪式在县委党校学员宿舍楼举行。

同日，明溪县举行市民服务中心启用暨新行政服务中心、融媒体中心揭牌仪式。

同日，市委常委、宣传部部长林斌到明溪县雪峰镇城南社区、县新时代文明实践中心、融媒体中心和行政服务中心调研《中国共产党宣传工作条例》贯彻落实情况。

12日，明溪县委政法委牵头，会同团县委、县公安局、县禁毒办等单位在明溪县城关中学举办“我的青春不迷茫——无毒青春健康生活”青少年禁毒主题队会。

16日，兴泉铁路明溪站站房主体结构顺利封顶。明溪站是兴泉铁路三明段首座主体封顶的站房。

23日，闽通长远明溪分公司公交驾驶员张富荣被交通运输部授予“全国交通运输系统抗击新冠肺炎疫情先进个人”称号。

24—26日，由北京师范大学中国当代新诗研究中心、《诗潮》杂志社和三明文联主办，中国唯美诗歌原创联盟等单位协办，三明诗群·滴水村落和明溪县作家协会承办的首届诗歌行走海西新侨乡活动在明溪县举行，其间围绕当下诗歌的创作态势与发展方向、区域诗歌的地方特色等主题举行诗歌论坛。

11月

1日，明溪县开展第七次全国人口普查。根据国务院统一部署，中国第七次全国人口普查以当日零时为标准时点，采用普查员入户登记，或由住户通过微信小程序自主填报的方式开展。明溪县共有700多名普查指导员、普查员参与此项工作。

4—5日，中国·明溪生态观鸟产业发展工作推进会在明溪县举办。

5日，中共三明市委任命钟科为中共明溪县委委员、常委、书记。

9—13日，福建省种苗站、省林业规划院等专家到明溪县复核林木种质资源普查工作。明溪县成为除试点县外全省第一个完成并通过省市复核的县。

10日，明溪县召开扫黑除恶专项斗争新闻发布会，县扫黑办通报了明溪县扫黑除恶专项斗争工作情况。

14日，明溪县在城关乡罗翠村举办2020年农民丰收节活动。

15日，由三明市文化和旅游局、三明市体育局、三明红色旅游推广联盟、明溪县创建全民运动健身模范县工作领导小组联合主办，明溪县文体和旅游局、盖洋镇人民政府承办的第四届“绿海明溪·清新盖洋”健康跑活动在盖洋镇村头运动主题公园举行，吸引周边县、市的健康跑爱好者近500人参加10千米体验跑或20千米跑。

17—18日，县委书记钟科先后到盖洋镇、沙溪乡、夏阳乡、胡坊镇和兴泉铁路明溪客货运站站前广场及附属道路、奋发山海协作产业园、瑞博奥脱氧核糖及衍生物生产等重点项目调研，实地了解乡村振兴、特色产业发展、新村建设、脱贫攻坚等工作。

18日，福建省侨联下发关于命名省级“侨胞之家”示范点的通知，明溪县沙溪乡侨联、雪峰镇中山社区侨联被命名为省级“侨胞之家”示范点。

19日，明溪县红七军团铜铁岭战斗旧址被列入第十批省级文物保护单位名单。

20日，中央文明委发布第六届全国文明单位名单，明溪县人民检察院获“第六届全国文明单位”称号。

21—22日，明溪县瀚仙镇瀚溪村等77个村农村地籍和房屋调查成果通过省测绘产品质量检测中心市级验收。

24日，三明市海斯福化工有限责任公司技术总监、中级工程师张运文被中共中央、国务院授予“全国劳动模范”称号。

24—28日，中央电视台科教频道《探索·发现》栏目摄制组在明溪县拍摄省级非遗项目“宝剑锻造技艺（明溪）”，访谈对象是明溪县省级非物质文化遗产项目“宝剑锻造技艺（明溪）”代表性传承人赖庆发。

25日，明溪县侨联被中共福建省委、省人民政府授予“福建省抗击新冠肺炎疫情先进集体”称号，是全省侨联系统唯一获此殊荣的单位。

26—27日，三明市卫生健康委员会组织相关专家，对明溪县总医院申报二级甲等综合医院进行现场等级评审，确认明溪县总医院为二级甲等综合医院。

27日，明溪县举办全县理论骨干学习贯彻中共十九届五中全会精神培训班。

28日，明溪首届柑橘采摘文化节在沙溪乡永溪村橘绿果业产业扶贫基地举行。

是月，明溪县林业局在全县启用21个自然保护地监测点，并购买9台无人机及转绘软件，建立自然保护地监测监管信息、数据库查询和智能管理系统。

是月，明溪县夏阳乡黄坑经福田寨、御帘至牛岭公路（二期）工程建成通车。

12月

1日，明溪县河湖治理指挥中心正式揭牌成立。

2日，明溪县举行中共十九届五中全会精神宣讲报告会，市委宣讲团成员、尤溪县委副书记、常务副县长张文静作宣讲报告，县委书记钟科主持会议并讲话。

9日，明溪县黄沙坑水库通过竣工验收。

同日，明溪县召开冬春季疫情防控工作推进会，贯彻落实全市疫情防控工作视频会议精神，部署全县冬春季疫情防控相关工作。

11日，中国国际工程咨询有限公司董事长、党委书记、中国工程院院士王安一行到明溪县开展生物医药产业专题调研。

16日，莆炎高速公路明溪城关至建宁里心段项目通过交工验收。

17日，明溪县召开全县新冠肺炎疫情防控工作会议。

18日，明溪滴水岩红色旅游景区成功创建国家AAA级旅游景区。

19日，中国中医药信息学会基层医疗服务分会组织6名北京部分三甲医院的知名中医专家到明溪县开展“首都名医走基层”活动。同时，福建省卫健委组织8名省内医学专家到明溪开展“医疗扶贫”义诊。

22日，中共福建省委教育工委、省教育厅学习贯彻中共十九届五中全会精神“百人宣讲团”宣讲报告会在明溪县实验小学举行。

25日，福建中医药大学（明溪）中医药健康管理示范中心在明溪县中医院揭牌成立。

26日，“风展红旗如画·骑聚绿都三明”2020年第二届中国·三明自行车联赛市区站暨首届“绿海明溪·显盖紫云”骑游活动在明溪县夏阳乡紫云村举行。

26—27日，由福建省中医药管理局、省中医药学会主办，福建中医药大学、明溪县政府承办的“福建省中医健康管理产业发展促进会暨福建中医药学会2020年学术交流会”在明溪召开。

28日，中共明溪县委十二届十二次全体会议召开。全会听取和讨论了钟科受县委常委会委托所作的工作报告，审议通过了《中共明溪县委关于制定明溪县国民经济和社会发展第十四个五年规划和二〇三五年远景目标的建议》。

同日，由福建省文化和旅游厅主办，福建省艺术馆、三明市文化和旅游局承办的“迎新年·庆元旦”第十四届福建音乐舞蹈节优秀节目惠民演出（走进明溪）在明溪县宣传文化中心举办。

30日，明溪县拳击选手孙靖宇获2020年“白沙杯”全国男子拳击冠军赛49公斤级亚军。

31日，明溪县被福建省人民政府发展研究中心评为2020年度福建经济发展“十佳”县（市）。

同日，“全闽乐购·幸福明溪”明溪县2020“全闽乐购”农产品展销会在明溪时代广场拉开帷幕。

是月，莆炎高速公路明溪城区互通连接线项目建成通车。

责任编辑： 邓静倩

县情总貌

地理概况

【地理位置】 明溪县位于福建省西北部，地理坐标介于北纬26°08′—26°39′，东经116°47′—117°25′，东界沙县、梅列、三元，西邻清流、宁化，南接永安，北毗将乐、建宁、泰宁，东西长78千米，南北宽58千米，总面积1729.85平方千米。

【地貌特征】 明溪地势四面环山，峰峦重叠。西北部和东北部崇山峻岭，海拔700—800米。南部稍低，东南部最低的渔塘溪出境处瑶奢平原海拔180米。境内有海拔1000米以上高山25座，最高的盖洋圣水岩为1561.4米。山地和丘陵面积占全县总面积的91.91%，小平原面积占6.98%，水面占1.11%。全县大小溪流密布，流域面积在50平方千米以上的河流16条。因高山阻隔，溪流分属沙溪水系和富屯溪水系。

自然资源

【土地资源】 根据明溪县第三次全国国土调查数据，2019年末，全县土地总面积17.3万公顷，其中耕地1.08万公顷，种植园用地2587公顷，林地15万公顷，草地887公顷，商业服务业用地40公顷，工矿用地533公顷，住宅用地1327公顷，交通运输用地2427公顷，水域及水利设施用地2280公顷，其他土地1840公顷。

【矿产资源】 明溪县境内矿产资源较丰富，已发现矿产26种，其中金属矿8种，能源矿产1种，非金属矿17种，主要矿产有煤、萤石、石灰石、宝石、稀土、透闪石、白云岩等16种，其中优势矿种为煤、萤石、石灰石、宝石、稀土等。境内已发现矿床、矿（化）点105处。

【水资源】 地表水资源：明溪县水资源主要由降雨产生，全县多年平均年水资源总量16.19亿立方米，其中：丰水年22.26亿立方米（P=10%），平水年15.53亿立方米（P=50%），枯水年10.42亿立方米（P=90%），人均拥有地表水量1.41万立方米。地下水资源：全县地下水天然资源总量3.42亿立方米每年，分布面积1703.1平方千米，平均每平方千米地下径流量549.41立方米每天，人均流量8.13立方米每天。

【主要水系河流】 明溪是典型的山区县，境内群山环抱，溪网密布，且具有源短流急、暴涨暴落的特点，其分布均呈树杈状水系。全县溪流共分为沙溪和富屯溪两大水系，从发源地到县界河口，最大河长43.5千米，最小河长不足5千米，流域面积在50平方千米以上的河流有16条，其中200平方千米以上的有7条。

1.角溪干流段：角溪为全县最大河流，河口以上流域总面积671.40平方千米（境内543.61平方千米），干流段河长6.6千米，坡降较缓，约3‰，在盖洋镇水口村出境，经泰宁县龙安乡角溪村后注入池潭水库。其上游分支流有盖洋、中溪、夏坊、温庄、龙坑五条。出境以上多年平均流量20.22立方米每秒，年径流总量6.38亿立方米。

2.盖洋溪：发源于城关罗翠村的沙坑寨，贯穿盖洋镇中部，在砂坪自然村汇入中溪、夏坊溪后形成角溪干流段，是角溪上游的主河道，河长41.75千米，流域面积221.61平方千米（境内175.95平方千米），上游坡降较陡，中下游坡降平稳，沿岸河谷盆地较多较平，平均坡降6‰，多年平均流量6.7立方米每秒，多年平均径流总量2.11亿立方米。

3.夏坊溪：发源于建宁县均口乡旱树坑，进入境内，经夏坊乡在砂坪与盖洋溪汇合后形成角溪。河口以上集水面积208.32平方千米（境内146.15平方千米），主河道长45千米（境内30千米），境内平均坡降4.8‰，多年平均流量6.30立方米每秒，年径流总量1.98亿立方米（境内1.39亿立方米）。

4.城岚溪：同属于角溪，在泰宁县角溪村注入角溪，发源于该县瀚仙镇九龟洞，途经将乐县后折入盖洋镇姜坊、湾内、白岚、白叶村，又折入将乐县再进入泰宁境内。出境口以上流域集水面积206.21平方千米（境内152.42平方千米），主河道总长26千米（境内20千米），平均坡降（境内）8‰，多年平均流量6.20立方米每秒，年径流总量1.96亿立方米（境内1.45亿立方米）。

5.黄砂溪干流段：黄砂溪为全县第二大河流，河口以上流域总面积556.18平方千米（境内面积538.16平方千米），干流段河长6.0千米，坡降较缓约1‰，在沙溪乡瑶奢村出境进入三明三元区内吉口村，在三明三元区莘口镇注入沙溪。其上流境内主要支流有渔塘溪、夏阳溪。出境以上多年平均流量16.75立方米每秒，年径流总量5.28亿立方米。

6.渔塘溪：发源于城关五通凹，流经城区、瀚仙，在沙溪乡梓口坊村与夏阳溪汇合后，形成黄砂溪干流段，是黄砂溪主河道。河口以上集水面积311.1平方千米，主河道长38千米，平均坡降6.7‰，多年平均流量9.37立方米每秒，年径流总量2.96亿立方米。

7.夏阳溪：发源于夏阳乡俞云坂村的大际坂，流经夏阳乡后，在沙溪乡梓口坊注入黄砂溪，河口以上集水面积206.3平方千米（境内195.8平方千米），主河道长32.0千米，平均坡降18.9‰，多年平均流量6.21立方米每秒，年径流总量1.96亿立方米。

8.胡贡溪：胡贡溪发源于肖家山村大地自然村，出溪源流入永安市辖贡川，注入沙溪水系，溪流总长26.25千米，流域总面积162.2平方千米（其中境内133.83平方千米），平均坡降6.8%（县内坡降27.1%），自然落差210米（县内落差410米），多年平均流量4.55立方米每秒，多年平均径流量1.16亿立方米。

【森林资源】 2020年，明溪县林业用地总面积14.83万公顷，其中有林地面积14.14万公顷，疏林地面积76.21公顷，灌木林地面积759.52公顷，未成林造林地面积4845.81公顷，苗圃地面积116.96公顷，迹地面积831.4公顷，宜林地面积284.29公顷；有林地中林分面积12.65万公顷，经济林面积1642.39公顷，竹林面积12337.3公顷，林分中重点生态公益林面积39646.26公顷，用材林面积8.85万公顷，森林覆盖率81.77%，森林总蓄积量1698.98万立方米。

【植物资源】 明溪县地处东南

大陆武夷山脉东南坡，自然条件优越，生态系统复杂多样，孕育和保存了丰富的野生动植物资源，具有中亚热带基带原生性常绿阔叶林森林生态系统、天然药用植物种质资源、具有重要经济价值的材用树种种质资源、濒危植物物种和丰富的生物多样性。

全县有9个植被型32个群系60个群丛，闽楠林、苦槠林、甜槠林、米槠林、吊皮锥林、钩栲林等中亚热带基带原生性的常绿阔叶林保存较完好。

全县有维管束植物115目219科1692种，其中蕨类植物6目39科180种，裸子植物2目7科14种，被子植物107目173科1498种。在植物区系成分上，各类热带成分有355属，占植物区系总属数的55.56%；各类温带成分计有284属，占植物区系总属数的44.44%。

全县有丰富的珍稀濒危植物。其中国家一级重点保护野生植物有南方红豆杉、钟萼木及历史栽培的银杏等3种；国家二级重点保护野生植物有粗齿桫椤、金毛狗、福建柏、鹅掌楸、樟树、天竺桂、闽楠、浙江楠、短萼黄连、半枫荷、榉树、野大豆、花榈木、喜树、香果树21种及浙江金线兰、长苞羊耳蒜等植物。

县内经济植物资源比较丰富，有天然药用植物776种，其中具有抗肿瘤作用的种质资源植物43种，具有增强免疫活性作用的种质资源植物11种，具有重要经济价值的材用植物有133种。另外有食用植物102种、园林绿化植物173种、鞣料植物37种、油脂植物115种、芳香植物47种、蜜源植物119种、纤维植物84种。

【动物资源】 明溪县境内脊椎动物有38目117科492种，其中鱼类资源有5目13科49种，占福建省鱼类总种数的25.24%；两栖类2目7科26种，占福建省两栖类总种数的54.52%；爬行类3目12科63种，占福建省爬行类总种数的58.33%；鸟类20目64科305种，占福建省鸟类总种数的60%；兽类8目21科49种，占福建省兽类总种数的46.66%。昆虫有33目300科2413种，其中昆虫纲29目280科2317种，蛛形纲4目20科96种。已定名的物种数与物种丰富度仅次于福建省武夷山国家级自然保护区和湖南八大公山自然保护区。

人文历史

【南山古人类文化遗址】 南山古人类文化遗址位于明溪县城关乡上坊村。南山古人类文化遗址总面积达5万平方米，是福建省第一处洞穴和旷野相结合的史前文化遗存，1988年福建省文物十大考古发现之一，2013年被列入第七批全国重点文物保护单位。2012年至2017年，经国家文物局批准，中国社会科学院考古所、福建博物院与县博物馆对南山遗址进行正式考古发掘。除了大量炭化稻谷外，考古队发现墓葬8座，大型蓄水池2座，灰坑十余个，近百个柱洞，以及陶、石、骨器千余件，取得了重要的学术成果。在南山遗址4号洞的新石器时代文化层上发现了上万颗炭化稻谷，表明南山遗址古代先民已经掌握了相对较发达的农业生产

国家一级保护野生动物黄腹角雉 （江月兰 摄）

方式，这意味着中国首次发现会“种田”的穴居人。出土的粟和黍两种小米是目前在整个华南地区，包括岭南地区和武夷山脉以东地区发现的最早的小米遗存，特别是牵牛花种子的发现，改写牵牛花舶来中国的历史年代。该遗址还挖掘出5座保存有人骨的墓葬，这是福建省内除昙石山遗址外最为丰富的史前人骨材料。专家学者认为，明溪南山遗址这一地层叠压清楚、文化面貌比较丰富的遗址的发现，填补了福建西北地区新石器时代中、晚期至商周时期考古学文化谱系的缺环与空白，并为史前闽台关系、南岛语族起源与扩散等重大学术热点问题提供了重要材料。2017年，南山遗址获评中国社会科学院“2017年中国六大考古新发现”，并入围国家文物局“2017年度全国十大考古新发现”评选。2019年1月，省文物局公布第一批8个省级考古遗址公园评定名单，明溪县南山考古遗址公园列入其中。

【明溪先贤】 自唐宋以来，随着中原汉人陆续迁入，造就了明溪地域的发展和初步繁荣。五代十国时期，“花木兰”式女英雄莘七娘从军落籍明溪，后被多位皇帝敕封为惠利夫人、福顺夫人、普佑夫人、灵应夫人，成为“客家女神”，“惠利夫人信俗”被列为福建省非物质文化遗产。明溪著名历史人物有宋代理学家、教育家、“闽学鼻祖”、“程门立雪”主人公杨时，宋代进士、隐逸诗人汤莘叟，宋代智勇御寇、事迹入《宋史》的女英雄曾晏氏，一代枭雄、元代福建行省平章政事陈友定，元代进士、枢密院副使谢英辅，明初镇国上将军、枢密院使谢赐荣，明代抗倭英雄揭鸿，清代暹罗国丞相陈启韬，清代福建陆路提督陈汝捷，清代爱国僧侣、“钦赐方丈”妙莲法师等。此外，朱熹、文天祥、邓茂七、宗臣、徐霞客等众多历史名人，都在这里留下了足迹，有的还留下珍贵诗文和题刻。

【革命老区和中央苏区】 明溪旧称归化，地处闽西北腹地，是中央苏区早期21个县之一，是东方军转战主要集结地之一，是中央苏区东部战略要地之一，为中国革命做出了重大贡献和巨大牺牲。毛泽东先后两次到明溪，并在经明溪等县转战赣南行军途中，留下了《如梦令·元旦》的壮丽篇章。朱德、彭德怀、杨尚昆、罗荣桓、粟裕、滕代远等也先后率领红军在明溪这片红色土地上战斗、生活过，进行了伟大革命斗争实践，谱写了光辉壮丽的革命史诗。

明溪是中央苏区早期21县之一。土地革命战争时期，毛泽东曾先后两次率领红军来到明溪进行伟大革命斗争实践，亲自领导开辟了明溪苏区。毛泽东首到明溪点燃革命星火。1930年1月16日，毛泽东率领红四军第2纵队从清流林畲进入归化盖洋等地，后经宁化转战赣南。行军途中，吟就了脍炙人口的光辉诗篇《如梦令·元旦》。红四军途经归化期间，宣传党的主张，扩大了党和红军在群众中的影响，有力推动当地革命斗争的发展。同年秋，中共归化县特别支部成立。之后，在红军和地方党组织的领导下，归化迅速发展成为闽西革命根据地的重要组成部分。毛泽东再次亲临明溪指导革命实践。1931年5月第二次反“围剿”胜利后，毛泽东多次对闽西北地区工作作出部署，明确闽西红军发展的主要方向是归化、宁化和清流等县，指示红军“应该在这些区域作长期的工作计划”“四军应以归化、清流、连城为工作区域”，强调“所谓工作区都是要分配土地、建立政权的”。7月初，归化县城首次解放，毛泽东、朱德亲临归化，视察指导新区域的革命工作。在红军工作团的指导下，建立了红色政权——归化县革命委员会，随后，成立第一个中共县委——中共归化县工作委员会。1933年冬，归化县苏维埃政府正式成立，苏区各项建设进入全盛时期。

明溪是东方军转战主要集结地之一。以红三军团为基干的东方军在彭德怀等将帅的率领下，两次入闽作战，主力均集结明溪。1933年7月，东方军首次入闽作战。根据彭德怀、滕代远发布的《东方军拟夺取将乐、顺昌、延平、沙县等地的行军命令》，东方军各兵团集结归化待命行动。1934年1月，东方军再次入闽。彭德怀在攻打沙县县城前、后分别发布《三军团向归化前进的命令》《三军团关于集中归化待机之命令》，东方军主力三军团两次集结归化。驻归化期间，彭德怀在县城、御帘等地设有司令部，并先后在归化司令部发布《东方军为消灭洋口、顺昌、将乐之敌的行军命令》《三军团向沙县前进的命令》，指挥东方军驰骋闽西、闽西北。同时，以归化等地为依托，打沙县、攻尤溪，收复和发展红色区域，归化成为东方军入闽作战的重要战略支点。

明溪是中央苏区东部战略要地之一。毛泽东曾盛赞中央苏区东面的闽西北等地区是好区域，有山地纵横，无河川阻隔，最适合建立新战场；有款可筹，群众很多，可以出兵扩大红军。明溪地处中央苏区东部，是拱卫中央苏区的坚固屏障和出击反动势力、扩展苏区的重要门户，中共苏区中央局在部署第四次反“围剿”任务时，强调指出福建的建宁、泰宁、宁化、连城、归化、清流等县是“在战略上重要的地区”。明溪是中央苏区“扩红补给”的重要地区。1931年6月，按照红一方面军总前委部署，红四军、红三军团等深入归化，为第三次反“围剿”加紧扩红筹款。其中，红四军“分兵归化、永安两县筹款，数额40万元”。此后，主力红军多次深入归化区域开展革命斗争。归化人民始终抱着坚定跟党走的信念，踊跃参军参战，积极捐款捐物，为中央苏区政府和红军提供了大量物资和人力资源，在革命保障上起到了基地的作用。据不完全统计，土地革命战争时期，明溪共有3200余人参加红军，大部分被编入红三军团、红七军团和红五军团三十四师等部队，特别是长征途中，他们勇赴湘江战役等战场，与敌英勇顽强作战，绝大多数为国捐躯或失散在外地。明溪是中央苏区第五次反“围剿”坚强战斗堡垒。1934年1月，宁清归军分区从清流移至归化县城，同时成立归化警备区，统一指挥宁清归地区的红军和地方武装开展革命斗争。3月，红七军团第十九师与地方武装相互配合，由红七军团军团长寻淮洲等率领，在归化与将乐交界的铜铁岭一带两次设伏截击国民党第十师，取得归化之役胜利，严重地打击了敌人意在紧缩和封锁苏区的东方封锁线的计划。第五次反“围剿”期间，明溪苏区军民同仇敌忾，全力抗敌，顽强地在东方战线上阻滞敌人前进，在主力红军出发长征后依然坚持与敌斗争，直至11月7日最后失陷，为红军战略转移的顺利实施和长征的最后胜利起到策应支援的作用。

自1929年建立明溪第一个党组织——中共归化城市小组之后，明溪人民在中国共产党的领导下，县、区、乡各级建立起苏维埃政府，开展了轰轰烈烈的土地革命，进行了悲壮激烈、可歌可泣的武装斗争；苏区广大干部群众怀着对新生政权的深厚感情和坚定的革命理想信念，积极投身苏区建设事业，踊跃参军参战，广泛开展各种形式的支前运动，为宁清归苏区、闽西苏区和中央苏区的建立、巩固和发展，作出了不可磨灭的贡献。主力红军长征后，国民党对苏区人民实行了最疯狂、最残酷的报复性屠杀和前所未有的抢掠焚烧。全县共有1870名红军战士、苏区干部、群众遭屠杀或被迫害致死；被烧毁房屋1330间，被拆房屋2345间；受摧残87个村庄，449户遭斩尽杀绝；饥饿死亡3768人，逃亡外地325人，被抓壮丁135人。然而，明溪人民并没有被敌人白色恐怖所征服、所吓倒，他们在中国共产党的领导下，以舍身弃家的无私精神，全力支持坚持游击战争的闽赣军区十七、十八团等红军、游击队，延续革命火种，历经抗日战争和解放战争，直至1949年和平解放，赢得了“红旗不倒”的美誉。

【侨乡明溪】 明溪县是新兴的

海西内陆侨乡。明溪人到欧洲务工或经商始于1989年沙溪乡村民到意大利务工，出国热由沙溪扩展辐射到全县各地。至2020年，全县已办理出国护照3.66万本，实际在外1.36万人，侨眷近5万人，留守儿童2816人，成为“福建旅欧第一县”“海西内陆新侨乡”。明溪出国人员主要分布于欧洲、美洲、亚洲、非洲、大洋洲等各洲的56个国家和地区 ，其中85%的人集中在欧洲的匈牙利、意大利、俄罗斯。他们中多数经商，把大量国产服装、鞋帽等轻工产品打入欧洲市场，在匈牙利、俄罗斯、迪拜开设的批发点和店面就达1000多家；在意大利创办的具有一定规模的企业也有100多家。2007年4月匈牙利明溪商会成立，2012年意大利明溪华人华侨联合会成立，2015年1月成立总会、5个分会和1个明溪办事处。商会成立后，在匈牙利的明溪人经常参与接待国家、省市县领导出访和相关社团组织出访，积极担任增进中、匈经济和文化交流的使者，邀请福建省相关的剧团赴匈牙利演出。2016年8月7日，匈牙利巴尔托克·贝拉男子合唱团应邀到明溪举办专场义演。明溪的出国潮，在经济、社会、文化等多重层面上，产生了积极的影响。不断增加的新华侨和源源不断汇回的外汇，有力推动了明溪经济建设和社会进步，成为明溪扩大对外开放、加快经济发展步伐、增强经济发展后劲的重要力量。出国人员回乡投资兴业，参与城镇建设、生态旅游、农业综合开发、娱乐、服装加工、水电开发、工业企业、第三产业等经济发展项目50多个，投资总额达10多亿元。

政区建置

【隶属沿革】 明溪建县前，疆域分属清流、宁化、将乐、沙县。明成化六年（1470）同知程熙以“地旷远，民梗难治”为由，奏准析清流县的归上、归下里，宁化县的柳杨、下觉里(含泰宁县沂州一带的村庄)，将乐县的兴善、中和里，沙县的沙阳里合置归化县，隶属福建布政司汀州府。清代，归化县隶属漳南道汀州府。民国3年（1914）6月，国民政府实行省、道、县三级地方政制，归化县隶属汀漳道。民国14年（1925），国民政府废道，福建省实行省、县二级地方政制，归化县直属福建省。民国20年（1931），工农红军解放归化县，归化成为中央苏区二十一县之一，毛泽东、朱德、彭德怀、杨尚昆、滕代远、粟裕等老一辈无产阶级革命家曾先后在这块红色土地上进行革命斗争和实践，留下了光辉足迹。民国20—23年（1931—1934年），先后隶属闽粤赣省、福建省、闽赣省。民国22年（1933）5月，因与绥远省归化城同名，奉民国政府令改名明溪县。此后至1949年10月，明溪县先后隶属龙汀省、福建省、第八行政督察区、第七行政督察区、第九行政督察区、第六行政督察区。1949年10月24日，明溪县成立自动解放委员会，宣布和平解放，隶属永安专员公署(专署驻永安)。1956年10月，明溪和三元两县合并为三明县，隶属南平专员公署(专署设南平)。1961年10月，原三元县域设三明市，原明溪县域改称三明县(包括原三元县的岩前、吉口)，隶属三明市。1964年4月，国务院批复，将三明县改名为明溪县，隶属三明行政专员公署。1983年5月，三明专员公署改为三明市人民政府，实行市带县新体制，明溪县隶属三明市。

【行政区划】 2020年，明溪县区划为4个镇、5个乡、88个行政村和8个居民委员会及雪峰农场。

雪峰镇辖2个行政村6个居委会：城西、城东村；城南、紫岭、中山、城北、城东、城西居委会。

盖洋镇辖18个行政村1个居委会：盖洋、湖上、村头、雷西、葫芦形、温庄、湾内、衢地、白叶、白岚、桂林、画桥、大坑、常坪、姜坊、大洋、杨地、林地等村及盖洋居委会。

城关乡辖9个行政村：上坊、坪埠、王桥、狮窠、罗翠、余坊、下汴、大坪，大富。

胡坊镇辖10个行政村：

胡坊、瓦口、柏亨、朱南、眉溪、奋发、福西、洋地、冯厝、肖家山。

瀚仙镇辖11个行政村：瀚溪、王陂、大焦、石珩、龙湖、连厝、岩里、坪地、洋龙、花园、 小眉溪。

沙溪乡辖6个行政村1个居委会：沙溪、永溪、六合、梓口坊、瑶奢、碧州等村和溪口居委会。

夏阳乡辖16个行政村：夏阳、下坂、杏村、御帘、长兴、陈坊、旦上、紫云、后洋、俞云坂、良村、瓦溪、新坊、地美、岭头、溪边。

夏坊乡辖9个行政村：夏坊、高洋、鳌坑、龙坑、新建、中溪、李沂、苎畲、黄地。

枫溪乡辖7个行政村：枫溪、小珩、官坊、大雅、华山、邓家、熊地。

风景名胜

【概况】 明溪位于三明市区划中心位置，有良好的生态旅游资源，如君子峰国家级自然保护区，雪峰山省级森林公园，丹霞地貌造就的胜地玉虚洞等。有悠久的南山古人类文化遗址，是省内第一处洞穴和旷野相结合的史前文化遗存，是第七批全国重点文物保护单位。瀚仙镇龙湖村是北宋理学家杨时的诞生地。明溪是《毛泽东选集》注释中提到的中央苏区早期21个县之一，是毛泽东、朱德亲自领导开辟的苏区，红色旅游资源丰富，如滴水岩红色旅游景区、铜铁岭战斗遗址、东方军司令部（张氏大祖祠）遗址、枫溪红军烈士墓、赖水金烈士墓等。

【滴水岩红色旅游景区】 明溪滴水岩红色旅游景区为国家AAA级旅游景区，景区分为明溪县革命英雄纪念园和玉虚洞（滴水岩）景区两大区域。

县革命英雄纪念园部分：革命英雄纪念园由革命纪念馆、革命先烈纪念长廊、革命英雄纪念碑和纪念广场4个部分组成。整个园区以纪念、瞻仰、弘扬、传承革命精神为宗旨，提醒我们要永远铭记历史和老区苏区人民，让伟大的苏区精神永远焕发出时代光芒。其中，革命纪念馆展陈有52件珍贵文物，配合相关党史照片及文献资料，展现了一幅波澜壮阔的明溪革命历史画卷。革命英雄纪念碑总体高度达到19.49米，代表着纪念1949年中华人民共和国成立。碑座四周共有10幅汉白玉浮雕，分别再现了“土地革命”“风展红旗”“创建苏区”“踊跃支前”“归化之役”“送别红军”“血战湘江”“游击斗争”“抗日救亡”“和平解放”等十个重要的革命历史场景。碑身正面镌刻着“革命英雄永垂不朽”八个鎏金大字。

玉虚洞（滴水岩）景区部分：玉虚洞风景区为省级地质公园，是典型喀斯特地貌，石色如白玉黄蜡，洞内奇景迭现，玲珑剔透，气象万千，令人目不暇接。开发始于宋开宝二年（969）。明崇祯元年（1628），著名地理学家、旅游家徐霞客到玉虚洞一带旅游考察，曾誉明溪的玉虚洞、将乐的玉华洞、永安的桃源洞为“武夷三绝”。清康熙年间（1662—1722年）所编《天下名山游记》，收有写福建山水的游

滴水岩 （苏燕明 摄）

记8篇，其中《游滴水岩记》是明代文学家、有“后七子”之称的宗臣的作品。宗在文中称：“此岩之奇，天奇之也。”民国20—23年（1931—1934年）工农红军在玉虚洞设立战地医院，收治红军伤病员250余人和在沙县俘敌伤病员540余人。战地医院以“救死扶伤”为宗旨，承担军中的治病、治伤任务，在地方开展红色宣传工作。医院同时还免费为当地群众治病，组织地方开展卫生防疫运动等，有效地改善苏区卫生状况，为苏区军民身体健康提供了较好的保障。

【铜铁岭战斗旧址】 明溪县铜铁岭战斗旧址位于瀚仙镇铁岭，铁岭与将乐县铜岭相连，群峰连绵，山路逶迤，主峰天上岗，地势险要，是沟通闽西北之要冲。1934年3月22日，国民党东路进剿军第10师（师长李默庵，驻将乐白莲）在空军支援下，由驻将乐白莲出发欲犯归化县城。驻守归化城的工农红军第七军团3000余人和宁清归军分区的地方武装，在红七军团军团长寻淮洲、政委乐少华的指挥下，在县城东北铜铁岭一带阻击。22日上午9时至下午4时，双方展开激战。战斗中，红军击毙敌人101名，军官3名，打伤敌人154名，缴获敌枪500多支。在弹药紧张的情况下，红军撤至沙洲葛岭一带，国民党军进犯归化城。3月26日晨，第10师李默庵部换防回将乐。红七军团又在铜铁岭埋伏，做好歼敌准备。中午，敌军主力进入红军的伏击圈后，遭到红军痛击，溃不成军，残敌纷纷逃往白莲。在宁清归军分区的配合下，红七军团一鼓作气扫清铜、铁岭一带敌人。第二次战斗，红军毙敌30多人，军官2人，缴获步枪50多支，机枪3挺，俘敌60多名。4月17日，红七军团和独立7团夺回归化城。铜铁岭战斗（又称归化之役），是红军第五次反“围剿”在东方战线取得的一次重大胜利。1987年，明溪县委、县人民政府在铁岭隘山巅建立“归化之役”纪念碑。1995年，归化之役遗址成为三明市第一批爱国主义教育基地。

【君子峰国家级自然保护区】 地处县西北部和东部，总面积18060.5公顷，地质古老，生态原始，是天然的动植物博物馆，始建于1995年，2008年晋升为国家级自然保护区。保护区自然景观优美，有“绿海云都”之美誉的紫云仙境，是三明市高山生态“后花园”，有龙井瀑布等景观，保护区内山峦起伏、飞瀑流泉。保护区人文景观众多，紫云古村聚居着杨时、罗从彦、张载等宋代理学家的后裔；有宋朝宰相文天祥题匾“显盖紫云”；出土的商周古陶片、古桥、古琴、古戏台、石旗杆、演武石及水泉岩石刻，吸引着众多专家学者前往寻秘探幽；有唐末的均峰古寺和石佛庵等宗教朝拜景点。

【省级雪峰山森林公园】 位于县城南面，公园内群峰起伏，重峦叠嶂，最高峰十公芜海拔1003.80米，最低海拔330米，山势险峻，沟谷深削，构成了公园境内鲜明的中山自然景观，整个山体地理走向酷似象鼻，所以又称象鼻山。森林公园内动植物资源丰富，森林覆盖率90.70%。有国家和省级划定重点保护动植物20余种，如南方红豆杉、福建青冈、楠木、福建柏和蟒、黄腹角雉、穿山甲、苏门羚等，为静谧的森林公园注入生机和活力。位于日溪的飞雨瀑，落差27米，宽13米，瀑布两侧山势陡峭，峭壁奇岩，当地人称为百丈岩，是攀岩探险的好去处。日溪和月溪两条小水系，溪流蜿蜒汇合，形成日月溪水库。循径登高至十公芜防火瞭望台，远眺郁郁葱葱的森林景观，看宛如玉带般的盘山公路，鸟瞰全县风貌，鉴赏城区现代文明，领略妙趣横生的青山云海，细品古朴自然、田园生活及现代风情，令人思绪万千。

【龙井瀑布】 位于盖洋镇白岚村桃源以东5千米处，共有3级。一级落差30米，宽20米，瀑底有200平方米水潭，深约2米；二级瀑布位于一级瀑布上游300米，落差34米，呈阶梯状；三级瀑布位于二级瀑布上游200米，落差55

米，瀑流宽度约10米，瀑底水潭250平方米，水深约2米。瀑布如一道白练，映衬在峭壁的草木之间，与山谷间壁立千仞的峭崖、青葱的草木和谐地融为一体，这里物种丰富植被茂密，且有名贵的兰花和娃娃鱼。各种景象秀丽而壮观，充满着诗情画意，令人流连忘返。

【聚龙禅寺】 位于县枫溪乡的寿山顶上，海拔为830米，始建于唐开元九年（721），明天顺七年（1463）得以重建，历代均有修缮，于清代改名“聚龙禅寺”。明清时期有“二百僧侣，一楼经书”之盛赞。民国17—27年（1928—1938年）极盛之时，住寺僧众达180多人，曾被誉为福建四大古刹之一，同福州涌泉寺、泉州开元寺、莆田广化寺齐名。“文化大革命”期间被毁。1984年秋原址重建，占地面积4700多平方米，建成大雄宝殿、观音殿、藏经阁、厨房、卧室等50余间，建筑面积2295平方米。聚龙禅寺出过不少高僧。盛慧法师，清末出家至聚龙禅寺，后在福州涌泉寺任方丈。圆澈法师是广东梅县人，在江西广昌出家，1948年至20世纪50年代中期住持聚龙禅寺，后为广东汕头市郊证果寺住持、闽侯雪峰寺首座。聚龙禅寺重建时，圆澈法师汇款支持，亲笔题写“聚龙古寺”匾额，并请中国佛教协会赵朴初会长为禅寺题书“大雄宝殿”。出生于建宁均口的广贤法师，20世纪40年代在聚龙禅寺出家，后为北美佛教协会会长、纽约福寿寺方丈。1987年曾专程前往聚龙禅寺拜祖并捐款。

【显应庙】 位于县城北郊，旧称“夫人庙”，占地约5000平方米，有上殿、下殿、戏楼、牌坊和客房30余间，可容数千人。2011年10月，“惠利夫人信俗”获批为“福建省第四批省级非物质文化遗产”。庙最早建于南宋绍兴年间（1131—1162年），祀奉惠利夫人。据传夫人乃莘氏圣七娘，秀州人氏，五季时随夫讨寇于县，为人治病有方，后殁于明溪驿。县人感其恩德，建庙祀奉。宋代敕封为惠利夫人、福顺夫人，清代复加封为普佑夫人、灵应夫人。每年农历六月十一为夫人诞辰日，也是县内规模最大的庙会。宋末文天祥勤王督师路过明溪时，曾题诗：“百万貔貅扫彗芒，家山万里受封疆；男儿不展撑天手，惭愧明溪圣七娘。”

【御帘红色历史文化古村】 夏阳乡御帘村面积80平方千米，居住着历史名人理学先贤张载的后裔子孙700多人。村内有始建于明崇祯元年（1628）的张氏大祖祠。民国23年（1934）1月初，东方军再次入闽作战期间，彭德怀、杨尚昆曾将司令部设在御帘村张氏大祖祠内，东方军当年挖的战壕、东方军司令部（张氏大祖祠）、红军战地医院等旧址至今保留。2012年9月，御帘村被命名为三明市“中央红军村”。2012年12月，御帘村入选第一批中国传统村落名录。2014年2月被住房和城乡建设部、国家文物局命名为“中国历史文化名村”。2016年9月，御帘村被评为“中国最美村镇”。2017年12月，御帘古村旅游区被评为国家AAA级旅游景区。

【杨时故里——龙湖村】 龙湖村位于明溪县的东北部，距县城10千米，西南毗邻县经济开发区，东北通往将乐县，省道204线贯通全境。龙湖村属革命老区村，先后获得“市级历史文化名村”“省级传统村落”“省级生态村”“省级文明村”等荣誉称号。龙湖村是宋代理学家、思想家、教育家杨时故里，也是“延平四贤”罗从彦、李侗、朱熹历访之地。村庄生态环境优美，人文景观独特，历史底蕴深厚，以杨时文化旅游区为中心，村东有全县独一无二的龟山秀景，村西有极具神韵的龙池公园，村北有省级史书记载的凤凰岩、白石寨，是县文庙所在地。

村内的杨时公园，占地200公顷，园内修缮有棂星门、“德配天地、道冠古今”门匾、下马碑等，塑有一尊杨时塑像，新建立雪亭、杨时文化馆、农耕物语馆、供村民休息的廊桥和古色古

杨时公园 （瀚仙镇 提供）

香的休闲步道近700米，有荷塘1.4公顷，同时还广植花木，设有景观灯，不仅成为村民的休闲场所，还吸引周边游客前来打卡。

龙湖龟山为明溪胜景，是宋代名学者杨时读书处，杨亦以此自号。全山呈浑圆状龟形，首尾尤肖，山脊突兀，四围峰峦环抱，独挺秀姿。岩石为石灰质溶液聚凝，徐霞客曾对洞石奇态作地质分析。洞穴多经过修整，较大的洞穴可供游人游览。洞内泉雨涓涓，寒气袭人，钟乳倒悬千姿百态，龙、马、鹿、龟，形象逼真。“吸风洞”独具一格，手持纸片，顷刻即被吸入。山上石林，有像人狮、飞鹰、骆驼、羔羊的，有如观音、老佛的，有似莲花、竹笋的，形象万千。林木苍翠，根植岩缝间，雄虬坦露于外，盘旋错落，树龄多在百年以上。枫树呈龙钟老态，荆树似裸纱仙姬，桂树随处可见。在龟山，看石有骨，探洞惊奇，察树生态，观水则旋，历代名人游客为其题咏者甚众。

【肖家山历史文化名村】 肖家山村隶属胡坊镇，位于县城南面，距县城10千米，距胡坊镇12千米，属高山地区，海拔600多米。全村总面积2140公顷，其中耕地面积135公顷，林地面积635公顷，森林覆盖率80.6%。植被类型主要有常绿阔叶林、针叶林、针阔混交林、灌木林等。其中天然珍稀树木有南方红豆杉、罗汉松、紫薇、桂花、黄杨、银杏、三尖杉、金毛枸等。肖家山村历史悠久，清代水尾桥、古路、古树、古井、古村规民约牌、明代建筑保存完好，传统工艺有手工草席。2012年12月被列入第一批中国传统村落名录。2015年，获评“省级生态村”。至2017年，建成入村门楼、荷花池、小桥流水景观、旅店、停车场等基础设施，修复了古驿道、古廊桥、古民居。

肖家山被称为“三溪源头”，它是闽江支流渔塘溪、胡贡溪、九龙溪三水的发源地之一。由于山体的抬升和溪流的切割，区域内形成了众多的峡谷、急流、瀑布，仙源、仙泽、仙坑三处瀑布总落差达50余米，气势磅礴、蔚为壮观。从杉坑的金草园至水尾廊桥2.5千米的步游道

肖家山古廊桥 （胡坊镇 提供）

两旁，山水石树各展其姿，野花芳草争奇斗艳，一路鹰飞莺啼，景点密布，自然景观与人文景观相互融合，相映增辉。肖家山岭东侧是日峰寺，西侧是月峰寺（又名罗汉庵），日月两寺都是千年古寺，建筑在青山绿水之间，粉墙红瓦，飞檐翘角，香火旺盛，既有“深山藏古寺”的诗韵，又有“万绿丛中一点红”的画境。肖家山也是一个红色村，革命战争年代红军曾多次经过肖家山村，至今村内仍保留有红军驻地、红军井、警戒战壕等遗迹。

【紫云村】 紫云村位于县夏阳乡东南部，生态环境优美，旅游资源极其丰富，素有“绿海云都”“天然氧吧”的美誉，有连绵数千米的V形生态大峡谷奇观、泰然而卧的“均峰卧佛”、融瀑、岩、树、藤为一体的百丈际瀑布群等自然风景资源。在众鸟的森林和声中，黄腹角雉鸟与白颈长尾雉鸟是难得的主旋律，此地被誉为“中国黄腹角雉之乡”。杨时、罗从彦和理学家张载的后人，于宋末年间迁居于明溪紫云村，逐渐繁衍壮大，后裔人才辈出。紫云村是福建省名副其实的“闽学村”，是传承弘扬传统文化的一个代表性村庄。

【村头村】 村头村是省级生态村，距盖洋镇区3千米、距明溪县城25千米。以万亩生态竹林为背景，以万亩珍稀花卉苗木观赏区为依托，以特色农业为平台，充分挖掘竹海、森林、苗木、花果、人文等特色景观，建设一个集休闲、养生、观光、陶冶情操为一体的生态旅游景区，成为周边地区居民休闲度假的理想去处，被省林业厅、省生态文化协会授予首届“省级生态文化村”称号。

【观鸟旅游】 明溪是中国黄腹角雉之乡，全县发现的野生鸟类有305种，占全省种数的60%。拥有黄腹角雉、白颈长尾雉、中华秋沙鸭、东方白鹳、乌雕等5种国家一级保护鸟类及鸳鸯、白鹇、勺鸡等57种国家二级保护鸟类，是东亚至澳大利亚候鸟迁徙通道，是国家重要的鸟类繁殖地、栖息地。根据全县鸟类资源分布及季相变化情况，以明溪城关为中心、向东西南北拓展，重点打造五大观鸟基地，即中部观鸟区域以王桥鹭鸟繁殖区、黄金井彩鹬栖息地为主；东部观鸟区域以紫云森林公园的黄腹角雉、白颈长尾雉、白鹇、白眉山鹧鸪、灰胸竹鸡等珍稀雉类为主；西部观鸟区域以李沂、中溪、苎畲的东方白鹳、鸳鸯等雁鸭类水鸟为主；北部观鸟区域以夏阳乡旦上村至瀚仙镇瀚溪村相连接的林鸟和猛禽为主；南部观鸟区域以胡坊镇瓦口村、大溪峰县级自然保护小区的三宝鸟、蓝喉蜂虎等夏候鸟为主。

国民经济和社会发展概况

【地区生产总值】 2020年，明溪县实现地区生产总值111亿元，按可比价格计算，比2019年增长4.0%。其中：第一产业增加值20.92亿元，增长4.3%；第二产业增加值53.79亿元，增长4.3%；第三产业增加值36.29亿元，增长3.2%。三次产业结构由2019年的18.67：49.93：31.4调整为18.85：48.46：32.69。

【农林牧渔业】 2020年，明溪县完成农林牧渔业总产值34.93亿元，比2019年增长4.36%，其中：农业产值22.97亿元，增长5.29%；林业产值5.46亿元，下降1.04%；牧业产值4.61亿元，增长7.47%；渔业产值1.56亿元，增长2.78%；农林牧渔服务业0.33亿元，增长4.59%。

【工业】 2020年，明溪县规模以上工业累计完成产值153.03亿元，增加值比2019年增长3.6%；规模以下工业增加值比2019年增长3.1%。全社会工业用电量2.98亿千瓦时，比2019年增长23.1%。新材料、新医药、新能源等主导产业完成产值46.89亿元，占全部规模以上工业产值的30.64%。其中：新材料累计完成产值25.45亿元，占全部规模以上工业产值的16.63%；新医药累计完成产值21.06亿元，占全部规模以上工业产值的13.76%。规模以上工业企业经济效益综合指数为676.04%，实现利润总额7.2亿元，实现利税8.93亿元。工业产品销售率97.68%。全社会建筑业增加值18.76亿元。

【固定资产投资】 2020年，明溪县固定资产投资比2019年增长4.7%，其中项目投资增长3.9%。全年房地产开发投资2.42亿元，比2019年增长28.2%。房屋施工面积32.66万平方米，比2019年增长22.7%，竣工面积8.35万平方米。

【财政收支】 2020年，明溪县公共财政预算收入5.44亿元，比2019年增长3.27%，其中，县级公共财政预算收入3.47亿元，增长5.92%。财政总支出23.73亿元，其中：县级一般预算支出17.38亿元，比2019年增长7.27%。税收收入2.51亿元，非税收收入0.96亿元。

【人口】 2020年年末，全县总人口（户籍人口）为116811人，较2019年减少1211人，其中男性60754人，女性56057人。全县人口出生率8‰，死亡率5.83‰，自然增长率2.17‰。

【人民生活】 2020年，明溪县全体居民人均可支配收入25415元，比2019年增长5.1%；城镇居民人均可支配收入33206元，比2019年增长1.9%；农村居民人均可支配收入18212元，比2019年增长7.4%。全县社会消费品零售总额23.6亿元。

气　象

【概况】 2020年（2020年1—12月）明溪县气候特点：2020年度平均气温19.4℃，比历年平均值高1.1℃；年极端最高气温38.2℃，出现在7月14日；年极端最低气温－3.7℃，出现在12月31日。年降水总量1677.3毫米，比历年平均值少133.6毫米（少7.38%）；年日照时数1402.7小时，比历年平均值少190.3小时。3月29—31日出现连续3天平均温度低于12.0℃的倒春寒天气、未出现“五月寒”天气。9月23日出现“23型”秋寒，出现时间较常年属偏晚；9月26日出现“20型”秋寒，出现时间较常年早。本年度初霜出现在12月31日。

2020年年景总体较好，年平均气温异常偏高，降水量正常，全年日照时数偏少。

【主要气象要素分布】 2020年，明溪县主要气象情况。

1.气温：2020年度平均气温19.4℃，比历年平均值高1.1℃；年极端最高气温38.2℃，出现在7月14日；年极端最低气温－3.7℃，出现在12月31日。

（1）冬季（2019年12月至2020年2月）平均气温为11.6℃，比常年高2.2℃，属异常偏高。2019年12月平均温度11.0℃，比历年平均值高0.9℃，属正常；2020年1月平均温度11.4℃，比历年平均值高3.0℃，属异常偏高；2020年2月平均温度12.4℃，比历年平均值高2.1℃，属偏高。

（2）春季（2020年3—5月）平均气温为18.7℃，比常年高0.6℃，属正常。3月平均温度15.3℃，比历年平均值高1.7℃，属偏高；4月平均温度16.6℃，比历年平均值低1.9℃，属偏低；5月平均温度24.3℃，比历年平均值高2.2℃，属异常偏高。

（3）夏季（2020年6—8月）平均气温为27.3℃，比常年高1.1℃，属异常偏高。6月平均温度26.6℃，比历年平均值高1.8℃，属异常偏高；7月平均温度28.0℃，比历年平均值高0.9℃，属偏高；8月平均温度27.3℃，比历年平均值高0.7℃，属正常。2020年度夏季县最高气温≥35.0℃的高温日数为39天，其中极端最高气温38.2℃，出现在7月14日。

（4）秋季（2020年9—11月）平均气温为20.3℃，比常年高0.8℃，属偏高。其中9月平均温度23.9℃，比历年平均值低0.2℃，属正常；10月平均温度20.0℃，比历年平均值高0.2℃，属正常；11月平均温度16.9℃，比历年平均值高2.4℃，属显著偏高。

2.降水：年降水总量1677.3毫米，比历年平均值少133.6毫米（少7.38%），降水量正常。

（1）冬季（2019年12月至2020年2月）降水量为207.6毫米，比常年同期少34.1毫米（少14.11%），属正常。2019年12月降水总量17.2毫米，比历年平均值少26.3毫米（少60.46%），属显著偏少。2020年1月降水总量32.0毫米，比历年平均值少37.4毫米（少53.89%），属显著偏少。2020年2月降水总量158.4毫米，比历年平均值多28.6毫米（多22.03%），属正常。

（2）春季（2020年3—5月）降水量为683.9毫米，比常年同期少75.1毫米（少9.89%），属正常。其中3月月降水总量278.6毫米，比历年平均值多53.3毫米（多23.7%），属正常；4月月降水总量126.7毫米，比历年平均值少107.4毫米（少45.88%），属偏少；5月月降水总量278.6毫米，比历年平均值少20.9毫米（少6.98%），属正常。

（3）夏季（2020年6—8月）降水量为552.8毫米，比常年同期少53.2毫米（少8.78%），属正常。6月月降水总量319.6毫米，比历年平均值多1.5毫米（多0.47%），属正常；7月月降水总量95.9毫米，比历年平均值少30.8毫米（少24.31%），属正常；8月月降水总量137.3毫米，比历年平均值少23.9毫米（少14.83%），属正常。

（4）秋季（2020年9—11月）降水量为212.1毫米，比常年同期多7.9毫米（多3.87%），属正常。其中9月月降水总量206.5毫米，比历年平均值多114.9毫米(多125.44%)，属异常偏多；10月月降水总量5.0毫米，比历年平均值少57.3毫米（少91.97%），属异常偏少；11月月降水总量0.6毫米，比历年平均值少49.7毫米（少98.81%），属异常偏少。

3.日照：2020年度年日照时数1402.7小时，比历年平均值少190.3小时，属偏少。

（1）冬季（2019年12月至2020年2月）日照时数为310.6小时，比常年同期少3.1小时，属正常。其中2019年12月日照时数118.7小时，比历年平均值少21.1小时，属正常；2020年1月日照时数96.4小时，比历年平均值少0.3小时，属正常；2月日照时数95.5小时，比历年平均值多16.5小时，属正常。

（2）春季（2020年3—5月）日照时数为325.3小时，比常年同期多38.3小时，属正常。其中3月份日照时数46.7小时，比历年平均值少31.0小时，属正常；4月份日照时数160.0小时，比历年平均值多66.8小时，属异常偏多；5月日照时数118.6小时，比历年平均值多2.5小时，属正常。

（3）夏季（2020年6—8月）日照时数为530.0小时，比常年同期少15.7小时，属正常。其中6月日照时数122.6小时，比历年平均值少3.3小时，属正常；7月日照时数189.1小时，比历年平均值少26.9小时，属正常；8月日照时数218.3小时，比历年平均值多14.7小时，属正常。

（4）秋季（2020年9—11月）日照时数为310.4小时，比常年同期少137.8小时，属显著偏少。其中9月日照时数76.5小时，比历年平均值少79.7小时，属异常偏少；10月日照时数121.0小时，比历年平均值少31.3小时，属正常；11月日照时数112.9小时，比历年平均值少26.8小时，属正常。

【主要气象灾害】 2020年，明溪县的主要气象灾害是冰雹、干旱。

1.冰雹：受西南暖湿急流和低层切变共同影响，4月1日22时45分至22时50分夏坊乡、枫溪乡相继出现冰雹和雷雨大风等强对流天气，冰雹直径1.5—2厘米。4月20日受低层切变和西南急流共同影响，22时11分前后，沙溪乡沙溪村相继出现小冰雹和雷雨大风等强对流天气；21日11时09分，盖洋镇大洋村出现黄豆大小冰雹。受中纬度槽东移和低层偏南气流影响，5月16日1时15—

21分，夏阳乡、沙溪乡梓口坊村出现冰雹；15时56—58分，沙溪乡瑶奢村出现冰雹，最大直径10厘米。

2.干旱：由于秋季温高雨少，10月18日至12月13日县持续无有效降水，形成秋冬连旱，达到重旱标准，对县秋冬经济作物的产量和品质造成较为严重的影响。12月14日出现中雨天气过程，旱情得到解除。

【气象服务】 2020年，明溪县气象局以“决策服务让领导满意、公益服务让社会满意、专业服务让用户满意、专项服务让部门满意”“四满意”为标准,坚持“一年四季不放松，每一次过程不放过”，做好预报服务，坚持把决策服务放在首位,及时主动做好重大灾害性天气预报服务。持续完善并执行各种预案，明确服务流程，提高预报服务的准确率。全年通过书面、手机短信、政务平台、传真、电话汇报等方式向县委、县政府领导和有关部门提供及时的气象服务，先后共发出《重要天气预警报告》《短时强天气报告》《预警信号》《重要专题气象服务》等文字材料176期，《预警信号》318期，发送传真4000余份，短信224063余条，电话服务1100多人次。及时把预警报告、雨情向领导和有关部门报告，并得到县领导好评。为县及时做好防汛抗旱和台风等灾害天气的防范应对工作提供了有利的决策依据。全年共进行人工防雹作业30次，人工增雨作业1次，共发射人影火箭弹212枚，最大限度降低冰雹与干旱给县农业带来的经济损失，保障农业生产。

【综合业务质量稳定】 2020年，明溪县气象局全年无重大错情，无伪造涂改记录和丢失原始资料，测报出站错情率为0，国家气象一般站和乡镇区域自动气象站、卫星接收站等设备维护良好、运行正常。业务学习、集体观测、仪器维护等各项制度得到落实。测报业务质量和预报准确率全面达标。

（吕　琦）

责任编辑：罗兴东

中共明溪县委员会

综 述

【概况】 2020年，明溪县委面对突如其来的新冠肺炎疫情，落实中央和省委、市委决策部署，围绕统筹推进“五位一体”总体布局和协调推进“四个全面”战略布局，坚持稳中求进工作总基调，坚持新发展理念，统筹疫情防控和经济社会发展，团结带领全县广大干部群众开拓创新、真抓实干，大力弘扬“三明实践”，持续做实“四篇文章”、推进“四个着力”、深化“五比五晒”，扎实做好“六稳”工作，全面落实“六保”任务，全方位推动高质量发展超越，实现经济运行平稳健康发展，“十三五”规划主要目标基本完成，新明溪建设迈出了新步伐。全年实现地区生产总值111亿元、增长4%，地方一般公共预算收入完成3.47亿元，增长5.9%，城乡居民人均可支配收入分别增长1.9%、7.4%，获评2020年度福建省县域经济发展“十佳”县。

【政治建设】 2020年，明溪县委贯彻落实中央、省委有关精神，组织学习习近平总书记重要讲话重要指示批示精神和党中央重要文件等，严格执行省委“三四八”贯彻落实机制，开展习近平总书记重要指示批示精神贯彻落实“回头看”。召开县委十二届十一次、十二次全会，深入学习贯彻习近平总书记5月20日重要指示批示和中共十九届五中全会精神，制订全方位推动高质量发展超越、小县大城关聚人气、优化产业结构、科技创新行动计划，以及明溪县国民经济和社会发展“十四五”规划和二〇三五年远景目标的建议等文件，部署明溪全方位推动高质量发展超越和“十四五”各项工作。分级分类学习宣传中共十九届五中全会精神，第一时间召开县委常委会(扩大)会议传达学习中共十九届五中全会精神,研究部署贯彻落实举措;组织开展宣传宣讲，县委常委带头到乡镇、部门等基层一线宣讲33场次，各级党组织开展培训56班次、宣讲200余场次，开展明溪旅外乡亲“云”宣讲报告会，在明溪在线、微信公众号等平台开设专题专栏，推动五中全会精神进企业、进农村、进机关、进校园、进社区、进网站，在全县上下迅速掀起了学习宣传贯彻热潮。抓紧抓牢民主政治建设，支持人大及其常委会依法履行监督权，围绕“一重山”保护、渔塘溪城区段综合治理、水利工程“重建轻管”等工作开展视察、检查和专项调研22次，听取审议专项工作报告8项，交办审议意见13件。支持政协履行政治协商、民主监督、参政议政职能，围绕教育改革、医疗卫生等开展专题调研，委员提案71件全部办结答复。加强和改进统一战线，做好民族、宗教、侨务、台港澳等工作。支持工会、共青团、妇联、残联、工商联等人民团体工作，增强群团组织政治性、先进性、群众性。落实党管武装制度，加强国防动员和后备力量建设，高质量完成动员备战训练和征兵任务，扎实做好双拥工作。

【新冠肺炎疫情防控】 2020年，明溪县委有力有效应对突如其来的新冠疫情，坚持人民至上、生命至上，第一时间成立县应对新冠肺炎疫情指挥部，组建15个工作组，因时因势部署推进“外防输入、内防反弹”各项措施，严把“五道关口”，织密“五道防线”，构建联防联控、群防群治的“铜墙铁壁”，抓紧抓实常态化疫情防控，县内未出现新冠肺炎确诊病例。特别是严防境外疫情输入，及早研判、主动应对，先后制订并更新了9版《严控境外疫情输入的工作方案》，建立从境外到国门、从国门到家门的全覆盖、全链条、无缝隙闭环管理体系，工作方案在全省转发推广。强化党建引领，300个党组织、5520名党员奋战坚守，让党旗在防疫斗争第一线高高飘扬。加快恢复经济社会秩序。2月15日，制订应对疫情推动农业工业服务业平稳健康发展工作方案，建立县领导挂包帮扶重点企业和项目机制，出台制造业企业用电奖励、扶持服务业渡过难关等政策，兑现减租、减税降费、用电奖补等纾困资金6819万元，举办“首届乐购三明直播节”“农民丰收节”等促销活动，推动复商复市，新增市场主体1118家。常态化开展“访企业、解难题、促六稳”专项行动，累计解决企业经营发展问题218个，“一企一策”帮助海斯福、南方制药等企业解决实际问题，推动南方制药在新三板启动两轮定融资1.3亿元，指导13家企业列入疫情防控重点保障企业名单。到3月1日全县93家规模以上工业企业实现100%复工，16个省市重点项目全部开工建设，到3月8日用电恢复率达到100%，上半年主要经济指标实现转正。推动复学复课，各学校因地制宜制订“两案九制”，全县各级各类学校全面安全平稳复课，中高考顺利举行。

【三大攻坚战】 2020年，明溪县委打好精准脱贫攻坚战。始终把脱贫攻坚作为全县中心工作，聚焦“两不愁、三保障”及饮水安全，加大产业、就业等帮扶力度，全县1637户4889人贫困人口稳定脱贫，人均纯收入从2016年的3633元增加到2020年的15278元，30个建档立卡贫困村村财年经营收入均在10万元以上，省级扶贫开发工作重点县“摘帽”退出。积极融入三明国家扶贫改革试验区建设，健全完善防止返贫监测机制，巩固拓展脱贫攻坚同乡村振兴有效衔接，及时帮扶221户340人城市困难家庭和77户213人农村相对贫困家庭，促进全面小康“夹心层”群体增收致富。

打好风险防控攻坚战。防控金融风险，不良贷款率降至1.07%，为历史最低水平，地方政府债务严格控制在省定限额范围内。抓实安全生产，县、乡两级均实行分管应急管理领导AB岗制度，深入推进安全隐患大排查大整治行动，整改安全隐患2371项，获评省“平安农机”示范县。深化平安明溪建设，群众安全感率持续保持全市前列；高质量推进扫黑除恶专项斗争收官战，打掉涉黑组织1个、恶势力犯罪集团或团伙6个，查处涉黑涉恶腐败和“保护伞”13件14人；强化信访积案攻坚，明溪被国家信访局评为信访工作“三无”县，社区矫正管理大队被司法部评为全国社区矫正机构先进集体。

打好污染防治攻坚战。以落实各级生态环保督察反馈问题整改为抓手，打好蓝天、碧水、净土保卫战，空气和水质量居全省前列，获得省环境质量提升奖励，第二次全国污染源普查工作获国务院通报表扬。深入贯彻习近平生态文明思想，统筹山水林田湖草系统治理，持续推进水环境治理与生态修复、水土流失治理及农地生态功能提升等工程，闽江流域山水林田湖草生态保护修复试点获省正向激励800万元奖励。实施“一革命四行动”，农村生活垃圾治理、生活污水治理覆盖率分别达100%、86.04%，初级版“绿盈乡村”覆盖面达64.78%。

【四篇文章】 2020年，明溪县委立足苏区、生态、产业等优势，持续做实做足四篇文章，实现创新发展、特色发展。

中央苏区文章。实施红色基因传承“五个一”提升工程，中央和省级主流媒体深入县开展“三明实践”主题采访活动，组建宣讲小分队，赴国家中医药管理局、省自然资源厅等对口帮扶部门宣讲红色故事，举办第二届“风展红旗如画”红色故事演讲比赛和“云”宣讲报告会，滴水岩获评国家AAA级旅游景区，红7军团铜铁岭战斗旧址列入第十批省级文物保护单位。用好用足国家新一轮支持苏区发展、国家中医药管理局对口支援等政策资源，向上争取资金增长17.26%，与福建中医药大学开展“大生态、大健康、大保健、大养生”战略合作，建成福建中医药大学(明溪)中医药健康管理示范中心。

工业产业文章。坚持“专精特新”思路，做大做强“三新”产业，海斯福三期、NMP纳米导电剂、锂电池环保装备等项目全面投产，南方制药（二期）、昱和、瑞德医药等项目部分试产，海西联合药业与浙江昂利康制药开展战略合作，2020年“三新”产业产值为46.89亿元、增长9.8%，税收为1.61亿元、增长15.2%。强化创新驱动，新增国家高新技术企业2家，全县规上工业企业研发经费投入增长30.77%，南方制药获评全国专精特新“小巨人”企业，海斯福、宝福再生资源开发中心两个项目获省科技进步奖。

绿色生态文章。致力生态产业化、产业生态化，“生态观鸟+森林康养”品牌持续打响，心海森林康养、省级鸣溪湿地公园等项目扎实推进，鸟类监测管理指挥平台建成投用，举办全省“生态观鸟·森林康养”主题活动等，新增森林康养基地12个，打造国家和省级森林村庄10个，荣获观鸟绝胜全国四佳。

精神文明文章。以提升“满意在明溪”为目标，建设县新时代文明实践中心，御帘村、检察院、沙溪乡分别获评全国文明村、全国文明单位、全国未成年人思想道德建设先进单位，入选全国先进数量居全市前列。健全常态化城市管理机制，城市管理“五难”治理取得新成效，智慧停车项目、综合市场提升改造工程、活禽交易和屠宰市场等建成投用，新增停车泊位600个，组建小区业主委员会18个；“e三明”平台群众诉求件满意率达99.98%。

【“五比五晒”】 2020年，明溪县委坚持把“五比五晒”作为主抓手、主赛场、主阵地，把资源集中到抓经济、抓项目上。深化“项目攻坚年”，健全突出靶向考核的竞赛考评办法，实行县领导挂包重点项目等机制，条块结合、靶向攻坚244个项目，基本完成全年目标任务。开展“征迁攻坚年”，建立“一个项目、

2020年12月4日，县委书记钟科（前左二）深入行政服务中心调研
（县行政服务中心 提供）

一名县领导负责、一个专班”机制，“一片一策”推动28个征迁攻坚项目，完成土地征收159.8公顷，攻破解决了南关溪地块等征迁难题，提前完成县总医院门诊综合楼、林业车队等地块征迁任务。抓好招商引资，坚持“合算又合规”，建立健全“一筛二看三详查四比选”、引进项目专家论证评估、重大项目专班跟踪服务等机制，深化产业链招商、以商招商，成立广东顺德招商服务站，全年落地开工项目135个，完成投资59.37亿元。

【民生事业】 2020年，明溪县委坚持急需先行、尽力而为、量力而行，持续保障和改善民生，全县民生支出占一般公共预算支出80.38%，28个为民办实事项目完成目标任务。坚持稳就业保就业，加强就业市场供需对接，城镇登记失业率控制在2.47%，低于目标任务2.53个百分点。优先发展教育事业，坚持软件硬件一起抓，全县义务教育管理标准化学校创建覆盖面达88.9%，学前公办率、普惠率等指标居全市前列，县一中改扩建投入使用，澳莱贝尔国际幼儿园开园招生，实验幼儿园迁建等项目扎实推进。加快卫生事业发展，建成县中医院能力提升工程、公共卫生服务综合大楼等项目，医疗卫生机构设施设备达标率100%，县总医院晋级为二级甲等综合医院。推动养老事业发展，乡镇敬老院改造提升工程加快实施，老年日间照料中心、农村幸福院覆盖村（居）达70%，3个社区（村）列入全国老年人心理关爱项目点。

【城乡建设】 2020年，明溪县委着力从县域城市建设、乡村建设和园区建设三个层面，统筹推进城乡建设，打造宜居宜业城市。发力城市建设。按照“东进、北拓、中提升”思路，同步推进旧城提升和新区建设，加强公共服务能力建设，不断提高城市综合承载力，有效聚集人气商气。东部新区通过布局社会事业项目带动发展，建成了明洲酒店、县级综合档案馆等公共配套设施，实验小学东部校区等项目加快建设，开发面积35.2公顷。北部新区完成总体规划和控制性详规编制，坪埠东路(二期)征迁顺利突破，红色旅游公路雪城线基本建成通车。中心城区围绕做足“水脉”“路脉”文章，黄沙坑水库竣工验收，莆炎高速公路明溪段及城区互通连接线建成通车，火车站站房完成主体建设。做好城市经营文章，推动房地产业平稳发展，出让拍卖土地3宗9.51公顷，开发商品房1339套。推动乡村振兴。深入实施乡村振兴战略，完成10个省级乡村振兴试点村和7个城郊融合村村庄规划编制，夏阳村获评省级乡村振兴实绩突出村，梓口坊村、旦上村绿盈乡村建设入选省乡村振兴案例选编。发展特色现代农业，实施农产品全产业链综合服务、生态硒锌大米系列食品加工等农业产业化项目，建成猕猴桃、茶叶等硒锌农产品基地6800公顷，“华山野茶”获国际茶博会金奖，被列入第三批省级农产品质量安全县创建试点单位。全面落实“两统筹、两统管”“四个一”要求，9个市县农村新型住宅小区和瀚仙镇、沙溪乡农村村民住宅规划建设管理试点工作有序推进。打好农村人居环境整治收官战，新改建农村公路35千米，沙溪乡、胡坊镇列为省级乡村治理示范乡镇，罗翠村等16个村列入省级乡村治理示范村，御帘村获评省“金牌旅游村”。建好园区平台。坚持“一区多园”模式，加快推进园区提档升级，完成县经济开发区总规修编、工业集中区总规修编及控规编制，园区综合发展水平连续两年居省级扶贫开发工作重点县开发区前5位。主动融入闽西南协同发展区建设，明溪-鲤城山海协作共建产业园新增投资4100万元，深化与漳州金峰经济开发区合作，奋发山海协作产业园完成征迁438亩，军民融合产业园加快建设。

【重点领域改革】 2020年，明溪县委着力破除制约高质量发展的体制机制障碍，提高资源配置效率，充分激发发展内生动力。深化“放管服”改革。实施政务服务“好差评”机制，39个部门入驻新行政服务中心，增设24小时自助服务区，实现便民“一站式”服务。深化医疗卫生改革。推进“四级共保”和“4+7”药品集中采购，创新“四个三”精细化慢性病管理模式，医保出院患者报销比例提高到70.41%；探索“医防融合”改革，明溪被列入全市“医防融合”改革试点县，完成县疾控中心综合改革。深化农业农村改革。稳慎推进农村土地制度改革和“三票制”改革，完成农村集体产权制度改革，所有行政村完成土地确权工作。深化教育改革。推进教育“总校制”“县管校聘”和高考综合改革，深化教育评价、督导改革，完善教师职称评审、聘后管理及“1+4”正向激励机制，不断提高教育质量。深化林权制度改革。融入三明省级绿色金融改革试验区建设，推广“益林贷”等林业普惠金融产品，创新完善绿色金融体系，进一步打通“两山”转化通道。深化国有企业改革。健全国有资本投资、运营体制机制，全面完成国有企业退休人员社会化管理，推动国有资产整合运营，净资产增长18.2%。

【党的建设】 2020年，明溪县委强化党的政治建设，加强理论武装，把学习习近平新时代中国特色社会主义思想作为一项长期政治任务抓紧抓实，不断丰富学习内容和形式。严守政治纪律和政治规矩，加强干部“八小时之外”管理，自觉做到“五个必须”、防止“七个有之”。严肃党内政治生活，完善党委对重大工作的领导机制，严格执行“三重一大”决策等制度。坚持党管意识形态，推行“八个纳入”“2111”工作机制，建立健全意识形态工作责任制考评、宣传思想工作细则等制度，牢牢掌握意识形态工作主动权。扛起整改政治责任，实行整改落实对账销号，各级巡视巡察、扫黑除恶督导、扶贫检查、审计等反馈问题均按序时完成整改。

强化组织建设。以提升组织力为重点，全面落实基层党建重点任务，统筹推进社区、机关、学校、非公和社会组织等领域基层党建工作，用好书记金融助理、“365”近邻党建等党建品牌，深化“达标创星”活动，“一支一策”整顿软弱涣散党组织9个，打造22个党建示范点，培育“党建+法务”等典型，推动“两新”组织党的工作覆盖率100%，非公企业党组织、社会组织党组织覆盖率分别为86.7%、80.4%。做好村级组织换届准备工作，围绕村干部履职、班子运行、群众评价等情况开展调查研究，形成研判报告88份，提前排查化解问题63个；全面推行村级后备力量培养“三步走”机制，储备村级后备力量353人。强化队伍建设。注重提振干部精气神，落实各级激励干部担当作为和关心关爱干部政策措施，优化绩效、综治、精神文明等考评办法，全面执行二级绩效管理，提拔晋级使用在“五比五晒”、疫情防控等重大专项工作中表现优秀干部6批次94人，表彰、嘉奖、记功干部206人次，培育选树了全国劳模张运文等先进典型，澄清失实举报件7件，营造想干事、会干事、干成事的氛围。注重提升干部政治素养和专业能力，开展“2020，敢拼会赢”主题活动，举办第二期“干细胞”计划青年干部培训班，建立“上推、下挂、外派、重点放”四位一体实践培养链条，抽调359名干部到一线、上级部门锻炼。加快人才工作步伐，健全人才引进管理制度，加大与省内高校开展人才引育对接力度，引进各类人才90人。

强化纪律建设。坚持“严”的主基调，有序有效推进扶贫领域、民生领域、涉黑涉恶等专项治理，查处群众身边不正之风和腐败问题31件34人，给予党纪政务处分19人。严格落实中央八项规定及其实施细则精神，常态化推进形式主义、官僚主义整治，延伸拓展“1+X”监督机制，查处违反中央八项规定精神问题8起8人，形式主义、官僚主义问题17起21人。深化“一季一警示”教育，编印《廉政风险防控提示参考读本》，以典型案例通报等形式开展警示教育725场次，受教育1.7万人次。坚持零容忍、无禁区、全覆盖，精准运用监督执纪“四种形态”处理136人，完成88

个单位常规巡察和8次专项巡察，十二届县委巡察全覆盖任务提前完成；开展2019年度全面从严治党主体责任落实情况检查，推动整改问题219个、整改完成率99.55%。

（王粪薇）

重要会议

【党(工)委书记抓基层党建工作述职评议会议】 2020年1月20日，明溪县党(工)委书记抓基层党建工作述职评议会议召开，县委书记李腾主持会议。会议共有六项议程：各乡镇党委书记逐一进行口头述职；县直机关党工委、县教育系统党委、县委非公企业和社会组织工委作书面述职；县委主要领导逐一点评；组织参会人员填写评议表，进行评议；市委组织部指导组进行点评讲话；县委主要领导讲话。会议指出，要深入贯彻习近平新时代中国特色社会主义思想和中共十九届四中全会精神，落实管党治党政治责任，推动全面从严治党向基层延伸。

【全县“不忘初心、牢记使命”主题教育总结会议】 2020年1月20日，明溪县“不忘初心、牢记使命”主题教育总结会议召开，县委副书记、县长苏迎平主持会议并讲话。会议号召全县各级党组织和广大党员干部要从增强“四个意识”、坚定“四个自信”、做到“两个维护”的高度，深刻理解习近平总书记的重要讲话精神，准确把握中央和省委、市委部署要求，以更加务实的举措、更加振奋的状态、更加优良的作风，把党的自我革命不断引向深入。

【县委一季度经济形势分析暨“五比五晒”竞赛推进视频会议】 2020年4月24日，明溪县委一季度经济形势分析暨“五比五晒”竞赛推进视频会议召开，县委书记李腾主持会议并讲话。会议共六项议程：观看重点项目建设现场视频；县委常委、县政府党组成员徐婷通报2020年一季度经济运行情况暨“五比五晒”竞赛活动进展情况；县委副书记陈谊声宣读《关于表扬明溪县2019年度明溪县地方财政贡献大户企业的通报》和《关于表彰奖励2019年度“五比五晒”项目竞赛活动先进单位和先进个人的决定》；夏阳乡、雪峰镇、县发改局、县工信局分别作交流发言，夏坊乡、城关中学分别作表态发言；县政府县长苏迎平讲话；县委书记李腾讲话。会议指出，要深入贯彻落实习近平总书记重要讲话和重要指示批示精神，在常态化疫情防控中推进经济社会发展，进一步做实“四篇文章”、推进“四个着力”、深化“五比五晒”。

【2020年县委农村工作现场会】 2020年5月8日，2020年县委农村工作现场会召开，县政府副县长聂建兴主持会议。会议共两项议程：与各乡（镇）政府签订2020年粮食生产任务清单；县委副书记陈谊声讲话。会议指出，要深入学习贯彻习近平总书记关于“三农”工作的重要讲话精神，全面落实中央和省委、市委农村工作会议各项部署要求，进一步统筹抓好疫情防控和农业农村各项工作。

【常态化疫情防控工作推进会】 2020年6月5日，常态化疫情防控工作推进会召开，县委书记李腾主持会议并讲话。会议要求，各级各部门要清醒认识当前防控境外疫情输入形势仍然复杂，要时刻绷紧疫情防控这根弦，认真贯彻中央、省有关会议、文件精神，坚持应急处置和常态化防控相结合，完善和加强“外防输入、内防反弹”措施，继续把常态化疫情防控抓紧抓实抓细抓到位，坚决守住不发生本土病例的底线，不断巩固来之不易的防控成果。

【县委政协工作会议】 2020年7月9日，明溪县委政协工作会议召开，县委副书记、县长苏迎平主持会议。会议共两项议程：县委书记李腾讲话；县政协吴焰生主席作会议总结讲话。会议指出，要以习近平新时代中国特色社会主义思想为指导，深入贯彻落实习近平总书记关于加强和改进人民政协工作的重要思想和对福建、对明溪工作的重要指示精神，认真贯彻中央和省委、市委政协工作会议精神，研究部署加强和改进县政协工作，推动全县政协工作高质量发展，为新时代新明溪建设汇聚智慧和力量。

【县委上半年经济形势分析暨“五比五晒”“项目攻坚年”“征迁攻坚年”推进会议】 2020年8月10日，明溪县委上半年经济形势分析暨“五比五晒”“项目攻坚年”“征迁攻坚年”推进会议召开，县委副书记陈谊声主持会议。会议共三项议程：县委常委、县政府党组成员徐婷通报上半年全县经济运行和“五比五晒”“项目攻坚年”活动及“五个十”重大项目开展情况；由夏阳乡、瀚仙镇、工信局作交流发言，沙溪乡、住建局、教育局作表态发言；县委副书记、县长苏迎平讲话。会议指出，2016年换届以来，明溪县坚持以习近平新时代中国特色社会主义思想为指导，深入贯彻中共十九大和中共十九届二中、三中、四中全会精神，按照中央和省、市各项决策部署，坚持稳中求进工作总基调，统筹推进“五位一体”总体布局，协调推进“四个全面”战略布局，践行新发展理念，全方位推动高质量发展超越，加快老区苏区脱贫奔小康。

【县委十二届十一次全体会议】 2020年9月17日，明溪县委十二届十一次全体会议召开，县委副书记、县长苏迎平主持会议并讲话。会议指出，要以习近平新时代中国特色社会主义思想为指导，全面贯彻中共十九大和中共十九届二中、三中、四中全会精神，深入学习贯彻习近平总书记对福建、对三明、对明溪工作的重要讲话和重要指示批示精神，认真贯彻落实省委十届十次、市委九届十三次全会部署要求，结合明溪实际，科学谋划新的目标和举措，动员全县广大党员干部群众苦干实干、担当作为，更好地统筹常态化疫情防控和经济社会发展，扎实做好“六稳”工作，全面落实“六保”任务，进一步做实“四篇文章”、推进“四个着力”、深化“五比五晒”，全方位推动高质量发展超越，为加快新时代“新福建”、新三明建设作出明溪新贡献。

【县委和县政府三季度经济形势分析暨“五比五晒”“项目攻坚年”“征迁攻坚年”推进会议】 2020年10月29日，明溪县委和县政府三季度经济形势分析暨“五比五晒”“项目攻坚年”“征迁攻坚年”推进会议召开，县委副书记陈谊声主持会议。会议共两项议程：县委常委、县政府党组成员徐婷通报三季度全县经济运行和“五比五晒”“项目攻坚年”活动及“五个十”重大项目开展情况；县委副书记、县长苏迎平讲话。会议主要任务，学习贯彻省委、省政府三季度经济形势分析暨一季一督查视频会议、市委三季度经济形势分析暨“五比五晒”“项目攻坚年”推进会议精神，分析总结全县经济运行、“五比五晒”、“项目攻坚年”、“征迁攻坚年”活动情况，动员全县上下进一步坚定信心、振奋精神，只争朝夕、全力冲刺，努力完成全年经济社会发展目标任务。

【2020年创建省级文明县城总评迎检会】 2020年11月17日，2020年创建省级文明县城总评迎检会召开，县委书记钟科主持会议并讲话。会议共两项议程：县长苏迎平部署2020年创城总评迎检各项工作；县委书记钟科讲话。会议号召，各乡镇及单位要投入百分之百的精力，全力抓好迎总评工作，坚定信心、振奋精神，攻坚克难、全力冲刺，向全县人民交上一份满意的文明答卷。

【县委十二届十二次全体会议】 2020年12月28日，明溪县委十二届十二次全体会议召开，县委书记钟科主持会议并讲话。会议议程：县委书记钟科代表县委常委会向全会报告工作；钟科就《中共明溪县委关于制定明溪县国民经济和社会发展第十四个五年规划和二〇三五年远景目标的建议（讨论稿）》作说明；会议审议通过《中共明溪县委关于制定明溪县国民经济和社会发展第十四个五年规划和二〇三五年远景目标的建议(草案)》《中国共产党明溪县第十二届委员会第十二次全体会议决议(草案)》。会议号召全县上下要更加紧密地团结在以习近平同志为核心的党中央周围，奋发有为，攻坚克难，为全方位推动高质量发展超越、加快新时代新明溪建设而努力奋斗。

【县委常委会会议】 2020年1月2日，明溪县委书记李腾主持召开县委常委会会议，调整部分县领导分工和挂钩乡(镇)安排。会议明确，鉴于人事变动和工作需要，徐婷联系招商引资、产业发展、征地拆迁工作，协助钱超抓好精神文明建设工作，负责县政府分工工作，挂钩联系雪峰镇。

1月20日，县委书记李腾主持召开县委常委会会议，传达贯彻市委经济工作会议精神和市委主要领导到明溪调研讲话精神、2020年县(市、区)党政领导平安建设(综治工作)和生态环境保护目标责任书签订仪式会议精神，听取《明溪县党政主要领导自然资源资产审计发现问题的整改方案》汇报，传达贯彻全市医改推进会暨慢性一体化管理攻坚战现场推进会精神、全市农村人居环境整治问题整改暨美丽乡村精品示范村创建推进会精神。

2月21日，县委书记李腾主持召开县委常委会会议，传达贯彻全国、全省、全市宣传部部长会议精神，听取2019年巡察工作、2020年全国劳动模范人选推荐工作、《2019年度县级“五比五晒”推进高质量发展落实赶超竞赛活动考评结果》、《2019年度县级“五比五晒”竞赛活动表彰名额分配建议》和《关于表扬2019年度明溪县地方财政贡献大户企业的通知(送审稿)》等情况汇报。

2月25日，县委书记李腾主持召开县委常委(扩大)会议，深入学习贯彻习近平总书记在2月23日统筹推进新冠肺炎疫情防控和经济社会发展工作部署会上的重要讲话精神，研究进一步做好“外防输入”工作。

3月13日，县委书记李腾主持召开县委常委会会议，听取全县安全生产工作情况汇报，研究讨论《明溪县深入开展安全生产隐患大排查大整治工作方案(送审稿)》，传达学习《中共中央办公厅、国务院办公厅关于构建现代环境治理体系的指导意见》，听取“新时代新三明百名担当作为青年先进”人选推荐、2019年度县“五比五晒”竞赛活动拟奖励建议人选等情况汇报。

3月27日，县委书记李腾主持召开县委常委会会议，传达贯彻全国全省全市组织部部长会议、老干部局长会议精神，传达学习《中国共产党党校（行政学院）工作条例》和全省党校（行政学院）校（院）长会议精神，传达贯彻全国全省全市统战部部长会议，中央、省委、市委政法工作有关会议精神，讨论研究《明溪县乡镇机构改革总体方案（讨论稿）》。

4月8日，县委书记李腾主持召开县委常委会会议，讨论研究河滨公园提升改造项目剩余工程款支付有关事宜。

4月17日，县委书记李腾主持召开县委常委会会议，调整部分县领导挂钩联系乡(镇)安排，传达贯彻全市城市名片策划宣传暨县级融媒体中心建设推进会、全市网信工作会议、全国全省抓党建促决战决胜脱贫攻坚电视电话会议等精神，开展“一季一警示”教育，组织学习中办严明文件管理纪律要求的文件、《中共中央、国务院关于抓好“三农”领域重点工作确保如期实现全面小康的意见》《中共中央办公厅关于印发〈纪检监察机关处理检举控告工作规则〉的通知》《中共中央办公厅关于印发〈党委(党组)落实全面从严治党主体责任规定〉的通知》、中央“不忘初心、牢记使命”主题教育总结报告等文件精神，听取明溪县新冠肺炎疫情防控阶段性总结报告汇报，讨论研究《明溪县2020年“征迁攻坚年”工作方案(送审稿)》《2020年明溪县“项目攻坚年”行动实施方案(送审稿)》《2020年明溪县“‘五比五晒’推进高质量发展活动”考评办法（送审稿）》《明溪县“五比五晒”推进高质量发展及“项目攻坚年”活动领导小组》，听取2019年党政领导生态环境保护目标责任书通报问题整改方案汇报，讨论研究《明溪县财政预算及资金审批管理暂行办法(送审稿)》《明溪县财政局关于2020年第一批新增地方政府债券资金安排情况的报告(送审稿)》《中共明溪县委常委会2020年工作要点(讨论稿)》，听取2019年度机关党建工作情况汇报，讨论研究《明溪县贯彻落实〈2019—2022年福建省干部教育培训规划〉的实施方案(讨论稿)》《中共明溪县委关于新时代加强和改进人民政协工作的通知(讨论稿)》。

4月21日，县委书记李腾主持召开县委常委会会议，学习贯彻《中共三明市委办公室印发〈关于进一步加强和改进年轻干部、女干部、党外干部培养选拔工作的意见〉》。

6月2日，县委书记李腾主持召开县委常委会会议，听取各群团组织工作情况汇报，讨论研究《明溪县乡镇机构改革实施方案》《关于明晰县乡职责规范“属地管理”的意见（试行）（讨论稿）》，传达贯彻全省全市基层党建工作重点任务推进会和抓党建促决战决胜脱贫攻坚会议精神，讨论研究《中国共产党宣传工作条例》责任分工方案（讨论稿），听取2019年度党委（党组）意识形态工作责任制落实情况、2019年明溪县网络意识形态工作责任制落实情况汇报，讨论研究《中共明溪县委全面深化改革委员会2020年工作要点（讨论稿）》，听取2019年度全面从严治党主体责任落实情况检查情况汇报，传达贯彻全国全省巡视工作会议精神，听取党风廉政建设和反腐败工作情况、“12345”便民服务中心工作情况汇报，讨论研究《关于进一步加强和改进“12345”便民服务（“e三明”随手拍）诉求件办理的若干措施（讨论稿）》。

同日，县委书记李腾主持召开县委常委会会议，传达贯彻全国“两会”和省委常委(扩大)会议精神，学习中办、国办关于基础设施高质量发展的文件、《中共福建省委关于贯彻落实习近平总书记重要讲话精神决战决胜脱贫攻坚的通知》《中共福建省委办公厅、福建省人民政府办公厅关于积极应对新冠肺炎疫情影响决战决胜脱贫攻坚十九条措施的通知》《福建省扶贫开发领导小组关于印发2020年脱贫攻坚工作要点的通知》《中共中央办公厅关于持续解决困扰基层的形式主义问题为决胜全面建成小康社会提供坚强作风保证的通知》等文件精神，传达贯彻全面依法治国、治省、治市委员会有关会议精神，讨论研究《中共明溪县委全面依法治县委员会2020年工作要点（讨论稿）》，听取2019年度政法（综治）工作和2020年1—4月社会稳定工作、明溪县党政主要领导自然资源资产审计发现问题整改情况汇报，讨论研究《明溪县党政主要领导任期经济责任审计发现问题整改方案(讨论稿)》，听取2019年度审计工作情况汇报，讨论研究《2020年度明溪县审计项目计划（讨论稿）》，听取1—5月脱贫攻坚工作情况汇报，讨论研究收购三明百事达淀粉有限公司资产、四元堂A地块配建项目历史遗留问题解决方案相关事宜。

6月9日，县委书记李腾主持召开县委常委会会议，讨论研究《县直部门与乡（镇）联建联创工作方案（讨论稿）》，传达贯彻市委关于做好中央和省直单位来明挂职干部服务保障和管理工作专题会议精神，调整部分县委常委分工和县领导挂钩联系乡（镇）安排。

7月1日，县委书记李腾主持召开县委常委会会议，组织学习习近平总书记在《求是》杂志上发表重要文章《关于全面建成小康社会补短板问题》、中办关于意识形态工作责任制的有关文件、中共福建省委关于落实《中国共产党宣传工作条例》相关纪要等精神，讨论研究《明溪县招商引资政策若干规定（试行）》《明溪县促进总部经济发展的实施意见》《关于加快推动“军转民”“民参军”的实施方案》《明溪县推进医防融合深化公共卫生服务体制改革实施方案（讨论稿）》，传达贯彻市委政协工作会议精神，讨论研究《2020年全县党建工作要点》《明溪县残疾人联合会改革方案（讨论稿）》《关于进一步激励干部担当作为的若干措施（征求意见稿）》，听取机关事业单位工作人员调出相关事项情况汇报。

7月29日，县委书记李腾主持召开县委常委会会议，学习习近平总书记在中央政治局第二十一次集体学习时的重要讲话、《中共福建省委组织部转发中共中央组织部关于认真学习贯彻习近平总书记在中央政治局第二十一次集体学习时的讲话精神的通知》、《中国共产党基层组织选举工作条例》、《加强干部“八小时之外”管理监督工作暂行办法》、习近平总书记在专家学者座谈会上的重要讲话等精神，开展“一季一警示”教育，听取全县重大战略举措落实情况、上半年安全生产工作情况汇报，讨论研究《明溪县安全生产专项整治三年行动实施方案》《关于做好财政增收节支管理的若干措施》《明溪县招商引资项目环境保护准入管理规定（暂行）》《明溪县森林公安管理体制调整工作实施方案（讨论稿）》，听取2019年度绩效考评结果情况汇报，讨论研究《明溪县2020年度绩效管理工作方案》《关于进一步加强和完善2020年度二级绩效考评工作有关事项的通知》《进一步深化机关效能建设加快推进新明溪治理现代化工作方案》《2020年县委、县政府为民办实事工作计划（讨论稿）》。

8月24日，县委副书记、县长苏迎平主持召开县委常委会会议，传达贯彻省委十届十次全会精神，学习省委书记于伟国在省管干部学习贯彻中共十九届四中全会精神轮训主题报告会上的讲话和年轻干部座谈会上的讲话精神、《中共三明市委关于巡视整改进展情况的通报》，讨论研究《2019年度平安建设（综治工作）考评结果（讨论稿）》、2020年度全县机关事业单位退休人员过节费调整事宜，听取明溪县未成年人思想道德建设工作情况汇报，讨论研究《2020年全县食品安全重点工作安排》《2020年全县治理“餐桌污染”建设“食品放心工程”工作方案（讨论稿）》，听取2020年第二批专项债券资金安排、2020年抗疫特别国债资金安排情况汇报，讨论研究《明溪县贯彻落实〈市委关于省委2019年度全面从严治党主体责任问题清单整改落实方案〉的整改方案》《明溪县委关于市委2019年度全面从严治党主体责任问题清单整改落实方案（讨论稿）》，听取2020年上半年巡察工作情况、2020年上半年全面从严治党工作情况汇报。

同日，县委副书记、县长苏迎平主持召开县委常委议军会议，听取县人武部党委关于武装工作和驻明部队建设情况汇报，并就相关问题进行讨论研究。

9月16日，县委副书记、县长苏迎平主持召开县委常委会会议，组织学习《中共福建省委关于贯彻〈中国共产党农村工作条例〉的实施办法》《三明市建立健全农村村民住宅规划建设管理工作机制的意见》《中共福建省委贯彻〈中国共产党政法工作条例〉实施办法》，讨论研究县委十二届十一次全会有关文件、《关于开展明溪县2019年度e三明建设工作突出贡献先进集体和个人奖励评选的通知》《关于干部到上级部门跟班学习（挂职）期间租房费用报销办法（讨论稿）》，调整部分县委常委分工和挂钩乡（镇）安排。

10月26日，县委副书记、县长苏迎平主持召开县委常委会会议，学习贯彻习近平总书记在中央政治局第二十三次集体学习时的重要讲话、《中共中央办公厅关于印发〈关于巩固深化“不忘初心、牢记使命”主题教育成果的意见〉的通知》、于伟国书记在2020年省委党校、行政学院秋季学期中青年干部培训班开班式上的讲话、《中共中央关于印发〈中国共产党中央委员会工作条例〉的通知》、《中共三明市委关于深入学习贯彻习近平总书记重要讲话重要指示批示精神全方位推动高质量发展超越的决定》等文件精神，传达贯彻十九届中央第六轮巡视工作动员部署会、十届省委第九轮巡视工作动员部署会精神，学习贯彻《中共福建省委办公厅、福建省人民政府办公厅关于印发〈福建省生态环境保护督察工作实施办法〉的通知》《中共中央、国务院关于印发〈深化新时代教育评价改革总体方案〉的通知》等文件精神，听取全县重点城建、民生项目推进情况汇报，讨论研究《关于2020年第二批新增一般债务及第三批新增专项债务项目安排情况的报告(讨论稿)》《关于2019—2020学年度优秀教师、优秀班主任和优秀教育工作者人选建议名单(讨论稿)》，听取2019年度县级精神文明各类先进考评情况、1—8月县意识形态领域情况的通报、2019年全县科级干部年度考核等次事项汇报，调整部分县委常委分工安排。

11月3日，县委副书记、县长苏迎平主持召开县委常委会(扩大)会议，传达贯彻中共十九届五中全会和省委、市委常委会(扩大)会议精神。

11月25日，县委书记钟科主持召开县委常委会会议，传达学习习近平总书记在第三届中国国际进口博览会开幕式上的讲话和在中央全面依法治国工作会议上的讲话精神，组织学习《中共三明市委政法委员会关于陈绍明等人组织、领导、参加黑社会性质组织案件情况的报告》《关于进一步学习弘扬廖俊波精神全方位推动高质量发展超越的通知》等文件精神，讨论研究《关于调整部分机关单位党组织设置的建议方案(讨论稿)》，听取近期常态化疫情防控工作情况、县2019年度“e三明”建设工作拟奖励相关情况汇报，听取召开县十七届人民代表大会第五次会议筹备工作有关事项、召开政协第十届明溪县委员会第五次会议有关事项情况汇报。

12月18日，县委书记钟科主持召开县委常委会会议，调整部分县委常委分工安排，传达学习习近平总书记在全国劳动模范和先进工作者表彰大会上的讲话以及在中央政治局第二十五次集体学习时的讲话精神，组织学习《中共中央关于印发〈法治社会建设实施纲要（2020—2025年）〉的通知》文件精神，传达学习习近平总书记在中共中央政治局常务委员会会议(听取脱贫攻坚总结评估汇报)上的讲话精神，组织学习《防范和惩治统计造假弄虚作假重要文件选编》文件精神，传达贯彻平安中国建设工作会议精神，讨论研究《平安建设领导小组及办公室工作规则》《专门工作组组成人员名单（讨论稿）》，组织学习《三明市贯彻落实〈2019—2023年全国党政领导班子建设规划纲要〉若干措施》文件精神，传达贯彻全省近邻党建工作推进会和全市基层党建工作现场会精神，听取2019年度公务员(参公人员)拟记三等功、嘉奖建议人选情况汇报，讨论研究《明溪县2021年元旦春节期间群众性文化活动方案（讨论稿）》。

12月24日，县委书记钟科主持召开县委常委会会议，传达学习中央、省委经济工作会议和省委十届十一次全会精神，组织学习《中共中央关于中国共产党成立100周年庆祝活动的通知》文件精神，听取县人大常委会、县政府、县政协、县法院、县检察院党组2020年工作情况、县十七届人民代表大会第五次会议筹备工作情况、县政协第十届明溪县委员会第五次会议筹备工作情况汇报，讨论研究《中共明溪县委印发〈关于加强新时代公安工作的实施方案〉的通知》《中共明溪县委关于制定明溪县国民经济和社会发展第十四个五年规划和二〇三五年远景目标的建议》《明溪县国民经济和社会发展第十四个五年规划和二〇三五年远景目标纲要》《在县委十二届十二次全体会议上关于县委常委会工作的报告》《明溪县2020年财政收支决算预计情况及2021年预算编制情况的报告》《明溪县政府工作报告（讨论稿）》，开展“一季一警示”教育。

县委办公室工作

【综合工作】 2020年，明溪县委办公室坚持把写好文稿作为办公室工作的“主责主业”，有效服务县委中心工作。在强化理论学习上下功夫，紧贴理论前沿，紧跟政策形势，认真研究中央、省委和市委的决策部署和文件精神，在学原文、读原句、悟原理的基础上，增强理论功底，切实将上级的大政方针与明溪经济社会发展高度统一起来，将领导工作思路与明溪改革发展稳定任务紧密结合起来。在夯实文字功底上下功夫，着力提高文字表达能力和逻辑思维能力，提高遣词造句的水平和功底，提高字词句和标点使用的准确性，确保行文准确、清晰流畅，符合县委主要领导的工作思路和语言风格。在提升综合能力上下功夫，切实增强对全县政治经济社会等方面材料的归纳整理和消化吸收，尤其是强化对基层、企业报送素材的掌握和理解，着力提升把握全县工作大局的综合能力。2020年，参与制订中共明溪县委《关于深入学习贯彻习近平总书记重要讲话重要指示批示精神全方位推动高质量发展超越的决定》《明溪县全方位推动高质量发展超越优化产业结构行动计划》《明溪县全方位推动高质量发展超越科技创新行动计划》《明溪县全方位推动高质量发展超越小县大城关聚人气行动计划》等文件，起草领导讲话、汇报材料等各类文稿共计100余篇，40余万字。

【信息工作】 2020年，明溪县委办公室发挥信息“智囊”作用，收集、归纳国内外经济、政治、文化等方面的典型经验做法，围绕社会热点难点问题和舆情焦点，及时、全面采编高质量信息，为县委决策部署提供快捷、准确、有效的服务。2020年信息成绩位列全省第18名、全市第1名。始终立足“参谋部”定位。疫情防控期间，面对明溪籍海外侨胞“回国避疫”强烈意愿，在国内外形势不明朗、防疫政策未明确、没有任何可供借鉴的前提下，谋划《防控境外疫情输入简报》等疫情决策专报32期，准确研判中国不会采取全球撤侨行动等举措，为县委科学决策赢得主动权。注重发挥“直通车”作用。当好信息交流平台中枢，充分发挥信息工作“上情下达”“下情上传”职能，总结提炼全县重点、亮点工作，主动向省、市报送信息350条，其中52条被采用；累计编发本级刊物《明溪快讯》18期、决策咨询专报2期。不断提升“含金量”水平。坚持向上对接有高度，“走出去”开展向上走访，深化交流，推荐1名干部到省委办公厅信息处跟班学习。对下指导有深度，探索实施“信息采用及时通报表扬机制”，激励乡镇、部门多投信息、做好信息，累计发放通报10份。加强乡镇、部门信息业务指导，接收跟班学员6人，开展信息培训2次、业务座谈25人次。

【督查工作】 2020年，明溪县委办公室落实“基层减负年”要求，完善督查机制，突出督查重点，提高督查质量，督查检查考核事项缩减至17项，同比减少46.9%。加大对领导调研议定事项、“四篇文章”、“五比五晒”、项目征迁攻坚、重点项目建设等全县重点工作的督查督办、跟踪问效，共编发《督查反馈》48期，领导批示件办结率100%。开展习近平总书记重要讲话重要指示批示贯彻落实“回头看”督查工作，确保党中央重大决策部署落到实处。开展突破“难、硬、重、新”工作，推动解决当前面临的急难险重任务、经济社会发展的重点工作等。配合开展市委、市政府重大决策执行情况督查巡察审计协同行动开展，推动各项决策部署精准落地落实。加强督促协调，促进各级巡视巡察、生态环保督察、全面从严治党责任制检查等反馈问题整改到位。

【保密工作】 2020年，明溪县委办公室贯彻落实中央和省、市有关保密工作的政策和文件精神，按照县委保密委的统一部署，组织全县各乡镇、县直各单位开展保密自查自评工作，进一步督促全县机关、单位落实保密工作责任制。迎接省国家保密局来明开展专项保密检查，并对全县保密重点要害部门上门进行保密检查，及时发现隐患和漏洞，并限时整改。县国家保密局根据相关部门业务特点和工作需求开展有针对性的保密宣传教育，推进保密“两识”（保密知识、保密意识）教育，不断强化保密观念，促进保密工作有效开展。全年通过以会代培等形式开展保密教育培训6次37人次；到各乡（镇）及县直相关部门开展保密监督检查2次，涉及计算机52台，发现问题7个，整改7个。

【秘书工作】 2020年，明溪县委办公室主动服务工作大局，着力当好县委的坚强前哨和巩固后院，增强服务意识，提高保障能力。做好办文办会。办文工作，做好上级来文、部门来文、会议通知、领导批示件落实督办等工作，及时与部门对接，按时催办，坚决杜绝错送、乱送和挤压延误现象发生，共登记、收发、办理各级来文来函1061件次，办理县委主要领导签批件125余件，均未出现差错。会务工作，做好省、市领导来明调研活动和全县各项大型会议、活动，以及新冠肺炎疫情防控的组织协调和后勤保障，较好完成省级扶贫开发工作重点县退出专项评估检查、市重点项目攻坚年现场推进会调研等后勤保障。抓好队伍建设。严格按县有关干部任用规定，选拔调整办中层科（室）长6名；拓展党员干部培养方式、途径，选送22人次参加各级各类业务培训、1人到上级部门跟班锻炼学习；向组织推荐优秀人才，9人次获省、市、县各级表彰表扬。抓好机构建设，落实县委关于机构改革的部署，研究制订办公室机构编制调整方案，增设、撤并部分内设机构，调整优化科室职责，推动工作高效运转。同时，作为县委深改委、财经委、军民融合委、国安委等议事协调机构的办公室，主动助推重点领域改革、军民融合产业园建设等工作。

（王龚薇）

组织工作

【概况】 2020年，明溪县共有21个党（工）委，30个党组，6个党总支，300个党支部。科级领导干部共600人，其中正科级233人，副科级367人，女科级干部110人。县委组织部以习近平新时代中国特色社会主义思想为指导，贯彻中共十九大精神，全面落实新时代党的建设总要求，践行新时代党的组织路线，组织党员助力社区开展疫情防控，统筹推进领导班子和干部队伍建设、基层党组织和党员队伍建设、人才队伍建设，不断提高组织工作质量和水平，为推动县全方位高质量发展超越提供坚强组织保证。

【疫情防控】 2020年，明溪县委组织部切实扛起政治责任，为疫情防控提供坚强组织保障。开展“防控疫情、党员先行”活动，结合开展“双报到、双积分”行动，组织1587名党员到社区报到，助力社区开展疫情防控工作。作为牵头单位，社区疫情防控工作组及时高效地完成县委提出的在24小时内实现城区道路和各小区管控的要求。发动全县6788名党员参与疫情防控捐款555630.06元。从党费中划拨72.5万元，支持基层党组织开展疫情防控工作，慰问战斗在疫情防控斗争第一线的医护人员和基层党员、干部。组织建立片区与楼栋微信群82个，设立临时党支部7个、党员志愿服务队37个、党员示范岗106个。在6个口岸同步建立临时党支部，抽调20名党员领导干部、志愿者驻点，“点对点”接驳境外入明人员，为全县实现“零漏管、零失管”发挥了组织作用。通过疫情防控一线考核考察、蹲点调研、督查检查等方式，及时了解掌握干部现实表现情况，发布4期《关于对打赢明溪县新冠肺炎疫情防控阻击战中担当作为的集体和个人表扬的通报》，共计通报表扬72名先进个人与12个先进集体，一线提拔与进一步使用5人，晋升职级5人。疫情防控期间有38名表现优秀的干部群众被确定为入党积极分子，有4人被接收为预备党员。

【干部队伍建设】 2020年，明溪县委组织部注重能力提升，突出“实战”导向，开展第二期“干细胞”计划青年干部培训班，集中培训48名优秀年轻干部，实施干部“提升计划”，有计划选派33名优秀年轻干部到省市有关部门跟班学习和挂职锻炼，抽调7名年轻科级干部到“五比五晒”、脱贫攻坚等一线岗位进行实践锻炼。坚持“战场中找战果、战果中找战将”的选人用人导向，落实“常规考核+一线考核”机制，大力选拔使用敢于负责、勇于担当、善于作为、实绩突出的干部，全年提拔正科7人，提拔副科33人，晋升职级54人次，进一步使用7人，同时，从乡镇和县直单位选拔19名实绩突出的优秀事业干部充实到乡镇三个中心任职。坚持严管厚爱，提振干部精气神，充分发挥12380举报平台和纪检监察、审计等部门的监督作用，全年对332人次就遵守党风廉政规定情况征求相关部门意见，对82名调整交流干部进行任前谈话，对11名领导干部开展离任（任期）经济责任审计。贯彻落实关心关爱基层干部措施，将乡镇机关事业单位工作人员年度考核优秀等次比例提高到20%。突出正向激励，及时表扬激励疫情防控一线表现突出的12个集体和72位干部，表彰奖励在2019年度“五比五晒”中表现优秀、实绩突出的103名干部，其中记三等功29人，嘉奖21人，先进个人53人。

【基层组织建设】 2020年，明溪县委组织部紧紧围绕基层党建工作重点任务，制定全县基层党建重点任务清单32项96条具体措施，健全“一单一函两谈”的党建督促督查责任制度，深入推动基层党建“六大专项行动”、城市基层、“两新”、机关企事业等领域党建全面提升。严格落实村级党组织书记备案管理制度，及时调整村党组织书记2名。开展村级组织“头雁”储备行动，推行村级后备力量培养“三步走”机制，注重把好“选人、育人、留人”关口，为换届储备后备干部353人。持续打好村集体经济发展攻坚战，做实“起底”“消薄”“联增”三个计划，全面摸清88个村“家底”，建立“领导挂钩、部门帮扶、干部服务”工作机制，确定17个村财薄弱村和19个省级扶持壮大村级集体经济试点村的增收项目。深化“跨村联建”模式，探索“乡村综合体联建”“产业联盟”等模式11个，实施联建项目196个，带动36个村村财年平均增收5万余元。抓实村级组织换届准备工作，深入开展调查研究，完成88个村村情报告，并建立换届工作分析研判表，确定难点村5个、实现“一肩挑”难度较大村16个。充分发挥基层党组织和党员“两个作用”，开展“防控疫情、党员先行”活动，引领全县5520名党员干部、带动片长、楼栋长等2600余人冲锋在数据摸排一线、防控值守一线、医疗救治一线。聚焦提升城市基层党建效应，成立18个居民小区党支部，同时，建立近邻“五步”协商机制，设置“邻里中心”等群众议事平台，构建共建共商的社会治理新格局。坚持“街乡吹哨，部门报到”，强化联动管理，由小区党支部提交社区联席会，协调共建单位、辖区单位等部门力量合力，解决社区污水治理、违章搭建、机动车占道等30余件治理难题。开展在职党员“进社区、亮身份、强服务”活动，组织1587名在职党员到社区报到，参与到文明创建、疫情防控、矛盾化解等中心工作，充实到清洁家园、文明督导、政策宣传等基层力量中。推行街巷长、楼栋长、网格员“两长一员”机制，线上推行网格微信服务模式，建立267个微信群，点对点问答，为居民提供精准服务。线下建立28个大网格，推选出104个街巷长、98个楼栋长、263个网格员，服务到户到人。持续推动“两新”党建提质扩面，开展党的组织和工作覆盖情况拉网式排查，建立“两新”组织动态管理台账，选派115名党建指导员，指导“两新”组织党组织开展党建工作。“两新”组织党的工作覆盖率100%，非公企业党组织覆盖率86.7%，社会组织党组织覆盖率80.4%。推进园区党建工作规范化建设，建立“园区党（工）委—园区非公企业党委—党群活动服务中心、园区内非公企业党组织”的组织管理架构，成立5个园区党群共建理事会，建设1个园区党群服务中心，围绕企业发展“痛点、堵点、难点”，有效解决企业融资、用工、供水、供电等问题30余件次。深化拓展“一线四员”工作法，着力提升海斯福“四善四手”典型经验，总结提炼“组织联建、阵地联用、学习联组、宣传联动、活动联办、公益联手、发展联推、产业联培”的非公党建“红八联”工作机制，促进党建工作与企业发展互促共赢，不断扩大“两新”党建示范带动效应。开展争创“先进基层党组织、优秀共产党员”活动，培育了“全国劳动模范”——海斯福技术总监张运文。

【基层党建创新】 2020年，明溪县委组织部围绕“四篇文章”，立足县绿色文化、红色文化、闽学文化、欧侨文化等本地资源，打造了22个党建示范点，培育了城关乡罗翠村、瀚仙镇龙湖村、夏阳乡紫云村等10个党建促脱贫攻坚、促乡村振兴、促乡村治理示范村，探索创新了“书记金融助理”、“老骥工作室”、“夜驻晓珩”、“365近邻”党建、非公企业“红八联”等党建品牌，相关经验做法得到省市认可，并在《福建组工信息》《三明组织工作》《三明日报》刊登。

【人才工作】 2020年，明溪县委组织部坚持党管人才，围绕人才工作补短板需求，制定《关于加强县级“人才编制池”编制使用管理的意见》《关于加强中小学临时周转编制专户使用管理的意见》等相关办法。坚持人才资金优先保证，预算安排2020年人才专项资金834.63万元，用于各类人才资源开发。紧扣县医疗、文化等领域人才需求，新引进考古专业技术人员1名、紧缺急需医疗专业人才13名。强化阵地建设，完成人才公寓二期改造并交付使用；指导推动南方制药公司建立“福建省抗肿瘤化学合成原料药工程研究中心”，组建研发团队；海斯福公司与三明学院联合建设的“福建省氟新材料工程研究中心”获省发改委批复实施，5位产业人才合作完成的项目获2019年度省科学技术进步奖；推荐海西联合药业申报第一批福建省产业领军团队。强化服务保障，下拨11名符合政策的医疗卫生人才一次性安家补贴、学费和生活补助63万元；对76名符合条件的四类人才发放津贴25.44万元；通过了15名高层次人才子女就学申请审批；兑现2019年度海斯福、南方制药、海西联合药业等高新企业高管等13人个人所得税奖励80余万元；指导2家企业做好第六批“百人计划”中期评估准备、1家企业完成第七批“百人计划”视频答辩工作。紧抓人才队伍素质建设，继续加强与三明学院、福建医科大学等高校合作，培养教育、卫生、林业、农业专业定向委培生28名。选送1名干部到国家中医药管理局挂职学习，24名医疗人才到上级医院进修、规培和跟班学习，5名教师到市跟岗挂职，2名教师援疆。开展本土人才职称评审和确认工作，2人获正高级职称、10人获副高级职称、69人获中级职称。开展名师、名校长、学科带头人培养工作，全年新增市级名校长工作室1个、名校长1人。选拔推荐并获得“全国劳动模范”称号1人、“抗击新冠肺炎疫情全国三八红旗手”1人、省“五一劳动奖章”获得者2人。

（邹　燕）

宣传工作

【概况】 2020年，明溪县宣传思想工作坚持以习近平新时代中国特色社会主义思想为指导，贯彻中共十九大和中共十九届二中、三中、四中、五中全会精神，全面贯彻落实《中国共产党宣传工作条例》，自觉承担起举旗帜、聚民心、育新人、兴文化、展形象使命任务，守正创新，奋发有为，不断推动宣传思想工作再上新台阶。2020年，明溪县被纳入“省级乡村讲师团推广县”，荣获全市基层理论宣讲先进集体称号，荣获全市社科优秀组织奖。

【开展大学习大宣讲活动】 2020

年，明溪县委理论学习中心组带头学习研讨《习近平在厦门》《习近平在福建》等系列采访实录，持续兴起习近平新时代中国特色社会主义思想新一轮“大学习”热潮。县委理论学习中心组集中学习31次，开展学习研讨8次，明溪县委理论学习中心组集中学习研讨《〈习近平在福建〉采访实录》《学深悟透践初心 奋发有为担使命》等交流材料分别在《三明日报》和“学习强国”福建平台刊发。抓住“省级乡村讲师团推广县”契机，围绕学习贯彻中共十九届五中全会精神、《习近平在福建》等系列采访实录，组建县委宣讲团，分赴各乡镇、县直机关、企（事）业单位、部分村（居）开展宣讲53场次。同时，发挥乡村讲师团、劳模宣讲团、巾帼宣讲团、青年志愿者等队伍“小灵快”作用，用方言土语将五中全会精神送到田间地头，推动五中全会精神家喻户晓、深入人心，开展各类宣讲744场次、受众达6.3万人次，有关宣讲经验做法在《光明日报》《福建日报》刊发；积极探索“海外宣讲”模式，开展明溪旅外乡亲“云”宣讲报告会，与海外明溪商会连线学习中共十九届五中全会精神，持续打造“乡村讲师团”“十百千万”等宣传宣讲品牌。

【落实意识形态工作责任制】 2020年，明溪县委坚决扛起意识形态工作主体责任，主要领导履行第一责任人职责，切实做到“三带头三亲自”。县委宣传部分别于4月、10月两次专题向县委常委会汇报县意识形态工作责任制落实情况，7月专题学习意识形态工作内容，10月分析研判意识形态领域情况，并在党内进行通报。健全县意识形态工作责任制考评工作机制，开展2020年上半年意识形态调研，配合县委开展意识形态工作常态化巡察57人次、19个单位，倒逼各单位严格执行“八个纳入”“2111”等工作制度。贯彻落实《中国共产党宣传工作条例》，成立县委宣传思想工作领导小组（意识形态工作领导小组），建立议事规则、工作细则等制度，印发《贯彻落实〈条例〉责任分工方案》《需要在6月底前落实的刚性要求清单》等，推动《中国共产党宣传工作条例》贯彻落实。举办意识形态工作专题培训班，努力提升全县宣传思想工作队伍能力和水平。持续抓好上级巡视巡察涉及县意识形态领域的整改，逐条逐项对账销号、见底清零。市对县意识形态责任制绩效考评位居第一档次。

2020年7月22日，“明溪县红色故事”宣讲小分队走进省自然资源厅开展宣讲交流活动（县委宣传部 提供）

【把握正确舆论导向】 2020年，明溪县新建融媒体中心办公楼正式投入使用，并顺利通过省级验收。建立包括微信、网站、客户端等一体化媒体平台，在央视、《福建日报》、《三明日报》等市级以上主流媒体推送刊发各类新闻1200余条，点击率100万人次以上7条，《福建明溪：捕鸟到护鸟“观鸟经济”保生态富百姓》等13条次新闻在中央电视台播出；县平台发布新闻资讯5100余条次，总浏览量超过1400

万次，点击率100万人次以上3条、10万人次以上26条，创历史最好成绩。配合“三明实践”新闻采访团在三明集中采访期间保障工作，在中央、省级以上媒体刊播明溪新闻稿件60余条，充分展示了20多年来明溪县牢记习近平总书记嘱托、奋力拼搏取得的实际成效。加强网络舆情管理，及时发现上报并有效处置舆情，让正能量更加充沛、主旋律更加高昂。2020年，市对县网信工作考评位居第一档次。

【城市文化宣传】 2020年，明溪县委宣传部深入实施红色基因传承“五个一”提升工程，举办第二届“风展红旗如画”红色故事演讲比赛，组建“红色明溪故事”宣讲小分队，对接对口帮扶的国家中医药管理局、省自然资源厅开展交流宣讲，持续唱响“风展红旗如画”品牌。举办“抗‘疫’中最美的我们”先进事迹宣讲会、双拥联欢晚会、诗歌分享会、摄影赛、宣讲赛、采风活动等25场次，征集战“疫”主题文艺作品300余件；组织开展文化、科技、卫生“三下乡”、“文化进军营”以及导游、讲解员才艺表演等文化活动40余场，送电影下乡1056场、观众达7万人次，满足人民群众文化需求。加快南山国家遗址公园建设项目进程，主动融入长征国家文化公园建设，着力打造一批富有明溪特色的文化项目，红七军团铜铁岭战斗旧址成功申报为省级文物保护单位，滴水岩旅游景区获批国家AAA级旅游景区。

【深化文明创建工作】 2020年，明溪县委宣传部以创建省级文明县城为目标，先后召开部署会、协调会、专题会、培训会，推动城市管理“五难”治理。深化社会主义核心价值观宣传教育，组织开展“好人之城”“最美人物”“新时代好少年”等身边典型评选宣传，全县累计获得“全国道德模范提名奖”1人、“中国好人榜”21人、“福建好人榜”25人，入选市、县“新时代好少年”20名。组建志愿服务队伍，开展“联建联创”、疫情防控等志愿服务300余次。成立“文明创城监督员”队伍，开展实地测评点督查、情况反馈143期。扎实推进新时代文明实践中心建设，全县上下奋斗新时代、建设新明溪的昂扬旋律进一步弘扬。深入开展“满意在明溪”群众性精神文明创建，在“明溪新闻”“明溪在线”公众号开设“满意在三明”专栏，全方位报道精神文明建设工作；在县电视台播出《守望南山》精神文明专栏节目7期，中国文明网、福建文明风等媒体累计报道县精神文明创建动态103篇，进一步讲好明溪文明故事。

【开展疫情防控宣传】 2020年，明溪县委宣传部统筹发挥好主流媒体、网信和基层宣传文化阵地主力军作用，多层次、全方位、立体式宣传，内外宣、网上网下、文化传播引导同向发力，做好疫情应对宣传舆情各项工作。在县主要工作群编发美篇1800条，发放宣传资料24.36万份，推送手机短信温馨提示10万条次，张贴海报1.33万张，悬挂横幅标语1.19万条，出动流动宣传车（含摩托车）8044车次，使用“村村响”广播73个，新增广告牌105个、宣传栏298个，宣传报道县先进典型事例新闻405条，583块LED电子显示屏滚动播放疫情防控标语，切实将防控宣传的触角延伸到村、组、户每个角落和全县各企业，确保全覆盖宣传，疫情零输入、零感染。

（廖春盼）

统战工作

【概况】 2020年，明溪县委统战部面对百年未有之大变局和突如其来的新冠肺炎疫情，坚持以习近平新时代中国特色社会主义思想为指导，深入学习贯彻习近平总书记关于加强和改进统一战线工作的重要思想，全面贯彻落实党中央关于新时代统战工作的重大决策部署和省市县委的工作要求，发挥统战优势，整合统战资源，携手同心战疫情，凝心聚力促发展，特别是在携手抗击疫情、严防境外输入、凝聚侨心侨力和推动民营经济发展等方面做出了积极贡献，为打赢疫情防控阻击战、“十三五”圆满收官和全方位推动高质量发展超越贡献了统战力量。

【统战思想政治教育】 2020年，明溪县委统战部持续深化对习近平新时代中国特色社会主义思想的学习宣传，通过开展专题培训、学习讲坛等多种形式，组织广大统战成员深入学习宣传中共十九届五中全会和省市县委全会精神，强化对统战领域代表人士的思想政治引领，广泛凝聚思想政治共识，激发广大统战成员坚定听党话、跟党走的信心和决心。举办中共十九届五中全会精神“云”宣讲报告会，鼓励和引导海外侨胞积极参与“一带一路”建设和国际经济循环。在县委党校开展新时代统一战线工作专题讲座，学习贯彻习近平总书记关于加强和改进统一战线工作的重要思想，牢牢把握新时代统一战线工作政治方向，全县统一战线在增强“四个意识”、坚定“四个自信”、做到“两个维护”上认识更加深刻、态度更加坚决、行动更加自觉。

【凝心聚力抗击疫情】 2020年，明溪县委统战部凝心聚力助力疫情防控阻击战，为抗疫斗争做出突出贡献。县侨联被授予“全省抗击新冠肺炎疫情先进集体”称号，2人分别被授予“全省、全国侨联系统抗击新冠肺炎疫情先进个人”称号。第一时间发出倡议，充分发挥统一战线人脉广泛、渠道丰富的优势，发起防疫物资“大采购”，将紧缺物资运送回家乡、支援防疫，据不完全统计，发动社会各界累计捐款捐物200多万元。匈牙利明溪商会、意大利明溪华人华侨联合会、海斯福公司等社团和企业在疫情防控期间做出突出贡献，受到市委、市政府的荣誉表彰。

【严防境外疫情输入】 2020年，明溪县委统战部面对严峻的疫情输入风险，组建境外服务团队，设立咨询服务热线，提供医用物资援助，积极争取领事帮助，温情劝导侨胞暂缓回国，稳住人心，稳在当地，争取工作主动，累计帮扶境外侨胞2000多人、劝导境外侨胞取消或暂缓回国3800多人次。围绕找到人、跟紧人、接好人、管住人“四个重点”，精准管控打好阻击战，创造多个全省乃至全国第一，《明溪县严控境外疫情输入工作方案》（第四版）全省转发供各地借鉴，1100余名境外返乡人员无一漏管、失管，没有出现输入当地的病例。同时，为急需出境的588名侨胞优先接种新冠病毒疫苗。

【发挥统战优势作用】 2020年，明溪县委统战部继续围绕中心，主动服务大局，充分发挥统一战线联系广泛、资源丰富等独特优势，积极主动牵线搭桥，开展招商引资活动，助力脱贫攻坚和乡村振兴等重点工作，助推全县经济社会高质量发展。依托异地商会开展项目推介会和地方特色区域

2020年，匈牙利明溪商会为家乡捐赠进口防疫物资。图为捐赠的第二批防疫物资　（县委统战部　提供）

品牌宣传，协助举办招商推介会3场次，成功签订投资项目13个，投资金额达6.89亿元。联系厦门商贸协会、绿百合公司等协会企业拓宽农产品销售市场。助力巩固脱贫攻坚成果，深入实施“百企帮百村”精准扶贫、“百侨帮百村——联村助户”结对帮扶、光彩事业行动，助力推动脱贫攻坚与乡村振兴有效衔接，全县企业（商会）结对帮扶贫困村8个，实施帮扶项目8个，累计争取和投入帮扶资金300余万元，帮扶贫困户131户332人。精心组织开展“海西春雨光彩助学行动”“爱心助侨”“温暖工程”等活动，助学困难学生30人12.5万元，发放扶贫济困慰问金近100万元。

【新时代民营经济统战工作】 2020年，明溪县委统战部坚持一手抓疫情防控、一手抓复工复产，全力支持和组织推动民营企业复工复产。召开餐饮、服务行业个私业主座谈会，深入重点民营企业指导疫情防控和复工复产，积极帮助协调解决民营企业复工复产面临的困难，累计走访民营企业60余家，协调有关部门为企业提供优惠政策、解决防疫物资和办理融资需求等实际问题20余个。成立县非公企业服务中心，乡镇商会建设实现全覆盖。常态化组织开展“访企业、解难题、促六稳”等系列活动，对接7名检察官结对帮扶重点民营企业，在商会平台宣传惠企政策，开展民营企业复产复工工作调研。弘扬优秀企业家精神，推荐美士邦陶瓷副总严井意参选全市“青年创业创造之星”；推荐南方制药总经理李永、匈牙利明溪商会老会长邱保春创业典型事迹编入《明商好故事》广泛宣传。

【民族团结进步事业】 2020年，明溪县委统战部开展“民族团结进步宣传月”、民族团结进步创建“六进”，在官坊村、城东社区等开展“同舟共济、守望相助、团结奋斗”民族团结主题宣传活动，广泛宣传民族团结政策法规，铸牢中华民族共同体意识。结合宪法日宣传活动，在市民广场广泛宣传《中华人民共和国宪法》《福建省少数民族权益保障条例》《中国公民民族成分登记管理办法》《宗教事务条例》等相关法律法规，促进民族团结宗教和谐；开展涉及民族矛盾纠纷排查，做好少数民族服务与管理工作，帮助2名少数民族困难应届大学生申请“圆梦工程”助学金，慰问2名援疆支教教师，促进各民族交往交流交融。

【推动民族乡村振兴发展】 2020年，明溪县委统战部巩固提升官坊村中国少数民族特色村寨创建和脱贫攻坚成果，谋划申报2021年度养蜂产业、生态茶叶基地建设等补助项目6个；争取专项补助15万元完善设施建设，实施丁家路机耕道硬化、回族文化展厅设施建设项目；指导官坊村完成民族村乡村振兴规划设计，争取乡村振兴专项资金20万元；官坊回族村被列入市级少数民族精品村打造，争取市民宗局古民居保护修缮资金3万元，积极培育民族乡村振兴示范点，助力民族乡村振兴发展。

【依法管理宗教事务】 2020年，明溪县委统战部坚持我国宗教中国化方向，完善长效工作机制，加强宗教活动场所法治化、规范化管理，积极创建和谐寺观教堂，推进宗教活动场所消防安全标准化管理和智慧用电工作，宗教领域保持和谐稳定。加强宗教领域监督检查，深入开展“双随机”检查，建立与公安、住建、文化、消防、市场监管等多部门联合执法机制，依法查处一起疫情防控期间违规扩建寺庙行为，深入开展安全隐患大排查大整治以及针对佛道教商业化问题等的整治活动。扎实抓好宗教领域疫情防控，引导宗教界为抗击疫情爱心捐赠9.22万元。显应庙被列入2020年全市十个重点规范化提升宗教场所之一，盖洋杨地将军庙创建市级民间信仰活动场所。讲好中国宗教故事，扎实开展“四进”（国旗、宪法和法律法规、社会主义核心价值观、中华优秀传统文化进宗教活动场所）工作，完成惠利夫人民俗非遗文化提升项目建设，弘扬中华优秀传统文化；顺利完成道教协会换届选举工作，优化道教协会领导班子结构。

【侨务和海外统战工作】 2020年，明溪县委统战部健全侨务工作机制，完善侨界重点人士和困难归侨等侨情信息库，掌握海外侨胞区域分布和重点侨团、重点侨领等情况。加强涉侨便民服务和侨益司法保护，落实“三侨生”升学照顾等涉侨政策，审定出具“三侨生”证明74份，办理华侨到闽定居证24份。出台《明溪县归侨侨眷二次创业示范基地建设实施方案（试行）》，引导归侨侨眷创业就业，城关乡朵朵树猕猴桃专业合作社成为明溪县首家归侨侨眷二次创业示范基地。雪峰镇城南社区侨胞之家获全国侨联“优秀侨胞之家”称号，沙溪乡和雪峰镇中山社区被评为福建省侨联系统“五好”示范点；沙溪乡被评为省级侨乡文化名镇。召开县侨联六届四次全委（扩大）会议，增补副主席2名、副秘书长1名。

【凝聚统战工作合力】 2020年，明溪县委统战部全面加强党对统战工作的领导，充分发挥县委统战工作领导小组统揽全局、协调各方的作用，建立完善侨务、宗教等工作专题会议和民族工作、新阶层工作联席会议制度，不断提升议事协调效能，有力推动统战工作提质增效。适应构建大统战工作格局新要求，巩固扩大“不忘初心、牢记使命”主题教育成果，聚焦巡察反馈问题，查漏洞、补短板、促提升，全面完成县委巡察反馈问题整改工作；持续加强干部队伍建设，使全县统战干部能力素质得到进一步增强。

（晏希峰）

机构编制管理

【概况】 2020年，明溪县委编办按照机构编制管理工作的总体部署和要求，统筹推进乡镇机构改革、综合行政执法改革等任务，不断提高机构编制工作水平，为推动高质量发展超越提供有力体制机制保障。

【巩固和深化各项改革任务】 2020年，明溪县委编办完成乡镇机构改革任务。根据市委办、市政府办批复县乡镇机构改革方案精神，于7月以县“两办”文件印发《明溪县乡镇机构改革实施方案》《关于明晰县乡职责规范“属地管理”的意见（试行）》，县委编委文件印发《明溪县乡职责规范“属地管理”九个配套文件的通知》等一系列政策性文件，对乡镇机构名称、挂牌机构、职责等提出完成时限和要求，制定出54项明晰县乡职责的事项。改革后，各乡镇共设置6个内设机构、3个事业单位。机构挂牌、人员定编定岗、公章启用、领导任命等各项改革任务完成，所有乡镇开通“乡呼县应”通道。深化“四个领域”执法体系改革。根据中央深化改革“四个领域”文件精神，深入推进市场监管、文化市场、交通运输、农业执法领域综合行政执法改革工作。在深入调研、摸清底数、制订方案的基础上，先后下发核定“四个领域”执法大队编制和执法大队名称变更的通知，县“四个领域”执法改革队伍整合、挂牌、人员转隶等工作顺利完成。做好改革后权责清单梳理完善工作。根据省、市要求，在党政和乡镇机构改革完成后，权责清单要进行相应调整，3月30日县委编办与县发改局联合印发《关于做好县直部门权责清单梳理调整工作的通知》，对重新梳理权责清单工作进行部署。经县委编办与县发改局审核、县司法局审查，于9月在县政府网上公布，梳理后，县直26个部门权责清单共5063项；10月，县委编办向各乡镇印发《关于制定完善乡镇权责清单的函》，要求各乡镇参照省乡镇权责清单模板完善权责清单，并把各乡镇上报的权责清单向发改局、司法局、行政服务中心管委会合法性审查和征求意见建议，于11月30日以编办名义发文，9个乡镇权责事项共计

1686项，进一步厘清不同层级职责边界，推动建立职责清晰、分工合理、权责一致、运转高效的部门职责体系。

【提升机构编制资源使用效益】 2020年，明溪县委编办精确机构编制统计工作，科学管控机构编制，优化结构配置，确保编制总量在2012年的基数上只减不增。截至年底，全县总编制为4790名，在编3932人，其中：行政编制891名，在编820人；机关工勤人员事业编制77名，在编36人；事业编制总量3822名，在编3076人。严谨规范办理出入编业务，严格按照机构编制办理程序，做好全县机关事业单位用编计划的审核工作，凡考试录用、招聘和调配人员，先要办理核编手续，无空编不得招考、招聘和调配人员。全年共办理考录、招聘、调入等新入编手续286人，其中行政机关52人、群团机关1人、事业单位233人；办理退休、解聘、调出等出编手续196人，其中行政机关38人、机关工勤6人、群团机关1人、事业单位151人。审核同意2021年全县机关事业单位招考（招聘）用编281名，其中：行政24名、群团机关6名、参公事业13名、事业238名。优化服务，提高认可度和满意度，率先在司法局内设机构加挂“明溪县社区矫正管理局”牌子，并明确社区矫正局职责，得到司法部的充分肯定；新设立明溪县乡村振兴服务中心、明溪县信息技术中心、明溪县建设工程消防技术保障服务中心等事业单位；将明溪县财政局下属事业单位县金融监管服务中心成建制转隶至明溪县政府办公室，明溪县林业局下属事业单位明溪县森林火灾防御中心、明溪县水利局下属事业单位明溪县水旱灾害防御中心成建制转隶至明溪县应急管理局，将明溪县公安局森林分局划转县公安局统一管理，设立森林警察大队；向上请示汇报，将三明明溪南山遗址保护与发展中心机构规格确定为相当正科级，明溪县农业综合执法大队机构规格确定为相当副科级。

【解决教育、卫生系统机构编制及人才问题】 2020年，明溪县委编办为理顺好明溪一中初中教学管理、教师编制及经费拨付的关系，以及加强教学质量，设立明溪县第二中学，为公益一类事业单位，经费渠道为财政核拨，机构级别相当于正股级，由明溪县第一中学实行总校制管理。明溪县第二中学编制由县教育局调整后报县委编办备案。学校内设办公室、教务处、总务处、政教处、保卫处等5个科室，核定校长1名，副校长2名，中层干部5人。按照“保障急需、单列管理、专编专用、人退编收、循环使用”原则，从县级存量事业编制总量内调剂30名事业编制，建立县级“人才编制池”，用于保障县有关事业单位因选派或拟选派高层次人才和急需紧缺人才，到企业挂职或者参与项目合作，需新引进高层次人才和急需紧缺人才的用编需求；调剂70名事业编制，建立中小学临时周转编制专户，用于中小学及幼儿园教师“产假式”缺编、老龄化及结构性缺员等教师的补充。配合教育、卫健系统招聘工作。参加福建医科大学、三明学院、长春师范大学、东北师范大学和哈尔滨师范大学等高校举办的教育、卫健人才专场招聘，共签约教师、医学人才38人；参加了2020年教育系统老师招聘面试工作，帮助教育系统招考了34名优秀教师。

【机关统一社会信用代码、事业单位法人换证、登记、变更、注销管理】 2020年，明溪县委编办稳步推进事业单位法人登记工作，全年需提交2019年度全县事业单位法人年度报告175家，共完成173家，年度报告率99%；并按照《事业单位登记管理暂行条例》规定，完成事业单位法人设立登记5家；完成事业单位法人变更登记70家；完成事业单位法人注销登记11家。抓紧抓实机关、群团机构统一社会信用代码赋码工作。全年完成机关统一社会信用代码申请新办2家，变更15家，注销1家；群团统一社会信用代码变更2家。

（李凌燕）

机关党建

【概况】 2020年，明溪县机关党建坚持以党的政治建设为统领，聚焦“围绕中心、建设队伍、服务群众”核心任务，开展“亮灯行动”，推进做好“三个表率”，建设“模范机关”，引导广大党员主动融入县委、县政府工作大局，提振干事创业精气神，推动机关党的建设始终走在前、做表率，为推动高质量发展超越提供有力组织保障。全县有县直党（工）委4个，分别为县直机关党工委、县公安局党委、到总医院党委、县应急局党委，有党支部140个，党员2469名。其中县直机关党工委有直属机关党委6个，即县教育局机关党委、县农业农村局机关党委、县林业局机关党委、县工信局机关党委、县法院机关党委、县税务局机关党委，有党总支部6个，党支部127个，党员2199名。

【思想政治建设】 2020年，明溪县直机关党工委推进习近平新时代中国特色社会主义思想和中共十九届五中全会精神的学习。组织党员干部深入学习《习近平在厦门》、《习近平在宁德》、《习近平在福州》、《习近平在福建》、《习近平谈治国理政》第三卷等采访实录或重要书籍，下发书籍6300余本，举办辅导宣讲、研讨交流、形势报告以及领导干部讲党课等590多场次，及时跟进学习习近平总书记最新重要讲话重要指示批示精神，持续深入开展“大学习”活动。学习贯彻《中国共产党宣传工作条例》，加强意识形态工作责任制落实，层层健全落实意识形态工作责任制。开展党委（党组）理论学习中心组巡听旁听，推动学习贯彻习近平新时代中国特色社会主义思想走深、走实、走心。督促指导机关党员干部积极参加“学习强国”平台学习，通报学习情况，机关“学习强国”完成率和活跃度均占前茅。

【机关党员参与疫情防控】 2020年，明溪县直机关党工委在面对突如其来的新冠肺炎疫情时，组织机关党员投身抗疫，在疫情防控中发挥党员先锋模范作用，在大战大考中见精神、见能力、见成效。1500多名县直机关党员参与社区入户排查、巡逻宣传、卡点站岗值守、高速互通口留验站值班等防控工作，彰显基层党组织的组织力、战斗力。机关党员踊跃为疫情捐款，全县机关党员捐款22.4万元，助力打赢疫情防控战役。涌现出“抗疫全国三八红旗手”郑艳、全国交通运输系统抗击新冠肺炎疫情先进个人张富荣、“新时代新三明百名担当作为青年先进”邓梅华等一批优秀党团员。

【创建“模范机关”】 2020年，明溪县直机关党工委突出党的政治建设这一主线，以开展“亮灯行动”创建“模范机关”为载体，坚持围绕中心抓创建、问题导向抓创建、典型示范抓创建，争做“三个表率”，为全县全方位推动高质量发展超越提供组织保证。坚持把机关党建与“风展红旗如画”品牌建设相结合，会同县委宣传部、县文旅局举办“城市名片‘游’我来说”导游讲解员宣讲大赛，机关党组织广泛开展“唱响‘风展红旗如画’品牌、迎接中国共产党成立99周年”七个一活动，把苏区精神转化为干事创业的实际行动。坚持把机关党建与服务“五比五晒”相结合，制定下发《关于进一步加强开展“亮灯行动”、创建“模范机关”成效宣传，大力营造服务“五比五晒”当先锋氛围的通知》《关于深化“亮灯行动”提升机关党建服务全方位高质量发展超越实效的通知》，在机关组织开展“育三新、破五难”“风展红旗如画·先锋引领党员示范”等主题活动，推动高质量发展超越。坚持把机关党建与推动社会治理相结合，落实好“街乡吹哨、部门报到”工作机制，深化机关单位联建联创，解决社区污水治理、违章搭建、机动车占道等30余件治理难题，搭建共驻共建共享的治理体系。开展在职党员“进社区、亮身份、强服务”活动，组织1539名在职党员到社区报到，主动认领2100余个服务项目，推动在职党员真报到、真服务。坚持把机关党建与品牌建设相结合，主动融合县委、县政府工作大局，找准党建工作与业务工作的结合点，深入推进“党建+”工程，促进在脱贫攻坚、“五比五晒”项目、综治平安建设、精神文明创建等工作中“走前头，作表率”。如，县法院机关党委“三晒一看”、司法局党支部“党建+法务”、人社局党支部“铸窗口品牌，创惠民党建”、二实小党支部党建“三领三促”等党建品牌，以点带面、示范引导，推进机关党建整体提高。

【基层党组织与队伍建设】 2020年，明溪县直机关党工委贯彻落实《中国共产党党和国家机关基层组织工作条例》，推动各基层党组织严格落实新形势下党内政治生活若干准则，落实“三会一课”、民主生活会、党员领导干部过双重组织生活会等制度。因工作需要，成立临时党支部9个，即境外入明溪驻厦服务工作临时党支部、县挂职干部临时党支部、县委巡察四组临时党支部、十二届县委第十二轮巡察三个组临时党支部、十二届县委第十三轮巡察三个组临时党支部。新成立2个党支部，即县委巡察办党支部、县融媒体中心党支部。新成立1个机关党委，即法院机关党委。16个党支部进行了换届，即县人社局、县纪委、团县委、县人大机关、烟草明溪分公司、县政府办、县委文明办、明溪生态环境局、县检察院、县委政法委机关、县发改局、公路养护中心明溪分中心、县残联、县矿协中心、县城建监察大队、县委组织部。7个党支部增补调整委员，即电信明溪分公司、县委党校、县财政局、县委统战部、县自然资源局、县总工会、县审计局、县委宣传部、邮政集团明溪分公司。11月，根据县委统一部署，对部分机关党组织设置进行调整，设立县应急局党委，撤销君子峰国家级自然保护区管理局、县工信局、县农业农村局、县林业局、县卫健局、县教育系统等6个党委，设立县工信局、县农业农村局、县林业局、县教育局等4个机关党委，君子峰保护区管理局、县卫健局2个党（总）支部归属县直机关党工委。9月29—30日，举办全县党务干部培训班，各乡（镇）党委组织委员、组织干事，县直机关、非公企业、社会组织党务工作者共152人参加培训。坚持把政治标准放在首位，严格党员发展程序，新发展党员40名（其中抗疫一线发展党员4名）。县直各党委、党（总）支部按标准按时上缴党费，共收缴党费76.38万元。开展发展党员排查整顿，推进国有企业退休党员组织关系转接工作。落实全面从严治党主体责任，开展落实党建工作责任制检查。慰问关心关爱对象及生活困难党员101名，发放慰问金10.2万元。

2020年12月25日，明溪县召开县直机关党务干部中共十九届五中全会精神宣讲会 （县直机关党工委 提供）

【县直机关纪检监察工委工作】 2020年，明溪县直机关纪检监察工委聚焦政治监督，着力提升政治意识，对各综合监督单位在践行“两个维护”、落实“两个责任”上，加强政治监督。共开展落实全面从严治党主体责任检查问题整改、持之以恒纠治“四风”、疫情防控和促进经济社会发展监督检查10余次，发现问题

2个，列席监督单位民主生活会1次，参加或列席各综合监督单位“三重一大”会议16次，党风廉政意见回复37人次。聚焦日常监督，着力推动抓早抓小，督促各综合监督单位开展廉政风险排查，调整制定廉政风险防控机制，建立健全财务内审制度。根据不同岗位和廉政风险点，常态化开展廉政谈话。主动约谈监督单位主要负责人及重要岗位人员24人次，谈话提醒1人，批评教育1人，立案审查1人，给予严重警告1人。聚焦审查调查，着力提升案件质量，根据片区协作工作方案，主动参与片区案件审理4起，审结率达100%。聚焦廉政教育，着力树牢廉洁意识，组织各综合监督单位参加旁听庭审4次15人次，参观廉政教育基地2次32人次；开展警示教育50次1213人次；任前谈话3次11人次，节前廉政提醒15次343人次。聚焦业务学习，着力提升工作能力，参加9期县纪委监委举办的“一月一讲堂”学习活动和1期的全市纪检监察干部能力建设专题研讨班。

【机关武装建设】 2020年，明溪县直机关党工委坚持党管武装原则，将县机关武装工作经费纳入财政预算，将基层党组织党管武装工作落实情况纳入年终党建考核内容。全年县直机关武装部根据编组任务，编入基干民兵。全年组织基干民兵参加全县民兵应急分队暨情报信息员集训1批15人次。

（黄　靖）

精神文明建设

【概况】 2020年，明溪县精神文明建设工作坚持以习近平新时代中国特色社会主义思想为指导，深入学习贯彻中共十九大和中共十九届二中、三中、四中、五中全会精神，结合庆祝中华人民共和国成立70周年，围绕举旗帜、聚民心、育新人、兴文化、展形象的任务使命，以创建省级文明县城工作为重点，深入开展新时代文明实践活动，大力培育和践行社会主义核心价值观，持续深化群众性精神文明创建活动。建立文明县城创建长效机制，加大环境卫生、交通秩序、市容市貌整治力度，积极开展新一届文明村镇、文明单位、文明校园、文明家庭创建申报，细化考评体系，提升创建水平。“中国好人榜”好人1名、“福建好人榜”好人3名。县委文明办根据省市文明委工作部署，围绕县委、县政府“精神文明”文章决策部署，依托“满意在明溪”品牌载体，以争创省级文明县城为目标，培育和践行社会主义核心价值观，广泛开展群众性精神文明创建活动，切实加强公民思想道德建设，努力提高公民思想道德素质和全社会文明程度，为加快实现“百姓富、生态美”明溪提供强大思想保证、精神动力和道德支撑。

【“我们的节日”活动】 2020年，明溪县委文明办在年初印发《关于广泛开展“我们的节日”主题活动》，对全年工作进行统筹安排。结合疫情防控形势，清明节期间，组织“风展红旗如画·致敬英雄先烈”清明线上系列活动，向全县发出“文明祭扫、平安清明”倡议书，开展“网上祭英烈”、线上升旗仪式、电子“倡议书”等线上活动。端午节期间，组织开展以“粽情端午·文明明溪”为主题的线上活动，活动内容包括端午节由来、端午习俗介绍、包粽子方法、线上知识竞答四个板块，线上知识竞答内容围绕端午节常识、新型冠状病毒防疫等知识开展。组织开展“我们的节日·七夕”奋斗吧青春主题活动。重阳节期间，开展“食品安全杯”“我们的节日·重阳”随手拍活动，评选出反映老年人健康向上生活态度的有关重阳节题材优秀作品30幅并进行集中展览。10月25日，在沙溪乡梓口坊村养护院开展“九九重阳节，浓浓敬老情”“送温暖”活动。

【文明创建活动】 2020年4月9日，明溪县召开创建“省级文明县城”工作部署会。9月17日，召开2020年创城总评迎检动员会，分析创城存在的问题，部署下阶段重点工作，动员全县各级各部门以决战决胜的姿态，全力以赴打好创城冲刺战、攻坚战。县检察院、夏阳乡御帘村、沙溪乡分别入选第六届全国文明单位、全国文明村、全国未成年人思想道德建设先进单位，入选全国先进数量居全市前列。11月，省级文明单位考评组对县申报新一届省级文明乡镇6个、村5个、单位22个、校园5所进行考评，并对县创建氛围和水平给予了充分肯定。做好省、市级各类精神文明创建的指导和督促工作，12月受市委文明办委托，对全县市级文明乡镇3个、村22个、单位46个、校园11所进行考评。推进新时代文明实践中心建设工作，按照“试点先行、全面推进”的原则，构建县、乡、村三级联动网络，机构健全、队伍完善、运行顺畅、内容丰富、活动多样的新时代文明实践中心（所、站）初步形成。持续开展“讲卫生、美家园”活动。在扶志与扶智上下功夫，推进“讲卫生、美家园”活动，实现“六净一规范”目标，在扶志与扶智上下功夫，组织建档立卡贫困户开展“讲卫生、美家园”活动，评选出组织工作先进村（社区）23个、“文明卫生示范户”80户、“文明卫生达标户”1297户。实行正向激励机制，建立文明县城创建工作长效常态机制，明确将创城工作纳入绩效、精神文明创建考评内容，与各种评先评优及干部的年度考核、奖励和任用结合起来，对在本届创城工作中做出突出贡献的单位和个人给予通报表扬、记功和嘉奖。

【“好人之城”建设】 2020年，明溪县委文明办深化“好人之城”创建，持续开展“我推荐我评议身边好人”活动，2020年入选“中国好人榜”敬业奉献好人叶友宾1名，“福建好人榜”敬业奉献好人叶友宾、谌根深，“福建好人榜”孝老爱亲好人黄红香。全县入选“中国好人”共有21名，“福建好人”25名。完成明溪县精神文明风采（好人）馆建设并投入使用，全年共有18批次300余人参观学习。对道德模范、身边好人进行礼遇和慰问帮扶，有效带动形成崇德向善、见贤思齐、德者有得、好人好报的浓厚氛围。

2020年6月30日，明溪县开展“文明明溪·爱卫同行”新时代文明实践主题活动 （县委文明办 提供）

【“中国梦”主题教育实践活动】 2020年，明溪县委文明办组织“风展红旗如画·致敬英雄先烈”清明活动，开展“网上祭英烈”、线上升旗仪式、“倡议书”等线上活动，全县12571名师生和家长参加活动。开展“新时代好少年”推荐评选和学习宣传活动，评选2020年度“新时代好少年”19名，入选市级“新时代好少年”1名。疫情防控期间，开展“积极面对疫情，做好心理防护”线上心理健康课。复课后，开展主题为“积极调整情绪，快速适应校园生活”的心理健康课，各校共开通心理热线17条，为特殊生建立心理健康档案，制订心理危机干预应急预案。组织开展“众志成城，抗击疫情，我们在行动”抗疫作品征集活动，明溪县获得全市未成年人组抗疫作品“二等奖”2名，全市成人组抗疫作品“二等奖”1名、“三等奖”3名。优化未成年人服务平台，推进文明校园创建，做好各级文明校园创建指导推进工作，全县申报新一届全国文明校园先进学校1所、省级文明校园5所、市级文明校园11所。

【学雷锋志愿服务】 2020年2月，明溪县委文明办发出《关于号召全县广大志愿者、志愿服务组织积极有序参与疫情防控的倡议书》，开展“温暖在身边——疫情防控线上志愿服务活动”、疫情防控“敲门行动”“督导行动”系列活动，开展预备留观点清洁志愿服务活动110人次，共计清理住房29间，运送垃圾300余公斤。开展“清沟扫地摆整齐 清清爽爽过日子”疫情防控爱国卫生志愿服务活动。开展爱心家人暖心服务，针对明溪籍援鄂医务人员家庭开展物资保障、心理慰藉、子女辅导、生活陪伴等各类帮扶，活动期间累计为医务人员家属配送物资14次，价值达2.5万余元。6月30日，开展“文明明溪·爱卫同行”新时代文明实践主题活动。高考期间开展“乘风破浪、为你壮行”爱心助考志愿服务活动，搭建爱心驿站免费为广大考生及送考家长提供饮用水、解暑药品、防护口罩、考试用品、休息乘凉的场所；成立爱心送考公交车队，推行送考服务，为考生开辟高考绿色通道。开展6期“创建文明城 满意在明溪”公共文明引导志愿服务活动，引导市民群众文明出行、规范停车，创建整洁有序的城区环境，形成人人参与文明城市创建，人人争当志愿者的良好风尚。

【诚信建设】 2020年，明溪县委文明办开展“加强‘诚信6+N’长效机制建设 推进地方治理体系与治理能力现代化主题论坛”征文推送活动，深耕诚信理论探索实践。推进开展“诚信6+N”主题实践活动，以诚信建设成果服务文明县城创建、促进经济发展，扎实推进县诚信建设工作治理体系和治理能力现代化，在已有示范街、示范户、示范窗口创建的工作基础上，总结完善成功做法和典型经验。

（李火招）

党校工作

【概况】 2020年，明溪县委党校（行政学校）以习近平新时代中国特色社会主义思想为指导，坚持党校姓党根本原则，按照建设“一流党校”目标要求，加强自身建设，举办和承接线上线下培训班次27期，培训学员6000余人次。按县委要求在培训中心建新冠疫情留观点，助力县疫情防控。党校定编15人，实有12人。其中，专任教师7人，参照公务员管理干部5人。校园占地2.4公顷，总建筑面积10213.87平方米。

【助力疫情防控】 2020年年初，明溪县委党校通过“支委挂包、党员带头、干部跟进”的机制，克服春节期间物资供给少、物流停运等困难，比计划时间提早2天完成留观点建设任务。坚持领导干部优先、党员优先的“两个优先”值班原则，规范管理，科学防护，提供“爱心小礼包”和“点对点”服务，建立留观人员微信工作群，对反馈的信息或需求及时予以解决。留观点全年累计留观并解除医学观察110人，实现零感染、疫情事故零发生。

【干部培训】 2020年，明溪县委党校举办和承接科级干部进修班、村（社区）党支部书记、第五批选派驻村干部培训班等各类线上线下培训班次27期，培训学员6000余人次。联合县委组织部、团县委举办“干细胞”计划青年干部培训班（第二期），完成封闭式军事拓展训练1期，赴厦门同安区高山党校及泉州党内政治生活体验馆开展党性锻炼1期，开展“党的建设和政治建设”“经济建设”“社会建设”等专题培训5期，赴福建工程学院和漳州开展异地培训2期，开展座谈交流

2020年6月30日，明溪县第二期“干细胞”计划青年干部培训班在县委党校开班 （县委党校 提供）

1次，取得了预期效果。

【宣传科研】 2020年，明溪县委党校挖掘县内红色资源，完成县内8个现场教学点简介及线路安排，打造党性教育现场教学精品课。坚持开展“送教下基层”活动，通过领导干部带头讲、宣讲团成员重点讲、党建引领覆盖讲等形式，开展主题宣讲27场次，受众1200余人次。组织教师、学员开展习近平到明溪、红色文化、城市建设等专题调研，全年共完成市级课题2项、县级重点课题2项、机关党建重点课题1项、调研报告4篇、论文7篇，其中1项课题获三明市委党校校级课题立结项，1篇获三明市社科联结项，3篇论文在《三明党校论坛》上发表，1篇获得市诚信促进会表彰，1篇参加市级论文交流。

【对外培训】 2020年，明溪县委党校将基层党校指导室调整为对外培训室，成立红色归化培训中心，培训中心依托明溪县红色归化培训有限责任公司，实行公司化运营、市场化运作，日常经营由县委党校负责，监管由国资中心负责，10月9日正式投入使用。培训中心建筑面积7000平方米，包含1间可容纳305人报告厅、1间可容纳110人中型教室、2间可容纳55人小型教室、3间可容纳18人的研讨室和住宿标间57间、单间11间、专家房2间，餐位数215位，是集干部教育、会议培训、餐饮住宿于一体的综合培训载体。2020年，承接2期省委党校培训班、1期永春县委党校科级班及其他培训班次25期。

（黄　茜）

老干部管理

【概况】 2020年，明溪县委老干部局把离退休干部党建工作、老干部服务管理等各项工作落到实处，督促新建老干部活动中心装修装饰工作，加快老干部学习和活动平台建设。年底，全县共有离休干部11名、“5·12”退休干部5名、处级退休干部26名。

【离退休干部党的建设】 2020年，明溪县委老干部局结合“线上线下”，抓离退休干部思想政治建设。应对新冠肺炎疫情影响，开设“空中课堂”学习，线上向老干部推送学习材料，同时引导他们关注“离退休干部工作”“福建离退休干部”微信公众号，参加全国、全省线上学习报告会等。线下组织离退休干部党支部书记和骨干集中收看学习报告会4场，邀请明溪县委党校老师进行专题授课1场；12月下旬组织召开全县离退休干部党支部书记培训班暨联席会。开展“一学两促”，抓离退休干部党支部建设。指导税务局退休干部党支部等3个支部创省级示范支部，公安局退休干部党支部等3个支部创市级示范支部。全年，迎接市局检查1次；召开全县离退休干部党支部书记联席会2场；组织全县离退休干部党支部书记开展“风展红旗如画，重温光荣革命历史”活动1场，开展“五个一”庆祝建党99周年系列活动；组织全县离退休干部党支部开展“四讲四做”增添正能量活动。坚持“六有五好”，抓老党员工作室建设。建

2020年12月22—23日，明溪县举办离退休干部党支部书记培训班暨联席会　（县委老干部局 提供）

立“银色税徽”“老骥”等8个老党员工作室示范点，组织老干部深入社区、学校上《传承红色基因》等党课3次，开展中共十九届五中全会精神、党的各项惠民政策、《中华人民共和国民法典》等宣讲12次，发挥老党员经验、威望优势，参与法律咨询、调解纠纷、民情收集、扶贫助困、关爱留守儿童等志愿活动32次。

【老干部服务管理】　2020年，明溪县委老干部局落实老干部生活待遇。与相关单位对接，核实并发放“5·12”退休干部杨德芳等5名老干部2019年度医药费节余奖，共计12750元；根据“福建省人力资源和社会保障厅关于公布我省最低工资标准的通知”（闽人社发〔2019〕6号）文件精神，督促落实离退休干部遗偶定期定额生活补助自2020年1月1日起由每人每月1280元提高至1420元。落实社区居家养老线下服务。带领家政孝老员走访城区13名离休、“5·12”退休干部，解决老干部在呼叫线下服务过程中遇到的问题等，补足受疫情影响间断的服务，全年共开展线下服务80次。落实“五必访”制度，共开展春节、中秋节、老年节等慰问3场，慰问异地居住老干部25人次，生病住院慰问11人次，参加4场老干部遗体告别仪式。开展送学上门。为老干部送去《中华人民共和国民法典》等学习资料，向他们宣传党中央和省、市、县的重要决策部署，确保他们思想常新，与时俱进。开展“五督五比”活动。工作人员分为五组，对老干部所在单位、家庭、社区、提供服务的家政公司以及全体老干部工作者每季度进行一次督查评比。全年共召开精准服务专题会4次，开展督查评比4次。

【学习活动平台建设】　2020年，明溪县委老干部局创建省级达标老年大学。按照“以评促建，以评促改，评建结合，促进发展”的基本原则，提高学校的规范化、信息化和现代化办学水平。6月19日，市老年大学对县老年大学进行省级达标校评审验收，经公示等程序，于12月正式获评省级达标校。筹备新活动场所搬迁入驻，新建老干部活动中心和老年大学场所进入二次装修和设备采购阶段，县委老干部局主动对接、配合县国资中心推进装饰装修工程，密切关注工程建设进展情况，发现问题及时沟通衔接。老干部活动中心室外气排球场、门球场投入使用，并完成物品配套和入驻准备工作。

（李晓珍）

党史和地方志

【概况】　2020年，明溪县委党史和地方志研究室（简称“明溪县委党史方志室”）重点围绕发挥中央苏区优势、唱响“风展红旗如画”品牌工作部署，立足职能，围绕中心、服务大局，持续深化史志研究宣传、学习教育、资政服务，组织开展史志征编利用、红色遗址保护建设、党史纪念活动、党史方志业务指导、优秀传统文化保护与传承等工作，营造积极健康、清新明朗的党史方志舆论环境和社会文化生态，发挥好党史方志工作存史资政育人作用。

【苏区历史抢救性挖掘】 2020年，明溪县委党史方志室立足明溪县原中央苏区县实际，以《明溪革命故事丛书》编纂为抓手，发动督促全县各级各有关部门加大苏区历史资料收集整理力度。推进明溪革命故事的采集编写，年内新挖掘的“玉皇楼往事”“吾东畲寻亲”等红色故事在《三明日报》、“学习强国”福建学习平台和“风展红旗如画三明”公众号等刊发；《风展红旗如画——明溪红色故事》进入印刷出版阶段，共收录故事60余篇，总字数16万余字；根据县关于对接国家中医药管理局对口支援明溪工作部署，强化明溪红色中医药故事挖掘，组织人员深入枫溪杨公庙、叶厝坑等地调查，向省、市和宁化、长汀、瑞金等县党史方志部门领导专家咨询，共挖掘整理红色中医张隆友、李发生等红色中医药故事资料近10篇；根据省委党史方志办关于第二轮《福建“中央红军村”》征编要求，挖掘中央红军村红色底蕴，筛选采编旦上、苎畲等2个村庄革命历史情况报送；持续向“明溪在线”公众号提供明溪红色故事资料，对部分故事讲稿和拟发表文章进行史实审核，《老香树下葬英魂》《烈士彭生香》等多篇红色故事在公众号上发表；为市第二批红色故事选编向县委宣传部报送《行军路上词成章》《女红军智捉邱耀元》等故事6篇。加大《明溪党史资料汇编》编纂工作力度，对有价值资料及时合理归类入编，并对研究室部分原有史料逐字核对修改，初稿分重要文件、回忆访谈、报刊选摘、征集研究、参考资料等五个部分，共收录各类文稿200余篇（条），总字数32万余字。根据县委关于“两会”代表、委员提出的做好红色资源抢救性保护建议落实要求，会同县文旅部门深入沙溪等乡开展红色文化遗址保护工作调研，与有关领导就发动退休干部、教师挖掘红色历史等进行座谈，提供《沙溪红星闪耀》有关沙溪苏区资料10余份；会同县融媒体中心持续推进“百岁老人讲述红色历史”活动，组织人员深入夏坊黄地、中溪等村，采集红色历史知情人口述历史资料；做好明溪红色文化研究会成立有关文件的草拟等筹备工作，提出会员建议名单，其中建议将各乡（镇）宣传委员、文化站站长吸收为会员，以更好地推进乡村红色故事采集。

【党史学习教育宣传】 2020年，明溪县委党史方志室根据县红色故事宣讲工作安排，组织编写《中央苏区县：红色明溪（归化）》宣讲提纲，选派人员参加“明溪红色故事”宣讲小分队于7月22日赴省自然资源厅宣讲，9月29日在国家中医药管理局与明溪县联合举办的“风展红旗•如画三明”红色故事宣讲报告会上宣讲，加深有关单位对明溪红色历史和发展现状的了解。以领导干部和青少年为重点，以上党课、开讲座等方式，组织党员干部深入学校、村（居）和党支部“主题党日”等活动现场讲解明溪革命历史，推进党史知识进学校、进村居、进机关，年内深入县纪委监委、县委巡察办、县民政局、姜坊村等单位和县部分遗址上党史专题党课或作解说。配合中央电视台《中国影像方志》在明溪拍摄工作，根据摄制组要求安排人员到县革命纪念园、有关革命遗址等，参与明溪苏区历史介绍、遗址展现等镜头拍摄；根据县关于举办党史知识竞赛活动安排，在全面梳理明溪苏区历史的基础上，突出明溪苏区重大事件、重要人物、重要地位等，设计竞赛试题65道题，交县委宣传部；会同县委宣传部等多个部门联合印发《关于组织开展纪念中国人民抗日战争暨世界反法西斯战争胜利75周年群众性主题教育活动的通知》（明委宣联〔2020〕11号），组织全县机关单位、乡（镇）开展形式多样的系列抗战胜利主题纪念活动；开展红色文化进万家活动，与县委老干局、老年大学、文旅局共同编排舞蹈《红星闪闪》，推送“风展红旗如画•军民鱼水情深”明溪县2020年迎新春双拥文艺晚会演出。

【红色文化资源保护利用】 2020年，明溪县委党史方志室贯彻落实《三明市红色文化遗址保护管理办法》，加强对红色文化遗址的保护和开发利用，参与重要党史纪念设施的规划建设。加强长征有关史实挖掘整理与提炼，突出重大事件、重要人物、重要遗址，会同县委宣传、文旅等部门做好保护规划初稿明溪部分修改完善工作，共完成较集中修改工作4次；配合县政协开展明溪长征国家文化公园建设专题调研，牵头组织文旅、收储、住建和雪峰镇等单位有关人员逐一查访县城区红色文化遗址，为调研提出针对性对策建议提供参考；根据市委党史方志室通知要求，整理长征有关成果情况报送。会同县文旅部门深入乡村开展遗址普查勘查，召开由市党史方志、文管等部门领导、专家参加的遗址价值认定专家论证会，在县委分管领导带领下赴省汇报遗址保护工作，红七军团铜铁岭战斗旧址于11月19日被省人民政府公布为第十批省文物保护单位，县内纳入省级文物保护单位的红色文化遗址增至4个。加强与县老区办沟通协调，争取新发现革命遗址红军交通站旧址（黄地村老厝下李氏祖屋）保护资金，市财政局、市民政局12月8日下达该旧址保护补助资金15万元；9月，启动县内红色标语普查工作，组织人员深入全县各有关乡村调查，对现存27条红军标语（另有2条国民党军标语）进行登记汇总，并报市委党史方志室。12月，对县内革命遗址、标语和现有的革命故事情况进行全面梳理汇总，编印《革命遗存简况与故事汇编》报送县委办，分概况、革命遗存、革命故事3个部分，共20余万字。组织审读三明中央苏区革命纪念馆“风展红旗如画”主题陈列馆展示设计方案，提出增加明溪资料图片意见40余条，提供明溪苏区重要史料及图片30余份（幅）；参与县滴水岩红军战地医院纪念馆、县档案馆红色文化展馆、旦上归化之役临时指挥所旧址布展工作，提供党史资料，对展览内容进行审核，提出修改完善意见。

2020年10月19日，中共明溪县委党史和地方志研究室主任王远松（主席台）走进县纪委开展明溪红色文化宣讲交流活动

（县委党史方志室 提供）

【党史资料编研】 2020年，明溪县委党史方志室严格把握省委党史方志办对《中国共产党明溪历史第二卷（1949—1978）》稿件修改意见精神，继续做好党史正本修改完善工作，完成二轮送省审阅；参加《明溪革命老区县发展史》编纂工作，安排人员承担该书沿革、区划、农业、城乡建设等章节的编写和全书图片的遴选提供任务，做好该书初稿审核工作。

【志鉴编纂】 2020年，明溪县委党史方志室编纂的《明溪年鉴（2019）》完成印刷出版和发行工作。推进2020年鉴编纂工作，根据党政机构的调整，精心设计篇目，增设了“应急管理”等栏目，调整“县情总貌”等栏目结构，增设“人文历史”等分目，使之更加突出明溪经济社会各行业发展特色；规范一级、二级栏目用词，使年鉴各栏目整体更加规范、合理；制定完善年鉴组稿编辑出版发行工作流程，做好全县115个单位年鉴工作督促指导和稿件审核修改工作，年底《明溪年鉴（2020）》完成总纂，进入印刷出版阶段。加强旧志等优秀地方传统文化资源的保护利用，启动旧志康熙版《归化县志》点校工作。

【读志用志】 2020年，明溪县委党史方志室利用好《明溪县志》《明溪党史资料》，以及各点校出版旧志等党史和方志编修成果，结合各级各部门招商引资、项目建设等工作需要，组织专题信息收集与提供，服务经济社会发展大局。年内共向各级各部门发送书籍500余册，根据县委、县政府有关工作要求组织红色孝廉文化、苏区粮食工作、枫溪野茶等专题资料查阅整理10余次，党史方志资政作用得到较好体现。

（邓静倩）

档案管理

【概况】 2020年，明溪县档案部门学习贯彻习近平新时代中国特色社会主义思想和习近平总书记关于档案工作的重要指示批示要求，做好新馆建设、内部业务建设、档案接收保管利用、档案数字化、农业农村档案、疫情防控及相关档案等各方面工作，接收县发改局、宣传部等2个单位档案350卷，资料389册；征集抗疫艺术作品87件。

【县级国家综合档案馆建设】 2020年，明溪县级国家综合档案馆建设项目顺利推进，于9月进行工程初验。县档案馆开展工程总承包（EPC）范围以外装修及配置项目前期工作并形成项目建设初步方案，于10月12日由县发改局牵头组织专家对该方案进行评审。根据专家评审意见修改后的建设方案于12月23日提交县政府专题会议研究通过，明确由县档案馆作为新馆特殊功能区配置及装修项目实施业主单位，概算总投资1555.54万元。

【内部业务建设评价】 2020年，明溪县档案馆按照县级综合档案馆内部业务建设评价标准，践行省局提出的“激情、和谐、规范、快捷”工作作风，落实“每周一例会”等工作制度，前后召开10余次专题推进会，顺利推进迎评准备各项工作。于11月18—20日顺利通过专家组评价验收，评价结果位列全市第三名。

【档案资源建设】 2020年，明溪县档案馆持续抓好到期档案的接收进馆工作，共接收发改局、宣传部等2个单位档案350卷，资料389册；加强对馆藏档案的抢救和保护工作，对检查发现的断裂、脱页、字迹模糊等破损的2667页档案进行修复整理，完成38枚印章档案抢救保护清洗工作；核对、编写政协、宣传部等单位纸质及电子目录号、案卷号共计1141卷、6333件；积极开展抗疫艺术作品等档案资料的征集工作，共征集文艺作品87件。

【档案安全管理】 2020年，明溪县档案馆加强内部管理，坚持做好温湿度、进出库房等事项的记录和登记工作，将档案馆库日常安全巡查与节假日重点检查相结合，扎实开展风险点排查并及时处理安全隐患，于4月投入3760元对排水管道进行改造，有效保障了档案实体安全；开展消防安全培训2次，强化干部队伍档案安全意识，并加强对安全设备的管理与维护，确保设施设备安全有效运行；定期自行更新备份数据，充分保障档案数据完整安全。

【档案利用服务】 2020年，明溪县档案馆提升档案利用服务水平，共接待查阅利用者738人次，提供利用档案874卷（件），复印档案2243页。同时，推广异地查档、跨馆服务、函电代查、预约服务等多项便民服务措施，共提供异地查档服务20余次，实实在在搭建起了一条“档案多跑路，群众少跑腿”的“查档绿色通道”，进一步优化了县档案部门为民服务能力。

【档案编研宣传】 2020年，明溪县档案馆以“档案见证脱贫‘战疫’”为主题组织开展了“6·9”国际档案日系列宣传活动。累计发送宣传短信2300余条、转发各类宣传资料40余次，开展线上档案业务学习90余人次，现场发放档案宣传资料300余份（册），接受群众咨询100余人次，举办“档案见证脱贫‘战疫’”专题展览1场，以疫情防控期间和脱贫攻坚的照片资料为主，展出照片资料、书法等作品40余幅，以点带面展示了全县疫情防控和脱贫攻坚取得的丰硕成果，用档案记录难忘的记忆和精彩感人的瞬间，直观地向干部、群众展现档案文化的独特魅力，为夺取疫情防控和全面建成小康社会双胜利营造了良好的社会氛围。

【档案数字化】 2020年，明溪县档案馆整合各项专项资金共计146.58万元，于10月启动第三期馆藏纸质档案数字化项目，预计前三期馆藏档案数字化的实施可完成馆藏总量的50%。在县档案部门的有力推动下，夏阳乡、瀚仙镇、沙溪乡、城关乡、胡坊镇等5个乡镇启动纸质档案数字化工作，其中，瀚仙镇同步完成村级纸质档案数字化工作。

【农业农村档案工作】 2020年，明溪县档案部门按照市委、市政府的统一部署，序时推进档案工作服务农村基层社会治理工作。通过构建上下联动工作格局，及时协调解决档案装具不足、档案室调整等问题；落实档案工作经费保障，按"农村六大员"标准给予各村(居)档案员每月100元的补助，有效调动基层档案管理人员的工作积极性；加强档案业务培训指导，4—7月，先后到雪峰镇、城关乡、盖洋镇、夏阳乡、胡坊镇等进行档案业务指导，以确保档案资源收集齐全、完整，整理规范；强化督查并抓好整改，分别于3月、9月对各乡镇开展档案工作检查并下发整改通知，促进乡镇补齐工作短板，有效提升乡镇档案工作整体水平。

【疫情防控及档案工作】 2020年，明溪县档案部门面对突如其来的新冠肺炎疫情，迅速行动、主动作为，扛起疫情防控工作的政治责任。第一时间着手抓好全县疫情防控文件材料收集归档工作，及时拟发《关于做好新型冠状病毒感染肺炎疫情防控工作文件材料收集归档工作的函》；于8月21日组织县疫情防控工作指挥部各工作组牵头单位分管领导、档案员等40余人召开疫情防控档案工作部署暨业务培训会，加强对各单位疫情防控文件资料收集工作的指导，确保按要求保质保量完成县疫情防控档案的收集、整理和归档工作任务。在做好疫情防控档案资料收集工作的同时，县档案馆勇于担当、敢于作为，全员参与到社区防控工作中。在严防境外输入工作阶段，还参与驻长乐机场、三明动车站等"前线"点对点接驳工作，共安全接回40余名海外侨胞。

（罗艳珊）

责任编辑：罗兴东

2020年8月21日，明溪县召开疫情防控档案工作部署暨业务培训会

（县档案馆 提供）

明溪县人民代表大会

综 述

【概况】 2020年，明溪县人大常委会共召开常委会会议7次、主任会议12次，作出决议、决定13项，听取和审议“一府一委两院”专项工作报告8项，组织开展执法检查3项、满意度测评1次，开展视察、检查和专项调研25次，配合省、市、兄弟县人大开展执法检查、立法调研、专项工作调研和考察18次；依法任免国家机关工作人员21人次，补选市人大代表1名、县人大代表5名。

【人大监督】 2020年，明溪县人大常委会贯彻落实县委重要工作部署，突出监督重点，精准选题，增强监督实效。围绕法治建设开展监督，开展《中华人民共和国食品安全法》及《福建省食品安全条例》、义务教育“一法一例”贯彻实施情况执法检查，开展县法院生态环境司法保护工作情况调研，配合省、市人大常委会开展《福建省华侨权益保护条例》《中华人民共和国慈善法》《中华人民共和国归侨侨眷权益保护法》等贯彻实施情况调研，协助做好《三明市公共文明促进条例》《福建省水污染防治条例》《福建省传统风貌建筑保护条例》立法调研工作，加强规范性文件备案审查工作，全年共备案审查县政府规范性文件4件。围绕经济运行开展监督，加强对预算和国民经济发展情况的监督，听取和审议计划、预算执行情况报告，审查和批准决算，听取和审议县人民政府关于2020年第一批新增地方政府债券资金安排情况的报告，听取和审议县人民政府关于2020年国有企业改革与资产管理情况的报告。围绕民生事业开展监督，开展全县少

2020年11月5日，明溪县人大常委会组织明溪县的市、县人大代表开展集中视察活动 （县人大办 提供）

数民族村发展情况调研，持续推进民族团结进步；进一步督促县政府及有关职能部门切实加强食品安全监管，完善监管体制，保障人民群众的身体健康和生命安全；开展县教育卫健人才紧缺情况调研，推动全县教育卫健事业持续健康发展。围绕生态建设开展监督，听取审议县政府关于环境状况和环境保护目标完成情况的报告，持续抓好“一重山”保护、渔塘溪城区段整治的跟踪监督，加强审议意见跟踪问效，提升生态环境治理水平，守护明溪生态环境高颜值。

【代表履职】 2020年，明溪县人大常委会推广“人大代表在身边”微信公众号，进一步畅通代表与群众的沟通联系渠道，密切常委会与代表、代表和人民群众的联系。不断扩宽代表履职渠道，进一步规范人大代表联系群众活动室建设和运行，推动活动室发挥作用。不断拓展代表工作广度和深度，有针对性地邀请代表列席常委会会议，参加常委会的监督、调研、检查等工作，采纳代表提出的合理建议，加强代表建议督办，提高代表建议办理质量。

重要会议

【县十七届人大常委会第二十六次会议】 2020年4月30日，明溪县十七届人大常委会第二十六次会议召开。会议组织学习《中共福建省委关于加强新时代人大工作和建设的决定》；听取和审议县人民政府《关于2020年第一批新增地方政府债权资金安排情况的报告》，听取和审议《明溪县第十七届人民代表大会常务委员会代表资格审查委员会关于个别代表的代表资格的报告》；审议通过《关于批准2020年第一批新增地方政府债券资金安排方案的决议》《关于接受赵军、饶大贵辞去明溪县第十七届人民代表大会代表职务请求的决定》《关于调整代表资格审查委员会组成人员的决定》《明溪县第十七届人民代表大会常务委员会代表资格审查委员会关于个别代表的代表资格的报告》；表决通过有关人事事项。

【县十七届人大常委会第二十七次会议】 2020年6月28日，明溪县十七届人大常委会第二十七次会议召开。会议听取和审议县人民政府关于2019年县本级财政决算情况的报告、县人民政府关于水利工程建设和管理情况的报告、县人大常委会执法检查组关于开展食品安全“一法一例”执法检查情况的报告；听取县人民政府关于2019年环境状况和环境保护目标完成情况的报告；表决通过有关人事事项。

【县十七届人大常委会第二十八次会议】 2020年8月28日，明溪县十七届人大常委会第二十八次会议召开。会议听取和审议县人民政府关于2020年上半年国民经济和社会发展计划执行情况的报告、关于2020年上半年预算执行情况的报告，表决通过《明溪县人民代表大会常务委员会关于2020年第二批新增地方政府专项债券及抗疫特别国债资金安排方案的决议》。

【县十七届人大常委会第二十九次会议】 2020年10月30日，明溪县十七届人大常委会第二十九次会议召开。会议听取和审议《明溪县第十七届人民代表大会常务委员会代表资格审查委员会关于个别代表的代表资格的报告》；听取和审议县人民政府关于县十七届人大四次会议代表建议办理情况的报告，并开展重点建议满意度测评；听取和审议县人民政府关于2020年国有企业改革与资产管理情况的报告；听取和审议县人民政府关于2020年第二批新增一般债务及第三批新增专项债务项目安排情况的报告；听取和审议县人民政府关于“一重山”保护工作审议意见研究处理情况的报告；听取和审议县人民政府关于县教育卫健紧缺人才情况的报告；听取和审议县人大常委会执法检查组关于《中华人民共和国义务教育法》和《福建省义务教育条例》贯彻实施情况执法检查的报告；听取和审议县人民法院关于生态环境司法保护工作情况的报告；表决通过有关人事事项。

【县十七届人大常委会第三十次会议】　2020年11月27日，明溪县十七届人大常委会第三十次会议召开。会议听取和审议《明溪县第十七届人民代表大会常务委员会代表资格审查委员会关于个别代表的代表资格的报告》，审议并表决通过《明溪县人民代表大会常务委员会关于接受曾荣华等辞去明溪县第十七届人民代表大会代表职务请求的决定》《2020年明溪县第十七届人民代表大会代表补选工作方案》《明溪县人民代表大会常务委员会关于召开明溪县第十七届人民代表大会第五次会议的决定》。

【县十七届人大常委会第三十一次会议】　2020年12月17日，明溪县十七届人大常委会第三十一次会议召开。会议听取和审议县人民政府关于农村污水设施建设运行情况及《渔塘溪城区段综合整治工作审议意见》落实情况的报告。听取和审议《明溪县第十七届人民代表大会常务委员会代表资格审查委员会关于个别代表的代表资格的报告》；审议并表决通过《关于提请补选钟科为三明市第十三届人民代表大会代表的议案》。

【县十七届人大常委会第三十二次会议】　2020年12月25日，明溪县十七届人大常委会第三十二次会议召开。会议听取和审议《明溪县第十七届人民代表大会常务委员会代表资格审查委员会关于个别代表的代表资格的报告》；审议《明溪县人民政府关于提请审议2020年县本级财政收支预算调整及其他重大财政事项报告的议案》、审议主任会议《关于县十七届人大五次会议安排意见的报告》、审议《明溪县人大常委会工作报告(送审稿)》；表决通过有关人事事项。

重大事项决议

【批准2020年第一批新增地方政府债券资金安排方案的决议】2020年4月30日，明溪县十七届人大常委会第二十六次会议听取和审议县人民政府关于2020年第一批新增地方政府债券资金安排情况的报告。会议决定批准该报告。

【接受赵军、饶大贵辞去明溪县第十七届人民代表大会代表职务的决定】　2020年4月30日，明溪县第十七届人民代表大会常务委员会第二十六次会议决定，接受赵军、饶大贵辞去明溪县第十七届人民代表大会代表职务的请求，并报明溪县第十七届人民代表大会第五次会议备案。

【调整代表资格审查委员会组成人员的决定】　2020年4月30日，明溪县第十七届人民代表大会常务委员会第二十六次会议审议通过《关于调整代表资格审查委员会组成人员的决定》。

【批准明溪县2019年县本级财政决算情况的报告】　2020年6月28

2020年9月29日，明溪县人大常委会开展县十七届人大四次会议代表建议办理情况调研　（县人大办 提供）

日，明溪县十七届人大常委会第二十七次会议听取和审议县人民政府关于批准明溪县2019年县本级财政决算情况的报告，会议决定批准该报告。

【批准2020年第二批新增地方政府专项债券及抗疫特别国债资金安排方案的决议】 2020年8月28日，明溪县十七届人大常委会第二十八次会议听取和审议县人民政府关于2020年第二批新增地方政府专项债券及抗疫特别国债资金安排情况的报告，会议决定批准该报告。

【批准2020年第二批新增一般债务及第三批新增专项债务项目安排情况的决议】 2020年10月30日，明溪县十七届人大常委会第二十九次会议听取和审议县人民政府关于2020年第二批新增一般债务及第三批新增专项债务项目安排情况的报告，会议决定批准该报告。

【接受曾荣华等辞去明溪县第十七届人民代表大会代表职务请求的决定】 2020年11月27日，明溪县第十七届人民代表大会常务委员会第三十次会议决定，接受曾荣华等辞去明溪县第十七届人民代表大会代表职务的请求，并报明溪县第十七届人民代表大会第五次会议备案。

【决定召开明溪县第十七届人民代表大会第五次会议】 2020年11月27日，明溪县十七届人大常委会第三十次会议决定，明溪县第十七届人民代表大会第五次会议于2021年1月5日至2021年1月8日召开，会期4天。

【接受白威辞去明溪县人民法院院长职务请求的决定】 2020年12月25日，明溪县十七届人大常委会第三十二次会议决定，接受白威辞去明溪县人民法院院长职务的请求，并报明溪县第十七届人民代表大会第五次会议备案。

【接受廖才玉辞去明溪县人民检察院检察长职务请求的决定】 2020年12月25日，明溪县十七届人大常委会第三十二次会议决定，接受廖才玉辞去明溪县人民检察院检察长职务的请求，并报明溪县第十七届人民代表大会第五次会议备案。

【决定宁金德代理明溪县人民法院院长职务】 2020年12月25日，明溪县十七届人大常委会第三十二次会议决定，宁金德代理明溪县人民法院院长职务，并报明溪县第十七届人民代表大会第五次会议备案。

【决定胡世棋代理明溪县人民检察院检察长职务】 2020年12月25日，县十七届人大常委会第三十二次会议决定，胡世棋代理明溪县人民检察院检察长职务，并报三明市人民检察院和三明市人民代表大会常务委员会备案。

【批准明溪县2020年县本级财政收支预算调整及其他重大财政事项报告的决议】 2020年12月25日，县十七届人大常委会第三十二次会议审议《明溪县人民政府关于提请审议2020年县本级财政收支预算调整及其他重大财政事项报告的议案》，会议决定批准该报告。

2020年明溪县人大常委会人事任免

2020年明溪县人大常委会人事任免一览表

表1

会议次别	时间	任免人员、职务
第二十六次会议	2020.4.30	决定免去吴文明的明溪县人民政府副县长职务 决定免去聂志辉的县发展和改革局局长职务、汤成荣的县农业农村局局长职务、晏连荣的县民政局局长职务 决定任命温裕强为县发展和改革局局长、曾荣华为县农业农村局局长、张运华为县民政局局长 免去郭碧云的明溪县人民法院审判员职务
第二十七次会议	2020.6.28	决定任命林中甲为县人民政府副县长（挂职两年）、王凤珍为县人民政府副县长（挂职两年）
第二十九次会议	2020.10.30	决定免去蔡丽青的县人民政府副县长职务、洪明福的明溪县人民政府副县长、公安局局长职务 决定任命傅永强为明溪县人民政府副县长、公安局局长
第三十二次会议	2020.12.25	任命宁金德为明溪县人民法院副院长、审判委员会委员、陪审员 任命胡世棋为明溪县人民检察院副检察长、检察委员会委员、检察员 决定接受白威辞去明溪县人民法院院长职务 决定接受廖才玉辞去明溪县人民检察院检察长职务 决定宁金德代理明溪县人民法院院长职务 决定胡世棋代理明溪县人民检察院检察长职务

监督工作

【开展水利工程建设和管理情况调研】 2020年5月28日，明溪县人大常委会副主任汤成荣带领调研组，对县水利工程建设和管理情况调研并召开座谈会。调研组深入夏坊乡苎畲村、夏坊村，盖洋镇常坪村、黄沙坑水库等实地查看乡镇近年来基础水利工程建设和管理使用情况，调研组就水毁工程修复、水库除险加固、防洪防汛情况，水利项目监理、后期维护，管理机制的改革创新等方面提出意见建议。

【开展《中华人民共和国食品安全法》及《福建省食品安全条例》贯彻实施情况执法检查】 2020年6月16日，明溪县人大常委会副主任黄锦波带领检查组，对县贯彻实施《中华人民共和国水污染防治法》情况开展执法检查并召开座谈会。检查组实地查看了明溪心情家庭农场、百事达变性淀粉有限公司、幸福大酒店、满家乐超市、雨洁餐具配送中心等检查点。检查组针对存在的问题，提出了相关部门要加强沟通，明确职责，互相配合，形成联动机制，加强综合执法协调；要加强宣传食品安全“一法一例”，引导生产者、经营者、消费者积极参与其中等意见建议。

【听取和审议县本级财政决算情况的报告】 2020年6月5日，明溪县人大常委会副主任黄锦波带领调研组对县2019年县本级财政决算和“同级审”情况开展调研。6月28日，县人大常委会第二十七次会议听取县政府关于2019年明溪县本级财政决算情况的报告。会议结合审议审计工作报告，审查2019年县本级决算草案，同意县人大财经委在初步审查报告中提出的意见，决定批准2019年县本级决算。

【听取和审议财政预算执行和其他财政收支情况的审计工作报告】 2020年6月5日，明溪县人大常委会副主任黄锦波带领调研组，对2019年县本级财政决算和“同级审”情况开展调研。6月28日，县人大常委会第二十七次会议听取县政府关于2019年县本级预算执行和其他财政收支情况的审计工作报告。在审议中，常委会组成人员针对存在问题提出意见和建议。

【开展《中华人民共和国慈善法》贯彻实施情况执法检查】 2020年7月13日，明溪县人大常委会副主任施茂隆带领检查组对县贯彻实施《中华人民共和国慈善法》情况开展执法检查并召开座谈会。检查组实地查看德亨仁厚养老养生中心、沙溪乡梓口坊村医养中心及县慈善总会等检查点，检查组针对存在的问题，提出要从各个层面加大对《中华人民共和国慈善法》的宣传力度；政府应多对慈善事业做培育、扶持和推动工作；创新方式，更加有效地推动县慈善事业有新的发展等意见建议。

【听取和审议国民经济和社会发展计划执行情况报告】 2020年8月5日至6日，明溪县人大常委会副主任黄锦波带领调研组，对明溪县2020年上半年国民经济和社会发展计划、财政预算执行情况开展调研。8月28日，县人大常委会第二十八次会议听取县政府关于2020年上半年国民经济和社会发展计划执行情况的报告、关于2020年上半年预算执行情况的报告，结合县人大常委会调研组的调研报告，常委会组成人员进行审议并提出建议意见。

2020年7月21日，市人大常委会到县督办市十三届人大四次会议农业农村类建议（县人大办提供）

【开展生态环境司法保护工作情况调研】 2020年9月14—16日，明溪县人大常委会副主任施茂隆带领调研组，对县法院开展生态环境司法保护工作情况进行调研。调研组一行实地查看君子峰国家级自然保护区管理局修复性生态司法联动机制运行情况、国有林场后山绿道宣传栏、生态环境巡回审判点、保护区良好生态环境和观鸟基地生态环境保护成果、下汴村廖厝复绿补种及森林管护、罗翠水库及翠竹洋地质公园生态环境保护情况等，并就推进县法院生态环境司法保护工作提出要进一步加大习近平生态文明思想和生态司法保护的宣传力度；要聚焦主责主业，认真落实生态环境保护职责；要聚焦生态司法综合效益，建立健全生态司法保护联动工作机制等建议。

【开展义务教育“一法一例”贯彻实施情况执法检查】 2020年9月16—24日，明溪县人大常委会副主任黄锦波带领调研组，对县执行《中华人民共和国义务教育法》《福建省义务教育条例》情况开展执法检查并召开座谈会，检查组一行深入城关中心小学、盖洋中学、盖洋中心小学等学校实地查看学校教育教学环境、学生住宿和学校食堂情况。检查组针对存在的问题，提出教育主管部门、进修学校要结合新时代、新特点、新要求，加强广大教师继续教育和培训，不断提升教师的综合素质和技能；各级学校要加强学生小学升初中、初中升高中阶段的衔接沟通工作，不断补齐教育短板，提升教育教学水平；要加大教育投入，科学调整布局，抓好教师队伍建设，完善办学标准，保障特殊人群平等接受教育，全力办好人民满意的高质量教育等建议。

【听取和审议关于“一重山”保护工作审议意见研究处理情况的报告】 2020年9月27—28日，明溪县人大常委会副主任汤成荣带领调研组，对“一重山”保护工作审议意见落实情况进行跟踪检查。10月30日，县人大常委会第二十九次会议听取县政府关于“一重山”保护工作审议意见研究处理情况的报告，结合县人大常委会调研组的调研报告，常委会组成人员进行审议并提出建议意见。

【听取和审议县十七届人大四次会议代表建议办理情况的报告】 2020年9月29日，明溪县人大常委会副主任戴玲玲带领部分常委会组成人员和人大代表，对县十七届人大四次会议代表建议办理情况开展调研。调研组围绕县十七届人大四次会议代表建议办理情况和列入跟踪督办的县十七届人大二次、三次会议代表建议答复承诺解决事项后续办理进展情况等内容，先后实地查看部分建议办理情况，召开调研座谈会，听取县政府办及部分承办单位办理情况汇报。10月30日，县人大常委会第二十九次会议听取县政府关于县十七届人大四次会议代表建议办理情况的报告，结合县人大常委会调研组调研报告提出了建议。

【开展县教育卫健紧缺人才情况调研】 2020年10月15—16日，明溪县人大常委会副主任黄锦波带领调研组，对县教育卫健紧缺人才情况开展调研，调研组先后到县总医院、一中、城关中学召开医务人员、教师座谈会，全面了解县教育卫健人才现状、各级出台的人才政策、各部门应用政策的情况及取得的成效，认真听取各部门就明溪人才招聘、培养、使用过程中存在的困难和问题。检查组针对存在的问题，提出优化人才政策、加强人才培养、加强政策应用、强化政策保障等建议。

【开展少数民族村发展情况调研】 2020年11月24日，明溪县人大常委会副主任汤成荣带领调研组，对全县少数民族村发展情况开展调研，调研组一行实地查看了官坊村在乡村振兴、生态环境、民族文化及村容村貌等方面建设情况并召开专题座谈会，针对存在问题，调研组提出相关部门要把民族村的经济发展放在突出位置；采取“走出去，请进来”的方式，利用高速过境的有利区位优势，充分挖掘好、传承好、利用好回族文化，打造民族文化品牌；进一步优化产业结构，大力发展特色产业，带动群众增收致富，推动少数民族乡村经济和社会各项事业持续健康发展等建议。

【听取和审议关于城区污水管网建设情况及《渔塘溪城区段整治工作审议意见落实情况》跟踪检查的报告】 2020年11月25—26日，明溪县人大常委会副主任汤成荣带领调研组及有关单位负责人实地查看了渔塘溪城区部分路段、坪埠活禽屠宰场污水建设项目、县污水处理厂，渔塘溪城区段综合整治进展情况，对《渔塘溪城区段整治工作审议意见落实情况》跟踪检查调研，并深入城关乡狮窠村、瀚仙镇连厝村、石珩村沙溪乡瑶奢村、沙溪乡集镇等地，实地查看农村生活污水处理设施建设和运行情况。12月17日，县人大常委会第三十一次会议听取和审议县听取和审议县政府关于农村污水设施建设运行情况及《渔塘溪城区段综合整治工作审议意见》落实情况的报告，常委会组成人员进行审议并就做好农村污水设施建设及渔塘溪城区段生态环境整治工作提出建议意见。

代表工作

【健全工作机制】 2020年8月，

2020年9月14—16日，明溪县人大常委会开展生态环境司法保护工作情况调研（县人大办 提供）

明溪县人大常委会开展集中走访人大代表暨代表建议督办月活动，向代表通报工作、听取意见，及时了解代表履职动态。邀请59名基层代表列席常委会会议，150人次参与常委会组织的执法检查、视察、专题调研等活动，29人次参与有关单位组织开展的扫黑除恶发布会、环境保护开放日、涉黑恶案件旁听、宪法学习宣传等活动。深化县代表向原选区选民报告履职情况，加强对代表履职的监督。

【提升服务水平】 2020年，明溪县人大常委会规范人大代表联系群众活动室建设和运行，推动活动室发挥更大效应，9个活动室共组织开展学习培训21场次，参加培训代表711人次，接待选民274人次；收到建议意见101件，解决81件；开展专题调研16次，参加代表205人次。推广“人大代表在身边”微信公众号，通过“人大代表在身边”微信公众号，及时向代表推送法律法规、工作制度、人大知识、工作动态、代表风采等资讯，提高代表参政议政意识，畅通代表与人大工作机构的紧密联系。

【强化跟踪督办】 2020年，明溪县第十七届人大四次会议期间，代表提出的106件意见建议均按时完成办理答复工作，代表所提问题当年已经解决或计划解决的84.9%。坚持开展代表建议督办月、听取审议代表建议办理情况报告、办理结果“回头看”等工作机制，综合运用常委会领导牵头督办重点建议并开展满意度测评、不满意件二次办理、建立健全答复承诺解决事项台账滚动办理等多种方式，着力提升代表建议办理实效。

（黄美钦）

责任编辑：温国彪

明溪县人民政府

综　述

【概况】 2020年，明溪县各级各部门按照省委省政府、市委市政府和县委决策部署，统筹疫情防控和经济社会发展，做好“六稳”工作，落实“六保”任务，做实“四篇文章”、推进“四个着力”、深化“五比五晒”，沉着有力应对各种风险挑战，经济社会发展稳中向好，被评为2020年度福建省县域经济发展“十佳”县。全县生产总值111亿元，比2019年增长4.0%；地方一般公共预算收入3.47亿元，比2019年增长5.9%。城镇居民人均可支配收入33206元，比2019年增长1.9%；农村居民人均纯收入18212元，比2019年增长7.4%。

【统筹疫情防控和经济社会发展】 2020年，明溪县面对疫情大战大考，第一时间启动重大突发公共卫生事件一级响应，坚持“外防输入、内防反弹”，压实“四方”责任，落实“四早”措施，把好“五道关口”，织好“五张网”，全县上下众志成城、同舟共济，全力打好疫情防控人民战争、总体战、阻击战。秋冬季以来，突出“一线两重点”，坚持“人”“物”同防，抓实进口冷链食品检测监测等措施；累计安排疫情防控资金4248万元，2个核酸检测实验室建成投用，完成县总医院负压病房改造，防控和救治能力不断提升。为了加快恢复生产生活秩序，明溪县制定应对疫情推动农业工业服务业平稳健康发展工作方案、促进建筑业高质量发展九条措施等惠企惠民政策；通过“一企一策”帮助海斯福、南方制药、致格公司等企业解决实际问题，推动南方制药在新三板完成两轮融资1.3亿元，指导13家企业列入疫情防控重点保障企业名单；兑现租金减免、用电奖补、设备补助等惠企资金1550万元，全年减税降费5269万元，新增市场主体1069家。举办“首届乐购三明直播节”“农民丰收节”等促销活动，帮助企业及早复工复产，上半年主要经济指标实现由负转正。

【老区苏区建设】 2020年，明溪县把握国家新一轮支持苏区振兴发展、国家中医药管理局对口支援明溪等机遇，策划重点对接项目82个，总投资175亿元，累计向上争取资金比2019年增长17.26%。融入长征国家文化公园建设，县革命纪念园等六大特色展示点加快推进，万春桥等3处革命文物修缮工程开工建设，滴水岩成功创建国家AAA级旅游景区，红七军团铜铁岭战斗旧址被列入第十批省保单位。与国家中医药管理局联合举办了红色故事线上宣讲，邀请中央和省级主流媒体来县开展“习近平新时代中国特色社会主义思想三明实践”大型采访活动，“风展红旗如画”品牌深入人心。

【工业产业发展】 2020年，明溪县聚焦“专精特新”，推动“三新”产业高质量发展。海斯福三期全面投产，南方制药二期、旻和医药、瑞德医药、沃林大健康等项目部分试生产，海斯福四期项目启动实施，科顺新型防水材料、卓跃氟硅新材料等项目加快推进；海西联合药业与浙江昂利康制药开展战略合作，瑞博奥脱氧核糖项目基本完成主体建设；康墨改性隔膜、格林韦尔NMP纳米导电剂、玮士迈锂电池环保装备等产业链项目建成投产，“三新”产业税收占总税收34.8%，成为经济增长重要引擎。加强企业技改提升，大林森活性炭等9个项目列入省级重点技改项目库，海斯福获省级技改基金支持1亿元。坚持创新驱动，全县规上工业企业研发经费投入比2019年增长30.77%，高技术产业增加值占规上工业增加值达18.2%，居全市前列；新增国家级高新技术企业2家，新获国家授权专利146件，成立省氟新材料工程研究中心，海斯福等企业两个项目获省科技进步奖。

【绿色生态发展】 2020年，明溪县坚持生态产业化、产业生态化，推进全域生态观鸟、森林康养产业发展。成立“村社合一”观鸟合作社5家，推进心海森林康养项目，新增森林人家2个、森林康养基地12个，打造国家、省级森林村庄10个。发展中草药为主的林下经济基地125.6公顷，组建全市首家中药材农业产业化联合体。坚持质量兴农、科技兴农、品牌强农，与省农科院开展科特派集团服务示范区战略合作，实施首期示范带动项目6个；新增裕相猕猴桃、百思味乌龙茶等绿色食品认证4个，明溪黄桃入选“全国名特优新农产品”名录、“华山野茶”获国际茶博会金奖、博冠黄金果获市级百香果鉴评会金奖，永溪、旦上、温庄获评省级“一村一品”示范村，明溪县被列入第三批省级农产品质量安全县创建试点单位。粮食安全保障方面，粮食播种面积完成任务的102%。生态保护与修复方面，完成植树造林713.33公顷，治理水土流失面积1673.33公顷，武夷山国家森林步道明溪示范段首期竣工，鸟类监测管理指挥平台建成投用，鸣溪省级湿地公园、国际候鸟迁徙通道保护与修复等项目扎实推进，闽江流域山水林田湖草生态保护修复试点获省上正向激励。

【精神文明建设】 2020年，明溪县完成“第六届省级文明县城”创建总评迎检，检察院、沙溪乡、御帘村分别获评第六届全国文明单位、全国未成年人思想道德建设先进单位、全国文明村，入选全国先进数量居全市前列。城市管理“五难”治理方面，新增停车泊位600个，智慧停车项目正式运营，综合市场提升改造工程、活禽交易和屠宰市场建成投用，规范临时市场7处。

【“五比五晒”项目攻坚】 2020年，明溪县全力推进“项目攻坚年”活动，实施攻坚项目244个，78个地区生产总值增长点项目新增产值8.49亿元；53个投资增长点项目完成投资22.34亿元；22个税收增长点项目新增税收8326万元；63个招商攻坚项目开工53个，完成投资100.63亿元。新增“五个一批”实施类项目73个，其中32个项目开工建设、41个项目建成投产；16个市级以上重点项目开工建设7个、投产4个，累计完成投资14.34亿元。坚持“合算又合规”，建立“一筛二看三详查四比选”招商机制，深化产业链招商、以商招商，成立广东顺德招商服务站，与漳州金峰经济开发区建立协同招商关系，组织各类招商活动，签约项目182个，落地开工项目135个，完成投资59.37亿元。扎实开展“征迁攻坚年”活动，28个征迁攻坚项目完成土地征收159.8公顷，征收房屋2.59公顷，突破坪埠东路（二期）、南关溪地块等历年遗留征迁问题，提前完成县总医院门诊综合楼、民主路改造提升、林业车队地块征迁任务，为城市发展腾出更多空间。

【推进“三大攻坚战”】 2020年，明溪县脱贫攻坚决战决胜，累计落实扶贫资金3.27亿元，全县1634户4861人贫困人口稳定脱贫，30个建档立卡贫困村村财政年经营收入均达10万元以上，省级扶贫开发工作重点县摘帽退出。积极融入三明国家扶贫改革试验区建设，推行城市困难家庭“347”和农村相对贫困家庭“239”精准帮扶工作机制，221户340人城市困难家庭和77户214人农村相对贫困家庭得到有效帮扶。污染防治成效明显，打好蓝天、碧水、净土保卫战，生态环境质量持续居全省前列。深入推进河湖长制，河湖“四乱”“五项攻坚”整治常态长效；加强土壤污染防治和风险管控，危废、医废收运处置率达100%，畜禽粪污综合利用率达91.5%；加强农业面源污染治理，农药使用量、化肥施用量比2019年下降2.25%、2.04%。加快形成绿色低碳生产生活方式，单位生产总值能耗下降1%，初级版“绿盈乡村”覆盖面达64.78%。重大风险有效防范，着力稳定金融环境，不良贷款率降至1.1%，地方政府债务严格控制在省定限额范围内。深入推进平安明溪建设，扫黑除恶专项斗争纵深推进，“六清”行动取得实效，严厉打击非法集资、电信诈骗等违法行为，刑事警情比2019年下降13.1%，上半年群众安全感率达99.57%，居全市第一位；食品、药品安全保障水平不断提高，深入开展安全生产专项整治三年行动和安全隐患大排查大整治，安全生产形势稳定向好，获评省“平安农机”示范县。

【重点改革攻坚】 2020年，明溪县教育改革稳步推进，完成县一中、二中初高中办学衔接，义务教育管理标准化学校创建覆盖面达88.9%，普惠性幼儿园覆盖面达91.2%。医改持续深入，“全民健康四级共保”“4+7”药品集中采购扎实推进，医保出院患者报销比例提高到70.41%；探索“医防融合”改革，跻身全市“医防融合”改革试点县，完成县疾控中心综合改革。持续深化林改，推广发放林权抵押贷款、“益林贷”等贷款1.45亿元。完成农村集体产权制度改革，股权颁证率达100%，胡坊“林票”、夏阳“房票”“地票”试点工作有序推进。加强国企退休人员社会化管理，推动国有资产整合运营，净资产比2019年增长18.2%。基本完成乡镇机构改革。

【精美城市打造】 2020年，明溪县坚持小而精、小而美，按照“东进、北拓、中提升”思路，高质量推进《明溪县国土空间总体规划（2020—2035年）》编制，初步完成生态保护红线、永久基本农田、城镇开发边界“三线”划定，全年保障建设用地43.6公顷。东部新区加快建设，开发面积达35.2公顷，县档案馆周边地块开发有序推进，明洲大酒店正式运营，获评国家三星级旅游饭店；城区功能不断完善，

2020年1月27日，县委副书记、县长苏迎平（左二）到县雪峰卫生院检查新冠肺炎疫情防控措施落实情况 （江月兰 摄）

完成经济局宿舍小区、原化工厂房改房老旧小区改造，紫岭路（二期）、红豆杉路人行道、实验小学和消防大队路口改造等项目建成投用，新改建城市道路13千米、城市给排水各类管网25千米。欧侨广场、时代广场、金茂广场等商圈经济、夜经济加快发展，欧陆风情步行街竣工投用，雪峰镇入选中国淘宝镇，人气商气财气加速聚集。

【美丽乡村建设】 2020年，明溪县坚持规划先行，完成10个省级乡村振兴试点村和7个城郊融合村村庄规划编制。坚持“两统筹、两统管”，9个市县农村新型住宅小区和瀚仙镇、沙溪乡农村村民住宅规划建设管理试点工作有序推进；深入推进“千村整治、百村示范”工程，龙湖村、御帘村市县美丽乡村精品示范村加快建设，梓口坊村全域土地综合整治项目被列为国家级试点，夏阳村获评省级乡村振兴实绩突出村。农村人居环境整治取得实效，水冲式公厕实现行政村全覆盖，户用厕所无害化改造覆盖率达97.2%，农村生活垃圾治理、生活污水治理覆盖率分别达100%、86.04%，新改建农村公路35千米。

【基础设施建设】 2020年，明溪县加快园区承载力提升，完成县经济开发区总规修编、工业集中区总规修编及控规编制，新征用土地51.94公顷，盘活闲置土地8.4公顷、闲置厂房1.23公顷，完成二次招商4家，园区综合发展水平连续2年位居省级扶贫开发工作重点县开发区前5位。融入闽西南协同发展区建设，“明溪—鲤城山海协作共建产业园”新增投资4100万元，奋发山海协作产业园首动区完成征迁29.2公顷。红色旅游公路雪城线建成通车，兴泉铁路明溪段扎实推进；夏阳溪安全生态水系、沙溪流域防洪四期工程王陂堤段基本完工，明源水厂厂区主体开工建设；220千伏大焦变完成基础施工，新改建农村电网132千米。

【补齐民生短板】 2020年，明溪县全县民生支出占一般公共预算支出80.38%，较上年提高3.13个百分点，28个为民办实事项目完成目标任务。坚持稳就业保就业，落实稳岗就业补贴354.89万元，城镇登记失业率2.47%，低于全市2.53个百分点。社会保障更加有力，城乡居民养老保险、城乡基本医疗保险参保率分别达98.36%、99.92%，低保、特困供养标准分别增长19.07%、16.5%，临时救助2620人次，做到应保尽保、应救尽救。民生短板加快补齐，瀚仙中小学教学楼、胡坊中心幼儿园扩建等项目建成投用，新增学位990个，实验幼儿园迁建开工建设，启动实施第三实验小学扩建、第三幼儿园新建、城关中学艺体馆等项目；加快县总医院门诊综合楼项目前期工作，中医馆实现乡镇全覆盖，复康中医医院挂牌运营，成立福建中医药大学（明溪）中医药健康管理示范中心，全国第四次中药资源普查、世行贷款医改促进项目有序推进；乡镇敬老院改造提升工程加快实施，老年日间照料中心、农村幸福院覆盖村（居）达70%，3个社区（村）被列为全国老年人心理关爱项目点。加快文旅融合发展，完成《南山遗址保护规划》修订，举办红绿村游记、健康跑等文旅活动44场。双拥共建、人民防空、国防后备力量建设进一步加强，全市率先成立退役军人法律援助工作站，完成第三次全国国土调查、农村地籍房屋调查，第七次全国人口普查顺利推进；工会、共青团、妇联、老龄、残疾人和关心下一代等工作扎实开展；统计、科普、方志、档案、移民、侨务、气象、防灾减灾、民族宗教等工作取得新进展。

【作风建设】 2020年，明溪县严格落实中央八项规定及其实施细则精神，整治形式主义、官僚主义，进一步精简规范各类会议、公文和督查检查考核事项。深化“放管服”改革，39个部门入驻新行政服务中心；深入推进“互联网+政务服务”，大力推行“五办工作法”，网上可办理事项占审批服务事项达99.7%。深入开展“访企业、解难题、促六稳”专项行动，落实115家企业融资需求3.29亿元、9家企业纾困资金2295万元，解决企业经营发展问题218个；实施突破“难、硬、重、新”工作行动项目6个，配合推动“e三明”扩面提效，“12345”便民服务平台按时办结群众反映事项5304件，群众满意率达99.98%；深入推进二级绩效管理，2019年度绩效考评位居全市第1位；全面落实预算绩效管理，跻身全国财政管理绩效综合评价前100名，获正向激励1000万元。

【依法行政】 2020年，明溪县依法全面履行政府职能，持续完善依法行政制度体系，制定法律顾问工作规则，落实行政执法“三项制度”，推行柔性执法，“七五”普法顺利通过省市验收。自觉接受县人大法律监督、工作监督、政协民主监督、监察监督和社会监督，办理落实人大代表建议106件、政协委员提案71件，基本满意率以上分别达100%、97.2%。执行公众参与、专家论证、法律顾问等决策程序，政府决策科学化、法治化、规范化水平不断提升。

【廉政风险防控】 2020年，明溪县全面从严治党纵深推进，不断加强党的政治建设，认真履行意识形态工作责任制；强化审计监督，完成审计项目52个，促进增收节支4029万元；牢固树立过“紧日子”的思想，兜牢“三保”支出底线，“三公”经费持续下降；加强重点项目和重点领域廉政风险防控，制定完善财政投资项目评审、财政预算及资金审批管理等工作制度；进一步严肃财经纪律，成立会计核算中心，严厉查处各类违纪违法案件，党风廉政建设和反腐败工作不断深入。

（王　健）

重要会议与活动

【第三十八次常务会议】 2020年2月14日上午，明溪县委副书记、县长苏迎平主持召开县政府第三十八次常务会议，学习贯彻中央、省、市统筹疫情防控和经济社会发展有关会议、文件精神，研究县抓“双防”与促“六稳”两统筹两兼顾工作，审议《明溪县应对新冠肺炎疫情推进农业平稳健康发展工作方案（送审稿）》《明溪县应对新冠肺炎疫情推进工业经济平稳健康发展工作方案（送审稿）》《明溪县应对新冠肺炎疫情推进服务业平稳健康发展工作方案（送审稿）》《明溪县促进建筑业高质量发展九条措施（试行）（送审稿）》《2020年市政府工作主要任务中涉及我县工作任务分工方案（送审稿）》《2020年县政府主要工作任务分工方案（送审稿）》《县十七届人大四次会议代表建议和县政协十届四次会议委员提案办理分解方案（送审稿）》

【第三十九次常务会议】 2020年3月27日上午，明溪县委副书记、县长苏迎平主持召开县政府第三十九次常务会议，研究2020年第一批地方政府专项债券项目申报、山水林田湖草专项资金使用安排、河滨公园剩余工程款支付、2019年第一季度省上增产增效县级财政配套奖励企业名单等有关事宜，审议《2020年明溪县“‘五比五晒’推进高质量发展活动”考评办法（送审稿）》《2020年第一批新增地方政府债券资金安排情况的报告（送审稿）》《2020年度下达重点流域生态补偿资金分配方案（送审稿）》《明溪县农村公路提档升级三年攻坚行动计划（送审稿）》《明溪县财政投资评审管理办法（送审稿）》。

【第四十次常务会议】 2020年5月26日下午，明溪县委副书记、县长苏迎平主持召开县政府第四十次常务会议，研究兑现加快现代服务业发展九条扶持政策、2019年度土地房屋征迁考评表彰、四元堂A地块配建项目历史遗留问题解决方案、收购三明百事达淀粉有限公司资产、医改和疫情防控工作、党校学员宿舍楼建设及运营管理有关事宜，审议

《明溪县关于提振消费促进经济稳定增长五条措施（送审稿）》《2020年明溪县环保督察问题整改专项行动工作方案（送审稿）》《2020年明溪县“五个一批”项目推进专项行动工作方案（送审稿）》《2020年明溪县城市管理“五难”治理专项行动工作方案（送审稿）》。

【第四十一次常务会议】 2020年7月6日下午，明溪县委副书记、县长苏迎平主持召开县政府第四十一次常务会议，研究2020年第二批地方政府专项债券资金安排、推进以食用为目的野生动物养殖场退养转产转岗工作、明溪县与省农科院实施乡村振兴战略合作、复核及认定2019年总部企业、兑现2019年财税征收机关完成征收任务奖励有关事宜，审议《明溪县安全生产专项整治三年行动实施方案（送审稿）》《明溪县招商引资项目环保准入管理规定（暂行）（送审稿）》《明溪县农村新型住宅小区集中建设试点工作方案（送审稿）》。

【第四十二次常务会议】 2020年8月10日上午，明溪县委副书记、县长苏迎平主持召开县政府第四十二次常务会议，审议《明溪县贯彻落实中央生态环境保护督察报告整改方案（送审稿）》《2019年度县域产业发展专项资金补助方案（送审稿）》《明溪沃林大健康系列产品生产项目投资合同书（送审稿）》《2020年全县食品安全重点工作安排（送审稿）》《2020年全县治理“餐桌污染”建设“食品放心工程”工作方案（送审稿）》《鼓励工业企业增产增效扶持措施（送审稿）》，听取2020年上半年“五比五晒”考评结果、2020年上半年安全生产工作情况汇报。

【第四十三次常务会议】 2020年10月12日上午，明溪县委副书记、县长苏迎平主持召开县政府第四十三次常务会议，研究2020年县级“五比五晒”及“项目攻坚年”考评办法修订、2020年总部企业（上半年提前符合认定条件）复核及认定、南方制药“一企一策”提请解决事项、致格公司申请新能源锂电池研发（中试）生产基地建设项目履约延期、城区餐厨废弃物收运处置工作实行市场化运营、2020年第二批新增一般债务及第三批新增专项债务项目安排有关事宜，审议《海斯福公司“一企一策”备忘录（送审稿）》《明溪县银行机构服务地方经济发展考评办法（送审稿）》，听取明溪县城镇基准地价更新成果情况汇报。

【2019年度县政府党组班子成员述责述廉会】 2020年1月19日，明溪县政府党组召开2019年度政府党组班子成员述责述廉会，县政府党组书记、县长苏迎平带头作述责述廉报告，并对县政府党组班子成员述责述廉情况逐一进行点评。县政府党组成员、副县长，县政府办班子成员，各乡（镇）长，部分县政府部门和省市属驻明单位主要负责人参加会议，并对县政府党组班子成员述责述廉情况进行现场评议。

【2020年度第一季度防范重特大生产安全事故会议】 2020年1月17日上午，明溪县委常委、副县长吴文明主持召开县政府专题会议，贯彻落实全国、省、市安全生产视频会议精神，传达国务院、省、市领导关于“12·3”浙江嘉兴海宁市许村镇荡湾工业园区污水罐体坍塌事故及“1·8”大田、“1·15”永安森林火灾事故的批示精神，分析县安全生产形势，并安排部署2020年一季度有关工作。县政府安全生产委员会成员单位及有关单位负责人，各乡（镇）分管领导参加会议。

【2020年度全县政银企对接加快企业复工复产推进会】 2020年2月27日，明溪县委副书记、县长苏迎平组织召开全县“政银企”对接加快企业复工复产推进会，学习贯彻习近平总书记在统筹推进新冠肺炎疫情防控和经济社会发展工作部署会议上的重要讲话精神，抓好疫情防控，落实“六稳”要求，畅通政银企对接渠道，全力支持中小微企业、建设项目复工复产，推进县经济社会平稳健康发展。

【2020年度第三季度防范重特大生产安全事故会议】 2020年7月17日上午，明溪县委常委、副县长陈锋毅主持召开县政府专题会议，贯彻落实习近平总书记关于防灾减灾救灾工作发表的重要讲话、作出重要指示批示精神。各相关单位、企业代表对大排查大整治工作情况进行表态发言，县消防救援大队部署消防领域三年整治专项行动，县政府安办通报分析安全隐患大排查大整治工作情况，县政府安委会安排部署安全隐患大排查大整治、安全生产专项整治三年行动和2020年第三季度防范重特大生产安全事故有关工作。县政府安委会成员单位及有关单位负责人，各乡（镇）分管领导及水利工作站负责人参加会议。

【2020年度第四季度防范重特大生产安全事故会议】 2020年10月23日上午，明溪县委副书记、县长、县安委会主任苏迎平在收听收看全省第四季度防范重特大事故视频会后，主持召开全县第四季度防范重特大生产安全事故会议，贯彻落实习近平总书记关于安全生产重要论述精神、全省全市防范重特大生产安全事故视频会精神，分析安全生产形势，部署安全生产专项整治三年行动及下阶段工作。

【全县配合2020年省级生态环境保护例行督察工作部署会议】 2020年10月15日下午，明溪县委副书记、县长苏迎平主持召开县政府专题会议，研究县配合2020年省级生态环境保护例行督察相关工作。会议组织学习《福建省生态环境保护督察工作实施办法》，传达三明市迎接2020年省生态环境保护例行督察工作部署视频会议精神，并对县配合做好2020年省级生态环境保护例行督察工作进行安排部署。

（王 健）

为民办实事项目

【概况】 2020年，明溪县践行以人民为中心的发展思想，聚焦人民群众最关心最直接最现实的利益问题，全年共投入资金3.15亿元，抓好饮水安全、医疗卫生、基础教育、就业创业、社会保障、城乡建设等重点领域为民办实事项目28项，加快补齐民生社会事业短板。

【巩固提升农村饮水安全】 2020年，明溪县巩固提升农村饮水安全累计完成投资231万元，全面完成城关乡王桥村、上坊村；盖洋镇湖上村；沙溪乡梓口坊村供水工程建设，受益人口7059人。

【提升城市供水水质】 2020年，明溪县提升城市供水水质完成投资1165万元，药谷小镇供水管2千米、工业园区主干供水管7千米建设完成并投入使用。

【继续实施造福工程（地灾隐患点、边远地区等困难群众搬迁安置）】 2020年，明溪县继续实施造福工程（地灾隐患点、边远地区等困难群众搬迁安置）完成投资935万元，落实造福工程指标75户282人，占指标任务253人的111.46%。

【老旧小区改造工程】 2020年，明溪县老旧小区改造工程完成投资160万元，完成经济局宿舍小区和原化工厂宿舍老旧小区改造建设。

【实施“四好农村路”】 2020年，明溪县完成农村公路建设与改造25.45千米，完成投资2702万元；完成危桥改造21座，完成投资1675万元。

【道路交通安全隐患整治工程】 2020年，明溪县道路交通安全隐患整治工程完成投资766.6万元，整治道路交通安全隐患3处。

【推进“厕所革命”】 2020年，明溪县推进“厕所革命”完成投资61.5万元，建成链条厂公厕，12月1日正式投入使用；完成投资55.6万元，新改建乡镇公厕4座、农村公厕8座。

【推进养老服务工程建设】 2020年，明溪县新建瀚仙镇王陂村农村幸福院，完成主体工程建设。投资480万元完成全县6所正常运营的乡镇敬老院提升改造，对原敬老院卧室、食堂、卫生间、浴室等进行维护改造，更换生活家居用品，添置失能护理设施、文化娱乐活动设施。

【提高医疗服务供给能力和水平】 2020年，明溪县全面推行全民健康四级共保改革试点工作，完善医保打包支付政策，2020年全县医保基金包干总金额为10810万元（比2019年增加1220万元）；完善疾病诊断相关分组收付费改革，截至12月底，疾病诊断相关分组结算占比86.91%；持续推进药品耗材联合限价采购工作，2019年6月开始试行“4+7”药品集中带量采购，降低人民群众就医负担。推进世行贷款医改信息化项目建设，实施县域人财物一体化管理系统以及基层电子病历、远程影像、远程心电、实验检验、双向转诊等信息系统建设并投入使用，拓展基层卫生信息系统功能。完成世行贷款医改促进信息化（一期）项目初验，并按合同规定向3家承建公司支付项目初验款，提升基层医疗机构信息化水平，完善县域远程医疗服务。拨付资金专项债券9300万元，世行贷款552万元，公立医院改革400万元，人才培养58.38万元，政策性补贴基本药物103.78万元。

【提升基本公共卫生服务能力】 2020年，明溪县共筹集资金782.14万元，其中112.64万元用于2019年新划入基本公共卫生服务项目地方病防治、职业病防治、重大疾病及危害因素监测、疾病预防控制、妇幼健康服务、老年健康与医养结合服务、食品安全保障、医疗服务价格、卫生应急队伍建设、人口监测与计划生育服务、健康素养促进等工作的支出，项目资金用于发放至县总医院、疾控中心、妇幼保健院等执行单位。669.5万元用于原12项基本公共卫生服务项目支出，下拨至县总医院各分院补助资金584万元，剩余部分根据年终考核结果测算后发放。

【教育补短板项目建设】 2020年，明溪县教育补短板项目建设完成投资8874.05万元。其中：（一）明溪县实验幼儿园迁建项目预算编制及办理施工许可证；第三幼儿园迁建项目办理农转用报批手续；夏坊中心幼儿园扩建项目主体建设；澳莱贝尔幼儿园办成普惠性幼儿园；名儒御景幼儿园完成招租。（二）实验小学东部校区项目建设完成1号、2号、3号、4号、5号、7号、8号主体建设，6号完成地下车库、消防水池等建设；城关中学学生宿舍楼项目深化施工图设计及控制性规划审核；瀚仙中心小学教学楼改扩建于12月完成，县一中教学楼改扩建项目于8月完成，均投入使用，新增学位900个。

【就业优先工程】 2020年，明溪县做好复工复产稳就业保民生等重大政策落实工作，力促就业局势保持稳定。全县城镇新增就业556人，城镇登记失业率2.47%，控制在3.7%以内。全县接收省级“三支一扶”计划13名完成派遣工作，均已到相应岗位报到；大学生志愿服务欠发达地区计划7名完成派遣工作，均报到上岗；服务社区计划3名高校毕业生已报到上岗。共组织开展保育员、育婴员、加氢工艺、熔化焊接与热切割等职业技能培训1910人次，其中县人社局完成职业技能提升培训316人。成功申报毕业生创业项目（云海人家）获得省级资助金10万元，市级将按1∶1配套资助。

【保护利用城乡历史文化】 2020年，明溪县在历史与传统建筑保护方面，向上争取了历史建筑保护利用省级补助资金38.5万元，同时启动了11处历史建筑修缮项目，保护利用省级补助资金拨付至各乡镇，御帘村张宅、翠竹洋汤氏宗祠、余坊村昭武第等11处历史建筑完成修缮工作及测绘落图工作；活化利用历史建筑2处，共投资100万元。在传统村落保护方面，2020年重点改善提升“十镇百村”补助资金400万元拨付夏阳乡，夏阳乡旦上村累计投资550万元，用于旦上村保护规划编制、候鸟通道建设、河堤建设、核心保护区界桩设立等保护利用工作。

【落实全民健身实施计划】 2020年，明溪县投入42万元新建雪峰镇5人制足球场，面积770平方米，完工并投入使用。投资53万元，共举办篮球、足球、气排球、乒羽等运动项目全民健身运动会28场次，举办第四届绿海明溪清新盖洋健康跑、农民丰收节暨农村趣味运动会（城关乡罗翠村）、沙溪橘园全民健身跑、首届“绿海明溪显盖紫云”骑游大会等全民运动健身品牌赛事活动。创建首批福建省全民运动健身模范县，召开全民健身工作领导小组创建推进会2次。

【持续推进安全生态水系建设】 2020年，明溪县安全生态水系建设完成投资1172.5万元，完成综合整治河长8.23千米。

【提升小流域综合治理及环境监管能力】 2020年，明溪县小流域综合治理及环境监管能力累计投资1944.31万元，完成改造城区水车巷山至青山下、职中桥至河滨公园（沿山坑溪）、新村路生活片区等街巷污水管网建设1.5千米；完成工业集中区北侧支路1.1千米污水管网建设。

【新建和改造市政生活污水管网】 2020年，明溪县新建和改造市政生活污水管网累计投资1000万元，完成东部新城（含药谷小镇）污水管网建设2.5千米、莆炎高速明溪互通城区污水管网建设1.5千米，改造城区街巷污水管网6千米。

【治理农村生活污水垃圾】 2020年，明溪县完成污水收集管网约23.8千米、污水检查井405座、污水处理设施10座、杨地等16个村项目建设。农村生活垃圾治理覆盖100%村庄，对胡坊镇易腐垃圾堆肥房试点进行试验，对夏阳乡垃圾转运系统提升工程进行设备安装，同时进行垃圾转运车辆采购。在农村户厕无害化改造方面，2020年明溪县农户改厕任务数120户全部完成，其中瀚仙16户、胡坊20户、沙溪10户、夏阳18户、盖洋20户、枫溪10户、夏坊16户、城关10户。

【治理“餐桌污染”】 2020年，明溪县共开展执法检查1990次，出动执法人员4298人次，查处不合格食品133.48千克，立案查处食品安全违法案件20起，案件罚没金额44.46万元。县公安局立案侦办2起食品涉嫌犯罪案件。明溪县城关中学食堂创建省级“明厨亮灶”示范单位完成初步验收工作；6家生产主体的8个产品获得“绿色食品”证书，另外5家生产主体完成“绿色食品”产品认证申报工作；5个省级标准示范基地初步建立。将全县25家食品生产企业、57户流通环节食品（含保健食品）经营企业、45户餐饮单位完成省级追溯系统的注册使用。全县135家生产经营主体纳入省级农产品质量安全可追溯系统监管。做好食品有关监测工作，完成县级定量检测150批次样品；完成食用农产品定性检测5000批次。完成食用农产品快检3493批次，完成监督抽检282批次。抽检、监测饮用水167份，采集食品样品51份，抽检餐具72套，上报468例食源性疾病监测数据。

【提高城乡居民最低生活保障标准】 2020年，明溪县再次提高城乡低保和特困人员供养标准，将城乡低保标准占当地最低工资标准的比例提高到45%。截至2020年12月，低保人数为2173人，较2019年净增117人，低保覆盖率合理化水平达到1.06，确保低保对象“应保尽保”。

【重度残疾人两项补贴】 2020年，明溪县将困难残疾人生活补贴标准从每人每月70元提高到80元，一级重度残疾人护理补贴标准从每人每月110元提高到115元，二级重度残疾人护理补贴标准从每人每月60元提高到85元。截至2020年12月，共有1787人领取困难残疾人生活补贴，2120人领取重度残疾人护理补贴，1—12月累计发放生活补贴172.03万元，发放护理补贴250.23万元。

【农业保险保费补贴政策】 2020年，明溪县投入510万元用于各类农业保险保费补贴。

【明溪融媒体中心建设项目】 2020年，明溪县融媒体中心建设项目完成投资额1180万元，于10月9日揭牌，12月全部人员入驻办公，12月31日完成项目终验。

【2020“雪亮工程”视频监控建设项目】 2020年，明溪县完成2020“雪亮工程”视频监控建设项目招投标，完成部分户外土建项目，预计2021年2月完成建设。

【公共卫生服务综合大楼】 2020年，明溪县完成县公共卫生服务综合大楼土建项目工作，进入室内二次装修扫尾阶段。

【县中医院改扩建项目】 2020年，明溪县总投资3200万元，完成县中医院新建门诊附属楼、户外康复健身场、中医特色外立面改造等改扩建项目，10月26日正式投入使用。

【县智慧安防小区项目】 2020年，明溪县智慧安防小区项目完成投资280万元，完成15个小区智慧安防设备安装。

【县活禽公共管理服务建设项目】 2020年，明溪县活禽公共管理服务建设项目总投资916万元，建成县活禽交易市场并于7月投入使用。

（王　健）

县政府办公室工作

【概况】 2020年，明溪县政府办公室学习贯彻习近平新时代中国特色社会主义思想和中共十九大精神，按照“五个坚持”的工作要求，重规矩、抓规范，重实效、抓实干，重创新、抓创优，各项工作高效有序运转。年内荣获“2018—2020年度省级文明单位”称号。

【参谋辅政】 2020年，明溪县政府办公室聚焦决策部署发力点、经济社会症结点，加强调查研究，揭示特点规律，提供意见建议，真正发挥参谋助手作用。全年完成政府工作报告、经济工作会、政府全体会议等综合性会议材料、汇报材料撰写120余篇，中医药产业和事业发展调研文章1篇，代县委全会完成起草《小县大城关聚人气行动计划》，为领导科学决策提供了及时准确、优质有效的信息服务。全年信息考评得分856.4分，位列各县市区第四，被省政府办公厅采用信息20条，其中《明溪县着力打赢脱贫攻坚战》等2篇文章作为专刊发表，首次被评为全省政府信息工作先进单位。

【政务督查】 2020年，明溪县政府办公室围绕关系全局的大事、领导关注的要事和群众关心的难事，聚焦“六稳”“六保”工作任务，开展督查督办37次，效能约谈2人次，全年办理落实人大代表建议106件、政协委员提案71件，基本满意率以上分别达100%、97.2%。扎实推进28项为民办实事项目的专项督查，为项目建设顺利推进提供有力保障。

【后勤保障】 2020年，明溪县政府办公室以“零差错”为目标，下发《关于进一步提升办文办会办事质量效率和严肃会风会纪的通知》《关于印发公文制发等三个工作规程的通知》，办文办会办事的质量和效率不断提升。全年办理上级来文903余件，下级来文364件，顺利承办县政府常务会议、党组会议及专题协调会100余次，接待到明溪调研、检查80余次。进一步完善内控制度，加强财务内审，严格使用公车、管理资产，切实做到程序规范、组织严密、保障有力。

【法治建设】 2020年，明溪县政府办公室全面推行合法性审查机制，加强重大规范性文件会前审查、会后把关，全年共向市政府和县人大报备规范性文件5件，接待处理群众来信来访30批次。

【金融服务】 2020年，明溪县政府办公室推动金融服务中心积极服务企业融资需求，搭建政银企对接平台，协调115家企业落实融资3.29亿元，加大各金融机构不良贷款处置力度，不良贷款率

1.06%，为历年最低，金融服务成效在“五比五晒”考评中，居组内并列第1位。

【硬件设施建设】 2020年，明溪县政府办公室实施县第一视频会议室系统扩容提升，新建明溪县大应用中心综合视讯系统建设项目（二期），视频会议室全年稳定高效运行。

【政务公开】 2020年，明溪县政府办公室全年发布政务公开信息2814条。牵头抓好“e三明”建设，全县“e三明”实名认证人数近12万人，占全县总人口30%以上。加强群众反映问题的效能督办力度，满意率居全市前列。

（王 健）

机关效能建设

【概况】 2020年，明溪县效能办围绕县委、县政府工作部署，践行“马上就办、真抓实干”优良传统作风，提升行政服务效能、优化营商环境、强化督查督办、完善绩效管理，增强效能建设实效，为推进新明溪治理现代化、全方位推动高质量发展超越提供坚强保障。

【马上就办】 2020年，明溪县效能办推动市民服务中心建设，建成并启用新行政服务中心，整合税务、人社等39个部门1017个事项全部入驻；搬迁首月，新中心受理业务办结件达12196件，首次突破万件，办结满意率达100%。推行“网上申报、信任在先、办结核验”和“网上申报、全程在线、办结取件”等全程网办方式，梳理全县各部门事项共1021项，其中网上可办事项共1018项、五星级事项679项，网上办理事项占审批服务事项达99.7%，初步形成“一网通办”的网上办事格局。梳理“一趟不用跑”事项768项，“最多跑一趟”事项247项，全县行政审批时限平均压缩80.47%，其中企业开办时间压缩至1个工作日，企业申请不动产登记时限缩减至5个工作日，工程建设项目审批时间压缩至90个工作日以内，进一步提升服务质量。推行网上办、掌上办、预约办、邮寄办、智能办“五办工作法”，全年以“不见面”方式办理件各类服务事项27万余件，有效减少人员聚集、阻断疫情传播，高质量高效率服务群众。推动“e三明”在明溪扩面提效，制订《明溪县“12345”便民服务平台运行管理实施办法》《明溪县“12345”便民服务平台联动工作暂行办法》《关于进一步加强和改进“12345”便民服务（“e三明”随手拍）诉求件办理的若干措施》等文件，县委、县政府授予3个单位“2019年度‘e三明’建设工作先进集体”荣誉称号，给予8人记三等功、22人嘉奖、1人通报表扬。

【绩效管理】 2020年，明溪县效能办优化指标体系，主动衔接省、市2020年绩效考评方案，结合明溪实际，突出以“五比五晒”竞赛活动为抓手，落实中央“六稳”“六保”要求、新冠肺炎疫情防控工作、三大攻坚战、做实“四篇文章”、优化营商环境、社会民生保障和政务服务等重点领域工作，实化细化具体考核指标，发挥好指挥棒作用，引导和推动各级各部门主动作为、精准发力。以解决“干与不干一个样、干多干少一个样、干好干坏一个样”问题为导向，深化乡镇和县直单位内部二级绩效考评工作，规范奖金发放，坚持绩效激励“开前门、堵后门”，实施正向激励和逆向惩戒具体措施，形成激励先进、倾斜一线的绩效考评机制。实施激励性绩效奖金发放，对机关干部加班加点、参与各项重大专项工作、突击性任务予以激励，引导和鼓励广大干部履职尽责，担当作为。将年度绩效考评结果运用与干部能上能下和领导班子考核、领导干部评价、年度考核优秀等次比例、评先评优、精神文明评定、绩效奖励、乡镇财力补助及奖励等多项重要事项挂钩，结果运用力度比对省、市只增不减。

【督查问责】 2020年，明溪

县效能办明确督查重点，严格执行《明溪县2020年督查检查考核年度计划》，重点对机关存在的不作为、慢作为、假作为、乱作为情况开展不定期暗访，围绕县委、县政府领导批示和交办事项以及新冠肺炎疫情防控工作、红色安全隐患整改、房屋安全隐患排查整治、农民工工资支付工作考核专项督查等典型效能投诉问题开展直查快办和持续跟踪督办。改进方式方法，落实中办《关于解决形式主义突出问题为基层减负的通知》精神，以问题为导向，采取“五不两直”等方式开展督查，增强效能督查的科学性和针对性，着力减轻基层负担，充分发挥机关效能建设监督员作用，进一步整合督查资源，强化社会监督，提升督查效果。强化督查问责，全年围绕新冠肺炎疫情防控工作、行政服务效能、重点项目建设、会风会纪、机关效能制度建设、“12345”便民服务平台二次不满意件督办等方面，开展效能督查和明察暗访39次，下发效能督查通报12期，约谈1人次。

【投诉办理】 2020年，明溪县效能办严格按照《福建省办理机关效能投诉事项“路线图”》办理群众和企业效能投诉事项，坚决纠正“不作为、慢作为、乱作为”以及庸懒散拖、推诿扯皮、敷衍塞责、态度生硬等工作作风问题。联合行政服务中心管委会对“12345”便民服务平台二次不满意件进行3次共15件现场督办，全部限期整改。全年“12345”便民服务平台按时办结群众反映事项3964件，办结率100%，群众满意率100%。

（王　健）

外　事

【出入境管理】 2020年，明溪县外事办完善制度和流程，规范因公出国（境）管理。严格落实“1+X”专项督查工作。通过政府门户网站、明溪在线、电视媒体宣传等方式向群众介绍海外领事保护与境外安全宣传工作。

【落实境外疫情防控工作】 2020年，明溪县外事办全力参与疫情联防联控，及时在政府门户网站上更新发布美国、意大利、匈牙利等重点疫区国家签证信息15篇，对省市外办推送的80余名境外入明溪人员全部跟踪管控到位。主动摸排涉外企业在疫情防控和复工复产过程中存在的涉外问题、全县留学生情况、县内企业在境外设立分公司和机构情况等，帮助协调370多名在春节期间回国的侨胞居留证到期问题。

（王　健）

信访工作

【概况】 2020年，明溪县信访工作坚持以人民为中心，全面贯彻落实习近平总书记关于加强和改进人民信访工作的重要思想和关于信访工作重要批示指示精神，压实信访工作责任，深化机制改革创新，维持良好信访秩序。2020年4月，明溪县被国家信访局授予2019年度信访“三无”县荣誉称号。

【信访形势】 2020年，明溪县信访局共受理群众来信来访来邮286件次。接待群众来访29批93人，办理群众来信45件，受理群众来邮212件。“县领导接待日”参加接访领导42人次，接待群众33批72人，落实包案领导、责任单位33件。到市上访4批31人（其中集体访2批29人），到省上访1批1人，无进京上访。

【阳光信访】 2020年，明溪县实施“信访基础业务规范化提升年”行动计划，在县委党校举办的县科级干部进修班及年轻干部“干细胞”培训班开设2期综治信访课程，提升信访干部队伍基层业务水平和基层领导干部化题解题能力。全面推行“最多投一次”工作机制，严格落实初信初访合理诉求“六个精准”模式的操作标准和工作流程，信访件平均办结时限12.1天，满意率100%。结合《信访条例》修订实施15周年，开展专题宣传活动，畅通信访渠道，2020年网上信访率达80.7%。

【责任信访】 2020年，明溪县贯彻落实习近平总书记关于加强和改进人民信访工作的重要思想和关于信访工作重要批示指示精神，县委常委会会议定期专题听取信访工作汇报，分析信访形势、直面信访难题、回应社会关切、维护群众切身利益。县处级领导干部严格落实每月15日和每周一“接访日”制度，带头挂包联系信访积案、带案下访；县信访联席会议坚持听取信访工作汇报，研究重点疑难信访问题，推动信访积案的化解；县信访局坚持做好信访形势的分析研判，完善矛盾纠纷排查化解机制，对疑难信访问题通过行政、司法、调解、评理等手段力争信访人“事心双解”；各乡镇、各部门把信访责任落实贯穿于信访工作的各个环节，按“三到位一处理”要求，推动信访问题及时就地解决。在全国“两会”、五中全会期间，各乡镇、信访联席会议成员单位加大风险隐患排查密度和化解力度，实行信访信息“每日一报”制度，其间无进京上访情况发生。

【法治信访】 2020年，明溪县信访局结合“七五”普法收官、法治政府建设，加大《信访条例》等法律法规宣传力度，做好信访群众教育疏导工作。制订突出事件协合处理的应急方案，协同县公安、司法、法院、检察院等部门制作《法律风险提示函》，对缠访、闹访重点信访人员进行违法风险提醒。引导信访人员通过合理合法途径提出诉求，努力营造办事依法、遇事找法、解决问题用法、化解矛盾靠法的良好法治环境，对涉法涉诉信访事项，引导群众通过法定途径提出诉求。

【信访评理室建设】 2020年，明溪县信访评理室实现县乡村三级全覆盖，其中县级评理室1个、乡级评理室9个、村级评理室96个。按要求建立评理员库，确定县级评理员50人，乡（镇）评理员180人，村（社区）评理员960人。创新“信访评理”形式，如疫情防控期间创新“在岗”+“在线”评理方式，城关乡坪埠村“说事评理”与“信访评理”相结合方式，使信访问题就地稳妥解决，经验做法得到上级肯定。

【“治重化积”专项行动】 2020年，明溪县信访工作联席会议成立“治重化积”专项工作办公室和工作专班，各乡镇设立由乡（镇）党委书记担任总召集人、乡（镇）长担任主任的联席办，建立健全“开门接访、进门约访、登门走访、上门回访”工作机制。工作专班和各乡镇联席办对长期重复信访事项和信访积案进行全面排查梳理，逐件核对，形成正式台账清单。探索建立第三方力量攻坚化解专家组，完善人民调解、行政调解、司法调解等“访调对接”联动工作体系和多元化解体系，利用好困难救助、司法援助、信访疑难资金等手段，推动息诉息访、化解办结。2020年，5件到省到市上访积案全部息诉息访；上级转交办重复信访33件，化解办结30件；还化解一批“三跨三分离”（指跨地区、跨部门、跨行业和人事分离、人户分离、人事户分离的信访事项）信访案、10年以上信访积案等“骨头案”“钉子案”。

（廖　凯）

行政服务

【概况】 2020年，明溪县行政服务中心管委会以“2020 敢拼会赢”活动为契机，围绕“一窗受理，集成服务”的目标要求，完善“前台综合受理、后台分类审批、综合窗口出件”政务服务模式，实现“进一个门、取一个号、跑一个窗、办一件事”政务办事“一窗通办”，促进县行政服务提质增效。全年入驻政务大厅的窗口单位办件量共51147件。

【新行政服务中心建成启用】 2020年，明溪县行政服务中心管委会在县委、县政府的支持下，按照省、市标准规划建成明溪县新行政服务中心，并于10月完成搬迁，对外办理业务。新中心面积7000平方米，有39个部门、1370个事项入驻，政务大厅共设立审批窗口83个，为企业和群众提供“一站式”服务。全县行政审批时限平均压缩80.47%，企业开办时间压缩至2个工作日，不动产登记时限缩减至5个工作日，工程建设项目审批时间压缩至90个工作日以内，“一趟不用跑”“最多跑一趟”事项占比达到99.32%。新中心窗口办件47023件，未出现不满意评价。

【“一窗式”并联审批】 2020年，明溪县行政服务中心管委会推进工程建设项目审批制度改革，全面实施工程建设项目网上申请、网上审批，全年新增75个工改项目，其中通过外网申报事项186项；推进不动产登记一窗式服务，房产交易、缴税、不动产登记集成服务“一窗受理模式”，全年受理国有建设用地使用权及房屋所有权转移登记（个人二手房买卖、拆迁安置、析产、公证继承、赠予）2501宗，实现“取一次号，排一次队，交一次材料，受理一次完成”，做到“一窗受理，集成服务”。

【“五办工作法”】 2020年，明溪县行政服务中心管委会贯彻落实市县《关于疫情防控特殊时期推行“五办工作法”切实做好服务群众工作的通知》精神，推行网上办、掌上办、预约办、邮寄办、智能办“五办工作法”，尽量采取“不见面”方式高质量高效率服务群众，全年完成网上办理服务事项83192件，掌上办理服务事项185255件，预约办理服务事项198件，免费邮寄办理服务事项1860件，智能办理服务事项14件。政务大厅县市场监督管理局窗口创新办理通过“微信拍先办”服务事项86件，“容缺办理”服务事项8件。

2020年10月9日，明溪县新行政服务中心建成投入使用

（县行政服务中心 提供）

【惠企政策兑现服务】 2020年，明溪县行政服务中心管委会设立了惠企政策兑现窗口，整合分散在发改、工信、人社等部门的惠企政策，编制《服务指南》，梳理《惠企政策兑现服务事项清单》，由涉及部门单位指定专人与窗口对接，负责业务咨询和申报材料领取等工作，同时将入驻中心的9个单位55个收费事项、收费标准、收费依据在中心上墙公布，方便群众查询办理，全年共梳理惠企政策141项，办理件数3177件，咨询（含电话）1482件。

【网上办事格局形成】 2020年，明溪县28个部门、9个乡镇共1346个审批服务事项，网上可办理事项占99.7%。构建县、乡（镇）联网办理一体化平台，82个高频事项、9个乡（镇）246个事项和96个村（居）服务点全部入驻省网上办事大厅。加大电子证照生成、入库和应用力度，广泛使用电子印章，大幅减少纸质材料运用，凡可通过证照共享的材料不再要求服务对象提交。至年底，县电子证照库录入各部门电子证照总数16059条，调取电子证照571份，群众、企业办事可不再提供身份证、营业执照等纸质证照复印件。

【公共资源交易及政府采购行为监管】 2020年，明溪县行政服务中心管委会规范公共资源交易、管理、监督。采取“提前介入、主动服务、一站式服务和限时办结制”，严格执行《中华人民共和国招投标法》《招投标法实施条例》及县有关规定，打造更加廉洁、规范、高效、透明的公共资源交易市场。实现所有进场交易的工程项目全程电子化运行，变“群众跑”为“网上跑”，不断提高公共资源交易效率。全年交易中心进行各类公共资源交易共299场，成交价89818万元，节省资金5161万元，节约率7.37%，增值7718万元，增值率44.69%。依法依规开展政府采购工作。坚持公平、公正、公开的采购原则和重服务、重规范的工作思路规范组织实施政府采购行为，执行政府集采目录标准，减少采购环节，降低采购成本，提高政府采购工作效率，实现采购程序公开、公平、公正。全年共完成代理采购业务7场次，采购预算金额468.54万元，实际采购金额441.11万元，节约金额27.43万元，节约率5.85%。实际采购金额比2019年增加167.62万元，增长38%。

【“12345”便民服务平台建设】 2020年，明溪县行政服务中心管委会建立“12345”便民服务平台运行管理实施办法、联动工作暂行办法、监督考核等运行机制，实行“日反馈、月通报、热点问题及时反馈”服务办法，严格实施不满意件分级督办机制，制定《明溪县12345便民服务工作绩效指标考评办法》，实现群众诉求事事有着落、件件有回音。按照实事求是、依法有据、规范高效要求办理群众诉求件，努力提高诉求群众满意率。适时收集整理全县热点民情诉求，分析研判并提出建议呈报县里研究决策，积极帮助协调解决。全年共受理各类诉求4217件，群众评价满意率、按时办结率、及时查阅率均为100%。

（梁晓芳）

机关事务管理

【概况】 2020年，明溪县机关事务保障中心突出机关事务工作的标准化、信息化建设，保障公车安全运营，维护机关大院水电设施190余处，另选场所重新装修改造机关食堂，提倡节约用餐，在机关大院增设停车收费系统，完善机关大院停车秩序，科学规范机关事务管理。

【公车管理】 2020年，明溪县机关事务保障中心在新冠疫情期间，做好公车平台司勤人员的疫情防控，要求全体公务用车司勤人员出车前必须进行体温检测，做到佩戴口罩出车。做好公务用车、平台调度室、司勤人员休息室等办公环境的卫生消杀，最大限度减少感染风险，有效保障县疫情防控期间的公务用车安全使用。按照上级工作部署，完成全县公务用车统计报告报时上报。实现“法定节假日”监督常态化。对于法定节假日实现逢节必检动作，采取调用公安局监控卡口的方式开展公车检查。年内多次联合县纪委、县公安局等单位开展有关公车方面的检查，形成多部门合力管、成效好的良好氛围。

【办公用房监督管理】 2020年，明溪县机关事务保障中心按照“1+X”专项督查要求，开展办公用房检查和调整，累计现场检查8个单位办公用房，对县委老干部局、县经济开发区管委会等4个单位进行办公用房调整。按照国家机关事务管理局关于开展全国党政机关办公用房信息统计工作要求，9—11月开展全县党政机关办公用房信息统计工作，将数据统一录入“党政机关办公用房管理信息系统”，建立党政机关办公用房基础信息数据库。全县共统计55个县级、21个乡级门牌号的党政机关办公用房信息，涉及部门本级及派出机构、下属事业单位共243个和乡（镇）9个。

【公共机构节能管理】 2020年，明溪县机关事务保障中心以公共机构节能宣传周活动为载体，围绕节能宣传周“绿水青山，节能增效”和全国低碳日“绿色低碳，全面小康”主题，组织工作人员深入各机关单位，发放节能宣传材料，营造良好氛围，引领全社会崇尚勤俭节约的社会风尚，普及节能科技和常识，培养绿色生活、绿色办公、绿色消费的良好行为习惯，发挥公共机构的示范带头作用。组织实施节约型机关创建行动，2020年第一批节约型机关共14家单位参与创建。强化公共机构能耗管理，统一部署2020年全县公共机构节约能源资源工作，对上年度的公共机构能源消耗情况进行分析，对存在异常的单位及时进行沟通，要求进一步明确责任，加强用水、用电的日常管理，确保单位能耗回归正常水平。

【后勤综合管理】 2020年，明溪县机关事务保障中心定期组织工作人员对大院水电设施进行排查、维护、检修，解决自来水管道老化破裂、电路故障、楼顶渗水、强风破坏等问题190余处。联合中卡公司，在机关大院增设停车收费系统，完善机关大院停车秩序，有效保障大院畅通有序。对县纪委办公楼外墙进行修缮。完善县巡察保障中心及县纪委执纪业务用房附属设施，主要包括围墙、地面硬化、小部分绿化、停车坪铺设、地下雨污管网铺设等工程。另选场所重新装修改造机关食堂，及时添置厨房设备，增加食堂工作人员，完善食堂工作管理制度，落实责任，严把安全关。通过调研学习三明、清流、沙县等周边县市的先进经验，吸收先进经营管理理念，优化餐饮服务模式，提高食堂服务水平，丰富菜式品种，提高服务质量，解决青年干部职工用餐难的问题，中晚用餐达500人次，获得干部职工一致好评。成立会计核算中心，加强财务监督管理，申请调入2名业务精通的财务人员，考录一名财务专业人员，组织相关培训学习新会计制度，做好县机关大院18个单位的财务工作，为相关单位工作顺利开展提供坚实保障。

【疫情防控】 2020年年初，明溪县机关事务保障中心对全县机关事业单位工作人员及其家属疫情防控期间旅居史和接触史进行摸底排查，建立数据库，每日补充更新信息数据。及时向县卫健局与雪峰镇政府报告健康状况异常的人员，确保全县防疫工作顺利开展。根据新型冠状病毒特点和境外疫情输入的新形势，中心在机关大院办公区和宿舍区更新13张宣传图和多幅宣传条幅，张贴于机关大院显眼处，并向机关大院宿舍区分发防疫宣传单，向县直各单位分发防疫宣传手册，有效提高干部职工的防疫安全意识和相关知识水平。对进入机关大院办公楼办事人员进行体温检测和来访登记，严把入口关。安排工作人员对机关大院办公楼、走道过道、会议室、政府小食堂、机关干部职工食堂等公共场所进行消杀，确保工作环境和用餐环境的卫生安全。

（邓俊凯）

责任编辑：叶安婕

2020年9月，明溪县机关食堂改造完成，开始为县机关干部职工提供就餐服务　（县机关事务保障中心 提供）

政协明溪县委员会

综　述

2020年，明溪县政协常委会以习近平新时代中国特色社会主义思想为指导，不忘初心、牢记使命，发挥专门协商机构作用，履行政治协商、民主监督、参政议政职能，在建言资政和凝聚共识上双向发力，持续深化“一学双联三争四建”（学深悟透习近平总书记关于加强和改进人民政协工作的重要思想；党组成员联系专委会，党员委员联系党外委员；争当优秀政协委员、争做合格政协干部、争创先进党支部；深化同心、有为、和谐、活力政协建设）活动，严格落实党建工作、意识形态工作和党风廉政建设工作责任制，在政协机关深入开展“2020，敢拼会赢”“亮灯行动”等系列活动，进一步增强政协党组织的凝聚力、战斗力和创造力，积极助力统筹推进疫情防控和经济社会发展，为全面建成小康社会、推进新时代新明溪建设作出新的贡献。全年共召开常委会会议4次；开展专题调研视察14次，撰写报告10份；开展专题协商2次，对口协商8次，重点提案集中督办协商2次；征集提案78件，审查立案71件，答复71件（答复率100%）；编辑出版《风展红旗如画——明溪（归化）红色故事》、《明溪文史资料》（第二十三辑），收集整理明溪革命故事和文史资料。

重要会议

【县政协十届十七次常委会会议】 2020年7月9日，政协第十届明溪县委员会常务委员会举行第十七次会议，学习贯彻全国“两会”精神；学习省委《关于新时代加强和改进人民政协工作的实施意见》、市委《关于新时代加强和改进人民政协工作的通知》文件精神；讨论修改《关于扎实推进明溪国家长征文化公园建设调研报告（初稿）》和《关于提升我县经济开发区综合发展水平调研报告（初稿）》等事项。

【县政协十届十八次常委会会议】 2020年8月21日，政协第十届明溪县委员会常务委员会举行第十八次会议，围绕“打响‘风展红旗如画’品牌，扎实推进明溪长征国家文化公园建设”议题开展专题协商；围绕“提升我县经济开发区综合发展水平，做大做强‘三新’特色产业”议题开展专题协商。

【县政协十届十九次常委会会议】 2020年10月16日，政协第十届明溪县委员会常务委员会举行第十九次会议，听取县委政法委关于明溪平安建设（综治工作）情况通报；听取县发改局关于制定“十四五”规划有关实施“小县大城关”战略的相关情况汇报。

【县政协十届二十次常委会会议】 2020年12月24日，政协第十届明溪县委员会常务委员会举行第二十次会议，听取县政府关于十届县政协四次会议以来提案办理情况通报；听取县人民法院2020年工作情况通报；听取县人民检察院2020年工作情况通报；审议召开十届县政协五次会议有关事项。

政治协商

【专题协商】 2020年，明溪县政协常委会根据县委工作部署，开展2项专题协商。围绕“打响‘风展红旗如画’品牌，推进明溪长征国家文化公园建设”议题开展专题协商。调研组先后深入雪峰、城关、胡坊、夏阳等乡（镇），了解明溪长征国家文化公园建设情况及红色文化相关文物、史料和遗址的发掘和保护情况，并赴宁化县考察长征文化公园项目建设情况，学习他们好的经验做法，形成调研报告讨论稿；围绕“提升明溪经济开发区综合发展水平，做大做强‘三新’特色产业”议题开展专题协商。常委会组织相关委员深入明溪经济开发区调研，召开座谈会，听取各方面意见建议，形成调研报告讨论稿。在县政协十届十八次常委会会议上，县长苏迎平、县委宣传部部长钱超以及县委党史和地方志研究室、县文旅局、县发改局、县经济开发区管委会、县工信局、县生态环境局等有关部门单位负责人及海斯福、南方制药等有关企业负责人与县政协常委、课题调研组成员，围绕2个专题协商课题分别进行面对面协商。会后，分别形成《关于打响‘风展红旗如画’品牌，扎实推进明溪长征国家文化公园建设的协商建议案》《关于提升明溪经济开发区综合发展水平，做大做强“三新”产业的协商建议案》，为推动明溪红色文化保护开发利用，加快推进长征国家文化公园建设和经济高质量发展积极建言献策。

【对口协商】 2020年，明溪县政协围绕县委、县政府中心工作，聚焦“法院‘执行难’问题”“新冠肺炎疫情对我县餐饮行业的影响”“我县公共卫生服务体系和能力建设情况”“推进我县国道G534（横六线）过境公路城区段项目建设”“我县留守老人儿童问题”“我县生态观鸟+森林康养产业发展情况”等课题，深入调研视察，开展对口协商。其中“我县生态观鸟+森林康养产业发展情况”调研课题根据县委关于做实绿色生态文章的工作部署，组织农业、科技、经济界委员成立调研组，围绕“加快

2020年10月16日，明溪县政协召开十届常委会第十九次会议，围绕县平安建设及制定明溪县“十四五”规划有关实施“小县大城关”战略进行协商讨论

（县政协办 提供）

2020年11月24日，三明市政协在三明市海斯福化工有限公司设立全市首个政协委员基层联系点 （县政协 提供）

生态观鸟+森林康养产业发展”课题开展专题调研，在深入调研分析的基础上，提出“坚持科学规划、强化部门联动、广泛宣传推介、加大政策扶持、提升要素保障”等5项举措13条具体意见建议，受到县委、县政府的肯定，县委主要领导作出批示，要求党政分管领导和有关单位认真阅研、吸纳，进一步完善工作思路和举措，持续打响县“生态观鸟+森林康养”品牌，加快培育县域经济绿色增长点。同时，积极配合省政协在明溪开展“农村生活垃圾分类处理”，市政协开展“提升我市省级以上开发区综合发展水平”“加强野生动物资源保护”“乡村振兴工作”“发挥绿色生态优势，培育观鸟生态文化产业”“提升我市疾病预防控制体系建设”“君子峰自然保护区生态保护”，宁德市政协开展“脱贫攻坚、乡村振兴”、南平市政协开展“红豆杉产业发展”，福鼎市政协开展“医养结合康养产业”，泰宁县政协开展“培育壮大特色农业产业”，清流县政协开展“氟新材料产业工作”“民间信仰场所管理”，将乐县政协开展“工业经济发展”等课题调研活动。

【提案办理协商】 2020年，明溪县政协把提案作为反映社情民意的主要渠道，注重建言资政和凝聚共识的有机融合，加大提案办理协商力度，不断提升提案办理实效。重点提案重点协商。聚焦“建设明溪长征国家文化公园”的重点提案，常委会通过实地调研、座谈研讨、外出学习考察、专题协商会等多种形式，齐头并进，了解真实情况，分析存在短板，汇集众智，广建诤言，高质量的建言在与政府互动协商中达成共识，有力推动提案建议的落地落实。民生提案现场协商。围绕落实“我县老旧小区加装电梯”的民生提案，县政协组织联名提案委员与县住建局、县政府办督查科负责人实地观摩县城区首个居民住宅小区（原解放路88号）电梯加装现场，并邀请雪峰镇紫岭、中山、城东等社区负责人共同观看电梯承建公司在各地的电梯加装视频，听取相关经验介绍，提、办、督等各方积极互动，协商探讨县老旧小区加装电梯的思路和办法，为承办单位下一步办理提供有益参考。一般提案跟踪协商。积极引导各承办单位把沟通协商作为提案办理的必经环节，通过电话、走访、调研、座谈、面商等多种形式，积极开展提案办理协商活动，努力做到“办前沟通、办中协商、办后回访”，提办双方在协商交流中畅所欲言、真诚沟通、增进共识，把提案办理协商的过程，变成民主协商凝聚共识的过程，变成破解难题务求实效的过程。全年承办单位与委员见面协商46件次，电话联系沟通协商35件次。

履职作为

【提案工作】 2020年，明溪县政协提案工作围绕全县发展大局

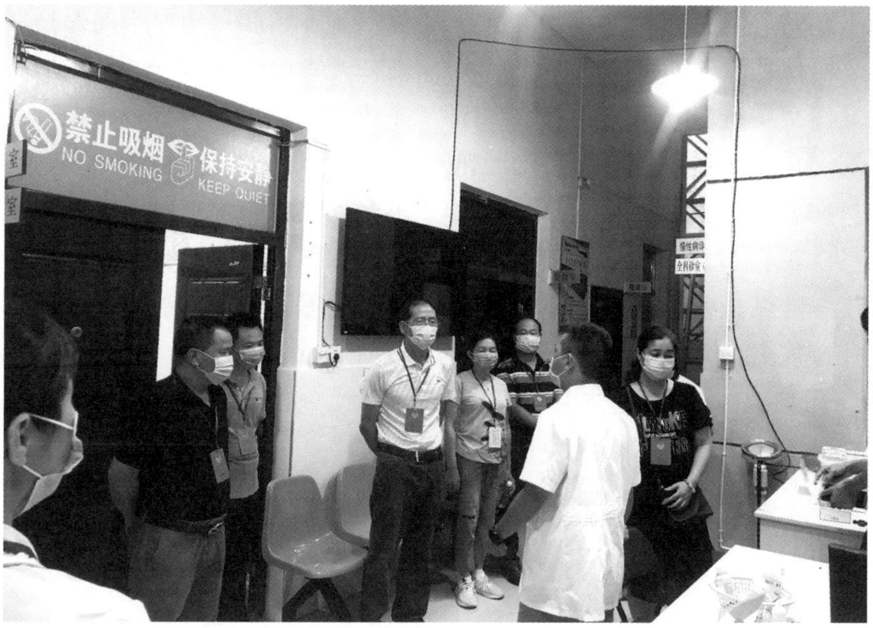

2020年8月19日，明溪县政协开展县公共卫生服务体系建设调研，提出加大公共卫生服务体系软硬件建设投入力度、壮大公共卫生服务人才队伍、建立“防控医”三位一体的融合机制等意见建议

（县政协办 提供）

和县委、县政府中心工作及人民群众普遍关心的热点、难点问题，运用提案履行职能、建言献策，共提交提案78件，提出提案114人次。经审查，立案71件，有8件内容相近合并为3件，有2件作为委员来信处理，立案率为91%。其中，经济建设类15件，占总数的21.1%；文化建设类19件，占总数的26.8%；社会建设类23件，占总数的32.4%；生态文明建设类14件，占总数的19.7%。11月30日，提案全部办复，办复率为100%。其中，得到解决或基本解决的（A类）39件，占总数的54.9%；正在解决或纳入计划逐步解决的（B类）27件，占总数的38%；因条件限制或其他原因，暂时不能解决，留待以后研究解决的（C类）5件，占总数的7.04%。发出提案办理情况征询意见表71份，回收委员反馈意见69份，其中，反馈满意的58份，基本满意的10份，对书面反馈不满意的1件提案，承办单位进行二次办理并进行多次沟通协商，委员表示基本满意，满意和基本满意率为97.2%。

【民主监督】　2020年，明溪政协贯彻落实中共中央《关于加强和改进人民政协民主监督工作的实施意见》精神，选准监督议题，开展多领域的民主监督活动，全力助推党政重要工作落实和民生事业发展。先后围绕城市规划建设、经济开发区建设、农产品质量安全、少数民族特色村寨、扫黑除恶专项斗争重点行业领域突出问题专项整治、城区饮用水水源地保护及供水情况、城区教育在建项目等课题开展民主监督活动，诚恳提出意见建议，促进部门作风的转变和相关责任的落实。常委会先后听取县政府关于提案办理工作、县委政法委关于平安建设（综治）工作、县人民法院工作、县人民检察院工作、县发改委关于“十四五”规划编制工作等情况通报，就相关问题进行专题协商，广泛听取民意，拓展民主监督的内容和形式。先后组织委员40余人次参与县城区幼儿入园、城市地块定价、环保设施运行、国土空间规划、公墓地价等事项听证，参加旁听县法院案件审理、县检察院案件审查活动，促进相关事项公平、公正、公开，提升民主监督实效。

【调研考察】　2020年，明溪县政协共开展专题调研视察14次，撰写报告10份，调研报告分别是《关于打响‘风展红旗如画’品牌，扎实推进明溪长征国家文化公园建设的协商建议案》《关于提升我县经济开发区综合发展水平，做大做强“三新”产业的协商建议案》《关于我县留守老人儿童问题的调研报告》《关于我县公共卫生服务体系和能力建设情况的调研报告》《关于新冠疫情对我县餐饮业影响情况的调研报告》《关于推进我县国道G534（横六线）过境公路城区段项目建设的调研报告》《关于我县法院基本解决执行难情况的调研报告》《关于我县生态观鸟+森林康养产业发展情况的调研报告》《关于我县农产品质量安全监管工作的视察报告》《关于明溪一中迁建项目有关社情民意的报告》。组织相关委员赴永安市、宁化县等地开展调研考察、工作交流、互学互鉴，调动委员履职热情，提高委员履职能力。

【文史工作】 2020年，明溪县政协挖掘整理明溪宝贵的史料，发挥文史资料“存史、资政、团结、育人”作用，新聘文史通讯员16人，全县文史研究员、通讯员队伍人数55名，增幅41%，队伍年龄结构更趋合理。编辑出版《风展红旗如画——明溪红色故事》、《明溪文史资料》（第二十三辑）。《明溪文史资料》（第二十三辑），收录文章50篇，从本辑起，由原来的黑白印刷32开本改为彩印16开本，图文并茂，既增加了内容，也提升了档次。组织部分文史研究员、通讯员到胡坊镇福西村、城关乡罗翠村和下汴村等地采风，实地考察当地历史、风俗等情况。

（李传谟）

责任编辑：温国彪

纪委监委

纪检与监察

【概况】 2020年，明溪县纪检监察机关在市纪委监委和县委的领导下，推进全面从严治党、党风廉政建设和反腐败斗争，发挥监督保障执行、促进完善发展作用。全年共查处“四风”问题25起29人，全年立案审查调查49件。

【践行“两个维护”】 2020年，明溪县纪委监委把学习贯彻习近平新时代中国特色社会主义思想作为首要政治任务，坚持“第一议题”制度，学习领会中共十九届四中、五中全会精神，跟进学习习近平总书记重要讲话重要指示批示精神。主动投身抗疫斗争，闻令而动、循令而行，参与一线值班、国门值守；坚决扛起监督保障职责，紧盯防疫责任和措施落实，建立“三级联查联访”、问题“日查日结”、困难“一线解决”等工作机制，对违反防疫纪律、落实防疫责任不力等问题及时处置通报；围绕做好“六稳”工作、落实“六保”任务，因时因势调整监督重点，聚焦产业链供应链责任链，组织开展复工复产、复商复市、复学复课等10个“小专项”监督，推动整改问题126个，做到全覆盖监督、全过程跟进、全方位保障。严防境外疫情输入监督、“小专项”监督助力疫情防控等做法在中央纪委国家监委网站上刊发介绍。聚焦“两个维护”，制定《政治监督主要任务清单》，紧扣贯彻新发展理念、构建新发展格局、打好三大攻坚战、粮食安全、文化遗产保护等习近平总书记重要指示批示加强监督检查，做到党中央重大决策部署到哪里、监督检查就跟进到哪里。自觉服从服务全县发展大局，围绕全方位推动高质量发展超越、深化“五比五晒”，制订“难、硬、重、新”项目监督清单，保障县委决策部署落地见效。

【落实“两个责任”】 2020年，明溪县纪委监委把党的全面领导贯穿始终，坚持定期向县委汇报全面从严治党工作情况，第一时间向县委报告重要案件、重大情况、重点工作，全年报请县委研究党风廉政建设和反腐败工作10次、县委主要领导批准立案审查调查8人，全县纪检监察机关委托同级党委（党组）书记开展谈话38人。组织开展全面从严治党主体责任检查和整改情况“回头看”，定期分析研判政治生态，梳理问题、提出建议、推动整改、形成闭环，推动“两个责任”一体落实。探索智慧监督，

2020年4月10日，明溪县纪委监委在城关中学查看防疫物资储备情况（县纪委监委 提供）

利用扶贫（惠民）资金在线监管平台，对扶贫、救灾等资金实行电子监察预警，并与“e三明”便民服务、“12345”投诉举报等平台对接，督促有关部门及时解决了一批群众急难愁盼问题。精准把握政策策略，运用“四种形态”批评教育帮助和处理136人次，第一、二种形态占比91%，逐步实现由惩治极少数向管住大多数拓展。在全县范围内开展廉政风险排查防控工作，编印《廉政风险防控提示》“口袋书”，推动关口前移、“未病”先治。坚持“惩前毖后、治病救人”，落实“三个区分开来”要求，把握监督执纪刚性和柔性、力度与温度，切实做到严管与厚爱结合、约束与激励并重。把澄清正名工作作为一项常态化工作，通过向所在党组织通报反馈、召开澄清会、出具说明通知、媒体公开等手段，及时为8名受到诬告、错告的党员干部澄清正名，为担当作为者“保驾护航”。科学运用容错纠错措施，对14件如实说明问题的信访举报件予以采信，给干事创业者“撑腰鼓劲”。建立健全回访教育登记、动态化台账管理等机制，对16名受处分党员干部进行回访教育，帮助失足犯错者“轻装上阵”。

【队伍建设】 2020年，明溪县纪委监委以党的政治建设为统领，建立“不忘初心、牢记使命”长效机制，教育干部在践行“两个维护”中走前头、作表率。落实党建工作责任制和意识形态工作责任制，建设学习型党组织，打造模范机关，通过全省文明单位测评。从深化认识入手，通过领导班子带头上“七一”党课、座谈调研、开班动员等方式，围绕“强化政治监督”“监督保障执行、促进完善发展”等主题进行辅导指导，引导各级纪检监察干部提升政治站位，把理性认识转化为自觉行动。推行“三级两个一”培训制度，做到县、乡、村三级纪检监察队伍教育培训全覆盖，累计参训1172人次。坚持“理论+实战”，通过组织纪检监察干部参与各级巡察、开展片区交叉评查、抽调新兵跟班学习、开展“大比武”活动、对标学习等方式，一体推进干部思想淬炼、实践锻炼、专业训练，全县纪检监察系统培训率100%。按照工作岗位、职责分工，分级落实谈心谈话、廉政家访制度，共计开展纪检监察干部“八小时以外”廉政家访89人次、在岗履职情况督查10次。主动引入外部监督，优选聘请不同行业、不同领域特约监察员12名，通过邀请特约监察员列席会议、召开座谈会、参与“走进机关”等方式，听取特约监察员对县纪委监委工作的意见和建议，自觉接受各方面监督。

【基层治理】 2020年，明溪县纪委监委做实县乡两级扶贫领域大排查，推进“两必访一随机”入户访查，开展住房安全、易地搬迁、综合保险报销等专项监督，推动“两不愁三保障”“四个不摘”政策落地。全县走访建档立卡贫困户922户，已脱贫不稳定户、因疫返贫风险对象入户率100%，帮助协调解决问题48个。以作风攻坚促脱贫攻坚，深化扶贫领域腐败和作风问题专项治理，精准监督、跟进检查扶贫项目43个，涉及资金4000万元，严肃查处违规违纪违法问题6起5人。精准监督助推脱贫攻坚有关做法被中央纪委国家监委网站、省纪委微信公众号介绍报道。推进信访举报“制度规范落实年”活动和基层治理监督“四个三”攻坚行动，全面起底基层信访举报和问题线索，化解“多年、多头、多层”积案5件，纪检监察信访举报呈现“三降一升”的良好态势。深化民生领域突出问题、移风易俗专项治理，全县查处侵害群众利益和搞不正之风问题31起34人，给予党纪政务处分19人。全力推进“伞网清除”攻坚战，拓展线索摸排深度和广度，实施“五步工作法”，立案查处涉黑涉恶腐败和“保护伞”案件6起6人。严格落实中央八项规定及其实施细则精神和省、市、县实施办法，紧盯重要节点，深化“1+X”专项监督，驰而不息纠治“四风”，重点针对“填表式”抗疫、“口号式”扶贫、“观望式”落实等问题，融入全市上下联动监督网，嵌入市纪委“‘监测点’报、深入基层找、推动上面改”监督治理机制，保障政令畅通。全年共查处形式主义、官僚主义问题17起21人，享乐主义、奢靡之风问题8起8人，不断巩固扩展治理成效。

【激活体制机制效能】 2020年，明溪县纪委监委结合县直部门机构改革，调整优化派驻机构监督范围，赋予并指导使用部分监察权，促进“综合派驻＋单独派驻”监督体系更好地转化为治理效能。以“五聚焦五着力”为抓手，强化统一管理，完善挂钩联系、会商指导、量化考核等工作制度，稳步提升派驻机构工作质效，推动派驻监督从“有形覆盖”向“有效覆盖”转变。全县派驻机构主动作为，围绕践行“两个维护”精准监督36次，紧盯“三重一大”事项跟进监督299次，立案数、自办案件数同比分别增长350%、600%。推进乡镇纪委监督执纪工作提升年活动，制定“五强化五提升”活动方案、履职清单，健全工作例会、片区协作、交叉检查等制度，督促完善信访举报、问题线索、廉政谈话等基础工作台账，并建立“一月一查、一季一评、半年一考”综合量化考核机制，推动乡镇纪委转变作风、提升能力、规范履职。2020年，全县9个乡镇纪委处置问题线索57件，其中主动发现问题线索31件，同比上升210%；立案21件，100%为自办案件。

2020年3月10日，明溪县纪检监察干部到沙溪乡向贫困户了解就业帮扶落实情况 （县纪委监委 提供）

【政治巡察】 2020年，明溪县纪委监委统筹疫情防控和巡察任务，精准落实政治巡察要求，有序完成三轮对23个县直单位的常规巡察，对5个巡察对象开展“回头看”，十二届县委任期内88个单位巡察全覆盖和“回头看”目标任务提前完成。同时，坚持围绕中心、服务大局，创新巡察方式，开展聚焦“四个落实”助推高质量发展专项巡察、脱贫攻坚专项巡察“回头看”以及4个城中村、重点村提级巡察。修订完善县委巡察机构和纪检监察机关协调配合机制，推动巡察与纪律、监察、派驻“四项监督”相融相促。持续加强巡察与组织、审计、信访等部门协作配合，推动党内监督与司法监督等贯通融合、高效规范。对标对表上级巡视巡察机构要求、做法，全面梳理巡察工作全流程、各环节，更新完善、探索创新10项巡察工作措施。在做实县领导提级督办、相关职能部门分类督办等整改推进机制的基础上，县、乡纪委强化日常监督，全程跟进监督整改方式、进度、效果，将巡察中发现的制约深化改革发展的重点问题，提交县领导挂牌督办。全年督促各被巡察单位完成问题整改437个，完善制度、措施97项。

【深化“三不”机制建设】2020年，明溪县纪委监委发挥县委反腐败协调小组职能作用，建立健全情况通报、线索移送、信息查询等协作配合机制，增强反腐败合力。坚持有贪必肃、有腐必反、有案必查，全年立案审查调查案件49件，其中科级干部案件8件，严肃查处了工信局原会计柳某“小官大贪”等严重违纪违法案件，形成高压震慑。筑牢审查调查安全“生命线”，建立“一学一查两报告”制度，做到思想重视到位、责任落实到位、方式方法把握到位。把“三不”作为有机整体，推动办案、整改、治理贯通融合。做深查办案件“后半篇文章”，完善案后整改“五个一”工作机制，对查办案件中发现的行业性、系统性、领域性问题靶向施治，发出纪律检查建议书2份、监察建议书9份，推动有关单位建立健全制度规范16项。推进“一镇一孝廉”品牌创建，用好用活线上线下孝廉文化宣传载体，以廉洁文化建设涵养清风正气。深化“一季一警示”教育，因人施教、因岗施教，分层分类开展警示教育721场次，受教育人次达1.9万。

【县纪委十二届五次全会】2020年1月22日，中国共产党明溪县第十二届纪律检查委员会第五次全体会议召开。会上，县委副书记、县长苏迎平传达十九届中央纪委四次全会和省纪委十届五次全会、市纪委九届五次全会精神，县委书记李腾在全会上作发言，强调五点意见：一要坚决做到“两个维护”，学懂弄通做实习近平新时代中国特色社会主义思想，推动党中央决策部署落地见效，不断净化政治生态。二要持之以恒改进作风，保护干部干事创业积极性，加强廉政风险防控，整治形式主义、官僚主义，解决群众身边腐败和作风问题，巩固拓展中央八项规定精神成果。三要着力深化标本兼治，协调联动、一体推进，强化不敢腐的震慑，扎牢不能腐的笼子，增强不想腐的自觉。四要切实增强监督实效，抓住领导干部这个“关键少数”，扎实推进“四项监督”全覆盖，强化党内监督，推动制度优势更好转化为治理效能。五要压实管党治党的主体责任和监督责任，加强纪检监察队伍建设，推动全面从严治党向纵深发展。县委常委、县纪委书记、县监委主任谭细华作了

2020年1月19日，明溪县纪委监委召开第一届特约监察员座谈会
（县纪委监委 提供）

题为《健全完善监督体系　深化全面从严治党　为全面建成小康社会提供坚强保障》的工作报告。全会审议通过了中国共产党明溪县第十二届纪律检查委员会第五次全体会议决议。

（陈少峰）

巡察工作

【概况】　2020年，明溪县委巡察工作按照中央和省委、市委、县委关于巡视巡察工作的新部署新要求，坚守政治巡察职能定位，发现问题和整改落实并重，更加精准客观发现和推动解决问题，有形和有效推进政治巡察全覆盖。全年共计完成三轮对23个县直单位的常规巡察任务，完成对5个全覆盖对象的巡察“回头看”。对9个乡镇开展脱贫攻坚专项巡察“回头看”，共反馈问题317个，提出巡察意见建议60条。

【组织领导】　2020年，明溪县委常委会在每半年专题听取巡察工作情况汇报的基础上，不定期研究巡察工作，对中央和省委、市委关于巡视巡察的工作部署要求，第一时间学习传达，抓好贯彻落实。县委主要领导亲力亲为，切实履行第一责任人责任，亲自审定巡察工作方案、亲自选定巡察单位、亲自协调处理重点问题，听取巡察情况汇报时点人点事态度坚决，提出的处理意见和整改要求具体明确。县委巡察工作领导小组严格组织实施每一轮巡察，加强巡察工作具体指导，对巡察组发现问题线索认真研究把关。

2020年10月22日，明溪县纪委监委召开十二届县委第十三轮巡察工作动员会部署暨培训会　（县纪委监委 提供）

【巡察全覆盖】　2020年，明溪县委巡察办按照县巡察五年工作规划安排，切实加强谋划部署。截至2020年12月底，完成全部88个对象的常规巡察任务，提前完成本届县委任期内对所管理的地方、部门、企事业单位党组织的巡察全覆盖。

【制度建设】　2020年，明溪县委巡察办对巡察以来建立的制度规定进行全面梳理，对标上级巡视巡察要求，对巡察准备、了解、报告、反馈、移交、整改、立卷归档等全流程各环节相关制度进行更新完善，推进巡察工作规范化建设，确保巡察过程不错位、不越位；推进巡察集中驻点场所建设，并于6月投入使用；制定出台《巡察组人员日常管理办法（试行）》，制定集中驻点巡察疫情防控工作方案，做到工防结合，稳妥推进巡察监督；加强巡察机构内部管理，实行二级绩效考评，加强“三重一大”事项的审核把关，建立文稿校核差错责任追究制度。

【精准监督】　2020年，明溪县委巡察办结合新时代新形势新任务和管党治党实践深化发展，对标对表党中央关于巡视巡察工作的新部署和省委的新要求，坚守“两个维护”根本任务，按照“三个聚焦”监督重点开展巡察监督，重点关注被巡察单位贯彻落实党中央关于统筹推进疫情防控和经济社会发展、做好“六稳”工作、落实“六保”任务等重大决策部署情况，推动被巡察单位主动担当、积极作为、共克时艰。聚焦党中央重大决策部署和省委、市委、县委工作要求落实、基层党组织建设、村级党风廉政建设、基层社会治理及村级党员干部“四风”问题情况开展巡察监督，推进了一批村级产业项目、民生项目建设，规范了农村“三资”管理，提升党的基层组织政治领导力，推动解决了乡村振兴中群众关心关注的热点难点问题。聚焦决战决胜脱贫攻坚目标任务，围绕落实整改主体责任、监督责任、整改成效等方面内容开展脱贫攻坚专项巡察“回头看”，发现了帮扶责任压得还不够实、扶贫成效不够明显、政策落实还有差距、项目进展较为缓慢、资金支出还不够规范等问题，压实了脱贫攻坚政治责任，持续巩固了县脱贫攻坚成果。

【整改落实】 2020年，明溪县委巡察办针对巡前信息情况沟通、巡中监督手段支持、巡后整改日常监督等全过程各环节，加强与纪检监察、组织、宣传、审计、财政、信访等职能部门的协作配合，修改完善《关于建立健全巡察机构与纪检监察机关工作协调机制的意见》等制度，使得协作配合的内容和程序更加具体化，确保了各环节有章可循。在做实县领导提级督办，相关职能部门分类督办等整改推进机制的基础上，要求各被巡察单位开展自查自纠，全面起底巡察反馈问题的整改落实情况。纪检监察机关和组织部门主动担起巡察整改日常监督责任，县委巡察办实行“每月一报”跟踪督办机制。截至12月，巡察共反馈问题1625个，其中到期整改问题1515个，完成整改1488个，整改率98.22%。对制约深化改革发展的重点问题，实行挂牌督办制度，由县委县政府分管领导牵头，职能部门配合，被巡察单位参与，确保破解难点问题。对巡察发现突出问题及问题线索，始终保持高压态势，坚持“惩前毖后，治病救人”，突出抓早抓小，着重建章立制，确保标本兼治。整改期间，各单位综合运用监督执纪“四种形态”追责问责50人，完善制度规定、措施、办法、意见等97项。

【巡察人才建设】 2020年，明溪县各部门按照纪检监察、组织人事、财政审计等专业分工，累计选派熟悉各自业务领域的青年骨干95人次参加巡察组跟班锻炼，选派优秀干部8人次参加上级巡视巡察，不断更新、充实和完善巡察人才库。严格按照打铁必须自身硬的标准，要求巡察干部带头落实党中央关于厉行节约、“过紧日子”的有关规定，把巡察经费用在“刀刃”上；严格遵守省纪委监委“六带头、六严禁”纪律规定，按照《三明市纪检监察干部“八小时以外”行为监督管理暂行办法》有关规定，加强“八小时以外”管理；统筹疫情防控和巡察任务，把疫情防控要求融入巡察工作全过程各环节，加强预判、明确措施、严格执行；自觉反对形式主义、官僚主义，防止“被围猎”和“灯下黑”，坚决维护巡察公信力，着力打造忠诚干净担当的巡察干部队伍。

（焦伊哲）

责任编辑：叶安婕

群众团体

明溪县总工会

【概况】 2020年，明溪县总工会贯彻落实习近平总书记关于工人阶级和工会工作的重要论述，紧扣县委、县政府及上级工会部署要求，团结动员全县广大职工在明溪高质量发展落实赶超中奋发有为。年内1名职工获得全国劳动模范称号、2名职工获得省五一劳动奖章称号、1名职工获得“三明工匠”称号，1家单位获得省工人先锋号，1户职工家庭获得省职工最美家庭。

【思想政治引领】 2020年，明溪县总工会把思想政治工作贯穿于工会工作全过程，开展“悦读·成长”一线职工读书班、职工读书分享会、劳模巡讲“进园区”等职工“大学习”系列活动，组织工会干部、各级劳动模范组成宣讲小分队下企业、进车间、访职工，开展形式多样的专题巡讲活动，宣传宣讲“采访实录”和中共十九届五中全会精神，传承弘扬习近平总书记在福建工作期间的创新理念和重大实践，切实将新思想传达到职工、落实在基层。坚持正确舆论导向，以社会主义核心价值观为引领，深化“中国梦·劳动美”主题宣传教育活动，举办“税务杯”职工气排球赛、“奋斗吧·青春”单身青年职工联谊活动、“橙心橙意·青春助农”素质拓展、职工五人制足球赛等文体活动4场。贯彻落实中央八项规定及实施细则精神和省、市、县实施办法，举办“2020年基层工会经费管理使用培训班”，指导基层工会规范化管理使用工会经费；强化工会经费“1+X”专项督查，重点对19家基层工会进行经费审查，落实工会经费使用“八个不准”。

【投身疫情防控】 2020年，明溪县总工会落实中央和省、市、县委关于疫情防控各项工作部署，广泛引导职工参与联防联控、群防群治，宣传新冠肺炎疫情防控阻击战中医务工作者和一线职工的感人故事，展示“逆行者”风采。加强社区防控，从1月30日起，协助中山社区开展居家健康管理服务对象值守、疫情联防联控排查、城区疫情管控值守、巡逻劝导宣传等疫情防控工作。先后慰问疫情防控值守点、省外境外返明溪留观点、驻厦驻榕疫情防控工作组等一线职工和援鄂医疗队员家属。3月27日至4月6日，根据县委安排，县总工会常务副主席张永清驻点上海机场参加疫情防控工作。组建“知心工友”微信群，由心理咨询师团队在线回答抗疫一线职工提问162人次，开展线上心理咨询服务109人次，线下为23位职工进行“一对一”心理辅导，通过“明溪工会”微信公众号推送心理健康文章30多篇。

【助力企业复工复产】 2020年，明溪县总工会制订应对疫情扶持小微企业共渡难关十项措施，其中：为小微工业企业县外务工人员发放回明返岗交通补贴4705元；制定《明溪县小微企业工会经费全额返还实施细则》，支持企业复工复产，减轻企业负担，促进小微企业健康发展，返还小微企业工会经费7.5万余元。拓展就业信息发布渠道，在县总工会一楼设置招聘信息栏，同时在“明溪工会”微信公众号分三期发布32家企业招工信息，为企业用工和职工求职提供牵线搭桥服务。出台关于提振消费促进经济稳定增长十二条措施的贯彻意见，指导基层工会向贫困户购买节日慰问品、开展职工疗休养和春秋游等活动。

【建功立业活动】 2020年，明溪县总工会推荐职工参加各级劳动模范评选，1名职工获得“全国劳动模范”称号、2名职工获得省五一劳动奖章称号、1名职工获得“三明工匠”称号，1家单位获得“福建省工人先锋号”称号，1户职工家庭获得“福建省职工最美家庭”称号。推荐申报并获得省模范职工之家1个、省模范职工小家2家、省优秀工会工作者2人、市模范职工之家6家、市模范职工小家6家、市优秀工会工作者7人。组织职工参加全省“五小”创新大赛，征集申报12个“五小”创新项目，其中，福建海峡科化股份有限公司烽林分公司曹晓峰的复杂药块自动成型设备研制荣获三等奖。开展“2020敢拼会赢”活动，对标先进，找差距，抓落实，向业内专家问计问策、精准求学，促进工会工作提质增效，做强工会工作特色亮点、品牌。向上争取资金1105.4万元，其中，县工人文化宫项目争取上级补助资金930万元，于5月底完成不动产权证办理。

【送温暖工程】 2020年，明溪县总工会在“两节”期间，走访慰问各级劳动模范108人、发放慰问金8.54万元，帮助困难劳模解决生活难题；慰问困难职工96名、春节期间坚守岗位的9个单位一线职工、1家困难企业工会，发放慰问金15万元。开展“送清凉”活动，慰问26家企事业单位及重点项目高温岗位一线职工900余人，发放防暑降温物品5万余元。开展“金秋助学”活动，筹集并发放助学金1.9万元，为12名困难职工子女圆“上学梦”；开展常态化送温暖活动，慰问受疫情影响较大的企业一线生活相对困难的职工22人，发放慰问金2.2万元。开展第11期职工医疗互助活动宣传，强化职工医疗互助、落实大病补助政策工作，全年累计发放互助金67.86万元，受助职工526人次；大病补助37人次，发放补助金11.65万元，帮助患病职工渡过难关。

【职工维权服务】 2020年，明溪县总工会举办“2020年明溪县

2020年11月14—15日，2020年“税务杯”全县职工气排球赛在侨乡体育中心火热开赛

（县总工会 提供）

工会法律知识和集体协商工作培训班”，培训全县基层工会干部、集体协商指导员50余人，提升依法维权理论和业务水平，全面推进集体协商、劳动法律监督等工作顺利开展。开展“安全生产月”活动，加大风险排查、源头预防和应急处置，走访排查20余家企业和重点项目。深化“安康杯”竞赛活动，推进劳动保障和安全生产法律法规贯彻落实，海西药业工会和龙舜建设公司工会获得省“安康杯”竞赛先进单位、中建五局明溪药谷小镇EPC项目获得省“安康杯”竞赛先进班组。牵头成立县推进新时代产业工人队伍建设改革（试点）工作领导小组，推动产业工人队伍建设改革不断向纵深发展、向基层延伸。

2020年，明溪县总工会分批次组织已建会“八大群体”一线女职工共30人在县总医院开展免费健康体检活动　　（县总工会 提供）

【为职工办实事项目】 2020年，明溪县总工会举办职工子女暑托班2个，免费为有困难的职工家庭看管子女70人，有效缓解了职工子女暑期“看护难”的问题。开展“情系环卫职工·点亮微心愿”活动，帮助30名环卫、清洁行业职工实现“微心愿”，增强环卫清洁工人获得感、幸福感、安全感。组织9名各级劳模、68名疫情防控一线职工和苦脏累险等艰苦岗位作业一线职工参加职工疗休养活动，有效促进职工身心健康，激发职工工作热情。与妇联等部门联合举办县直机关茶艺公益培训班，提升45名职工茶艺水平。举办合唱指挥及歌唱技巧公益培训班，提升30余名职工文艺骨干的合唱指挥水平及综合艺术能力。建设“省级户外劳动者示范服务站点（休息室）”1家，为户外劳动者提供温馨舒适的休息场所。建设“妈妈小屋”2家，为女职工提供舒适、干净、私密、安全的休息场所。建设“医生休息室”1家，为医护人员提供缓解工作压力的场所。组织快递行业工会30名一线女职工开展免费健康体检。开展“心理健康服务进基层”活动，举办职工心理健康讲座4场，开展心理健康测试及“面对面”“一对一”专业心理辅导，为近400名职工普及心理健康知识、缓解心理压力，鼓励职工树立正确心态。6月，县职工心理健康服务工作受到省总工会领导的批示肯定，并给予批示推广。

【基层工会组建】 2020年，明溪县总工会开展模范职工之家“帮、带、创”活动，采取“1+1”“1+N”的形式，坚持“六有”标准，核查市级模范职工之家6家，补助城南社区工会“职工之家”建设经费2万元。深化职工服务阵地建设，完成县总工会职工多功能活动室配套设施提升改造项目。新成立基层工会5家，发展会员144名，其中，12月举办“八大群众”之一的全县保安员群体集中入会仪式，共吸纳全县保安员90余人入会。在现有6名工会专干的基础上，配合市总招聘工会专干3名。深化工会普惠服务，新增工会会员互助服务卡用户500余名，提供会员一元洗车、爱心助农等品牌服务10余项，开展“会员服务日”活动10余场，为持卡会员持续提供丰富、便捷、实惠的服务。

（陈　晔）

共青团明溪县委员会

【概况】 2020年，共青团明溪县委员会（简称“团县委”）贯彻习近平总书记关于青年工作的重要思想，落实共青团十八大和十八届二中、三中、四中全会精神及团市委十二届四次全体（扩大）会议精神，紧紧围绕全县中心大局工作，团结带领广大团员青年解放思想、奋发有为，为新时代新明溪建设贡献青春力量。全年共创建五星级团支部76个，规范发展新入团团员200名。

【青年思想引领】 2020年，团县委深化“青年大学习”实效，通过专题学习、主题团日、青春分享等方式，组织开展学习贯彻中共十九届五中全会精神、习近平总书记给北京大学援鄂医疗队全体“90后”党员回信精神、习近平总书记“五四”“六一”寄语精神等内容的宣传教育活动20余场；广泛发动青年、团员参与“青年大学习”网上主题团课，覆盖各基层、中小学团支部81个，参与人数达万余人次。增强道德法治教育，开展“风展红旗如画，传承红色基因”“清明祭英烈，共筑中华魂”等青少年爱国主义主题教育，开展“我的青春不迷茫”青少年平安健康成长、禁毒系列少先队主题队会2场，通过同步视频直播，覆盖全县从小学中高年级至高一的全体学生，深化预防校园欺凌、禁毒及心理健康辅导等主题教育，在《中国人民公安报》、今日头条、平安三明等媒体报道；开展“十八岁成人礼”暨宪法宣传活动，组织学生面向国旗庄严宣誓，发放《中华人民共和国宪法》及《中华人民共和国民法典》等法律知识宣传册等材料1000余份。加强意识形态建设，结合“两会”、“五四”青年节、“新时代新三明百名担当作为青年先进”表彰等重要节点，及时推送习近平总书记重要讲话、重要指示批示精神、党政时政信息、热点文章等，引发青年热议，传递正能量好声音；举办“韵动青春　抖亮明溪”抖音短视频大赛，共评选“逛吃明溪”“微游明溪”“寻趣明溪”三大板块优秀作品19个，讲好新时代明溪发展新故事。培育选树先进典型，在“五四”青年节开展全县青年代表座谈暨青春故事分享会，选树在疫情防控、脱贫攻坚、项目建设、应急处突等领域表现优秀的11名青年先进典型，并开展事迹分享宣讲活动；在“五比五晒”、疫情防控、征迁、扶贫攻坚等一线中，大力挖掘、选树和宣传省、市、县“两红两优”、优秀少先队员、辅导员等先进典型275名、先进集体81个，使广大青少年学有榜样、做有标准。

【服务青年成长成才】 2020年，团县委通过微信公众号、朋友圈、志愿服务群、返乡大学生工作群招募青年防疫志愿者150余人，认领疫情防控摸排任务，协助各社区开展各阶段“爱心敲敲门”行动，圆满完成入户摸排和人员登记工作。对接松果单车运营商，为雪峰镇社区工作人员、青年志愿者共100人提供每人60元的抗疫免费骑行券和免押金骑行券。通过团县委微信公众号、微信群推送招工信息30余次，广泛宣传深圳乡贤的招聘启事；对接县农信社、县供电公司、县消防救援大学等青年文明号集体深入企业协调信贷、用电、安全生产等方面的问题，助力企业复工复产。围绕服务青年创业、保障青年创业，强化共建共享的工作理念，推进成立县青年创业协会，储备各类青年创业企业60余家。与相关部门协办并发动创业青年参加第三届“创响福建”中小企业创新创业大赛和全县创新创业大赛、全市创新创业培训、三明市级农村青年致富带头人评选推荐等，推荐15名优秀创业青年代表参赛、参训，推荐3名优秀青年代表申报省级青年组织的理事、会员。深化“青扶贫”实效。建立完善“雏燕之家”关爱贫困学生、留守孩阵地4个，争取省青少年发展基金会、市青助会、爱

2020年7月15日，福建中医药大学团委、明溪团县委共同开展情暖童心——共青团关爱农村留守儿童行动　　（团县委 提供）

心企业关爱留守儿童项目经费、慰问金等约20万元，捐赠全自动洗衣机3台。组织下属事业单位县青少年宫为低保户、贫困户子女提供免费兴趣班培训。发挥共青团宣传主阵地作用，协办县直播带货、城关乡罗翠村“农民丰收节”、沙溪乡“柑橘采摘文化节”青春助农活动，帮助展示推销优质农产品。组织党员干部以主题党日等形式深入挂点村瀚仙镇连厝村走访慰问贫困户4户。持续深化“共青团员义务星期六”服务创城进社区行动，动员各基层团委和青年党员、团员、返乡青年等广大青年志愿者参与创城志愿服务，先后开展爱心助力高考、夏季爱心送水、“小手拉大手”助力创城等志愿服务活动20余次。招募组织返乡大学生和青年志愿者180余名，建立“侨心”青年志愿者服务队和“八闽健康码”推广志愿服务队伍，配合各社区开展入户调查、值班值守，在县城内主要超市入口开展“八闽健康码”宣传推广等工作。深入推进“青春护雏”行动，在开展好“四点半”课堂的基础上，联动福建中医药大学、三明学院、县检察院、县民政局及社区等，开展暑期公益夏令营4期，使留守儿童300多人受益。与福建中医药大学、三明学院两所高校团委，及福州仓山区、泉州鲤城区团委等结对共建，共同开展“情暖童心”共青团关爱留守儿童成长系列活动。组织到中小学校调研，了解疫情后青少年心理健康状况，形成《明溪县中小学生心理健康情况调研报告》，得到县委主要领导批示肯定。向三明台江医院心理健康团队购买服务，在城关中学、职业中学开展心理辅导系列活动。联动政法机关，在全县中小学生中开展防毒品、防欺凌、防性侵、防拐骗（诈骗）、防灾害、防邪教的“六防教育”进校园活动，编印发放“六防教育”绘图手册1万册。8月、11月牵头组织全县200余名机关企事业单位单身青年，开展“奋斗吧·青春”“橙心橙意· 青春助农”单身青年素质拓展活动2场，推动建立交流互动微信群15个。

【团建基础建设】　2020年，团县委围绕共青团改革攻坚工作，组织召开明溪县青年工作联席会第一次全体会议，建立县青年工作联席会议制度，行文印发《明溪县落实三明市贯彻〈福建省中长期青年发展规划（2018—2025年）〉实施意见》的工作方案，回应和解决青年最关心重视的问题。扩大“两新”组织有效覆盖。紧跟党建工作步伐，新成立明溪县快递行业团支部和外卖行业团支部，逐步扩大对新兴青年群体的组织覆盖。同时，结合快递从业青年“小蜜蜂关爱行动”，联合交警、邮政等相关部门以及爱心商家，开展青心送清凉、安全出行劝导等常态化服务，切实增强他们的获得感和归属感。以“智慧团建”平台为依托，在线上落实全团基本信息数据采集管理和各项基础团务管理，规范发展新入团团员200名。深化星级团支部、团员评定

2020年10月12日，明溪团县委联合县公安局等部门在城关中学开展“我的青春不迷茫”主题队会 （团县委 提供）

工作，按照“支部班子好、团员管理好、活动开展好、制度落实好、作用发挥好”的“五个好”的目标要求，建立基层团组织规范运行、动态管理的常态化机制，推进星级团支部创建工作，全年全县共创建五星级团支部76个，占全县总支部数的32.6%。做好毕业生团组织关系转接工作，加强系统操作等业务知识培训，摸清底数去向、及时办理转接、做好跟踪服务，组织关系转接成功率达100%。

【团属阵地建设】 2020年，明溪县青少年宫以“服务青少年、效力全社会”为指导，以面向全体青少年、面向校内外、面向未来为教育原则，以“彰显个性的假日乐园，开启智慧的文化高地”为目标，开办暑期夏令营和秋季培训班，举办趣味识字、“英杰”英语、少儿歌舞、舞蹈、儿童油画棒画、水粉画、书法、素描、写作、少儿形体等培训项目近20个班次，培训青少年1500余人次。8月，青少年宫舞蹈班170多名学员参加中国舞蹈家协会中国舞蹈等级考试，考试合格率达100%，优秀率达88%。

（陈睿雅）

明溪县妇女联合会

【概况】 2020年，明溪县妇联紧密围绕县委和省、市妇联工作部署，服务大局、服务父女，持续深化妇联改革，强化思想政治引领，实施巾帼系列行动、家家幸福安康工程和破难行动，全县涌现出以郑艳为代表的全国三八红旗手等市级以上先进个人5名，以瀚仙镇妇联为代表的市级以上先进集体5个，以及省级最美家庭、文明家庭等8户。

【思想政治引领】 2020年，明溪县妇联以“风展红旗如画”为主题，推进“百千万巾帼大宣讲”深入基层，开展红色故事宣讲30余场次。在微信公众号推送“巾帼初心·红色明溪”故事10期，开展线上宣传50余次。录制《一块搓线瓦》巾帼红色宣讲视频并登上“学习强国”平台。注重挖掘培育在做实“四篇文章”、推进“四个着力”、深化“五比五晒”和脱贫攻坚、打赢疫情防控阻击战中做出突出贡献的先进女性典型，在微信公众号开设“致敬最美巾帼奋斗者”“新时代·新女性”专栏宣传先进人物事迹10期。全县涌现出以郑艳、戴清华为代表的全国三八红旗手等市级以上先进个人5名，以瀚仙镇妇联为代表的市级以上先进集体5个，以及省级最美家庭、文明家庭等8户。严把家庭防疫关，面向全县广大家庭发出“三不、三要”倡议及各类防疫宣传单7万余份；制作“明溪巾帼齐助力 共把防疫家庭关”“快板全家总动员 防疫把好家庭关”专题宣传片，点击量超15万次。动员各级妇联组织、妇女团体、巾帼志愿者在城区超市等公众场所，开展健康卫生知识宣传及“八闽健康码”的核验、推广等工作，聘请3名国家二级心理咨询师为妇女群众和单亲家庭等特殊群体做好心理辅导服务。开展慰问疫情防控一线的医护人员、家属以及社区工作者活动；深入了解女企业家、女性创业者在疫情防控、复工复产中面临的难题，帮助“妇字号”企业纾困解难。

【巾帼系列行动】 2020年，明溪县妇联深化创业创新巾帼行动，开展线上云招聘活动，深入部分村（社区）、企业、家庭农场等宣传妇女创业贷款“巧妇贷”优惠政策，鼓励农村妇女自主创业，支持创业妇女扩大生产，疫情防控期间累计向妇女经营者发放用于复工复产的专用贷款112笔，授信金额633万元。联合县人社局等部门开展2020年度优秀创业创新项目申报工作，推选以女性为创业主体的创业创新项目3个，获市级三等奖一名；持续在女职工集中的行业广泛开展巾帼文明岗创建工作，新申报全国、省、市、县级巾帼文明岗18个。实施生态茶文化宣传推介项目，参与全市首届个人茶艺赛和2020年团体茶艺赛，推荐茶艺个人展示视频5个，1人获得市优秀茶艺师称号。组建茶文化宣传服务队，开展各类茶艺展演、茶文化进机关活动30余场，线上线下参加各类茶艺培训百余人次，评茶员、茶艺师等级评定28人，评茶员、茶艺师人才队伍进一步壮大，助力打响“绿色明溪”城市名片。推动巾帼脱贫攻坚与乡村振兴巾帼行动有机衔接，联合县乡村振兴办积极开展“最美庭院”创建活动，推荐市级示范户10户，扮靓农村人居环境。争取省级公益家政培训班2期，规模100人；建立巾帼家政就业服务站（点），实现9个乡镇、96个村（居）全覆盖，收集、发布妇女群众家政培训及就业需求信息，推荐妇女在家政领域就业增收。截至目前，共收集就业意向40余条，推荐本地就业18人，福州1人，帮助参与证照考试22人。

【家家幸福安康工程】 2020年，明溪县妇联发挥县婚姻家庭纠纷人民调解委员会和县婚姻家庭辅导室作用，发动基层妇联执委、巾帼志愿者深度参与矛盾排查、纠纷化解、法律帮助等，做实做细婚姻家庭工作。县婚姻家庭辅导室共调解疏导案件106起，成功劝和36起。持续深化婚姻家庭矛盾纠纷预防化解体系建设，构建大调解工作格局，如在各乡（镇）、村（居）建立妇女维权服务站（点）70个；组建女子普法宣传队、服务队等10支；2名妇联干部担任人民陪审员，参与家事纠纷的审理；依托“成轩调解室”“爱华调解室”等共同做好矛盾排查、心理疏导、纠纷调解、信访代理、法律帮助等工作。依托乡镇综治中心、司法所等共受理群众婚姻家庭类来信来访47件，办结率100%，约有近百名妇女儿童获得法律援助。以“建设法治明溪巾帼行动”为主线，联合相关部门利用重大节日节点开展各类普法宣传活动26场，发放反家暴、反邪教等各类普法宣传资料1万多份，帮助增强妇女群众学法、守法、用法的法治观念。开展“12338”妇女维权热线在线服务，邀请县司法局方秋轩副局长、任建萍律师参与，为来电妇女儿童提供法律、婚姻、家庭、心理等方面咨询。依托“明溪妇联”微信公众号开设普法维权专栏，推送信息32条，大力宣传民法典、反家暴法、妇女权益保障等知识，正面引导涉及妇女儿童权益的网络舆情。探索“春蕾安全员”机制，联合多部门共同下发《明溪县春蕾安全员队伍组建工作意见》《明溪县临罪未成年人“向日葵计划”实施办法（试行）》，组建县、乡、村“春蕾安全员”暨临罪未成年人关爱工作队伍106支。持续实施“母亲健康1+1”“春蕾计划”“关爱女性安康保险”“两癌”免费筛查等公益项目，推动资助重点向农村建档立卡贫困家庭、社会治理重点对象等群体倾斜。共走访慰问“两癌”贫困妇女、空巢母亲、留守、困境儿童84名，发放慰问金3.2万元；募集“母亲健康1+1”善款6.1万元，救助“两癌”重症贫困妇女20人，发放救助金6.4万元；募集“春蕾”爱心款4.26万元，资助贫困女童、女大学生84人。实施“侨守语待”关爱涉侨留守儿童项目，开展夏令营、暖心赠书等活动12场，直接服务妇女儿童2000余人次。实施“雏燕关爱、爱心家长”计划，招募爱心家长共60名，发放“爱心包”、书籍等共90余份。开展“美在农家·美在我家”最美家庭评选，以农村家庭为重点，推荐表扬一批“最美家庭”“好婆婆”“好媳妇”，促进乡风文明；实施“家庭教育提升行动”，举办家庭教育大讲堂、幸福婚姻巡讲7场次，开展“书香飘万家 阅读伴成长”亲子阅读视频征集等活动，传递科学家庭教育理念，以好家风带民风、促社风。

【破难行动实施】 2020年，明溪县妇联实施村（居）妇联区域化建设提升项目，依托党建“跨村联建”，巩固沙溪乡东片片区妇联区域化改革成果，推动洋龙村、岩里村、龙湖村成立翰仙镇西片片区妇联，引导村级发展抱团聚力、资源共享、优势互补、同步发展，扩大妇联“朋友圈”。同时，在县检察院、天龙茶叶有限公司、信用社成立3个妇女微家，培育涵盖地方特色、成就妇女成长的微服务平台。以“四有五亮”为抓手，实施争创“星级村（居）妇联”项目，现有五星级村（居）妇联5个，62个村（居）妇联达到三星以上标准，占村（居）妇联总数的65.96%。利用妇联执委群、“一呼百万”明溪姐妹微信工作群，推送执委学习资料，指导基层妇联建立妇联主席联席会议、履职项目清单、轮值主席等制度，推动执委履职规范化、常态化。

（陈莉娟）

明溪县科学技术协会

【概况】 2020年，明溪县科协履行“四服务”职责，实施《全民科学素质行动计划纲要》，号召广大科技工作者、科技志愿者投入疫情防控中，普及科学知识，传播科学思想，倡导科学方法，不断提高人民群众的科学文化素质。

【投身疫情阻击战】 2020年，明溪县科协发挥科普e站、科普宣传栏、户外电子宣传屏、科普教育基地、科普宣传员微信群等的科普宣传作用，利用线上线下科普宣传资源，将中国科协及有关省、市科协提供的宣传资料及时发布，张贴《如何应对新冠肺炎》科普挂图500余张。与电视台联合制作“防预科普知识”等专题片，每天滚动播放。组织动员广大科普志愿者到大街小巷拉横幅、张贴劝诫标语、防疫知识宣传画等200余份。

【服务科技工作者】 2020年，明溪县科协与县融媒体中心合作，组织开展以“科技为民 奋斗有我”为主题的明溪县全国科技工作者日活动，对县内6位具有代表性的科技工作者进行专题报道，聚焦他们追梦新时代的故事，展示他们创业创新的精气神，引领科技工作者为加快新明溪高质量发展、争当新跨越排头兵贡献科技力量。通过移动网络，向全县移动手机用户发送庆祝“第四个全国科技工作者日”的慰问短信。推优荐才，县农业农村局张诚获“全国科技助力精准扶贫2019年度工作先进个人”荣誉称号，县林业局林曦碧当选2020年福建省“最美科技工作者”。县林业局肖书平撰写的《明溪发展观鸟旅游SWOT分析与对策》获2020年海峡科技专家论坛论文第一名。

【科普活动】 2020年，明溪县科协与县融媒体中心合作开播《乡约科普》栏目，定期定时播放科学养生、健康生活、疾病预防、科学种养等知识。《乡约科普》节目每期播放时长30分钟，每周二18：30首播，周三12：40《明溪新闻》后重播。召开明溪县2020年公民科学素质调查工作推进会暨全民科学素质工作领导小组成员单位联席会，传达省、市全民科学素质纲要实施工作办公室有关文件及会议精神，就下一阶段县全民科学素质工作重点任务、组织开展2020年福建省全民科学素质网络竞赛活动和迎接第十一次中国公民科学素质调查

2020年8月5日，明溪县科协在城东社区青少年科学工作室举办“雏燕飞翔，科普引航”科普夏令营 （县科协 提供）

有关工作做出具体安排。做好2020年福建省全民科学素质知识竞赛工作，联合县委组织部发文，发动全县机关事业单位干部职工参与竞赛，要求每日反馈形成监督；多次走访县教育局、团县委、妇联等部门，发动教师、青年团员、妇女等群体力量参与竞赛；依托城东社区青少年科学工作室、县农技协，鼓励科技工作者、青少年参与竞赛；通过“明溪在线”公众号、县电视台等媒体平台发布竞赛活动内容；制作竞赛宣传横幅，张贴竞赛海报，发放扇子1000余份等，营造了全县参与的良好氛围。县参与竞赛人数达5556人，参赛人次达118936人次。“全国科普日”活动期间，开展了科普大篷车进社区、科普知识进校园、消防安全进企业、健康科普直播等2020年全国科普日系列活动，向广大群众普及科学知识、宣传科技政策、展示科技发展成果，传播科学思想和科学方法，该活动被中科协、省科协分别评为“2020年全国科普日优秀活动”“2020年福建省全国科普日优秀活动”，明溪县科协也被省科协评为2020年福建省全国科普日优秀组织单位。

【**实用技术培训**】 2020年，明溪县科协联合县乡村振兴办、农技协以“乡村振兴战略与规划实施建议”“农产品短视频+直播带货”为内容，对各乡镇、县直有关单位分管领导和工作人员，从事农业生产、经营、服务的农村劳动者和返乡入乡创新创业者共90余人，开展培训班2期。培训过程中，邀请了三明市创新创业创造专家智力服务团文旅康养产业服务小组组长、三明学院地方合作办主任曾祥添教授作《乡村振兴战略与规划实施建议》专题培训。

【**青少年科技教育**】 2020年，明溪县科协以城东社区青少年科学工作室为依托，联合县人民检察院、团县委、县计生协会举办以“雏燕飞翔，科普引航”为主题的科普夏令营，夏令营设有交通知识科普，科学实践课、科普绘画、红色科普电影、科普故事会等18种课程，来自社区的31名青少年儿童积极参与；组织第二实验小学开展了2020年福建省百场科普报告进校园活动，邀请全国优秀科技辅导员、福建省先进工作者姜文海老师围绕保护环境、垃圾分类等方面作了题为“保护环境 有我力行”的科普报告，并组织学生参观校科普馆，体验科技展品。2020年，共组织中小学生参加省科技馆防疫科普宣传画比赛、飞机模型竞赛、市青少年动手电子制作锦标赛、市青少年科技创新大赛等5次竞赛（含线上竞赛），获团体总分第一名1个，个人一、二等奖各5个，三等奖7个，优秀奖49人次，县第二实验小学获36届市青少年科技创新大赛优秀组织奖。

【**科普教育基地申报**】 2020年，明溪县科协成功申报第九批市级科普教育基地2个（明溪县革命英雄纪念园红色科普教育基地、明溪县学生社会实践文明科普教育基地），重新认定3个（福建君子峰国家级自然保护区绿色科普教育基地、明溪县盖洋镇村头村生态保护区绿色科普教育基地、明溪县南山遗址文物保护所文明科普教育基地）。科普教育基地的认定和申报，推动县科普事业的发展，为公众接触科学、了解科学、体验科学提供平台。

（邱晓敏）

明溪县归国华侨联合会

【概况】 2020年，明溪县侨联贯彻落实习近平总书记关于侨务工作的重要论述，践行“以人为本、为侨服务”宗旨，推动“两个建设”，凝聚侨心，发挥侨力，在助力疫情防控捐款捐物、严防境外疫情输入、为侨服务等方面做出突出贡献，不断开创新时代侨务工作新局面，有力地助推明溪经济高质量发展。在新冠肺炎疫情防控工作中表现突出，被授予全省抗击新冠肺炎疫情先进集体。

【侨界思想政治引领】 2020年，明溪县侨联组织习近平新时代中国特色社会主义思想、习近平总书记关于侨务工作的重要论述和中共十九届五中全会精神学习，推动新思想在全县侨联系统落地生根、取得实效。召开县侨联六届四次全委（扩大）会议，传达贯彻中国侨联十届三次全委会议、省侨联十届四次全委会议精神，加强广大侨界人士的思想政治引领；依托侨联委员、海外侨领融通中外的优势，宣传好中共十九届五中全会精神，讲述好中国故事，传播好中国声音；举办旅外乡亲“云宣讲”首场报告会，连线匈牙利明溪商会的侨界代表们，同在国内的归侨侨眷共同学习中共十九届五中全会精神，传递党的创新理论、国家的制度优势和家乡的喜人变化。

【助力疫情防控捐款捐物】 2020年，明溪县侨联响应县委、县政府和省市侨联号召，广泛发动侨胞在海外寻找口罩、防护服等急需医疗物资，为家乡疫情防控捐款捐物，贡献侨界爱心力量。意大利明溪华人华侨联合会开展“献爱心助健康”活动，利用商会总会和分会的平台，发动旅外乡亲捐款、联系医药用品厂家、批发商，分两批为家乡捐赠医用口罩3.28万个和防护服529套。海外侨胞累计捐款捐物200余万元用于支持家乡疫情防控工作。县侨联被授予“全省抗击新冠肺炎疫情先进集体”称号，也是全省侨联系统唯一荣获此殊荣的单位；匈牙利明溪商会、意大利明溪华人华侨联合会在疫情防控期间作出突出贡献，受到市委、市政府的荣誉表彰。

【严防境外疫情输入】 2020年，明溪县侨联对接海外侨团侨领，成立国内工作专班，以应对严峻复杂的境外疫情输入形势。设立24小时咨询服务热线13条、24小时健康咨询热线2条，建立侨胞微信群100个，发布《致海外明溪侨胞的一封信》和居家自我防护、路途感染风险等温馨提示20余条。县国内咨询热线、海外服务中心接受咨询8000多人次，劝导暂缓或取消返乡行程近3800人次。依托海外社团组织，成立意大利、匈牙利、奥地利、罗马尼亚等4个国外联络组，在意大利侨胞分布较多的4个大区设立服务中心，及时了解海外侨胞动态，及时了解海外侨胞动态，持续做好温馨劝导、释疑解惑、风险提示、自我防护工作，向海外寄送口罩6万个、中药预防冲剂3500份。实施境外人员返乡行程跟踪，组织侨胞志愿者协助口岸接驳工作，1100余名境外返乡人员无一漏管、失管，没有出现输入当地的病例。帮助1名明溪籍重症患者在意大利治愈并出院，为急需出境的588名侨胞优先接种新冠病毒疫苗。

【服务发展大局】 2020年，明溪县侨联主动融入发展大局，开展“服务项目带动、促进侨资回归”“小县大城关聚人气”等活动，为引进海外资金、技术及各类专业人才和智力资源牵线搭桥，助力招商引资、“五比五晒”活动。开展“百侨帮百村——联村助户”精准帮扶活动，为50户建档立卡贫困户发放帮扶款11.3万元。开展“光彩行动”“侨爱心365行动”等各项公益活动，匈牙利明溪商会常务副会长李秀云女士为居住在德亨仁厚医养中心的老人捐赠价值10万元的物资。

【侨胞侨益维护】 2020年，明溪县侨联持续开展“送温暖，献爱心”和“情暖侨界”等活动，春节期间走访新侨代表人士、慰问困难归侨侨眷和老归侨80余人，对因疫情回国，生活遭遇困难的乡亲送去慰问，共走访慰问困难归侨侨眷10人，发放慰问款1.7万元；做好因病归侨侨眷的临时救助工作，向1名困难归侨发放华侨事务专项救助款0.3万元；致公党福建省委带领爱心人士到沙溪乡梓口坊村开展中秋慰问和“爱心助侨”活动。牵头县侨办、县法院、县检察院、县司法局、县公安局等18家涉侨服务部门共同举办了纪念《中华人民共和国归侨侨眷权益保护法》颁布实施30周年暨侨法宣传活动。用心为侨胞排忧解难，及时协调解决归侨侨眷的政策落实、子女落户办理、子女升学照顾加分等问题，城南社区、中山社区和梓口坊村“四点半课堂”持续开展，留守儿童课业辅导、兴趣培养、心理疏导等关爱服务活动。全力做好境外侨胞“双稳”工作，开展“暖侨行动”，帮助侨界解决防疫抗疫实际困难；实施集中留观侨胞人文关怀、温暖侨心行动，联合意大利明溪华人华侨联合会为每位集中留观的侨胞送上爱心包一份。鼓励和引导受疫情影响的归侨侨眷二次创业，联合县农业农村局共同下发了《明溪县归侨侨眷二次创业示范基地建设实施方案（试行）》，在城关乡、沙溪乡、瀚仙镇、盖洋镇4个乡镇开展归侨侨眷创业示范基地试点，为创建的首个示范基地申请省侨联专项产业扶贫补助资金5万元。

【基层侨联建设】 2020年，明溪县侨联完成现有侨联组织和全县各级侨联系统工作队伍现状的调查摸底工作，建立健全侨联组织和侨联干部资料库；健全侨务工作机制，完善侨界重点人士和困难归侨等侨情信息库，加强涉侨便民服务和侨益司法保护，落实“三侨生”升学照顾等涉侨政策。雪峰镇城南社区侨胞之家获全国侨联“优秀侨胞之家”称号，沙溪乡和雪峰镇中山社区被评为福建省侨联系统“五好”示范点；沙溪乡被评为省级侨乡文化名镇。

（晏希峰）

明溪县工商业联合会

【概况】 2020年，明溪县工商业联合会贯彻中央和省、市、县经济工作会议精神，做实“四篇文章”、推进“四个着力”、紧扣“两个健康”工作主题，把政治建会、团结立会、服务兴会、改革强会作为工作统领，引导全县广大民营企业家稳定预期，坚定信心，加快高质量发展，为新时代新明溪建设谱写新篇章。

【思想政治引领】 2020年，明溪县工商业联合会通过召开工商联常（执）委会议、学习交流会、专题培训班等形式，学习贯彻习近平总书记关于民营经济发展的重要论述，引导广大工商联干部和非公经济人士全面学、系统学、长期学、深入学，增强“四个意识”、坚定“四个自信”、做到“两个维护”，坚定不移地走中国特色社会主义道路。召开专题培训班1期，组织民营企业家深入学习《习近平在企业家座谈会上的讲话精神》，斯特力、海斯福、南方制药等公司负责人座谈会发言在市工商联编辑的《三明市企业家学习讲话体会汇总》在闽商网发表。推荐“新时代新三明百名担当作为青年先进”候选人，推荐了美士邦陶瓷副总严井意作为“青年创业创造之星”；将南方制药总经理李永、匈牙利明溪商会名誉会长邱保春创业典型事迹刊登在市联编辑的《明商好故事》上并广泛宣传。持续开展“守法诚信经营、坚定发展信心”主题理想信念教育活动，加强世情国情党情教育，引导企业家自觉做爱国敬业、守法经营、创业创新、回报社会的表率。福州市明溪商会春节前慰问明溪11位百岁老人，为每位老人送上慰问红包1000元。泉州市明溪商会国庆节慰问明溪县德亨仁厚养老中心老人，送上月饼、大米、食用油、水果等价值5000余元的慰问品。

【配合疫情防控工作】 2020年，明溪县工商业联合会全力抗疫。利用微信群、年会在商会平台上广泛宣传新冠病毒的防护知识，增强企业家打好打赢防控阻击战的信心。动员企业捐款32.56万元，并捐赠口罩、防护服、消毒液等防疫抗疫重要物资。党组书记杨建明受县委安排，赴上海浦东第一线驻点一个月，对接巴西、意大利、菲律宾等国家返乡人员16名。推荐县匈牙利明溪商会、意大利明溪华人华侨联合会、海斯福化工、斯特力气动工具、心海润弘投资、农村信用社等在疫情防控中作出突出贡献的商会和企业接受市政府的荣誉表彰。组织各商会开展会员走访活动，了解疫情后复工复产情况和存在问题，累计走访泉州、广东商会30多位乡贤。

【商会活动】 2020年，明溪县工商业联合会依托福州明溪商会年会，召开现代农业、现代服务业和新能源、新材料、新医药产业项目推介会，并成功签订明溪县蛋鸡标准化养殖、新能源型燃料、优质氢氧化钙生产等投资意向项目13个，拟投资金额达6.89亿元，其中亿元以上项目1个。厦门“9·8”投洽会期间，县委副书记、县长苏迎平带队走访泉州明溪商会、厦门明溪商会，了解商会和乡贤企业发展情况。利用商会优势，召开县一中粤港澳地区校友会，走访了乡贤，宣传明溪，推介明溪。召开旅外乡亲、工商界代表人士迎新春座谈会，邀请20名国内乡亲代表参加座谈。对2020年各商会招商引资工作进行考评，厦门市明溪商会表现优秀获招商引资经费补助5万元，广东、泉州、福州等地明溪商会获招商引资经费补助3万元。福州市明溪商会开展“情系故里、智力支乡”考察交流活动，几位在榕退休的老领导关心家乡的各项建设与发展，走访企业和乡镇，了解家乡建设情况，为家乡建设出谋划策。做好厦门市明溪商会换届的筹备工作。成立了沙溪乡商会，并筹备成立其他乡镇商会。

【服务非公经济发展】 2020年，明溪县工商业联合会通过商会平台宣传惠企政策，提高中央和各级政府惠企政策的知晓度。召开小饮食业、小服务业等个体户座谈会，了解经营上存在的困难，撰写意见建议，为县政府出台惠民政策提供参考。与县检察院联合开展检察官结对重点民营企业活动，明溪7个检察官深入基层服务企业。开展服务“六稳”“六保”，护航民企发展为主题的检察开放日活动。参加县住建局召开的建筑企业座谈会，推荐县建筑企业职工参加市里职称评审，服务县建筑企业升级。走访调查建筑类企业38家，有3家建筑类企业、8名员工上报参评摸底表，并开具企业职工职称评定证明5份。成立了明溪县非公企业服务中心，为非公企业提供各方面服务，构建和谐劳动关系活动。

【助力乡村振兴】 2020年，明溪县工商业联合会引导民营企业把握党中央乡村振兴相关政策，因地制宜面向城乡新需求培育农村优势产业，拓宽农民就业创业和增收渠道；发挥资金、技术、市场等方面优势，参与发展休闲农业、农产品精深加工、文旅康养等新业态，激发乡村振兴活力。牵线搭桥厦门商贸协会、绿百合等协会和企业对接县农产品销售，增加农民收入。持续对接省上“同心·海西春雨光彩助学”活动，联合金湖酒业继续开展光彩助学专项行动，推荐2020年贫困大学新生参加省、市光彩助学活动，助学款合计5.9万元（省3人、1.5万元，市11人、4.4万元）。发动明溪紫杉园公司捐款6万元资助困难学生12名。巩固提升“百企帮百村”精准扶贫行动成果，春节前组织5个企业、商会到各挂点村慰问困难户38户，送上慰问金、慰问品价值1.82万元。

（杨建明）

明溪县文学艺术界联合会

【概况】 2020年，明溪县文联履行“团结引导、联络协调、服务管理、自律维权”基本职能，围绕中心服务大局，发挥县级文联的优势和作用，设计、组织和开展各类文艺活动，促进明溪文艺界出优秀作品和优秀人才，活跃群众的精神文化生活，促进文艺事业繁荣和发展。

【文艺活动】 2020年，明溪县文联策划组织各种文艺活动，助力弘扬传统文化和社会主义核心价值观。围绕春节、端午节、中秋节等传统节日组织开展文艺活动。新春前夕，组织文艺志愿者参加全县文化、科技、卫生“三下乡”活动；组织书法家协会文艺志愿者深入胡坊镇、夏坊乡、雪峰镇中山社区、紫岭社区、侨乡体育公园等地开展“送春联·送祝福”文化惠民活动10场次赠写春联1000余幅；举办“我们的中国梦”明溪县迎新春书法作品展（县政府橱窗）；举办明溪县“不忘初心 共圆小康”迎新春美术作品展（县侨乡体育中心体育馆）；县文联、县作协在三明金丝湾文学基地成功举办“红土地·绿森林”三明诗群·滴水村落作品分享会，来自省内外70余位诗人、作家就“滴水村落”的“诗事”开展了点评交流，朗诵“滴水村落”诗人创作的诗歌。端午前后，组织县作协、诗词学会开展端午诗歌主题创作活动，并用美篇线上展示交流。中秋、国庆期间，举办“侨乡月正圆·情牵千万家”中秋诗会，市县朗诵会员同台演绎明溪本土诗人的作品；组织县美术家协会、书法家协会在雪峰镇中山社区举办“明溪溪明 青山山青”迎中秋·庆国庆美术作品展；与县委宣传部、县教育局联合开展“爱国心·报国情·强国志”征文活动。围绕“四张名片”，组织文艺采风创作活动。县作协围绕闽学鼻祖杨时、红色文化、华山贡茶、企业人文，组织会员深入夏阳乡旦上村、枫溪乡华山村、明溪县长虹精密铸钢有限公司等地采风并推出作品专辑；县诗词学会组织会员深入盖洋镇常坪村、城关乡罗翠村（含翠竹洋）、胡坊镇福西村等地开展脱贫攻坚、历史人文采风活动并推出系列作品专辑；举办“行摄归化·月映明溪”全县摄影赛，摄协每月组织会员在一个乡镇采风创作，并将摄影成果在“明溪在线”展示；与县委宣传联合举办“南方制药杯”明溪县首届红豆杉摄影大赛；与县委文明办开展征集创建省级文明县城主题宣传标语和“文明健康 有你有我”美术创意作品活动，共征集美术作品169幅。策划组织其他相关文艺活动。牵头负责“杨时文化展馆”资料收集完善、创意设计，于5月

2020年9月28日，明溪文联举办“侨乡月正圆·情牵千万家”明溪县第二届中秋诗会 （县文联 提供）

完成布展并对外开放；策划组织举办第十六届林博会明溪专场活动——“生态观鸟·森林康养”主题晚会并获得成功。主编出版《日出旦上》文化旅游宣传画册为红色文化旅游助力。牵头组织举办茶艺师（初级）职业资格鉴定培训班。全县30名茶文化爱好者参加培训和考证，助推发展茶文化。策划主编出版《溪明山青鸟鸣涧》图书，助推观鸟旅游发展。会同宣传部策划主办明溪文化大讲坛首期开讲，邀请到国家级文博研究员宋经文讲授《红色歌谣代代传》。在县革命纪念园组织开展纪念毛泽东《如梦令·元旦》发表91周年暨庆祝滴水岩景区获评国家AAA级旅游景区系列文艺志愿活动。

【以“艺”战疫】 2020年，明溪县文艺工作者学习贯彻习近平总书记关于新冠肺炎疫情防控的重要指示精神和县委县政府的部署要求，发挥文艺工作者轻骑兵作用，把创作贴近疫情防控形势、契合群众实际需求的优秀作品作为当前的重要任务，广泛关注并搜集抗击疫情一线涌现出的英雄模范和典型事迹，谱写文艺新篇章，讴歌真英雄，激发正能量，弘扬真善美。全县共创作抗疫诗文作品200余篇，书画作品60余幅，工艺品4件，制作原创歌曲《城与城的守望》（作词：曾春根；作曲：伍荣生、伍林发；编曲：卢荣昱；演唱：熊正宇、唐恒）声援武汉，并荣获福建省抗击新冠肺炎疫情网络视听优秀作品。

【文艺创作】 2020年，明溪县作协、诗词学会共创作文学作品600余篇（首），其中《福建日报》等省级及以上报刊、平台上稿12篇（首、件），《三明日报》上稿约70篇（首、件），《三明侨报》等市级及其他报刊、平台上稿 300余篇（首、件），在“学习强国”“e三明”等平台上稿20余篇（首、件）；作家钟茂桂立足枫溪人文，撰写出版新书《不如枫溪》。县摄影家协会创作摄影作品100多幅，其中《翠竹洋——火山口里的古村落》一文经“明溪在线”微信公众号推荐，被新华社客户端以《福建明溪翠竹洋：建在火山口的古村落》为题推出，点击量达102.8万人次，摄影作品在“学习强国”平台上稿12篇。县朗诵协会的红色故事宣讲作品在“学习强国”平台“倾听”专栏上稿10余篇。同时，一批文艺精品在市级以上赛事中获奖、展出。2020年第三届福建省工艺美术创意设计大赛中，赖志强的作品《闽王斩妖魔、佑中华烙花剑》作品获得金奖，毛祚胜的作品《二十四孝图》寿山石微雕获得银奖，毛新华选送参赛的作品《孙子兵法》寿山石微雕获得铜奖；县舞协会员谢晓琼编排舞蹈《头脑总动员》参加2020年舞彩缤纷第四届中国少儿舞蹈福建展演暨“舞彩缤纷 幸福三明”春节电视展播活动，荣获小学低年级组特等奖；书协会员参加三明市战“疫”书法作品展、毛泽东《如梦令·元旦》作品展，均有10余幅作品入展，黄炳莹作品入选市文旅局、文联举办的正义与和平·纪念抗日暨反法西斯战争胜利75周年作品展，温国治作品入选省新人新作展；张峰、邓根珠摄影作品分别多次获得省摄影协会举办的“千途摄影”主题大赛优秀奖，其中张峰摄影作品《魅力鸡公岽》在省级摄影大赛《神秘祖地如画宁化》中崭露锋芒，入选一等奖。

【文艺交流】 2020年，明溪县文联开展形式多样的文艺交流活动。与省摄协沟通并达成合作协议，共同举办“明溪溪明 青山山青”全省摄影大赛，7月上旬在夏阳乡旦上村归化之役指挥所广场举行摄影大赛启动仪式。中国摄影家协会副主席、省摄影家协会主席、秘书长潘朝阳等省市文艺专家人士出席活动，吸引了来自省市县各级摄影家协会和县内广大摄影爱好者近100人参加本次启动仪式和文艺采风活动。9月，举办诗歌创作与朗诵专题讲座，邀请著名诗人、诗评家、高级编辑卢辉讲授《从“鲁奖”诗歌作品谈现代诗写作》，三明广播电视台主任播音员，三明学院兼职副教授，三明市诗歌朗诵协会副会长孙华讲授《关于诗歌的朗诵艺术》，深受广大文艺爱好者欢迎。10月，与县作协、滴水村落联合举办第一届诗歌行走海西新侨乡暨苏区明溪县采风活动，同时在瀚仙镇龙湖村杨时广场龟山书院举行“中国新诗三明诗群·滴水村落创作培训基地”“谭五昌新诗艺术传播中心”授牌仪式。邀请北师大中国当代新诗研究中心主任、诗评家谭五昌教授、《江南诗》副主编梁晓明、《星星》诗刊副主编李自国等中国当代前沿诗歌刊物专家、学者、诗人代表与三明诗群诗人代表齐聚一堂，分享区域诗歌的地方特色讲座，体验“四张名片”魅力，开展诗歌艺术创作。相关文艺活动信息在《中国艺术报》《福建日报》《三明日报》《福建作家》“e三明”等平台宣传，取得较好的社会影响。

【组织建设彰显活力】 2020年，明溪县文联着力建设学习型、服务型、效能型文联，并指导直属各文艺家协会建设。围绕县委县政府“2020敢拼会赢”活动，开展“走出去”学习，5月向上走访省文联及省作协、书协、摄协，与省摄影家协会商谈，达成合作举办“‘明溪溪明 青山山青’全省摄影赛”方案；6月县文联工作人员、县作协负责人前往龙岩市新罗区、连城县对标学习文艺阵地及文创基地建设工作。调整充实各协会班子成员，选好配强各协会骨干，2020年新成立明溪县朗诵协会，为全县朗诵爱好者提供了学习交流的平台。组织文艺人才参加各类文艺培训、比赛、展览、展示、展演，鼓励优秀文艺人才申报省级及以上文艺家协会会员。年内，县80余名文艺会员参加各类文艺学习培训，14名文艺工作者加入市级会员（其中诗词学会8名、舞蹈家协会4名、作家协会2名）、3名加入省级会员（其中诗词学会2名、作家协会1名）。

（汤　霞）

明溪县残疾人联合会

【概况】 2020年，明溪县残联以残联改革为契机，以“不忘初心、守正创新”为工作主基调，以完成“十三五”规划各项指标任务为抓手，统筹推进新冠肺炎疫情防控和残疾人民生事业发展，聚焦农村残疾人、贫困残疾人、重度残疾人，提升残疾人基本公共服务水平，推动全县残疾人各项事业发展再上新台阶。

【残疾人脱贫攻坚】 2020年，明溪县残联研究残疾人脱贫攻坚工作，印发《关于进一步推进2020年残疾人脱贫攻坚工作的通知》，对2020年残疾人脱贫攻坚工作提出具体要求，巩固残疾人脱贫攻坚成果，推进2020年残疾人脱贫攻坚工作。加强动态监测，滚动更新建档立卡户残疾人帮扶台账，跟踪管理，为精准实施扶贫政策提供数据支持，全县共有脱贫建档立卡残疾人771户，935人；对县2020年列为贫困残疾人重点帮扶对象共30户47人通过挂钩帮扶、入户走访、电话回访等方式实施重点监测，根据不同情况，加强重点帮扶。对2020年被列为重点帮扶对象的贫困残疾人加强重点帮扶，下发《关于残联系统干部挂钩联系2020年重点帮扶贫困残疾人的通知》开展以“访民情、访民难、访民安、送政策、送温暖、送服务、送岗位”为主题的“三访四送”活动，重点帮扶全县因新冠肺炎疫情造成困难的残疾人家庭及有致贫返贫风险的9户11名残疾人，发放补助资金2万元；利用春节、全国助残日等节日，开展走访慰问贫困残疾人活动，累计慰问残疾人370人，发放慰问金13.43万元。继续通过实施就业扶贫、助学扶贫、住房扶贫、康复扶贫等措施，将残联系统的主要惠残政策向建档立卡贫困残疾人倾斜，助推全县贫困残疾人脱贫攻坚工作。投入资金5.5万元为全县2356名70周岁以下残疾人（精神残疾除外）购买人身保险，14名残疾人共获理赔4.2万元；为1959名70周岁以下残疾人投保残疾人重大疾病保险，保费共计19.35万元，120名残疾人获得理赔款14.165万元，有效防止残疾人因病致贫、因病返贫。

【残疾人民生保障】 2020年，明溪县残联配合民政部门做好“两项补贴”发放工作。全县1792名残疾人享受生活补贴，2101名残疾人享受护理补贴。残疾人医疗、重疾及人身保险得到有效保障，2333名重度残疾人城乡医疗保险个人缴费得到全额资助；为全县70周岁以下2356名残疾人办理人身保险，保费共计5.5万元，14名残疾人获得理赔款合计4.2万元；为全县70周岁以下1959名持证残疾人购买一份重大疾病保险，保费共计19.35万元，120名获得理赔资金14.165万元。推进居家托养服务，为78名省级、60名县级智力、精神和肢体重度残疾人提供居家托养服务，每人补助2000元，累计补助资金27.6万元；为30名入住福乐家园的残疾人提供机构托养补助，每人补助5000元，累计补助15万元。全县38名低保重度一级肢体残疾人享受每人2000元专项护理补贴，共计7.6万元。为130户281名一户多残残疾人发放600元/人的生活困难补助，补助资金16.87万元。利用春节、全国助残日等节日，开展走访慰问贫困残疾人活动，累计慰问残疾人370人，发放慰问金13.43万元。

【残疾人就业服务】 2020年，明溪县残联落实省级扶持残疾人就业创业“1+7”政策和三明市扶持残疾人就业创业5项政策。为2名个体工商户残疾人申请各0.5万元创业补贴；为灵活就业或自主创业残疾人发放社保补贴69人，共计25万元；实施残疾人小额贷款贴息补助，扶持残疾人发展种植业、养殖业、农副产品加工业和个体服务业，12名残疾人获得贴息共2.1万元。受理按比例安排残疾人就业单位年审46家，促进残疾人就业，配合财税部门做好残疾人就业保障金（简称“残保金”）征收工作，全年征收残保金320万余元。加强对高校残疾人毕业生就业帮扶，带头通过劳务派遣公司向全社会公开招聘高校残疾人毕业生，县残联带头安置1名残疾人大学生、1名残疾人子女就业。出台《明溪县扶持残疾人就业创业项目补助暂行办法》，对县级扶持残疾人就业创业项目由项目制改为普惠制，扶持符合条件的残疾人就业创业，每人补助5000元，全年共扶持8人，共计4万元。出台辅助性就业机构扶持政策，跟踪指导建设1家残疾人辅助性就业机构——明溪县恒康宁医疗器具经营部。实施残疾人职业技能提升计划，残疾人职业技能提升计划全年培训任务50人，完成154人；完成残疾人新增就业127人、新增培训52人，超额完成上级下达的任务。选送13名残疾人参加省市残联技能培训，其中美发培训班2人，初级盲按班1人，中、西糕点培训班6人，盲按继续班4人。全年举办招聘会1场，29家用人单位提供760多个岗位，60名残疾人参加，26名残疾人当场达成就业意向。

【残疾人康复服务】 2020年，明溪县残联实施省《福建省残疾人基本型辅助器具适配补贴实施办法（修订稿）》和《三明市残疾人辅助器具适配评估服务工作试行的通知》，协调明溪县总医院注册为县残疾人辅具评估机

2020年6月12日，明溪县残联举办“2020，敢拼会赢”中医康复知识讲座

（县残联 提供）

构、备案福建省国资康复医疗科技股份有限公司三明分公司为县残疾人假肢矫形器、肢体辅具评估服务机构，全年为193名残疾人适配辅具252件，补贴金额23.885万元。抓好精神残疾人门诊服药和住院医疗救助工作，为全县124名精神残疾人发放2019年门诊服药救助3.4万元，为全县38名精神残疾人发放2019年住院医疗救助4.1万元。为87名精神残疾人核销2020年精神病门诊服药和住院医疗救助，共计核销资金4.185万元。开展好残疾儿童康复训练补助项目，核销2019年0—14岁残疾儿童康复训练救助25人，发放救助资金26.39万元，同时根据三明市残联《关于统筹推进常态化疫情防控和残疾人康复就业保障工作的通知》要求，为4名残疾儿童开展线上康复训练。为13人核销2020年儿童康复训练补助，核销资金7.858万元。开展政府购买残疾人精准康复服务项目，投入18.555万元采取政府购买服务的方式为102名残疾人开展为期4个月的居家或集中康复服务。加强社区康复室建设，下拨5万元补助资金支持雪峰镇紫岭社区、沙溪乡梓口坊村、胡坊镇胡坊村、枫溪乡小衍村社区康复室建设。推进明溪明溪复康中医医院建设项目，完成卫健部门相关手续的办理。

【残疾人教育】 2020年，明溪县残联继续关心支持城关中心小学特教班教育，联系爱心单位明溪县诗窠中蜂养殖专业合作社为特教班捐赠现金5000元。落实省、市助学政策，共有29名残疾人大学生和低保残疾人家庭子女大学生获得省级“扶贫助残大学圆梦行动”项目补助17.24万元；1名残疾职高生申请市残联助学补助，补助资金0.1万元。继续实施县级助学补助政策，为192名残疾学生和贫困残疾人子女发放补助资金共13.1万元。

【残疾人事业发展环境优化】 2020年，明溪县残联抓好年度宣传工作方案落实，讲好残疾人故事，在省市残联网站发布信息58篇、市残联扶贫专刊4篇、东南网2篇、《三明新周刊报》3篇、县“两办”政务信息4条、《明溪快讯》1篇、县残联微信公众号52期128条信息。联合福建览东粮油贸易有限公司开展“关心帮扶残疾人 共圆美好中国梦”扶残敬老爱心捐赠活动，发放食用油1624桶；举办爱心企业（单位）助残捐赠仪式，瑞之路（厦门）眼镜科技有限公司为县近视残疾人及亲属捐赠近视眼镜100副（总价值人民币6万元）；明溪县诗窠中蜂养殖专业合作社为在德亨仁厚养老养生中心——“福乐家园”机构托养的残疾人捐赠蜂蜜价值6600元；为130户一户多残残疾人家庭发放“鸿星助力·衣路有爱”爱心衣物200余件，价值10余万元。培育助残社会组织，组建明溪县牵手助残志愿服务队，有注册志愿者9名，组织开展助残志愿服务活动14场次，总助残志愿服务时长168小时；组织明溪县盲人志愿者服务队开展“爱心回馈社会”志愿服务活动3次，免费为150余人提供按摩服务；做好残疾人信访工作，主动协调有关部门，共接待来访13人，信访办结率100%；为3名残疾人申请市残联临时救助金8900元；联合县住建局、自然资源局等11个部门出台《明溪县加快推进公共无障碍设施建设与管理工作意见》；会同县财政局印发《明溪县残疾人家庭无障碍改造实施方案（暂行）》；实施残疾人家庭无障碍改造和机动轮椅车燃油补贴项目，切实维护残疾人的合法权益，全年已有21户残疾人完成居家无障碍改造，其中中央项目1名，省级项目4名，补助资金合计1万元；为3名残疾人发放机动轮椅车燃油补贴780元；选送3名残疾人体育运动苗子参加培训。

【特色亮点打造】 2020年，明溪县残联以《明溪县残疾人联合会改革方案》出台为契机，抓好各项措施落实，推进残联组织改革和服务创新，推动县残疾人事业高质量发展，不断增强残联机关的政治性、先进性、群众性。根据市残联要求，结合县实际制定《明溪县开展“绿色回收·爱的循环”康复辅助器具社区服务试点工作方案》，在雪峰镇城东社区、城北社区（德亨仁厚）、盖洋镇柳里社区设立3个服务点，通过回收、维修和租借的服务模式来提高康复辅助器具使用效能、降低使用成本，就近就便满足老年人、残疾人和伤病人多层次、多样化康复辅助器具短期和应急配置服务需求，全年共为47名残疾人、老年人和伤病人提供辅具服务，政策咨询解答122人，维修、保养辅具15人次。通过组织开展调研活动，深入乡（镇）残联了解“九个有”和部分村（社区）残协“六个一”落实情况，进一步规范阵地建设。圆满完成为民办实事助残工程。精心组织，周密安排，组织实施好扶助困难残疾人就业创业、残疾人托养服务、残疾学生和贫困残疾人子女助学补助、残疾人重大疾病团体保险、残疾儿童康复救助、精神残疾人精准康复救助、残疾人基本型辅助器具适配补贴、困难残疾人家庭无障碍改造补助等县委、县政府为民办实事助残工程项目，累计投入资金近300万元，惠及残疾人1万余人次，得到广大残疾人和社会好评。5月，县政府购买残疾人精准康复服务项目工作在全市残疾人精准康复服务现场推进会上作经验交流汇报。6月，县残疾人基本服务状况和需求信息数据动态更新工作在福建省残疾人基本服务状况和需求数据动态更新工作视频培训班上作经验交流汇报。

【巡察整改】 2020年，明溪县残联根据县委巡察工作的统一部署，配合县委巡察一组于4月20日至5月9日对县残联开展巡察。6月23日，县委巡察一组向县残联反馈巡察意见，指出4个方面11项共22个问题，提出4条整改意见。为确保巡察整改工作有序推进，县残联成立巡察整改工作领导小组，由支部书记、理事长任组长，其他班子成员为副组长，各股室及中心负责人为成员，全面统筹抓好巡察整改工作，制定《明溪县残联落实县委巡察一组反馈意见的整改工作方案》和整改清单，召开巡察整改推进会4次，对巡察反馈的问题，逐条逐项细化明确整改措施，逐一明确了责任领导、责任股室、完成时限，做到了领导责任到位、任务分解到位、安排部署到位、工作机制到位。针对巡察组反馈的22个问题制订的39条整改措施已全部完成，并形成《明溪县残联关于巡察整改进展情况的报告》报县纪委监委。通过巡察整改，县残联各项工作得到规范和提升。

【组织和队伍建设】 2020年，明溪县残联争取县委编委支持，增设县残联机关教育就业股和康复股两个内设机构，增加正股级职数2名，新增加残联机关事业参公编制4名；加强全县残疾人工作者队伍建设，组织县残联骨干参加省、市相关业务培训7人次，采用政府购买服务方式举办全县各乡（镇）残联理事长、残疾人联络员培训班1期，着力提升残疾人联络员综合素质；新增挂职副理事长2名；实施残疾人基本服务状况和需求信息数据动态更新工作，全面完成全县4917名残疾人基本服务状况和需求信息数据动态更新工作；加强第二代残疾人集中核查整治和第三代换发证工作。联合县卫健局、民政局出台《明溪县开展集中核查整治第二代中华人民共和国残疾人证的实施方案》，按照《明溪县残联关于认真开展违规持有残疾人证清理工作“回头看”进一步严格规范残疾人证合法管理工作的通知》要求，全面清理残联系统工作人员及亲属违规持证行为，全县残联系统干部及村（社区）联络员签订《福建省残联系统工作人员承诺书》；残工委办印发《明溪县换发中华人民共和国第三代残疾人实施方案》，组织召开第二代残疾人核查整治培训会1次、推进会1次；按市残联统一招标采购结果，与江苏恒宝有限公司签订第三代（智能化）残疾人证制证服务设备采购合同，投入21.25万元购入智能IC卡打印设备、残疾人证读写器、扫描仪等制证设备；截至12月31日，组织重新评定628人、完成人像采集上报4360人，江苏恒宝公司完成县第三代残疾人证制作1359张。

（汤继伟）

明溪县红十字会

【概况】 2020年，明溪县红十字会围绕县委、县政府工作中心，推进红十字宣传、“三救三献”、社会募捐和人道主义救助等各项工作，统筹做好疫情防控。全年累计应急救护普及培训636人次，下发“博爱送万家”救助物资30份。

【红十字宣传活动】 2020年，明溪县红十字会围绕重点工作、结合“世界红十字日”“世界急救日”等主题纪念日活动，深入宣传贯彻《中华人民共和国红十字会法》，开展防灾减灾知识、疫情防控宣传，开展“助力‘新福建’ 博爱志愿行”主题志愿服务、全国第7个扶贫日、第17个“世界献血者日”等活动，全年共开展宣传活动8次，发放各类相关材料700多份，无偿献血知识普及约1500人次。在红十字会博爱驿站推广使用“红博娃”IP形象，加强红十字文化建设，发挥人道红十字文化在引领社会道德风尚、推动精神文明建设中的积极作用。

【“三救三献”活动】 2020年，明溪县红十字会开展无偿献血活动、遗体器官捐献工作、应急救护培训活动。配合市中心血站开展无偿献血前期宣传活动，协调场地、安排志愿者，年内献血890人次、31万毫升。于6月21日不幸病逝的明溪县城区居民李先生，在县红十字会的见证下将其遗体和眼角膜分别捐献给厦门医学院和厦门大学附属眼科中心，实现明溪县第1例遗体及眼角膜捐献。开展应急救护知识普及讲座3场次，累计应急救护普及培训636人次，发放相关宣传手册700余份。

【社会募捐】 2020年，明溪县红十字会加强与县域企业沟通协调，三明市海斯福化工有限责任公司五名高管继续帮助县12名贫困学生，助学款1.25万元发放到位。收到福建省禹川工程建设有限公司、乐善教育咨询有限公司捐赠善款2099元用于开展慈善公益事业。“9·9”公益日活动期间，开展“爱过年在三明”“救在身边三明可以”人道公益募捐项目，分别募捐3628.24元、4082.73元，共799人次参与。

【红十字人道救助】 2020年，明溪县红十字会聚焦主责主业，加强人道资源动员，提升人道救助实力，持续做好“红十字博爱送万家”“小天使基金”“天使阳光基金”等系列救助行动。年内，省红十字会下发“博爱送万家”救助物资30份，价值0.99万元，受益群众覆盖明溪县2个乡镇13个村，累计受益30个家庭87人。

【联防联控】 2020年，明溪县红十字会参与新型冠状病毒感染的肺炎疫情防控工作，参加卫健局防控工作的动员部署会，加入县卫健局新型冠状病毒感染的肺炎疫情应急处置小组，严格管理捐赠款物，联防联控，开展人道救助。按照县委、县政府的总体部署，全力配合做好社会各界捐赠接收工作，做好每一笔捐赠款物的接收、调配、登记等工作，并经第三方审计，程序合规、手续齐全、账实相符，高效、规范、公开、透明。疫情防控期间共收到捐赠款30笔490151.8元；捐赠物资3批，折合价值78680元，其中境外捐赠1批。

【打造群众身边的红十字会】 2020年，明溪县红十字会按照省市红十字会要求，多方筹措资金5万元，并依托城北社区投入建设“红十字博爱驿站”，利用驿站平台密切联系群众，提升服务水平。严格遵守红十字各项规章制度，加强对全县公共场所红十字募捐箱的管理。组织红十字会干部、志愿者参与线上线下培训，加强红十字会队伍建设。

（黄兴兰）

明溪县计划生育协会

【概况】 2020年，明溪县计生协会围绕县委、县政府工作大局，按照省、市计生协会总体要求，继续增强群团组织的政治性、先进性、群众性，聚焦生育关怀，落实“六项重点任务”，立足岗位职责，加强基层建设，提升服务能力，积极参与“新冠”疫情防控工作，为推动健康明溪建设与家庭和谐幸福作出新贡献。县2个计生协会、6人受到市计生领导小组通报表扬；1名计生协会志愿者入围2020年青春健康省级师资认证活动（全省共21名）。

【协会改革】 2020年，明溪县人口和计划生育工作领导小组发文转发《明溪县计生协会2020年工作意见》，对计生协会改革提出了总体要求。县计生协会按照《中国计生协改革方案》及省、市计生协工作意见部署要求，积极对标对表，把握计生协会改革中机构定性、职能定位、人员定编三个环节，对照时间表和路线图，全力推进计生协会改革发展。6月，县编委下文，增加县计生协会编制2名，增核后达到6名。8月，乡镇机构改革岗位设置中明确设立计生协会岗，配备专兼职工作人员，各乡镇完成挂牌。为推进新时期“六项重点任务”落实落地和计生协会事业转型发展夯实基础。因县乡镇改革明确设置“计生协会岗”受到省计生协会公众号刊发表扬。

【协会组织建设】 2020年，明溪县计生协会不断提升工作人员业务能力水平，坚持政治引领，组织工作人员深入学习习近平新时代中国特色社会主义思想，落实习总书记对人口发展的重要论述和对群团工作、计生协会工作的重要指示精神，切实增强“四个意识”，坚定“四个自信”，做到“两个维护”。开展“2020，敢拼会赢”、“学政策、用政策”、对标学习等活动，主动学习先进工作经验，深入部分乡镇走访调研，组织乡镇计生协会会长、秘书长业务培训，增进各乡镇沟通交流，全面提升协会工作水平，为县后续开展“六项重点任务”夯实基础。

【助力疫情防控】 2020年，明溪县计生协会按照卫健局工作部署，自1月24日起取消春节假期，参与社区巡逻、入户登记、宣传报道、志愿服务、留观点建设、物资发放等工作。发放了《致全县各级计生协会和广大会员的一封信》，号召广大会员主动参与新冠疫情防控志愿服务工作中；收集编写疫情防控科普材料，印制张贴防控宣传海报3000份；组织广大会员开展“一元捐”支援国家抗击新冠肺炎疫情，2113人捐款55691.8元。组织党员、干部参与社区疫情防控入户摸排工作。关爱计生困难家庭，为全县计生失独家庭、部分计生困难家庭、困难协会志愿者、困难党员发放“家庭健康促进应急包”75份。联合卫健局、县总医院等单位开展“弘扬抗疫精神，护佑心理健康”宣传服务活动，普及健康防疫知识，助力疫情防控常态化。

【宣传教育】 2020年，明溪县计生协会组织各乡镇开展第22个计生协会“5·29”会员活动日和“壮阔四十年，奋斗新时代”主题宣传服务活动10场，庆祝中国计生协成立40周年。活动中，接受群众咨询1000余人次，免费义诊400余人，发放计生宣传品（扇子、围裙、宣传袋）1000余份，宣传单5000余份，发送节日短信3万余条；上门走访入户10余户。组织全县计生协会工作人员、协会小组长、会员等观看中国计生协“幸福工程25周年感恩答谢活动”直播。联合县卫健局、县妇幼等单位在世界避孕日、国家扶贫日、国际志愿者日等期间开展义诊宣传服务，发放《青春健康知识手册》《防艾知识手册》等宣传物料3000余份，发放避孕药具120余份，接受群众咨询100余人次，义诊200余人设置计生协会“六项重点任务”“为民办实事”宣传展板5个。开展“2020年健康知识推进活动”，贯彻落实省计生协会“家庭健康主题推进活动”。开展家庭健康知识网络答题活动1期。组织计生协会工作人员、发动计生协会广大会员观看国家计生协举办的网络直播活动4场。发挥计划生育组织网络作用，关怀全生命周期健康，倡导健康生活方式、普及健康知识，促进家庭幸福、社会和谐。

【优生优育服务建设】 2020年，明溪县计生协会深入开展儿童早期发展亲子小屋项目工作和0—3岁婴幼儿照护工作。与县实验幼儿园签订在王桥幼儿园建设亲子小屋合同，推进儿童早期发展进农村，满足百姓对美好生活的需求。“6·1”国际儿童节期间，联合妇幼开展3—6岁儿童免费视力检查，科普眼保健知识，受益22人。在城东、城西、中山社区开展儿童早教活动4期，共受益33户，发放早教包、育儿宝典100份。

【计生家庭帮扶】 2020年，明溪县人口和计划生育工作领导小组下发《2020年计生家庭意外伤害险工作促进方案》，落实政府出资为计生家庭投保100元计生意外险。县计生协会在“两节”、“5·29”会员活动日期间慰问计生困难家庭、计生特殊家庭、法律援助对象、留守人员、流动人口等对象263户8.83万元。1月，开展一期暖心活动，关爱计生特殊家庭，有专家讲授“中老年人常见情绪问题及自我调整”，有医护人员现场为他们提供健康咨询和量血压服务，有书法家现场写春联，受益20余户，疫情防控期间，为计生特殊家庭送上口罩、手消液、温度计等防疫物资，为他们送去政府的温暖。开展紧急救助工作，发放慰问金12户3.6万元。完成第13轮幸福工程资金回收，评选致富典型“幸福母亲”9名。发放第14轮资金32户154万元，确保计生家庭生产发展资金需求。兑现2019年小额贴息贷款65户248万元，贴息12.4万元；政府出资购买计生家庭意外伤害保险7025户70.25万元，为全县31名失独家庭续保计生家庭住院护理补贴保险26户0.93万元。开展金秋助学金活动，县级助学43人2.58万元、市级助学5人2.5万元，省级助学5人，每年0.5万元共资助4年。

2020年9月9日，明溪县计划生育协会开展2020年度金秋助学活动 （县计生协会 提供）

【关爱留守儿童】 2020年，明溪县计生协会联合团县委等单位在雪峰镇中山社区开展“把爱带回家”关爱留守儿童活动，社区内22名儿童参加。活动包括消防知识、交通知识讲座，优良家风讲堂、剪纸手工课、写春联等，并为孩子们送上小礼物，让他们过一个精彩充实的春节。在城东社区开展为期7天的关爱留守儿童夏令营活动，受益学生30余名;在紫岭社区开展1期关爱留守儿童服务活动，受益学生13名。联合县民政局在紫岭社区开展“四点半课堂”关爱留守儿童活动，发放计生协会《拒绝“舌尖上的浪费”，一起行动！》倡议书和小台灯等小礼品，倡导树立勤俭节约的传统美德。

（黄艳鸿）

明溪县社会科学界联合会

【概况】 2020年，明溪县社科联担负“认识世界、传承文明、创新理论、咨政育人、服务社会”职责使命，推进社科各项工作，在理论宣传、课题研究、社科普及和闽学文化研究方面取得新进展、新突破，为加快新时代新明溪建设提供理论服务和智力支持。

【理论宣传】 2020年，明溪县社科联多措并举，突出主题，推动理论宣传走深走实。通过宣讲会，座谈会等各类宣传宣讲形式，参与《习近平谈治国理政》第三卷、《习近平在福建》系列采访实录、中共十九届五中全会精神等宣讲、座谈23场次，参与基层中心组巡听9场次。利用宣传栏、宣传横幅、广播喇叭、宣传车等开展学习宣讲活动。廊亭宣讲的做法得到省社科联的肯定，被“学习强国”福建平台所采用。利用“乡村讲坛”、社会科学专题报告会、社科普及宣传周、网上有奖知识竞答等载体，普及习近平新时代中国特色社会主义思想，营造宣传学习的浓厚氛围。

【课题研究】 2020年，明溪县社科联围绕县委做实“四篇文章”的工作重点，组织开展课题研究。选送《乡村振兴战略视域下红色文化资源开发利用研究》等5篇社科申报课题和《关于新时期完善干部激励机制的思考》等2篇重点课题，完成《乡村振兴视域下推进硒锌产业高质量发展的路径研究》课题结项1篇，开展“青山绿水是无价之宝” 在三明实践典型案例征集、完成聚焦“三新产业”推动绿色发展等3个案例的报送。围绕县委、县政府中心工作，联合有关部门开展主题调研活动，参与“助推乡村振兴，全面建成小康社会”论文征集活动和习近平新思想在沙溪乡的实践案例项目申报工作，其中，“习近平总书记关于乡村振兴战略的重要论述在基层的生动实践研究”被省委讲师团中国特色社会主义理论体系研究中心确定为立项课题。指导社科联所属学术社团结合自身特点和优势，开展小型、多样化调研研讨活动。形成了《社会治理视域下乡镇与县职能部门关系研究》《疫情视域下推进诚信6+N活动的价值思考》《以红色文化助推乡村振兴的实践与思考》等文章，选送《闽学四贤与明溪县的不解之缘》等2篇论文参加省杨时学术文化研究会“杨时与道南理学”专题研讨会。

【社科普及】 2020年，明溪县社科联开展社科普及宣传，提升公众人文社科素养。参与或组织全县文化、卫生、科技“三下乡”、“网络安全宣传周”、社科普及宣传周等活动，开展“社会科学在你身边”社科普及宣传及扫码关注明溪在线微信公众号赠送社科书籍活动，发放各类宣传资料1200余份，赠送社科丛书300余册，接受群众咨询200余人次。组织广大干部群众参与“八闽社会科学普及网”开展的以“学习贯彻中共十九届四中、五中全会精神、《习近平谈治国理

2020年10月，明溪社科联在杨时故里瀚仙镇龙湖村开展社科普及宣传周活动 （县社科联 提供）

政》第三卷”为主题的3期社会科学有奖知识竞答活动，其中，《习近平谈治国理政》第三卷竞答中获市优秀组织奖。依托“明溪讲坛”“乡村讲坛”、红色故事宣讲小分队等开展社科普及宣传活动，“一乡（镇）一讲一长廊”社科普及进乡村活动项目，获省社科联2020年革命老区中央苏区社科普及特色活动资助经费2万元。精心组织2020年明溪县社会科学普及宣传周活动，在杨时故里龙湖村举办“醉美龙湖——科普宣传助力乡村振兴”社会科学普及宣传周活动并开展“社会科学在你身边”咨询系列活动，在融媒体中举办《坚定文化自信 铸就中华文化新辉煌》百场社科报告会，同步在各乡镇、社科普及基地、学校开展红色文化、闽学文化主题参观教育、社科讲座等系列活动，提升社科普及影响力。

【闽学文化研究】 2020年，明溪县社科联推动闽学文化建设，开展闽学文化进校园、进社区、进农村活动，普及闽学知识。协助完成龙湖杨时故里“杨时文化馆”建设，挖掘闽学在明溪的传承与发展，县杨时文化研究会与三元区政协文史委共同开展杨时与岩前翠云书院，杨氏与龙湖调研，与市非遗协会共同开展南宋理学文化圈田野调查，推动闽学文化在乡村的传承。

（许裕珍）

明溪县关心下一代工作委员会

【概况】 2020年，明溪县关工委按照习近平总书记对关心下一代工作的重要指示，坚持服务青少年的正确方向，坚持党建带关建，创新关工委工作机制，弘扬主旋律，激发正能量，夯实基层基础，营造良好社会氛围，发挥“五老”的优势和作用，开展有利于青少年健康成长的各类实践活动。全县有关心下一代组织137个（乡镇9个，社区8个，村88个，县直机关、企事业单位11个，民营企业2个，学校19个），实现全县乡（镇）、村、社区、学校关工委组织全覆盖。

【新冠疫情联防联控】 2020年，明溪县关工委及时传达贯彻落实中国关工委防控疫情通知精神和县委政府防控疫情工作的部署。利用组建的微信工作群转发中国关工委《关于做好新型冠状病毒感染肺炎疫情防控工作的通知》及省、市关工委联防联控相关工作指示、县委县政府防控疫情工作的部署。通过工作群召开主任会议落实疫情防控一系列部署要求，全力支持和参与到县疫情防控工作中来。县关工委成员做好自身防护，就地就近参与居住社区的疫情防控值守志愿服务活动。各部门兼任关工委副主任的领导都能根据各自的岗位带头宣传、发动及组织、安排部署疫情防控工作。全县各级关工委组织“五老”志愿者配合社区、村里的防控工作，主动参与宣传和执勤工作，向广大群众讲解疫情防控知识，佩戴口罩的正确方式，展示如何洗手，教导如何自我防护进行消毒等卫生知识。同时，县关工委组织老干部发挥自身特长，通过书画、诗词、摄影

2020年8月11日，明溪县关工委召开第七届全委（扩大）会议

（县关工委 提供）

等艺术形式，做好疫情防控政策措施的解读宣传。

【助推复工复产】 2020年，明溪县关工委会同县农业农村局，组织农业农村科教服务团成员履职尽责，按照坚定信心、同舟共济、科学防治、精准施策的要求切实做好各项防控工作，参与疫情防控期间复耕复产相关工作，开展科学种植宣传、科技咨询及现场指导等方式，助力种植户抢抓农时，稳妥做好复耕复产，用实际行动落实疫情防控春耕备播两不误的工作要求。入春以来农村委组织专家多次深入乡镇、村培训农民新技术和指导服务工作。

【协助做好学生返校】 2020年，明溪县关工委会同县教育局关工委做好县学生有序复学工作。通过家校联系群发送《2020返校必备》（小学版）、《2020返校必备》（中学版）电子书籍。通过不同阶段学生的语言和心理角度，介绍与新型冠状病毒相关的知识及应对措施，针对居家在线学习和返回校园后可能出现的学习与心理适应问题提供指导，及时启发学生从疫情中获得反思与成长。

【青少年教育】 2020年，明溪县关工委把加强青少年社会主义核心价值体系教育，培育和践行社会主义核心价值观，作为关工委的根本任务，融入关心下一代工作全过程。县关工委联合县教育局关工委开展“中华魂”主题教育读书活动，发放“中华魂”（科技托起强国梦）读本4500册，其中小学生读本2000册、中学生读本2000册、青年读本500册。读书活动以读一本书、写一篇心得体会、作一次演讲为主要形式，全县17所学校和部分单位获赠图书。根据中央和省、市、县文明委年度工作安排，配合县委文明办与县教育局、民政局、团委、妇联共同开展2020年“新时代好少年”推选学习宣传活动，作为评选组成员，阅读49名推荐人选事迹材料，按照不同类别，根据“新时代好少年”评选标准进行评议，选出优秀少年。响应习近平总书记向全国青少年提出的 “爱学习、爱劳动、爱祖国”的号召，落实“立德树人”的根本任务，开展主题班队会和主题作品征集活动，组织学生开展征文、手抄报等活动，共收集到优秀征文10余篇，优秀手抄报16幅。组织青少年教育报告团成员到城区学校开展“铭记历史，勿忘国耻”爱国主义教育活动，“五老”报告员从设立国家公祭日的目的意义、日本帝国主义侵华战争中所犯下的滔天罪行、中国军民奋力抗击侵略并取得伟大胜利以及抗日战争伟大胜利对国内外的深远意义等方面，对学生进行深入浅出的解说。围绕“风展红旗如画”主题，利用县红色资源开展“讲红色故事，诵革命经典”活动，邀请“五老”到学校给学生讲述发生在明溪县的红色故事，组织学生诵读红色经典《如梦令·元旦》《七律·长征》等诗词，传承和发扬革命精神。年内，全县开展各类主题教育36场次，受教育青少年达7200多人次；举办各类活动14场，共有6300多人次参与。

【社会治理】 2020年，明溪县关工委按照《关于在全市开展第四届“关爱明天、普法先行”——青少年普法教育暨继续创“未成年人零犯罪学校、村（社区）”活动的通知》精神，联合县综治、公、检、法、司等部门，结合关心关爱工作，平安学校、村（社区）创建和“六无”村（社区）建设活动，为未成年人身心健康创造良好的社会环境。县关工委组织“五老”人员深入学校、村、社区举办夕阳红社会志愿者“法律，与我同行”知识讲座，讲解未成年人保护相关知识、认识违法犯罪、如何预防未成年人犯罪等有关法律法规，以案释法。县关工委法制委带领部门关爱团成员到明溪县第二实验小学与高年级学生们互动交流，调动未成年人学法、守法的积极性。雪峰镇关工委组织镇司法所所长邓丽玲到县第二实验小学开展“典”亮青春，与法同行——《中华人民共和国民法典》宣传教育进校园活动，通过专题讲座的形式向学生们普及《中华人民共和国民法典》知识。联合妇联、教育局等单位聘请专家讲师深入实验幼儿园、实验小学和瀚仙中心小学开展“家教大讲堂”专题讲座，拉近了家校距离，对进一步加强家校沟通合作起到了良好的推进作用。同时，配合学校开展“远离网吧健康成长”系列教育活动，并会同文旅局组织“五老”网吧义务监督员对全县3家网吧进行督查走访，对未成年人进入网吧情况仔细盘查，净化文化环境。2020年，全县累计发放青少年常用法律相关书籍、宣传手册4500余册；举办普法教育18场次，受教育青少年达8600余人次；巡查网吧2次；开展家教公益讲座3次；全县共有14家单位被授予“未成年人零犯罪”学校、村（社区）称号。

【关爱青少年】 2020年，明溪县各级关工委联合县委政法委搭建网格化管理平台，健全社区青少年、留守儿童、困难儿童家庭子女档案，并建立青少年和志愿者的队伍台账。关爱留守儿童志愿者与留守、困难儿童牵手结对，从学习、生活上给予关心和帮助。联合团县委在城南社区、中山社区及梓口坊村创建“四点半”学校，解决留守儿童课后无人辅导的困难，让留守儿童能更加健康快乐地成长。通过这一平台关工委成员与留守儿童“手拉手结对子”，从生活上、学习上、心理上关心帮助留守儿童，针对一些留守儿童的品德行为偏差和心理障碍问题，开展心理疏导、心理矫正活动。在“六一”国际儿童节来临之际，与城南社区开展“关爱留守儿童·温暖童心庆六一”活动，共有30名留守儿童参与。7月，配合团县委在雪峰镇城南社区开展“雏燕展翅，筑梦未来”关爱留守儿童暑期公益夏令营，30名留守儿童参加。8月，联合县侨联、妇联、团县委、雪峰镇城南社区共同举办了“弘扬中华文化·情暖华侨子女”暑期公益夏令营，带领27名华侨留守儿童到沙溪乡梓口坊村、沙溪乡革命历史纪念馆、瀚仙镇龙湖村杨时故里进行为期3天的学习参观。认真贯彻落实市关工委《关于“五老关爱”计划的实施方案》及全县贫困留守儿童“雏燕”关爱行动工作，深化贫困留守儿童关爱保护工作，支持和帮助贫困留守儿童成长。在雪峰镇城南、胡坊镇胡坊村、沙溪乡梓口坊村、夏阳乡夏阳村等4个村（社区）依托青少年社会教育活动中心建立了“留守儿童之家”。动员“五老”加入关爱贫困留守儿童志愿者队伍，动员符合条件的“五老”志愿者担任贫困留守儿童“代理家长”。11月4日，县关工委主任带领班子成员与城关中学挂钩，以“一对一”的方式结对帮扶8名贫困留守儿童，发放帮扶款4000元，切实用心用情做好贫困留守儿童关爱保护工作。针对“五失”青少年，县关爱工作团与县法院少年庭、县检察院未检科和公安部门密切配合，通过结对帮教形式，全面帮扶、分类帮教，重点走访特殊青少年，了解掌握其思想表现、困难和要求等，并进行心理疏导和思想矫正，避免再次犯罪。年内，全县各级关工委组织与贫困留守儿童结对帮扶60名，关爱服务留守儿童1036人次，关爱“五失”青少年45人。利用乡镇、村的文化中心、空闲学校等场所建成青少年社会活动教育中心4个。

【资助困难青少年】 2020年，明溪县各级关工委在企事业单位和各界人士的支持下，筹措助学金26.5万元。9月23日，县关工委举行福建省关心下一代“福光助学金”发放仪式，向明溪一中十名品学兼优、家庭经济困难的高中生颁发助学金。9月29日，县关工委举行2020年度关心下一代助学金（大学生）发放仪式，主动为一些爱心企业与贫困生们牵线搭桥，开展“一对一”助学，助他们圆大学梦。11月4日，县关工委本着“决不让一个学生因贫困而失学”的理念，创新助学形式，拓宽筹资渠道，帮困助学，在城关中学、胡坊学校举行关心下一代助学金（中小学生）发放仪式。年内，累计资助学生234人、23.5万元。其中大学生50人；困难中小学生184人

（高中10人、初中74人、小学100人）。

【服务农业科技】 2020年，明溪县关工委为深化品牌创建工作，打造“种子工程”升级版，带动辐射更多农村青年实现科技创业致富，与县农业农村局实地调研确定了农村青年科技创新“种子工程”市级示范点1个、县级示范点2个。市、县两级农村青年科技创新“种子工程”示范基地的明溪清水湾综合设施生态观光园，通过举办猕猴桃整形修剪病虫防治和“水肥一体化”栽培及病虫草综合防治等方面的现场会，全县二三十户种猕猴桃专业大户自觉参加现场观摩、学习农业科学新技术，是县猕猴桃种植专业大户比学赶帮与经验交流的场所和提高科技管理水平与现场练兵的基地。在其带动下，全县新发展猕猴桃300余公顷，成为省新兴的猕猴桃生产基地。同时，根据县委、县政府开展精准扶贫的部署，县关工委农村教育委组织专业老科技人员深入联系点的乡（村）、农户为青年农民传授科技知识，举办优质稻、猕猴桃、珍稀鱼类等实用技术培训班，深入农户、田间现场指导种植养殖大户，配合农业农村局举办新型职业农民果蔬+电商、高素质农民培训班。各级关工委也针对当地青年农民发展种养业重点项目的需要，结合农事活动实际，就地就近开展科普宣传、科技培训及科技咨询等活动。年内，全县共举办各类科技培训班16期，受训青年农民达4000余人次；现场指导8户种植养殖大户。

【组织建设】 2020年，明溪县各级关工委抓住“党建带关建”“六带六增”重要抓手，建立完善以党政为主导、老同志为主体的关工委组织体系，着力建立“党建带关建”“四纳入”“四同时”“四到位”考核、激励、督查机制，推进“基层工作深化年”和“基层工作创新年”活动。逐步形成和完善了党委领导、党政齐抓共管、部门有力配合、关工委主动作为、社会广泛参与的关心下一代工作格局实现五个提升。8月，按照省委组织部、省委老干局、省关工委《关于加强以党的建设带动关工委建设工作的意见》文件要求，召开县关工委第七届全委（扩大）会议，对县关心下一代工作委员会领导班子进行调整充实。县关工委班子由县委、县政府主要领导兼任关工委名誉主任，分管领导组织部部长兼任关工委第一主任，同级退休领导任主任，并配备了三位常务副主任。乡镇党委配齐配强了乡、村、社区关工委班子，做到有进有出，进出有序。机关、企事业单位党政领导班子调整时，同步调整充实关工委领导班子成员，使基层关工委领导班子形成正常交替制度。全县137个关工委组织全部进行了班子调整，提升了关工委领导班子的整体能力。同时，县新建立了2个社区关工委，一个企业关工委。县关工委创新组织形式，拓宽基层关工委的覆盖面，针对沙溪乡留守儿童多的特点，在梓口坊村抓示范点，将关心下一代工作延伸到每一个村民小组中，实现乡、村、组三级管理。围绕有人谋事，有人做事，有钱办事，各村、社区关工委组织与村、社区里的老年组织相结合，村、社区支部书记任关工委主任，村、社区老干部任常务副主任，使基层实现党的建设、关工委建设互促共进、融合发展。

【充实“五老”“六大员”队伍】 2020年，明溪县关工委根据省委组织部、省委老干局、省关工委《关于组织动员更多“五老”参加关心下一代工作的意见》文件精神，采取由关工委推荐、党委主要领导动员谈话、党委发文任命的运作机制，动员一批老干部、老战士、老专家、老教师、老劳模“五老”参加县、乡关心下一代工作；针对农村实际，则动员了一批老村干、老党员、老劳模、老复退军人和老农民参加农村关心下一代工作。同时，建立充实了报告员、家教员、帮教员、科教员、校外辅导员和文化市场督导员等“六大员”队伍。目前全县有1283人参加关工委工作，其中“五老”656人，“六大员”382人，志愿者队伍245人。“五老”在关心下一代工作中发挥了重要和积极的作用。

【创“五好”活动】 2020年，明溪县关工委开展创“五好”（领导班子建设好、“五老”作用发挥好、制度健全执行好、积极探索创新好、活动经常效果好）关工委活动。按照省关工委《开展“基层建设提升年”活动的意见》及市关工委《关于贯彻落实省关工委〈开展“基层建设提升年”活动的意见〉的实施方案》文件要求，根据县实际制定《明溪县关工委开展“基层建设提升年”活动的实施方案》文件，加强基层关工组织思想建设、组织建设、队伍建设、阵地建设和作风建设，创新重点工作对象、工作手段，提升达标“五好”关工委水平。通过9年来的创建活动，全县达标“五好”关工委96个，占70.1%，得到省级表扬2个，市级表扬6个，县级表扬18个。

（邓燕秋）

责任编辑：叶安婕

法　治

综治暨平安建设

【概况】 2020年，明溪县坚持以建设更高水平平安明溪为主线，以扫黑除恶专项斗争为牵引，以防范化解影响安全稳定的突出风险为重点，以打造共建共治共享社会治理新格局为导向，强化措施，狠抓落实，保持社会大局持续安定稳定，被市委、市政府评定为2020年度平安县（市、区）一等奖，平安建设考评位列全市第三。

【落实平安建设责任制】 2020年，明溪县委政法委健全责任机制，成立明溪县平安建设领导小组及“一办九组”，统筹谋划、协调推进全县平安建设工作；在实施新一轮乡镇机构改革中，明确乡镇党委政府“加强社会治安综合治理”职责，成立“社会治理办公室”负责平安建设和综治工作。完善责任体系，坚持把平安建设实绩纳入各级党政领导年度考核重要内容，年初与各乡镇、县直部门、省市属驻明单位、学校等主要负责人层层签订综治责任书，实现平安建设工作领导责任体系县乡村及行业部门全覆盖。严格责任奖惩，精准制订平安明溪建设考评办法，评定2019年度平安先进乡镇5个、平安乡镇3个、平安达标乡镇1个，平安先进单位47个、平安单位45个，并给予表彰奖励；用好用足约谈、通报、挂牌督办、一票否决等综治问责手段，针对扫黑除恶、突出治安问题等，一票否决单位1个，挂牌督办2个，通报问责单位2个、责任人1名，约谈7人。

【疫情防控社会安定稳定工作】 2020年，明溪县委政法委落实县应对新型冠状病毒感染肺炎疫情工作领导小组社会安定稳定组工作职责，疫情防控服务保障更加有效。打赢防范境外疫情输入攻坚战，成立“明溪侨情信息中心”，建成“明溪县侨胞信息管理系统”，实现侨胞信息快速登记、查询、统计以及地图标注等多项功能，为防范境外疫情输入和海外侨务工作提供精准数据支撑。不断优化法治化营商环境，突出“六稳”“六保”任务要求，推动涉企涉疫矛盾纠纷精准摸排、预警预报和妥善化解稳控，第一时间协调解决涉及高速公路复工复产、定点酒店集中医学观察等矛盾纠纷，提出针对小微企业发展的12条司法服务保障措施，建立政法各单位“一对一”挂点法律服务机制，力促企业问题依法就地及时解决。

【推进扫黑除恶决战决胜】 2020年，明溪县委政法委深化

2020年4月3日，明溪县委政法工作会议暨推进县域社会治理现代化和扫黑除恶专项斗争会议召开 （县公安局 提供）

"六清"攻坚，落实线索核查、案情会商、联合执法等协调机制，强化约谈帮促、效能督查、实地督导等措施，向40个乡镇、部门发出整改清单201条，推动全国扫黑办特派督导组和省、市督查反馈问题的整改落实。自2018年专项斗争开展以来，中央和省督导组转交19条线索、全国扫黑办"12337"平台下发3条线索、市交办14条线索全部核结；打掉涉黑组织1个，恶势力犯罪集团2个、恶势力犯罪团伙4个、其他"九类涉恶"犯罪团伙8个，共抓获涉黑涉恶犯罪嫌疑人161人；共审结涉恶案件6件20人，审结涉黑案件1件12人；兑现举报奖励金4.77万元，查封、冻结、扣押涉案资金800.63万元；查处涉黑涉恶腐败和"保护伞"16件17人；整治十大行业领域乱象531个；整顿转化25个软弱涣散基层组织。致力常治长效，坚持问题导向，制发《关于发放扫黑除恶线索举报奖励金的有关规定》《"三书一函"管理制度》《临罪未成年人"向日葵计划"实施办法（试行）》等文件，以简化涉黑涉恶线索举报奖励金发放程序来鼓励群众举报，以高质量"三书一函"制发反馈督办来落实问题整改，以开展临罪未成年人服务管理来引导行为纠偏等；印发公安提示函36份、检察建议书3份、司法建议书4份、纪检监察建议书6份，构建专项整治与综合治理、依法治理、源头治理相统一的工作格局，根除黑恶势力滋生土壤。通过扫黑除恶专项斗争，各类违法犯罪案件明显下降，社会治安秩序持续改善，赢得广大群众普遍认可，年底群众安全感率（99.272%）位居全市第三，连续三年保持全市前列；扫黑除恶成效评价率（99.64%）位居全市第一。

【矛盾纠纷多元化解】 2020年，明溪县委政法委在全市率先成立诉非联动中心，创新"在岗+在线""说事评理"等调解模式，依托婚姻家庭等行业调委会，累计办理和化解各类信访和矛盾纠纷600余件。优化"12345"便民服务平台，受理各类诉求5556件，及时查阅率、按时办结率达100%，群众评价满意率99.95%。落实"三到位一处理""四门四访"信访工作要求，成功化解黎某生在江西项目投资引发的"三跨三分离"信访积案、伍某秋十余年征地拆迁补偿案等一批历史遗留重大疑难信访矛盾纠纷。全年无人员到省进京上访，保持信访"三无"县荣誉。

【重点领域集中整治】 2020年，明溪县委政法委深入推进"一盔一带"安全守护行动，持续完善道路安全防护设施，持续加大对公路联防检查频次与力度，深化"两客一危""两超"治理，全年未发生交通拥堵事件和死亡3人及以上的交通事故。严格执行开箱验视、实名登记、过机安检"三个100%"，寄递物流行业总体安全稳定。深入推进消防安全专项整治三年行动，加强疫情隔离安置点、人员密集场所、老旧住宅小区、农村地区等消防安全重点整治，全年未发生亡人及较大以上火灾，火灾总量下降30%。对全县学校（园）食堂实行"明厨亮灶"监管，对企业开展跨部门"双随机、一公开"联合检查，严肃查处食品、假药及未经检疫猪肉案件。通过政府购买第三方服务，组织专家组对县域化工企业开展安全生产交叉检查及隐患闭环整治，夯实企业安全基础。县标准化规范化烟花爆竹仓库正式投入使用。

【重点部位安全防范】 2020年，明溪县对城区有26辆公交车安装智能视频监控、一键报警设备及防护隔离设施；投入189万余元设置实小路口交通信号灯、县一中监控设备及完成职中、夏阳中小等9所学校智能用电改造；持续完善校园周边安全区域高峰勤务和“护学岗”机制，城镇“护学岗”设置率100%。

【区域性突出问题重拳打击】 2020年，明溪县委政法委将打击锋芒对准群众深恶痛绝的“盗抢骗”“黄赌毒”，坚持一手抓宣传教育，一手抓严厉打击，全县盗窃案件下降38.9%，破获上升16.6%，传统盗抢骗破获率达50.4%，位居全市前列；为群众追回电信网络诈骗损失72万余元；破获涉黄赌刑事案件12起，抓获犯罪嫌疑人46人；破获首例跨国邮寄毒品案，抓获涉毒犯罪嫌疑人6人。

【社区矫正工作品牌拓展】 2020年，明溪县巩固和发展社区矫正“163”执行模式和“12345”工作法成果，实施“智慧社矫”服务管理机制，不断提升社矫工作精准度和实效性。继在全国率先在县一级成立社区矫正委员会、全省建立首个驻监狱社区矫正警示教育基地后，5月率先在全省成立社区矫正管理局，出台《明溪县社区矫正委员会工作规则》；建立社矫对象人文关怀专项资金，按每人每年300元标准列入财政预算。

【社会治安综合保险】 2020年，明溪县以“非第三方责任人身死亡、家庭财产被盗损失、‘两抢’损失、摩托车道路交通事故伤亡、见义勇为伤亡”等为主要内容的“综治+保险”模式试行两年多来，群众参保44502户次，获得理赔56.77万元，呈现出“要我保”为“我要保”的生动局面。

【人民调解】 2020年，明溪县建立预防“民转刑”矛盾纠纷（案件）“蓝黄橙红”分类预警处置机制，对3起红色隐患纠纷案件实行联动处置、成功化解，全年未发生“民转刑”案件。县婚姻家庭辅导室正式入驻县行政服务中心，在雪峰、盖洋等乡镇探索建立划片区婚姻家庭辅导室（婚姻家庭调委会），基层矛盾纠纷化解体系更加健全完善。

【平安志愿服务】 2020年，明溪县坚持和发展新时代“枫桥经验”，深化雪峰镇城东社区“平安侨乡志愿者”队伍建设，在各社区组建以社区党员、网格员、相关行业从业人员以及志愿者为主体的“平安侨乡志愿者”队伍，延伸开展校园安全、疫情防控、社会管理等工作。

【政法单位“微治理”】 2020年，明溪县法院探索创新“动植物保护令”案例在“全省生态环境司法十佳百优”评选活动中入选福建生态环境司法“十种修复方式”之一。公安机关“一村一警务助理”工作有效落实；在城关派出所推行警务室及执法办案队、社区警务队“一室两队”新型警务模式。县检察院设立驻市场监管局检察官办公室，加大对食品药品领域执法的法律监督；打造集维权家园、维权平台、维权机制于一体的“三个一”检察涉侨维权品牌。县司法局组建全市首个“退役军人法律援助工作站”和“老兵调解室”，深化对退役军人合法权益保障。

【智能化建设升级扩面】 2020年，明溪县投入1600余万元，强力推动政法智能化建设，“雪亮工程”提质扩面，城区“智慧安防小区”与农村“居安工程”一体推进，公安办案管理中心加快建设，综治视联网项目在全市率先建设并投入使用。

【综治中心运作质效提升】 2020年，明溪县乡村三级综治中心（站）联网运作更加顺畅规范，流动人口及易肇事肇祸精神病人、刑满释放、吸毒人员等特殊人群信息全部纳入系统管理，与县卫健、公安、司法、市场监管等职能部门业务系统实现信息对接。

【基层维稳队伍日益壮大】 2020年，明溪县城区治安巡逻常态化，见警率、管事率显著增强，各乡镇、村（社区）优化整合乡村消防员、民兵、志愿者等力量，参与治安巡逻、扑火、防汛救灾、疫情防控3000余次。持续加强对村（社区）综治协管员、反邪协理员、宣传员业务培训，不断提升工作能力。注重加强乡村法治队伍建设，培养农村“法律明白人、法治带头人”510名。

【先进典型培树再出亮点】 2020年，明溪县检察院获评全国文明单位，县司法局社区矫正管理大队获评“全国社区矫正机构先进集体”；县公安局治安管理大队长郑艳被评为“抗疫全国三八红旗手”，并获得“福建省五一劳动奖章”；县司法局副局长、城关司法所长方秋轩获评全国首月月度“平安英雄”。

（张建晖）

公 安

【概况】 2020年，明溪县公安局内设机构25个，派出所14个（含5个森林派出所），民警编制181人，在编173人，其中派出所民警70人，占比38.67%；另有文职19人、协警192人。2020年，全县公安机关主动对标“对党忠诚、服务人民、执法公正、纪律严明”总要求，以“打防管控建，严廉精爱锻”十字要求为主线，全力以赴战疫情、防风险、保安全、护稳定、促发展，扫黑除恶、打击违法犯罪等各项工作取得新进展新成效，有力有效维护保障政治安全、社会安定、人民安宁。

【维护稳定】 2020年，明溪县公安局始终把维护政治安全和社会稳定摆在首要位置，以“万无一失”的标准和“一失万无”意识抓落实，实现“五个严防、三个确保”目标。正视疫情、舆情、社情的叠加影响，及时发现上报和处置涉警、涉稳以及民生领域网络舆情。健全多元化调处机制，以开展“百万警进千万家”活动和创建“枫桥式公安派出所”为载体，妥善化解各类矛盾纠纷，保持全县多年无“民转刑”和个人极端案事件良好势头。

【扫黑除恶专项斗争】 2020年，明溪县公安局紧扣对黑恶势力集中攻坚、深挖见底的任务目标，以扫黑除恶“六清”行动为抓手，加大线索摸排核查力度和案件侦办力度，新增摸排涉黑恶线索15条，查结13条（市以上交办线索全部办结），打掉市公安局指定侦办的清流县涉黑组织1个，打掉恶势力犯罪团伙2个、其他九类犯罪团伙2个，抓获犯罪嫌疑人75人，查封、扣押涉黑恶资产517.88万元，打击涉黑组织犯

2020年1月21日，明溪县公安局开展“百万警进千万家”活动

（赖健龙 摄）

罪实现零的突破。

【疫情防控】 2020年，明溪县公安局把防控新冠肺炎疫情作为重大政治任务，因时因势调整防控措施，牵头组建“明溪海外侨情数据中心”，建成首个“明溪县侨胞信息管理系统”。同时，夯实群防群治基础，为县疫情“零输入”“零确诊”和保障经济社会秩序恢复发挥了重要作用，总结提炼的“八闽新侨乡”明溪县积极探索防控境外疫情输入有效工作法得到市局主要领导的批示肯定。

【优化营商环境】 2020年，明溪县公安局建立“一企一警”联络服务机制，驻企指导做好防疫工作，协调解决困难问题12件，调解复工复产引发的劳务纠纷、村企纠纷18起，侦破盗窃和诈骗企业、商户案件7起，依法保护了企业合法权益，多名业主赠送锦旗表达感谢。持续深化“放管服”改革，推广出入境、治安、户政、交管业务网上办、掌上办，牵头购置并在便民服务中心投入使用“e政务”自助服务一体机2台，推动实现行政服务“随时办”“自助办”。建立“e三明”“12345”平台诉求件快速核查反馈机制，受理网络诉求件444件，有效期内办结率和回复满意率均达100%，专项工作荣立三等功1人，受嘉奖1人。

【服务三大攻坚战】 2020年，明溪县公安局开展打击非法集资、假冒侵权、地下钱庄“歼击2020”等专项行动，破获各类经济犯罪案件17起，抓获犯罪嫌疑人23人，挽回经济损失10129.7万元，其中赴广东省汕头市侦破一起涉案价值达1819万元的生产销售假烟案，成功向公安部发起“云端”打击。联合金融、市场监督部门主动摸排非法经营的企业和网络平台，约谈违规经营者2名，取缔违规经营点1个，责令1家公司退出市场，从源头上减少金融安全风险。严打食药环、破坏森林和野生动植物资源违法犯罪，查破各类案件73起，收缴野生动物152只、木材47.8立方米、猎捕工具136件，破获非法采矿案件2起，有力护航“生态明溪”建设。

【打击违法犯罪】 2020年，明溪县立各类刑事案件471起，比2019年下降16.9%，破获241起，破案率达51.2%，比2019年升3.7个百分点，其中八类案件立10起，破10起，破案率达100%，打击处理212人，百案公诉数同比前3年均值上升17.8%；侵财类案件下降22.4%，盗窃案件下降36.7%，群众安全感继续保持高位。盗抢类案件破案率上升18.8%，小案快侦率达51.6%，排名全市前列；全年未发生命案。深入开展“黄赌毒”社会治安突出问题专项整治行动，查破涉黄案件24起，涉赌案件118起，破获毒品犯罪案件5起，建成县级林则徐禁毒教育基地和禁毒文化主题公园，社会治安环境不断净化。抓获上网逃犯100名。

【保障公共安全】 2020年，明溪县公安局常态化监督检查危爆业、旅店业、寄递业、娱乐场所以及校园等重点行业领域的安全

2020年11月8日，明溪县公安局举办“防范电信网络诈骗宣传月”集中返赃活动 （李建平 摄）

责任落实情况，督促整改安全隐患83处，查处涉爆案件2起，设立“护校岗”37个，监管职能充分发挥。围绕交通事故“减量控大”目标，扎实推进道路安全隐患源头清零工作，完成横六线、消防救援大队交叉路口等10处重点交通安全隐患整改工作，查处酒（醉）驾驶256起、超员超载1751起，交通事故快处中心功能凸显，事故快处率达69.8%，远高于上级要求标准，交通事故死亡人数比2019年下降50%，直接经济损失比2019年下降28.8%。

【警务机制改革】 2020年，明溪县公安局顺利实施森林公安管理体制调整，“两个职务序列”改革新调整政策落实到位，县委印发《关于加强新时代公安工作的实施方案》，制约全县公安工作发展的体制性机制性保障性问题得到根本性解决。在城关派出所实行新型“一室两队”警务模式，实现动态预警和扁平化指挥调度。在全县行政村推行“一村一警务助理”工作，聘用96名当地村民担任警务助理，进一步前移警务工作、延伸信息触角、贴近服务群众。

【智能化建设】 2020年，明溪县公安局持续推进“雪亮工程”建设，优化视频监控布点方案。筹资729万元，实施视频图像智能化应用提升及指挥情报中心升级改造项目，基本解决县视频监控人体、人脸、车辆结构化分析问题，为精准防控、精准打击提供有力支撑。推进执法办案管理中心建设，“改进型”执法办案管理中心通过省厅验收。在城关、夏阳、瀚仙、胡坊4个派出所建设视频作战指挥室，将大数据资源最大限度向基层开放、向前端汇聚，有效提升基层公安机关对辖区治安变化的感知和应对能力。

【社会治理】 2020年，明溪县公安局推出7个“微信派出所”，打造基层警务“云生态”。将“智慧安防”嵌入村居内部，争取财政资金280万元，在全县15个小区推广“智慧安防小区”建设，同时在全市率先完成大焦村和上坊村“居安工程”试点建设工作，农村农户视频监控覆盖率分别达72.6%和72.4%，线上治安进程大幅迈进。牵头组建“平安侨乡志愿者服务队”，发动社会治安群防群治，延伸开展疫情防控、校园安全、精神文明创建工作，着力构建共建共治共享治理格局，提炼总结的“四驱并进”社会治安防控做法得到市局主要领导的批示肯定，并在全市公安机关传发推广。

【政治建警】 2020年，明溪县公安局坚持党建引领，紧紧围绕学习贯彻全国公安工作会议精神和习近平总书记重要训词精神，落实党委理论中心组学习、党支部“三会一课”学习以及每周政治理论学习制度，用好用活“学习强国”“党员e家”等学习教育平台和辖区红色教育资源，引导全警增强“四个意识”、坚定“四个自信”、做到“两个维护”。战时表彰6个先进集体、39名先进个人，2名表现突出民警提前晋升警务职级，大力宣传“全国三八红旗手”郑艳先进事迹，精心制播《百万警进千万家》短片7期，落实系列暖警爱警措施，激励全警将各级的关心厚爱转化为忠诚干净担当的实际行动。

（陈建华）

森林公安

【概况】 2020年9月，明溪县公安局森林分局管理体制调整，划归明溪县公安局直接领导管理，并更名为明溪县公安局森林警察大队。明溪县公安局森林警察大队转隶后，履行森林公安职能，加大对破坏森林资源违法犯罪的打击力度，全年共侦破案件20起，查处林业行政案件50起，切实维护辖区林区的治安稳定。

【刑事案件】 2020年，明溪县公安局森林警察大队共立刑事案件35起，与2019年42起相比下降16.7%。侦破当年案13起（其中重大案件3起、特大案件1起）、侦破往年案7起（其中重大案件1起），抓获犯罪嫌疑人30人（其中追逃2人），移送起诉案件17起17人，与2019年20起相比减少15%。侦破的案件中，涉及野生动物案件9起，盗、滥伐林木案件10起，非法占用农用地案1起。

【行政案件】 2020年，明溪县公安局森林警察大队共查处林业行政案件50起，与2019年45起相比上升11.11%，林政处罚50人。共收缴木材47.8立方米，罚没收入共102.3万元，与2019年44.3万元相比增加130.93%。

【打击捕杀野生动物】 2020年，明溪县公安局森林警察大队坚持严打方针，加大打击破坏森林资源违法犯罪的力度，扎实开展专项斗争和重点整治工作，有效地保护辖区森林资源安全，维护林区社会治安稳定从严查处各类涉林案件。2月5日，大队快速侦破一起省局督办案——非法猎捕、杀害珍贵、濒危野生动物重大案件。民警经前期摸排布控，在明溪县城关乡罗翠村翠竹洋汤某隆村民家中的冰柜内查获野生动物冰冻死体77只（其中国家二级保护野生动物白鹇6只），狩猎工具铁夹122个。经审讯，犯罪嫌疑人汤某隆对其在自家农田放置铁夹猎捕野生动物，并在宰杀后储存至自家冰柜的犯罪行为供认不讳。此案破获受到公安部点名通报肯定。

【疫情防控】 2020年，明溪县公安局森林警察大队为筑牢抗击疫情的“防护墙”，切断可能的野生动物疫病疫源传播途径，结合上级部署的“春季行动”“昆仑2020”等专项行动，在全县范围内开展严厉打击破坏野生动物资源违法犯罪，共侦破野生动物刑事案件9起（其中重大案件2起，1起为省局督办重大案件），抓获犯罪嫌疑人12名，查处相关野生动物行政案件3起，处罚3人，收缴野生动物（活体、死体）152只（其中国家二级保护动物白鹇13只、斑头鸺鹠1只）、猎捕工具136件，取得了明显成效。

【宣传工作】 2020年，明溪县公安局森林警察大队为切实提高辖区群众保护野生动植物法治意识，自觉抵制食用野生动物，摒弃“野味滋补”不良饮食陋习，树立饮食文明新风尚，森林警察大队共开展专项宣传活动28次、利用福建新闻频道、三明电视台等新闻媒体宣传报道打击破坏野生动物资源违法犯罪典型案例7次、张贴标语100份、发放《明溪县人民政府关于发布野生鸟类禁猎期和野生动物禁止使用的猎捕工具方法的通告》等各类宣传单5000份、组织民警走村入户300多家次，深入广泛宣传保护鸟类等野生动植物知识和相关法律法规，强力营造社会声势，进一步提升群众保护鸟类等野生动植物的思想意识，营造全民共同参与保护生态环境的氛围。

【信访工作】 2020年，明溪县公安局森林警察大队按照“调防结合，以防为主”的方针，强化涉林矛盾纠纷排查调处，以“抓苗头、抓重点、抓调解、抓宣传”贯全程，取得良好实效。全年，森警大队共收到3件反映盗、滥、伐林木的信访件，调查办结3件，同一案件结案或是答复后未曾出现重复上访和越级上访等现象。实现零投诉、零诉讼，积极营造了和谐的林区环境。

【基础设施建设】 2020年4月，明溪县公安局森林警察大队全面完成林区道路视频监控微卡口建设，并正式投入使用。该项目于2019年9月22日开工建设，总投资78万元，在夏坊乡、枫溪乡、瀚仙镇、沙溪乡、夏阳乡设立视频监控微卡口。

（喻凌云）

检　察

【概况】 2020年，明溪县人民检察院秉持“小院也要有作为”理念，坚持政治建检，学深悟透做实习近平新时代中国特色社会主义思想。推行“定、晒、比、争”工作机制，开展创建“党员示范岗”活动，以党建引领检察工作持续发展，涉侨检察、未成年人检察以及落实认罪认罚从宽制度等工作得到上级院的肯定推广。2020年，共有4个集体和5个个人获得市级以上表彰。2020年11月，被授予“全国文明单位”称号。

【服务疫情防控大局】 2020年，明溪县人民检察院先后组织检察干警150余人次参与高速口执勤、社区巡查、复产复学等行动。采取远程庭审、“12309”热线接访、网络服务等方式确保履职服务不断档。依法严惩疫情防控期间扰乱医疗秩序、非法猎捕野生动物等违法犯罪，跟进监督涉医药物资、野生动物行政处罚案件6件，会同县林业局等部门会签《关于严惩破坏野生动物资源违法犯罪的意见》，提前介入破坏野生动物资源刑事案件10件，提起公诉7件7人，助力维护医药市场秩序和公共卫生安全。

【助力“三大攻坚战”】 2020年，明溪县人民检察院服务防范化解重大风险，严厉打击非法吸收公众存款、“套路贷”等涉众型经济犯罪，共批捕22人，起诉7人。提前介入网络传销案，并协助做好追赃挽损工作，配合公安机关依法追赃达2000多万元。书面监督纠正未及时收监执行的网络诈骗罪犯1名。落实“群众信访件件有回复”，深入开展大接访活动，检察长带头接访，听取诉求，释法说理，推进矛盾化解。助力脱贫攻坚，针对贪污扶贫款职务犯罪案中发出的检察建议进行事后回访，督促涉案单位完善内部管理制度和监督制约机制，为扶贫资金筑牢“防火墙”。加强对贫困当事人的司法救助工作，为3名救助对象发放司法救助金10万元。做特生态检察，全面落实“河长+检察长”协作机制，与乡村建立点对点的鸟类资源保护检察屏障，开展破坏生态刑事案件巡回庭审，拍摄野生鸟类检察保护宣传片，向市政协、县委县府专题报告县破坏野生动物资源类犯罪案件情况，用“检察蓝”为野生鸟类撑起司法保护伞。持续践行恢复性司法理念，与县法院、生态环境局召开专题座谈会，完善生态修复公益补偿金管理机制。

2020年，明溪县检察院开展全国精神文明单位创建活动。图为8月20日有关单位开展创建联合检查 （县检察院 提供）

【“三位一体”依法护侨】 2020年，明溪县人民检察院打好“守护侨孩成长、维护侨胞权益、护航侨企发展”明溪检察“侨牌”。开设海外侨胞远程视频连线，提供法律咨询服务。定期深入侨企调研，了解司法诉求。在沙溪乡梓口坊小学设立“侨守语待”工作室，开展“零犯罪侨村”“零犯罪村居”创建以及代理妈妈、假日课堂、结对帮扶等关爱活动，编发《未成年人健康成长法律知识手册》《未成年人预防性侵手册》，强化预防校园暴力、性侵等违法行为，让明溪游子安心海外打拼，完成原始积累，反哺家乡。经验做法被《法制日报》、《检察日报》、《人民日报》（海外版）等主流媒体先后报道。

【推进扫黑除恶专项斗争】 2020年，明溪县人民检察院坚持“是黑恶犯罪一个不放过，不是黑恶犯罪一个不凑数”要求，依法起诉涉恶案件2件7人、涉黑案件1件15人。如在办理市检察院指定管辖的被告人蔡某明等人涉嫌组织、领导、参加黑社会性质组织案时，成立由检察长任组长的专案组，充分利用公检法联席会、提前介入、引导侦查取证等进行深挖彻查，涉案罪名由原来认定的3个增加到9个，涉案人数由移送前的10人增加到15人，移送涉“保护伞”线索14条，纠正漏诉4件4人。最终向法院起诉被告人蔡某等15人涉嫌组织、领导、参加黑社会性质组织罪、聚众斗殴罪等9项罪名，不诉1人，蔡某被法院依法判处有期徒刑十八年六个月。针对办案中发现的问题，向涉案单位发出检察建议3份，推动重点地区行业领域治理。

【刑事检察】 2020年，明溪县人民检察院第一检察部全年共受理移送审查起诉案件160件234人，相比2019年177件249人，件数下降了9.6%，人数下降了6.02%，经审查后提起公诉142件212人，相比2019年159件223人，件数下降了10.69%，人数下降了4.93%。不起诉13件32人，发出检察建议6份，追诉到案2人。

【民事行政检察】 2020年，明溪县人民检察院办理民事生效裁判监督、民事审判活动监督各1件、民事行政执行监督案件3件。开展虚假诉讼深层次违法行为专项监督，刑民同步审查，向县法院提出再审检察建议，向市法院移送生效裁判监督案件线索1条，提升司法公信力。依法保障民生、解决群众诉求，常态化助力农民工讨薪，支持起诉4件；针对申请强制执行的主体不适格，依法发出检察建议，推动审判机关启动再审程序。开展水利工程安全隐患大排查大整治专项活动，针对县域水库新建工程存在滑坡隐患，依法向责任主体发出检察建议，并抄送行政主管部门，督促整改。深入开展诉讼活动中涉及行政处罚执法活动法律监督专项活动，发出检察建议5件，建议相关部门予以行政处罚，均获采纳。

【公益诉讼】 2020年，明溪县人民检察院共办理公益诉讼案件9件。其中：行政公益诉讼诉前检察建议2件，分别是针对部分取水单位欠缴水资源费，向县水利局发出检察建议，县水利局已全部追回欠缴的水资源费3.2万余元；针对明溪经济开发区内三个地点露天堆放固体废物，向经济开发区发出检察建议，开发区已督促业主按要求处置固体废物。对破坏野生动物资源的刑事附带民事公益诉讼立案7件，其中经市院审批，已向明溪县人民法院提起诉讼7件，挽回国家经济损失9万余元。

【司法责任制落实】 2020年，明溪县人民检察院推进司法体制改革，完成内设机构改革，设第一、第二、第三检察部、办公室、政治部五个部门，优化检力配置。在全市率先推行“捕诉合一”办案机制，建立员额检察官内部轮案、办案组办案、检察官联席会议等制度，强化司法责任绩效考核，配置检察官权力清单，落实错案责任追究，努力提升办案质效，平均办案用时减少5.2天，“两项监督”在整体下降的大背景下反升。落实司法责任制改革经验被市院转发推广。

【认罪认罚“明溪经验”打造】 2020年，明溪县人民检察院适应刑事诉讼法修订施行后面临的新形势、新要求，坚持围绕中心、服务大局，重视履行职责使命。主动承担主导责任，上下左右对接，沟通协调，建立高效工作机制，快速启动推进值班律师、量刑建议规范化、速裁程序等关键环节工作，让认罪认罚从宽制度全面深入落实，并取得明显成效。全年办理刑事案件适用认罪认罚从宽制度共133件192人，其中速裁程序60件68人。认罪认罚从宽制度适用率为85.8%，提出幅度型量刑建议14人，提出确定型量刑建议175人，量刑建议采纳率100%。通过建立在押人员谈心谈话机制，在县检察院办案区、明溪看守所播放认罪认罚从宽制度宣传片，向在押人员阐释认罪认罚从宽制度的实际意义，促使犯罪嫌疑人、被告人自愿认罪，如实供述，真诚伏法。

【检察监督理念更新】 2020年，明溪县人民检察院在办案中更新落实“少捕慎诉”“法不能向不法让步”“双赢多赢共赢”

理念，坚守客观公正立场，努力追求办案政治效果、法律效果、社会效果有机统一。如对邓某非法占用农用地案（涉及国家重点项目建设），依法作出相对不起诉决定。又如蔡某涉嫌故意伤害案，经审查认定蔡某属正当防卫，不构成犯罪，依法作出绝对不起诉决定。树立以人民为中心思想，坚持发展明溪检察“枫桥经验”，推进“12309”检察服务中心建设，依法保障律师执业权利，严格落实“群众来信件件有回复”，通过“实体、网上、掌上、热线”四位一体的综合服务平台，为群众提供“一站式”服务。依法妥善处理群众来信来访158件次，接待律师阅卷56件次。

【纪律作风建设】 2020年，明溪县人民检察院以高度的政治自觉接受市检察院党组巡察，制订6个方面83项整改措施，做好巡察“后半篇文章”，建立健全财务管理、领导班子民主决策、检务督察等19项制度，实现干警由“他律”向“自律”转变。抓紧抓实党风廉政建设和纪律作风建设，强化对干警八小时外的监督，开展禁酒令、陈某等人涉黑案等专题警示教育，撰写心得体会120余篇；开展“一家两制”、“三个规定”及重大事项记录报告等问题自查自纠，对家属经商办企的干警提醒谈话2人次，如实记录报告13件。开展案件质量评查，强化案件流程监控，进一步规范执法办案。

【自觉接受监督】 2020年，明溪县人民检察院向县委、人大、政协报告检察年度工作和专项工作，加强与代表、委员的经常性联系，推送《明检动态》8期，赠阅《检察日报》《福建法治报》200余份，组织上门走访、旁听庭审、公开听证、检察开放日等活动，诚恳向代表、委员征求意见，不断改进检察工作。深化检务公开，通过“12309”检察服务中心公开终结性法律文书119件，案件信息221条，接待律师阅卷53件次，切实保障人民群众的知情权、监督权。围绕“四大检察”唱响检察声音、讲好检察故事，发表检察宣传361篇、“两微”70期。微电影《归巢》在最高人民检察院举办的全国首届未检“三微”评选活动中荣获三等奖。

（吴红红）

法 院

【概况】 2020年，明溪县法院共受理各类案件2741件，办结2650件，结案标的额5.7亿元，法定审限内结案率100%，员额法官人均结案120.6件。获得市级以上集体荣誉表彰6次、个人荣誉表彰10次，连续五届保持“省级文明单位”荣誉称号。

【刑事审判】 2020年，明溪县法院审结刑事案件137件，判处罪犯193人。决战决胜扫黑除恶，落实“六清”行动，深挖问题线索。组建“3+4”（3名法官和4名人民陪审员）专门合议庭，依法审理三明中院指定的清流“6·10”涉黑案，主犯蔡某判处有期徒刑十八年六个月，其余11名成员判处有期徒刑七年两个月至十一个月不等。强化“打财断血”，并处没收财产和罚金52.2万元，执行到位40.9万元。依法严惩危害国家安全、公共安全犯罪，审结47件48人，增强人民群众安全感。严厉打击多发性侵财犯罪，审结诈骗、盗窃、赌博等案件36件，晏某利用“六合彩”聚众赌博案被省电视台关注报道。注重以案示警，组织党员干部旁听“柳某贪污案”“陈某职务侵占案”，有力震慑职务犯罪行为。

【民事审判】 2020年，明溪县法院审结一审民事案件1088件，涉案金额1.4亿元。坚持调解优先、调判结合，调撤率60.5%。审结婚姻、继承等家事纠纷案件124件，维护家庭和谐稳定。审结人身损害赔偿、劳动争议等案件142件，及时化解园区某企业劳动报酬系列纠纷，为103名农民工追讨工资140余万元，切实保护人身、民生权益。审结商品房买卖、房屋租赁、建设工程纠纷等案件113件，箭岗小区、明儒御景等逾期办证系列纠纷得到稳妥处理，保障房地产市场健康发展。妥善审理土地承包经营权、征地补偿纠纷案件5件，依法保护人民财产权益。上门化解两位八十多岁老人积怨十余年邻里纠纷，促进邻里和睦、乡风和谐。

【行政审判】 2020年，明溪县法院落实行政案件跨区域集中管辖制度，受理梅列、建宁、泰宁和将乐行政案件61件，审结57件，行政机关胜诉率71%，依法行政水平显著提高。审结食品药品安全、非法占地等行政非诉审查案件24件，准予县林业局对某项目一批非法占用林地行政处罚案件强制执行，收缴罚款40.3万元，有力支持行政机关依法行政。落实府院联席会议良性互动机制，共同推动裁执分离、行政机关负责人出庭应诉，行政首长出庭率90%，助推法治政府建设。注重行政法律问题研究，形成学术成果15篇，市级以上获奖3篇，一行政审判案例获评全国法院优秀业务成果三等奖。

【生态审判】 2020年，明溪县法院审结环境资源案件32件，其中非法狩猎、滥伐林木等刑事犯罪16件21人。贯彻修复性司法理念，持续推行“动植物保护令”工作机制，发出“护鸟令”“森林管护令”8份，该机制入选福建省生态环境司法十大修复方式、“美丽中国,我是行动者”2020年十佳公众参与案例。强化生态司法联动，联合检察院、公安、林业等部门召开联席会，完善野生动物保护举措。设立驻河长办法官工作室，联合河长办、生态环境等部门开展河流污染巡查预警，推动纠治污染水源、堆放弃土等违法行为。加强生态司法研究，参与完成“福建生态文明试验区建设中的环境影响评价制度改革研究”课题项目，积极配合县人大开展生态司法保护工作调研。践行“两山”理论，开展生态保护普法10余场次，干警出演的微电影《清风徐来》入选全省法院生态环境保护十大影视作品，行政与生态环境审判庭被授予三明市“青年文明号”称号。

2020年2月20日，明溪县法院通过远程视频开庭审理案件，解决当事人因疫情造成的诉讼不便 （县法院 提供）

【执行工作】 2020年，明溪县法院执结案件1343件，执行到位标的额近1亿元，有财产案件法定期限内结案率、执行完毕率排名全市第一。加大失信惩戒力度，依法限制高消费631人次，罚款6万元，以拒执罪移送公安2件4人。常态化公开失信“黑名单”，利用户外LED屏、电视、微信等平台曝光1980人次，45人迫于压力主动还款735万元，有力推动社会诚信体系建设。开展涉金融、涉民生专项执行行动3次,拘传15人，执行到位365万元。办理财产保全案件45件，查扣财产3450万元，对永安巴溪综合市场100余家摊位租金保全，依法保障当事人合法权益。持续推行执行联动机制，协审干部晋升、调动等2913人次，整治清理失信公职人员14人。持续开展执行救助保险14件，发放保险救助金30万元，保障困难群众生活。依法委托第三方服务机构开展司法拍卖，成交34件，金额3000余万元。

【司法公开】 2020年，明溪县法院依托法院“四大公开”平台，加大司法公开力度,坚持“公开是原则、不公开是例外”，公布生效裁判文书1798份，庭审直播629场次，累计观看140余万人次。探索媒体融合机制，推进“司法融媒体基地”建设，加强抖音、微信等新媒体宣传力度，与《福建法治报》、东南网等合作，宣传文章被《人民法院报》《法制日报》等省级以上媒体采用300余次，宣传工作位列全市基层法院前列，2020年全市法院信息宣传工作现场会在明溪召开。

【社会治理】 2020年，明溪县法院以人民需求为导向，全力推进两个“一站式”建设，提高多元解纷和诉讼服务水平。推广应用“移动微法院”，开展网上认证、立案、交退费等服务。发挥12368热线实质性作用，提供答疑解惑和案件查询服务，收集整理意见建议6条，引导分流案件92件。持续实行案件集约送达，送达成功率90.9%，送达难题有效破解。推行远程接访、调解等人性化服务，上门开庭审理酒驾致残的吴某某危险驾驶罪等案件。及时采取诉前财产保全措施44件，查扣财产近3000万元，依法保障当事人合法权益。盖洋人民法庭办结各类案件132件，开展巡回审判、法治宣传等服务28次，深化诉源治理改革，加强诉调衔接，构建人民调解、行政调解、行业调解等共同参与的大调解格局。扎实做好涉诉信访工作。

【营商环境】 2020年，明溪县法院依法平等保护各类市场主体合法权益，审结各类涉企纠纷436件，涉案金额6200余万元。严厉打击非法集资犯罪，审结翁某珍等非法吸收公众存款案3件5人，结案标的额1.7亿元。审结金融借款、民间借贷、小额担保等案件378件，涉案金额6700余万元，净化融资环境。打击非法经营、生产和销售伪劣产品等破坏市场经济秩序案件9件，促进诚信经商。依法打击恶意逃废债行为，审结信用卡诈骗案2件、拒不执行判决、裁定案1件，促进不良贷款化解。推进破产审判工作，依法受理金草种业公司破产案。

【延伸服务】 2020年，明溪县法院聚焦明溪“海西内陆新侨乡”，不断优化涉侨诉讼服务，依托涉侨诉讼“一站式”服务中心、明溪（梓口坊）侨益司法保护服务站和沙溪涉侨互联网巡回审判点，化解涉侨纠纷17件，有力保障侨胞侨眷权益。聚焦脱贫攻坚工作，扎实落实扶贫举措，挂钩的7个行政村51户贫困户实现如期脱贫，持续跟踪，定期核查，及时帮扶，保证动态清零。聚焦困难弱势群众，发挥司法救助作用，依法为经济困难当事人缓减免诉讼费4.6万元，发放司法救助金17万元。聚焦未成年保护，坚持“教育、感化、挽救”方针，依法对1名未成年学生免予刑事处罚。联合多部门探索建立罪错未成年人临界预防机制，实施“向日葵计划”，对4名临罪未成年人进行建档、跟踪、帮教。

【防控疫情】 2020年，明溪县法院围绕“六稳”“六保”工作，出台疫情防控法律风险提示、司法保障中小微企业发展等文件4份，加强司法服务保障。探索完善疫情防控诉讼服务，最大限度降低风险，大力推行“移动微法院”、网上立案、远程开庭等在线服务，网上立案524件，接受在线咨询136人次，妥善化解涉疫情纠纷4件，诉讼服务综合质效位列全市法院第一。建设刑事案件远程提审室，实现与市县看守所系统对接，远程庭审29次。积极参与联防联控，抽调干警参加高速卡口、社区、街道等疫情防控服务500余人次，党员自愿捐款4500余元支持抗击疫情。

【队伍建设】 2020年，明溪县法院持续推进司法改革，落实“让审理者裁判，由裁判者负责”司法责任制，推进综合配套改革，加强职业保障，遴选员额法官1名，按期晋升一级法官2名，法警晋升职级6名。严格落实院庭长带头办案制度，办结2055件，占全院七成，示范引领形成常态。制订司法人员分类业绩评价办法，推行二级绩效机制，激励争先创优。健全教育培训常态化机制，组织参加民法典、司法解释等各类审判实务培训500余人次，举办庭审观摩、案件评查等交流活动60余场次。持续深化机关党建，开展“两个坚持”专题教育，成立第一届机关党委和机关纪委，四个党支部完成换届，配强班子队伍，巩固拓展“1263”机关党建工作机制，机关党委获评“全市法院系统先进基层党组织”。强化纪律作风建设，开展“三个规定”、违规借贷、违规经商办企业、司法作风等专项整治和“五个一”警示教育月和“三个以案”警示教育活动，运用“四种形态”批评教育和谈话提醒8人次，日常廉政谈话100余人次，努力营造良好政治生态，打造忠诚、干净、担当的法院队伍。

（原福锋、于宗军）

司法行政

【概况】　2020年，明溪县司法局坚持法治引领，强化为民服务，积极应对疫情防控，切实加强基础建设和队伍建设，扎实开展“七五”普法总结验收、不断创新社区矫正工作机制等，为建设平安明溪提供了有力的法治保障。1月，明溪县社区矫正管理大队荣获“全国社区矫正机构先进集体”、明溪县城关乡人民调解委员会成轩调解工作室荣获司法部“大排查、早调解、护稳定、迎国庆”专项活动表现突出集体；5月，全省首个明溪县社区矫正管理局成立，被省司法厅在全省推广；9月，明溪县司法局“生态修复性司法联动机制项目”荣获“美丽中国，我是行动者”2020年十佳公众参与案例。

【社区矫正工作走在全省前列】　2020年5月，明溪县司法局在全省率先成立县级社区矫正管理局，率先制订社区矫正委员会工作规则，均被省厅转发全省学习借鉴；宣传贯彻《中华人民共和国社区矫正法》工作在全省社区矫正工作会上作典型发言；建立警务协作机制，建立社区矫正人文关怀机制。聘请法律、心理、传统文化、红色文化、农业技术等专业人才作为社区矫正师资队伍；招聘10名社区矫正工作者，充实到社区矫正工作队伍。1月，社区矫正管理大队荣获“全国社区矫正机构先进集体”称号；9月，生态司法联动机制项目荣获“美丽中国，我是行动者”2020年十佳公众参与案例。

【普法依法治理】　2020年，明溪县司法局落实“谁执法谁普法”责任制，设立“普法责任田”，开展“谁执法谁普法”责任单位“亮职责、晒举措、比成效”活动，督促工作落实；实施“法律明白人”“法治带头人”培养工程；加强法治文化建设，提升改造法治公园和法治教育基地，建设法治一条街和法治文化长廊。建立护林人普法工作室，参与乡村法治建设和基层治理工作。夏阳乡御帘村争创全国民主法治示范村、“法治宣传守护绿水青山”普法教育活动案例成功入选司法部“12348”中国法网司法行政（法律服务）案例库，并在“12348”中国法网刊登。

【人民调解】　2020年，明溪县司法局探索“调解小组进小区”调解创新模式，创新“说事评理”调解新模式，推进“两代表一委员”调解工作室建设。成立全市首个“老兵调解室”，成立

2020年7月22日，明溪县举办农村“法律明白人”“法治带头人”培训

（县司法局 提供）

行政调解委员会2个、知识产权调委会1个、百人以上企业调委会1个，健全人民调解组织网络建设。坚持和发展“枫桥经验”，制定《关于开展“集中排查化解矛盾纠纷 预防‘民转刑’案件发生”专项活动的通知》《明溪县司法局矛盾纠纷“民转刑”分级预警机制》《明溪县司法局关于开展“坚决遏制重大‘民转刑’案件 提升社会治理水平专项攻坚行动”实施方案》，有效预防“民转刑”案件的发生，维护辖区内的和谐稳定。全年共排查上报“民转刑”隐患风险6件。大力推行“第一时间一线工作法”，实现“小事不出村、大事不出乡（镇）”，有效预防和减少“民转刑”案件的发生。共排查各类矛盾纠纷601件（其中涉疫矛盾纠纷16件），成功调解601件，调解成功率达100%。

【公共法律服务】 2020年4月，明溪县成立全市首家退役军人法律援助工作站；与武警明溪中队签订《军民共建协议书》。法律援助更加精准，实施法律精准扶贫，发放“法律精准扶贫连心卡”给每户贫困户，确保第一时间提供法律援助。2020年，共办结法律援助案件161件（其中民事126件、刑事34件、行政1件）。开展刑事案件认罪认罚从宽工作，全年认罪认罚法律帮助累计144件。公证处为群众提供上门服务、预约服务、推迟下班服务等便民服务。全年共办理各类公证897件，其中国内民事公证561件（含涉港澳台6件）、涉外民事公证336件，业务收费41.51万元，接受业务咨询约910人次，法律援助1件，上门服务4件，减免公证费300元。

【法治政府建设】 2020年，明溪县司法局开展全县行政执法“三项制度”（行政执法公示制度、行政执法全过程记录制度、重大执法决定法制审核制度）落实情况调研，开展全县行政执法案卷评查活动。组织全县国家工作人员参加全省国家工作人员统一学法考试，健全规范性文件备案审查和清理机制，深化行政复议和行政应诉工作。2020年，共审查政府及政府部门各类文件、合同15份；开展4次规范性文件专清活动；向县人大常委会监察司法工委和市人民政府报送政府规范性文件备案4份；共收到行政复议案件2件，受理1件、不予受理1件，共办理以县政府为被告的行政诉讼案件1件。

【疫情防控工作】 2020年，明溪县司法局加大疫情防控工作力度，自制《明溪县企业应对疫情法务手册》、《违法犯罪不可为8起疫情防控期间违法典型案例》、温馨提示等宣传材料，成立女子普法队、法律服务志愿团等，组织党员干部开展进乡村、进企业、进机关、进家庭等广泛宣传。共发放法务手册500余册，张贴横幅标语100余条，张贴温馨提示50余张，发送短信1000余条，发放宣传单15000余份，发放温馨提示5000余份，利用LED屏、微信、广播等方式宣传1000余条。组成中小微企业法律志愿服务团，局领导、律师等先后前往10余家企业进行走访调研，开展法律服务、法治体检等活动，共向有关部门提交法律建议30余条，为企业复工复产提供法律服务10余件。严格把控社区矫正对象、刑满释放返乡人员。每日对社区矫正对象实施早中晚通信联络、信息化核查，实时共享定位，防止失联、脱管，防止不假外出。

【服务中心工作】 2020年，明溪县司法局推进自治、法治、德治“三治”融合的乡村治理建设，做好民主法治示范村（社区）创建工作，助力乡村振兴。从加大宣传、深入摸排、强化监管、管好队伍方面扎实开展扫黑除恶专项斗争。开展法治扶贫活动，常抓不懈做好脱贫攻坚工作。通过以案释法化解征地拆迁、高速征迁等各类矛盾纠纷，确保各项重点工程项目有序推进。强化生态环保普法，护航绿水青山。

（卢巧文）

责任编辑：温国彪

军 事

人民武装

【概况】 2020年，明溪县人武部聚力疫情防控，主动与地方政府对接需求，动员组织基干民兵和本部人员参与驻地疫情宣传、执勤检疫、环境消毒等疫情防控工作。聚力备战练兵，常态落实与地方有关单位情报信息通联、重要情况实时通报制度，始终与县卫健局建立情况每日通报制度，驻地反恐维稳、防汛防火、防疫救灾等民社情有效掌握。抓实分类训练，落实训练标准要求。选送新任专武部部长参加省军区集训，分别组织民兵营连长集训、民兵应急分队暨情报信息员集训、对口保障军兵种分队共同基础训练和对口保障军兵种分队挂钩训练等训练。

【疫情防控】 2020年，明溪县人武部党委重视新冠肺炎疫情防控，根据形势多次召开专题会议，研判防疫形势，及时研究部署本部防疫工作，组织民兵参与疫情防控工作。主动与地方政府对接需求，组织基干民兵和武装部工作人员参与驻地疫情防控宣传、情况摸排、执勤检疫、安保警戒、巡逻劝导、物资运输、环境消毒等疫情防控任务，为驻地疫情防控做出积极贡献。

【民兵整组】 2020年，明溪县人武部完成应急、专业、特殊3类基干民兵整组任务。8月、9月，分别参加军分区民兵整组工作检查验收和省军区民兵整组软件资料集中检查考评，全市排名第二。

【军事训练】 2020年6—9月，明溪县人武部分别组织民兵营（连）长集训、民兵应急分队暨情报信息员集训、对口保障军兵种分队共同基础训练和对口保障军兵种分队挂钩训练4期民兵军事训练，完成了基干民兵、民兵（营）连长年度训练任务。2020年，因抓训备战成绩突出，县人武部被省军区表彰为“战备训练先进单位”。

【抢险救灾演练】 2020年4月30日，明溪县人武部配合县防汛指挥部在盖洋镇洋地际水库开展以武警、消防、民兵预备役等应急救援队伍为主的抢险救灾行动演练。演练结合“5•16”特大暴雨抢险，救灾实战经验，主要演练了疏通中断道路、转移低洼地带受灾群众、用冲锋舟解救被洪水围困人员、加高加固堤坝4个科目，有效检验和提高了民兵急时应急的能力。

【规范化建设】 2020年，明溪县人武部有序推进“四个秩序”规范化建设，持续完善软硬件建设，细化工作计划，形成工作规范。县政府多次召开专题会议，加快推动人武部营院整体搬迁建设，并对现有营院危墙进行整治，布展强军标语图案，营造浓厚政治氛围，取得良好效果。推进民兵训练基地改（扩）建，组织专武干部观摩瀚仙镇武装部和雪峰镇城北社区民兵营（连）部，各乡（镇）以此为样板，加紧推动乡村两级建设，整体规范化建设水平有新提高。

2020年1月19日，明溪县人武部在县侨乡体育中心联合地方有关单位举办“风展红旗如画·军民鱼水情深”军民共建双拥晚会

（县人武部 提供）

【征兵工作】 2020年，明溪县人武部围绕“两保一降一杜绝”工作目标和征兵“五率”要求，按照“政府主导、军地合力，关口前移、力量下沉，强化监督、确保质量”原则和“一季征兵、全年准备”思路，完成男兵征集任务，大学生征集比例达100%，没有发现不廉洁行为和退兵问题。连续42年无责任退兵，5个单位和个人分别受到省、市表彰。

【双拥共建】 2020年1月19日晚，明溪县人武部联合驻地宣传文化部门举办“风展红旗如画•军民鱼水情深”军民共建双拥晚会，为进一步密切军政军民关系、推动双拥工作迈上新台阶奠定了坚实基础。帮扶挂点村小珩村建设，出资为“青年突击队”购买应急装备，支持其服务于“乡村振兴”；持续开展“助学兴教”活动，投入3万元资助20名贫困大、中、小学生。组织优秀退役军人为明溪一中高中部、初中部和城关中学开展新生军训，累计训练14天，受训学生29个班1200余人，受到广大师生好评。

【文明共建】 2020年，明溪县人武部为推进明溪县“省级文明县城”创建工作，组织全体干部职工及民兵开展文明县城创建、环境卫生整治、公共文明引导等志愿服务，参与社区“在职党员进社区助力创城大整治”“净化环境　共创美好家园”等联创联建活动，获得驻地人民群众高度评价。

（张子平　廖明基）

武警明溪中队

【概况】 2020年，武警福建总队三明支队执勤一大队明溪中队（简称“武警明溪中队”）分析建队形势，总结经验教训，坚持按纲抓建，以《军队安全管理条例》《八个方面安全基本工作规范》为延伸，按照“铸牢忠诚强班子、承接传统正风气、带好队伍育人才、紧抓快干实作为、练兵备战保中心、强化自建促正规、稳中求进抓安全”的工作思路，以再创“四铁”先进中队为奋斗目标，始终坚持稳中求进总基调，结合“新冠疫情时有抬头、在外人员管理隐患凸显、执勤任务压力大、军事训练风险高”的实情，真抓实干，紧抓快干，严格工作标准，加快工作进度，狠抓经常性基础性工作落实，实现了任务与建设双促进，保证了部队的安全稳定、执勤目标的绝对安全。

【维稳训练】 2020年，武警明溪中队坚持“立足实战”“突出实用”原则，完成各类处置预案，加强战备教育和日常训练，做到若有战，战必胜。特别是“应急班”身为中队的拳头力量，日常训练能够从驻地社情和任务实际出发，重点围绕理论知识、实地推演、单兵战术、小组协同作战等方面展开训练，并多次与兄弟单位开展方案演练，确保“第一时间赶到现场、第一时间开展行动、第一时间处置情况”。协同公安巡特警大队，完成各重要时间段的武装巡逻任务，铸牢官兵“险情就在身边，战斗随时打响”的忧患意识。

【疫情防控】 2020年，武警明溪中队严格落实疫情防控制度，常态落实疫情防控措施制度，严格营门管控，防止疫情输入。在门岗设立预检分诊处，按照风险等级进行防控，明确驻地人员进入营区有警卫人员进行检查，驻地以外人员进入营区，由卫生员进行检测，填写归队人员情况登记表，安排专人对快递、归营车辆消毒。确实把疫情对日常工作影响降到最低。立足营区现有条件，进一步搞好安全隐患排查，坚持落实各类防疫措施，在佩戴口罩、体温测量、及时洗手等环节加强检查督促，各点执勤人员每日做好开窗通风、杀菌消毒，将防疫工作落实落细。对于因公外出、外来务工人员，明确责任单位和责任人，压实管理责任，落实好入营检疫消毒措施，避免官兵与外来人员接触，及时发现其他安全隐患苗头，杜绝一切不安全情况。

【部队建设】 2020年，武警明溪中队带领中队全体官兵完成上级赋予的各项任务。因年度工作突出，多名官兵被武警三明支队党委表彰为“四有”（有灵魂、有本事、有血性、有品德）优秀个人，多名官兵受到武警三明支队党委嘉奖。1名老兵在部队兢兢业业、无私奉献16年，荣立个人三等功一次。

（蒋蕉蔚）

人防建设

【人防指挥系统建设】 2020年，明溪县开通人防指挥中心视频会议功能，对人防地面指挥各信息系统做好日常维护，确保应急情况下设备设施的正常使用。做好人防通信设备战备值班工作，履行“战时防空、平时服务、应急支援”的使命任务，提高应急情况下遂行任务能力。落实与上级通信设备互联互通，提升技能，做好通信设备战备值班、维护管理、日志录入等工作，加强新冠肺炎疫情防控期间的防控值守，确保人防应急战备值班工作高效有序。

【人防警报器维护】 2020年，明溪县人防办继续做好城区现有防空警报器日常维护保养和试鸣工作，确保警报器的预警功能。9月18日，试鸣县城区防空警报。试鸣前通过多媒体广告视频宣传、粘贴海报、网络通知等多种形式开展人防宣传教育活动，城区部分单位和学校试鸣时还组织了应急疏散演练，达到提高民众居安思危意识，进一步提升群众防空防灾应急避险救护能力的预期效果。

【国防动员数据采集】 2020年，明溪县人防办围绕人防工作军民深度融合发展主题，配合上级国动委，搞好国防动员潜力数据调查和国动委“十三五”规划人防有关数据的采集录入等工作，提升应急情况下遂行任务能力。

（严兰昌）

【人民防空工程建设】 2020年，明溪县人防办履行监管职能，切实保证防空地下室建设质量。加强审批审核，确保结建防空地下室应建尽建，各项技术指标合乎法律法规各项规定。在抓好建设关键节点监督的同时，不定期组织工作人员检查，共督促检查3处防空地下室16次，发现问题并及时整改到位；抓监理，促质量。依托“福建省人防工程监理项目人员信息登记系统”发挥监理人员的职能作用，督促监理人员到岗到位履行职责，对发现不在岗、监督不到位监理人员进行约谈，加强事中和事后的监管，确保防空地下室的建设质量。

【火灾隐患排查】 2020年，明溪县人防办全面排查人防工程安全隐患，做好地面指挥所、指挥中心等平台消防安全工作，对过期灭火器和消防设施进行全面更换和维护。并全面巡查防空地下室，做好安全排查登记造册工作，与防空地下室管理单位签订《人防工程安全管理责任书》，对其日常安全管理和消防安全措施提出整改建议意见，确保人防安保维稳、火灾隐患排查整治工作落到实处。

【人防结建审批】 2020年，明溪县人防办以市县开展“五比五晒”活动为契机，做好创造最优“营商环境”活动，全办上下“马上就办、真抓实干”，严格按照行政服务标准化的要求，加强窗口服务建设工作。按全省行政审批事项的要求统一服务指南，精简和改进城市新建民用建筑防空地下室易地建设审批、防空地下室施工图设计文件审核、竣工备案登记等审批服务环节，落实好“两随机、一公开”“最多跑一趟”等工作，进一步提升服务质量。认真做好防空地下室易地建设费的征收工作。县城规划区内民用建筑项目结建工作有序办理，确保应征缴防空地下室易地建设费上缴县财政专户，审批易地建设项目、竣工备案项目，按时办结率为100%。

（罗九根）

责任编辑：温国彪

应急管理

安全生产监督管理

【概况】 2020年，明溪县应急管理局按照上级决策部署，深刻汲取事故教训，以不发生伤亡事故为总目标，以开展安全隐患大排查大整治工作为主线，持续深化安全风险防控，建立健全安全隐患排查整治长效机制，坚决遏制各类事故发生。全年共发生各类安全事故16起（道路交通3起、消防火灾12起、工矿商贸1起），死亡2人（道路交通1人、工矿商贸1人），受伤4人，直接经济损失119.7万元，未发生较大及以上生产安全事故，安全生产指标数据位列全市第四，安全生产形势平稳。

【安全责任】 2020年，明溪县委、县政府重视安全生产工作，特别是在“3·7”事故发生后，将安全隐患大排查大整治专项行动与“五比五晒”、疫情防控共同作为全县工作的重中之重抓紧抓实抓好，全面部署开展安全生产隐患大排查大整治及安全生产专项整治三年行动工作，全年县政府、县安委会先后下发部署、机制、防控等文件22份，召开专题会议7次，部署会议19次；县主要领导先后5次带领相关部门负责人实地调研检查、明察暗访安全生产工作，现场解决重点、难点问题；县分管领导采取“四不两直”方式常态化开展安全隐患大排查大整治行动和安全生产专项整治三年行动，做到工作督导在一线、履职尽责在一线；各乡（镇）、各行业主管部门各司其职、相互配合，打好安全生产工作“组合拳”，共同督促企业落实主体责任、全力以赴抓好安全生产各项工作落实，为坚决遏制各类事故发生夯实基础。

【安全监管】 2020年，明溪县应急管理局突出危险化学品、道路交通、非煤矿山、烟花爆竹、建筑施工、旅游、消防农村危房等重点行业领域，推进安全生产隐患排查治理专项行动，强化问题隐患“清零”，提高企业违法违规成本，倒逼企业依法依规生产经营。全年，推动安全隐患大排查大整治工作方面：共组织开展执法检查指导服务组3038个，检查单位和场所5043家次，共排查隐患2371项（含重大隐患3条），全部得到整改，限期整改237家，停产停业5家，罚款56.14万元，约谈企业5家，通报企业3家。安全生产专项整治三年行动方面：共排查隐患717条，整改716条，整改率99.86%；行政处罚7次，罚款31.72万元，关闭取缔2家，移送司法机关1人，约谈警示1家。

【源头管控】 2020年，明溪县应急管理局采取每月跟踪通报等方式，建立安全风险点台账，制订管控方案，落实管控措施、责任、资金和应急预案，及时发现并消除隐患，确保管控状态正常。年内县领导挂钩16处红色隐患全部整改完毕。成立县级指导服务组，以“四不两直”方式摸排全县重点安全风险管控点47处（其中：红色14处、橙色24处、黄色6处、蓝色3处）处，定期通报问题整改管控情况，确保管控状态正常，全年退出销号7处。

【安全生产宣传教育】 2020年，明溪县应急管理局组织实施安全生产宣传教育“七进”活动，引导企业按照“履行责任、自查自纠、清单管理”三个到位的要求开展大排查大整治，落实安全生产主体责任，共发放《全县企业安全隐患大排查大整治公开信》2850余份，悬挂横幅标语520余条，营造浓厚的社会氛围。以“安全生产月”活动为契机，进一步深化宣传成效，共开展“安全生产宣传咨询日”10场、安全发展主题宣讲27次；开展警示教育活动13次，受教育人数3500余人，电视台滚动播放警示教育片90场次；开展政府主导、部门参与、政企联动的应急演练活动17次，形成全员参与、齐抓共管促安全的良好局面。

【防火防汛抗旱】 2020年，明溪县应急管理局对森林防灭火全年发布高森林火险风险火警8次，开展特殊时段高风险火警期森林防火巡查、检查工作，出动执法人员243人次，审批生产性用火27起264.47公顷；开展森林防火宣传、咨询活动9次，出动宣传车120辆次，张贴防火标语350余条，发放宣传年历及宣传单1.8万余份，出墙报9期。联合各乡镇、各部门开展森林防灭火综合演练10趟；成立打击林区违法用火行为专项行动工作领导小组，共成立检查小组91个，参与人数405人次，制止农事用火68起；推动高火险期“双网双线全覆盖”工作，确定夏坊乡作为试点乡镇。防汛抗旱工作，4月底完成县防指、防办相关职能划转工作，全年启动4次防暴雨四级应急响应，共通过主流媒体微信公众号，气象微博、短信等方式发布650余条气象信息,发布灾害预警300余条，排查高陡边坡622处，地灾点88处，转移安置482人。防灾减灾工作，对全县122个地质灾害避灾点安全进行全面排查。利用商业保险力量，提升群众抗灾自救能力，为全县大部分群众投保自然灾害救济救助责任保险、农村住房保险、农村住房附加室内财产保险。开展物资储备清查，备足备齐应急救灾物资，科学调度防灾救灾物资。

（余娇妹）

2020年3月11日，明溪县应急管理局开展防火演练

（县应急管理局 提供）

消防救援

【概况】 2020年，明溪县消防

救援大队先后获评“福建省青年文明号”“2019年度三明市青年安全生产示范岗”“三明市模范职工之家”等荣誉称号，1人先后荣登“福建好人榜”“中国好人榜”，1人获评福建省“最美消防指战员”，1人获评省消防救援总队“优秀共产党员”。1人获评“2020年新时代新三明百名担当作为青年先进”，1人获评“三明青年五四奖章”，2人获评“三明市青年岗位能手”，5人次被支队记嘉奖，2人分别获评市级、县级“优秀共青团员”。县委书记钟科在队调研期间指出“这是一支听党指挥、闻令即动、正规有序、主动作为的纪律部队”。

【提高救援能力】　2020年，明溪县消防救援大队推进全员岗位大练兵活动，组织开展岗位练兵活动52次，体能训练135次，业务技能训练158次，月考核12次，组织开展辖区“六熟悉”82次、实战演练90次，制定《防疫工作期间执勤战备应急预案》，修订完善重点单位灭火救援预案41份，归纳安全风险点88个；先后联合多个部门开展大型综合体火灾扑救、抗洪抢险救援、危化品事故处置、交通事故处置等实战演练；先后选送5名同志参加总队、支队举办的救援、驾驶、信通各类专业岗位培训；选派2人代表支队参加总队高层比武，取得团体第一名的成绩；全体指战员顺利通过总队训练监察考核，并取得团体总成绩全省第五名的成绩。在支队比武竞赛中取得装备比武团体第四名、战训比武团体第五名，两个单项团体前三名的成绩。

【完成救援任务】　2020年，明溪县消防救援大队忠实践行习近平总书记训词精神，主动对标应急救援“主力军”和“国家队”，紧贴实战，苦练精兵，队伍灭火和应急救援实战能力得到显著提升。全年共接警出动111次，抢救和疏散被困人员16人，抢救财产500余万元，圆满完成疫情防控、灾害救援、重大安保等“急难险重”任务，特别是2020年初疫情肆虐，大队指战员主动担当，勇挑重担，不畏高温，严格按照疫情应急处置行动指南，身穿防化服，背负超15公斤重的消毒水，对全县160多个隔离点房间、4200余平方米场所完成洗消杀毒任务。

【政治教育】　2020年，明溪县消防救援大队主动承担全市消防基层队站文化建设试点工作任务，探索搭建“国史、党史、训词、火焰蓝”四条党建文化长廊，被县委办确定为机关单位党建文化学习示范点。先后获“践行训词精神、担当神圣使命”主题朗诵演讲比赛全市第二名，重温习近平总书记训词书法暨征文评比赛全市三等奖；撰写的《“党建+”加出转型升级强动力》被省总队《精彩火焰蓝》电子杂志收录；拍摄的《“智慧消防”护航“火焰蓝”》科普微视频获全市三等奖并在“学习强国”刊登；拍摄以“中央红军村”——御帘村为主题的红色故事宣讲微视频广受好评。

【应急救援设备】　2020年，明

2020年11月6日，明溪县消防救援大队队员指导城南社区居民使用消防器材灭火
（县消防救援大队 提供）

溪县消防救援大队坚持“保障中心、服务中心”的理念，以灭火救援实战牵引综合保障建设，为打赢制胜提供坚强后盾，深入推动地方政府落实《地方消防经费管理办法》，争取地方消防经费941万元（其中业务经费299万元、人员经费112万元、专项经费530万元），比2019年增长36.42%。全面加强石油化工、山岳救援、水域救援、农村火灾扑救等专业队装备建设，小型水罐车及随车器材和应急救援皮卡车配备到位；增配应急救援器材装备500余件套；加快推进数字化管理系统建设，探索装备器材“全寿命、全流程”管理；先后完成了多功能训练场、训练塔、“五人制”足球场、执法6场室等训练、工作、生活场室建设改造；全力推动保障渠道多元化，全面整合辖区有效资源，与11个企业、社会单位建立联动机制，并签订保障协议，有效提升了综合保障的科学化、专业化、智能化水平。

【后勤保障】 2020年，明溪县消防救援大队贯彻落实党中央有关政策精神，争取当地政府和各职能部门的重视支持，推动政府出台消防救援队伍优抚优待政策。先后解决3名指战员家属就业，2名指战员、1名专职消防员子女入园入学，18名指战员落户安置等指战员最急最忧最盼问题13个；发挥工会组织关怀作用，按标准为全体指战员发放节日慰问物资，折合经费8万余元；协调县政府将大队纳入县级绩效、平安单位、文明单位考评范围，争取专项经费160余万元；先后安排3名指战员参加总队、支队组织的疗养；完成指战员公寓、休闲娱乐场所改造，有效提升了指战员们的满意度，切实激发全体人员的工作热情，使队伍活力得到显著提升。

【执法服务】 2020年，明溪县消防救援大队不断推动强化地方政府党政领导责任，提请县政府下发《明溪县消防安全责任制实施意见》《明溪县乡镇机构改革实施方案》，明确乡镇消防工作职责，将消防工作纳入各乡镇和机关单位绩效考评体系；推动各乡镇内设机构设置综合执法办公室，承担部分消防监督检查和消防行政处罚等具体工作，制定乡镇综合执法事项目录清单，乡镇消防工作新格局逐渐形成；县政府先后约谈6个乡镇和单位分管负责人，处理4名相关责任人，县主要领导先后9次带领20余个职能部门联合开展消防安全集中检查和专项治理活动；持续深化重点单位、火灾高危单位消防安全标准化管理，督促41家重点单位落实“三自主两公开一承诺”和“六个一”措施，约谈重大火灾隐患单位1家、大型企业5家，从源头上健全完善消防安全责任体系和长效机制，确保消防工作落到实处、责任压到实处。大队始终把保持火灾形势平稳作为“第一要务”，深入开展冬春火灾防控、消防安全专项整治三年行动等专项工作。全年共组织开展各类专项整治检查313家次，发现火灾隐患或违法行为138处，督促整改火灾隐患132处，下发责令改正通知书60份，下发行政处罚决定书5份，临时查封场所1处，责令“三停”单位1家，罚款7.2万元。

【综合治理】 2020年，明溪县消防救援大队持续深化消防执法改革，降低门槛、简政放权，严格落实“告知承诺制”和总队“自由裁量权”。推动县政府在全县各乡镇设立消防救援岗，将消防委托执法事项纳入乡镇机构改革实施方案。结合消防安全专项整治三年行动，累计投入700余万元对3251户老旧民房电气线路完成改造，发动乡镇消防网格员、消防志愿者对辖区1178户孤寡老人等弱势群体进行摸底排查，发放暖手宝1279个、电蜡烛1512个、口哨4120个，为全县4405户农户佛龛、供桌铺设大理石，为847户居民安装了独立式感烟火灾探测器，切实提升弱势群体消防安全保障水平。全县88个行政村配备消防手抬泵88台、400盘（8800米）消防水带、176把消防水枪，顺利完成全县88支村级志愿消防队的组建任务，实现村级消防力量建设全覆盖，农村防火防控网格化工作经验在《中国应急管理报》、中国安全生产网、《福建日报》等媒体相继报道。先后推动全县6家消防安全重点单位实现火灾自动报警系统与三明市物联网远程监控系统无缝对接；80个行业重点领域试点单位安装“智慧用电”系统；8处居民住宅区新增电动自行车集中充电、停放场所；持续深化打通生命通道专项工作，完成全县42个小区单位场所消防车通道规划、设标立牌任务。

【消防宣传】 2020年，明溪县消防救援大队开展“大宣传、大培训”活动，推动各乡镇和各自然村组建一支义务消防宣传队伍和防火巡查队，普及农村火灾预防和自救、火灾报警等知识，定期开展防火安全巡查。在各重大节日期间发送消防安全短信6万条，通过各类媒介滚动播发消防宣传提示2万余次；对全县各党政机关干部、公安民警等7大类人员开展消防培训700余人次，培训人数达1万多人次；定期对外开放消防站，对辖区社会单位开放消防站50余次，累计接待群众1000人次；通过购买服务的形式，深入单位、村（居）开展24场消防宣传活动，发动村（居）委上门入户宣传3658户，督促指导整改火灾隐患862处；累计开放消防科普教育基地12次，共计862人参与实践教育活动，进一步提高消防知识普及率和全民消防参与度。连续6年成功举办全县多种形式消防救援队伍比武竞赛活动，有效助推全县广泛关注、重视消防安全工作。

（郑宏政）

责任编辑：温国彪

生态环境

自然资源管理

【概况】　2020年，明溪县自然资源局按照县委县政府决策部署，抓住省自然资源厅挂钩帮扶契机，统筹疫情防控和经济社会发展，深化“五比五晒”，全方位推动自然资源领域工作高质量发展超越，用地保障、耕地和矿产资源保护等多项工作取得新进展新突破。

【用地保障】　2020年，明溪县共出让宗地11宗，出让总面积28.65公顷。其中拍卖出让经营性用地2宗，总面积7.79公顷，成交总价2.30亿元。明溪县优先保障市委明确的新型住宅小区建设试点用地，经市政府审批农村村民住宅小区2个批次，总报批面积6.6公顷；优先保障民生用地，通过省政府审批农用地转用及土地征收2个批次，总报批面积约4.2公顷；优先保障重点项目用地，做好新旧土地法的衔接，专人省上跟踪、与省上保持密切沟通保障丁坑康养项目等一批省、市重点项目用地。推进批而未供土地处置，2020年明溪县需要完成批而未供处置总面积21.81公顷，提前4个月完成，处置率在第三季度全省排名第12位；处置的批而未供用地已生成新增建设用地指标17.36公顷，完成了17.36公顷的“增存挂钩”新增建设用地指标任务；剩余批而未供土地面积约86.67公顷，在全省排名第8位。同时，做好成片开发方案编制工作准备，根据省厅文件精神，组织明溪县工业集中区扩区、奋发山海协作产业园首动区等3个，先行探索启动土地征收成片开发方案编制，完成独立选址论证报告及控制性详细规划编制等工作。

【国土空间规划编制】　2020年，明溪县自然资源局完成国土空间规划大纲编制和8个重大专题的研究，并形成初步成果。三线划定按部、省部署时序推进，取得初步成果，其中：城镇开发边界划定初步完成，进行优化调整；生态保护红线评估调整相关工作完成报省；永久基本农田核实整改补划，完成情况梳理，推进核实整改补划落实。完成全县88个村的村庄分类，推动实施10个省级乡村振兴试点村庄规划编制，完成城区周边7个行政村的规划编制。健全农村村民住宅规划建设管理工作机制，加强统一管理，强化执法监管，打造一批农村新型住宅小区集中建设示范样板，推动落实县乡村振兴工作。

【耕地保护】　2020年，明溪县严格落实耕地保护责任制，全面落实市政府下达的耕地保护目标责任书要求，与各乡镇签订耕地保护责任书，将耕地保护责任列入对各乡（镇）的绩效考评内容。坚持生态文明理念，转变补充耕地方式，将实施土地整治、生态修复作为补充耕地主要渠道全年完成补充耕地16公顷。沙溪乡梓口坊村开展国家级全域土地综合整治试点，新增耕地15.15公顷，获得指标交易资金约4500万元。开展省上专项资金在城关乡王桥村和瀚仙镇龙湖村扶持的土地综合整治，新增耕地10.67公顷，获得指标交易资金约3200万元。抓好耕地“非农化”工作，经六部门摸排发现非农建设违法违规占用耕地面积3.69公顷，占用永久基本农田面积0.7公顷。非农建设违法违规整改面积1.29公顷，其中无涉及永久基本农田。

【地质灾害防治】 2020年，明溪县89处地质灾害点，623处高陡边坡点，涉及1112户5603人，全年无地灾灾害发生，有力保障1112户5603名人民群众的生命财产安全。

【执法监管】 2020年，明溪县自然资源局对省自然资源审计列入“黑名单”的13家矿石完成整治并移出；开展农村乱占耕地建房图斑核查工作，对省上下发的4523个图斑进行逐一核查，对核查存在问题进行分类处置；完成2宗“顶风违建”别墅项目建筑物及构筑物的拆除工作。重点开展自然资源领域扫黑除恶专项斗争“六清”行动，聚焦矿山、土地、不动产、征迁四个方面开展联动，在行业清源中，牵头开展矿产资源突出问题专项整治行动，并取得一定成效，全年移交县公安局矿产领域涉黑涉恶线索2条，均立案侦查。

2020年4月22日，明溪县自然资源局到盖洋镇开展第51个世界地球日宣传活动 （县自然资源局 提供）

【矿产资源保护】 2020年，明溪县自然资源局开展矿山专项整治行动，采取限期整改、立案查处等强力措施，督促矿山业主加快治理。全县在期在采矿山实现“边开采，边治理”方式进行开采作业；除1家关闭注销矿山，其余过期或关闭矿山全部关闭整治到位。购买第三方服务开展动态巡查，与福建省196地质大队签订《明溪县矿山生产动态巡查项目合同书》，对辖区有效期内的采矿权、探矿权的生产情况进行监管。对县有效期内矿山12家（5家停采）、非法采矿点18个，开展矿山安全生产隐患大排查大整治，参加矿山检查人员132人次，检查矿山62家次，复查非法违法采矿点54个次，整改3处隐患点。开展全县矿山越界违法专项检查，由福建省196地质大队对全县有效期内12家矿山、个别到期关闭矿山进行巡查，露采矿山核查是否越界，对全县在作业5家矿井进行井下测量工作，发现违法开采1起，已移交公安立案查处。

【化解历史遗留问题】 2020年，明溪县自然资源局与省、市自然资源部门多次对接，争取相关政策支持，解决了7家企业因园区企业房地不一致导致的办证难题；协调解决明儒御景、康安小区等397户的历史遗留不动产登记问题；推动易地扶贫搬迁不动产登记，推动集中安置点和分散安置户的不动产登记发证，登记发证到户数全市第一。

（马传智）

环境保护

【概况】 2020年，三明市明溪生态环境局推进生态文明建设，强化环境污染防治，推动县域经济发展的“高质量”和生态环境的“高颜值”。城区空气质量达标天数比例为100%，在全省58个县级城市中排名第2；县、乡饮用水源水质达到国家地表水Ⅱ类标准，国控断面水口角溪水质达到国家地表水Ⅱ类标准，全县12条主要小流域水质均达到或优于国家地表水Ⅲ类标准，达标率均为100%，地表水水质综合排名全省62个县级行政区第4，胡贡溪、城岚溪在《福建省河湖健康蓝皮书》中被评为全省一级健康河流。三明市明溪生态环境局获2020年市生态文明建设先进集体、市级文明单位、2020年度“五比五晒”竞赛活动先进单位、第二次全国污染源普查表现突出集体、2020年生态环境保护执法大练兵中党建工作表现突出集体等荣誉称号。

【生态文明创建】 2020年，三明市明溪生态环境局立足县资源禀赋和区位条件等特点，在“国家生态文明建设示范县”的基础上，推进“绿水青山就是金山银山”实践创新基地创建，编制创建规划。梯次推进绿盈乡村建设，完成26个村初级版、2个村高级版“绿盈乡村”创建，累计创建57个“绿盈乡村”，占比64.78%，夏阳乡旦上村、沙溪乡梓口坊村入选《福建省乡村生态振兴案例选编》。

【生态环保督察整改】 2020年，三明市明溪生态环境局全面梳理中央第一轮、第二轮生态环保督察，省第一轮环保督察、省级环保“三合一”督察和2019年党政领导生态环保目标责任书通报等5个方面问题，举一反三形成县27项重点生态环境问题整改任务，实行每月调度，10项完成整改，17项长期坚持序时推进。

【水环境综合整治】 2020年，三明市明溪生态环境局完成县、乡饮用水源保护区勘界定标，强

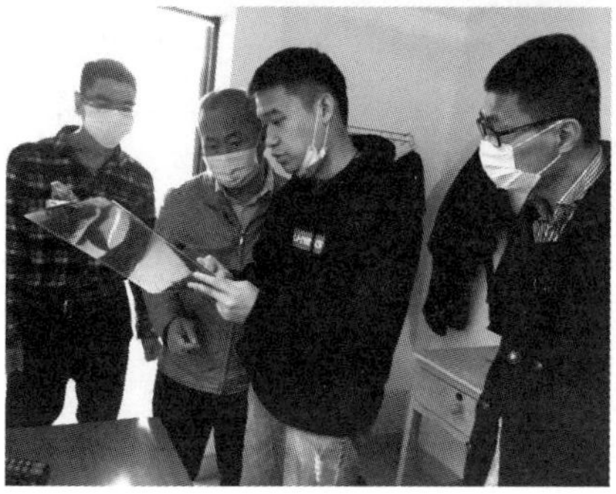

2020年4月，明溪县生态环境局开展疫情防控期间医疗废物废水处置情况检查及余氯监测

（县生态环境局 提供）

化水源地治理，县、乡饮用水源均达到地表水Ⅱ类水质，罗翠水库在全国县级饮用水水源地评估中综合评分100分。编制县域农村生活污水治理专项规划，完成6个乡镇16个村污水治理设施及配套污水管网建设，将全县50座建成的农村污水治理设施委托第三方运维管理，有效提升污水治理设施效用。完成经济开发区环境风险应急预案修编，新建工业集中区污水管网1100米，强化工业污水处理厂监管，新安装总氮监测设备。制定《明溪县淡水养殖污染专项整治工作实施方案》，开展规模鳗鱼养殖场养殖尾水治理专项行动，建成13个小流域水质自动监测站及视频监控平台，进一步提高流域水质监测和预警能力。

【大气污染防治】 2020年，三明市明溪生态环境局制定印发《明溪县工业炉窑大气污染综合治理方案》，开展三钢矿业石灰窑改造，完成3家砖厂废气治理，深化挥发性有机物治理，紫杉园、南方制药、海斯福、恩腾等企业均通过活性炭吸附的方式有效治理挥发性有机物。加强移动源污染治理，全面完成县557辆非道路移动工程机械编码登记，开展205辆柴油货车尾气抽测，强化大气污染防控。

【土壤污染防治】 2020年，三明市明溪生态环境局全面推进土壤污染状况详查，编制了耕地土壤环境质量分类方案，集中推进治理农用地123.07公顷，完成海斯福等8家工业企业基础信息采集，强化10家危险废物产生企业规范化管理，实施县总医院固废管理平台电子联单，规范医疗废物收集处置，收运率100%。

【环境执法监管】 2020年，三明市明溪生态环境局落实排污许可制度，完成203家企业排污许可证登记核发任务，促进企业自觉履行环保责任。深化环保网格监管，开展生态综合管护模式，整合人员、资金、职责，成立沙溪乡、瀚仙镇、胡坊镇生态综合管护队，对各类生态环境问题进行统筹管理，解决乡镇生态环保工作“最后一公里”问题。加大环境执法力度，开展“清水蓝天”、环境执法大练兵等专项执法行动，出动执法人员456人次，检查企业223家次，立案查处企业7家，移送公安部门行政拘留1起，查封扣押1起，受理各类环境投诉件93件，均得到及时妥善处置。

【环保领域改革】 2020年，三明市明溪生态环境局深化简政放权改革，采取缩短办结时限、免除小微交易、简化审批行为、容缺办理许可、简化续证手续等10项措施，切实优化环保服务，审批建设项目环评文件22个，推动海斯福、旻和医药等一批重点项目落地。推进市场导向改革，组织38家次企业参与环境信用评价，指导10家企业参与环境污染责任保险，有力提高企业环保社会责任，调动企业自主减排积极性。

【生态环境宣教】 2020年，三明市明溪生态环境局利用“6·5”世界环境日、环保设施开放日等时间节点，开展现场参观环保设施、发放宣传册、重点企业普法、张贴宣传海报、短信宣传等活动，制作《十佳绿盈乡村》《十佳环保企业》《十佳小流域》《十佳饮用水源地》《让中国更美丽》等宣传视频，并通过电视台、微信等渠道宣传，提升群众生态环保意识。

【新冠疫情防控】 2020年，三明市明溪生态环境局成立疫情防控工作领导小组，制订《新型冠状病毒感染的肺炎防控应急工作方案》《明溪县应对新型冠状病毒感染肺炎疫情应急监测方案》等，按要求开展饮用水源地、县隔离观察点、综合市场等余氯监测，加班加点开展单位集资楼、社区人员摸排、高速路口值班值守、街道巡逻宣传等志愿服务，在疫情防控志愿服务岗位上奉献力量，齐心协力打好疫情防控阻击战。

（廖程玲）

责任编辑：叶安婕

城乡建设

住房和城乡建设

【概况】 2020年，明溪县住房和城乡建设局统筹推进城乡建设，不断完善道路管网，新(改)建道路6条13公里，雨（污）水、供水管网、燃气管道、强弱电管道铺设等“市政五千工程”30公里；实施明溪县委党校（三校合一）供水提升项目、东方军桥至东村巷河滨步道、林业总公司南侧停车场建设项目及周边道路硬化、红豆杉路消防大队路口改造、工业园区环状供水建设项目等5个重点建设项目；实施红岗新村街头绿地、新大路（新井巷）街头绿地建设等3个建设项目，提升城区绿化分车带、行道树及各公园绿化景观，新增公园绿地0.66万平方米，进一步提高城区公园绿地面积及品质；实施城市夜景美亮化工程，安装路灯200余盏，维护路灯1000余盏，安装夜景3处、护栏约3500米，不断增强城市综合承载能力；在项目征迁、审批、建筑质量监督等方面特事特办、点对点服务，加快推进实小东部校区、实验幼儿园迁建、档案馆综合楼等一批重点项目，全力推进档案馆西北侧开发项目、档案馆北侧开发项目、药谷小镇主干道、莆炎高速连接线绿道、迎宾大道绿道等东部新城项目，进一步增强城市公共服务能力；推动乡村振兴战略，抓好省级美丽乡村建设、农村危房改造、农村生活垃圾分类治理等任务。此外，房地产稳步推进，建筑业产值再创新高。

（张福隆）

【城区基础设施建设】 2020年，明溪县加快城区基础设施建设。市政道路建设方面，新（改）建药谷小镇主次干道建设项目、莆炎高速明溪互通城区连接线道路建设项目、坪埠片区、叶厝坑片区、滴水岩红色旅游公路、城区街巷道路改造项目等道路13公里，同步配套新（改）建污水管网10公里、雨水管网7公里、供水管网新改建9公里；停车位建设方面，建成明洲酒店广场、林业总公司、金家路等停车场3个，新增停车泊位约150个，同时将新华书店旁、原粮食仓库等2个已征地块建成临时停车场，新增停车泊位约100个，有效解决老旧小区无配建停车场问题；路灯建设维护方面，新增大焦口至原高速口、工业园区及各社区背街小巷等地路灯约200盏，美化亮化城市；维护横六线、河滨南北路、迎宾大道、民主路等地区路灯1000余盏。同时，加强市政设施管理，及时修复破损市政道路和人行道，完成修新大路（迎宾大道）、明珠路、河滨南路、中山路等道路和人行道约1200平方米；对城区市政基础设施定期巡查维护，更换破损雨水篦、污水井盖27面；安装幸福步行街、新大路、中山路等路段道路护栏966米，修复护栏224米。

（林友平）

【农房整治】 2020年，明溪县结合美丽乡村建设及乡村振兴试点村建设，积极推进既有农房整治，提升乡村建筑风貌。根据《三明市2020年农村人居环境整治工作实施方案》下达任务，完成农房整治789栋，完成比例105%，既有农房整治做到镇有示范村、村有示范户。

【农村生活垃圾治理】 2020年，明溪县拨付农村生活垃圾治理常态机制补助资金153.9万元至各乡镇，用于加强对生活垃圾清扫、收集、运输、处置，村庄保洁，目前农村生活垃圾治理覆盖100%村庄。全县9个乡镇均已建立易腐垃圾“户分类、村收集转运、多村联建集中处置”的运行机制，农村生活垃圾分类覆盖8个乡镇90%以上村庄。

【“厕所革命”】 2020年，明溪县持续推动农村公厕建设，将农村公厕纳入村庄日常保洁范围，健全农村公厕运营管理长效机制。2020年全县新（改）建公厕12座，其中乡镇公厕4座、农村公厕8座。每个行政村均有1—2座水冲式公厕。落实公厕管护“一长两员”（公厕长，管理员、保洁人员）制度，并将公厕管护纳入农村生活垃圾治理考评范围。

【乡镇生活污水处理】 2020年，枫溪乡、夏坊乡、盖洋镇、瀚仙镇、胡坊镇、沙溪乡、夏阳乡等7个乡镇污水人工湿地流量计于年内签订采购及安装合同，已完成安装并投入使用。实施乡镇污水处理提升工程完善乡镇污水管网，沙溪乡、胡坊镇、夏坊乡、盖洋镇、枫溪乡、夏阳乡等6个乡镇建成污水管网长度1100米，进一步提高污水收集率。

【农村危房改造】 2020年，明溪县各乡镇27户农房改造完成建设，农危房改造省级补助资金13.6万元全部拨付到户。县成立督查组，对2017—2020年危房改造资金是否存在利用资金、项目管理权，贪污、受贿、谋权私利、危房改造对象认定是否规范准确，是否存在挪用、侵占危房改造补助资金，是否按规定时间完成年度危房改造建设任务等问题进行检查，未发现问题。

【住房保障建设】 2020年，明溪县城区保障性安居住房腾退配租66套，全年发放租赁补贴25户1.3万元。

（傅茂国）

【征迁攻坚战】 2020年，明溪县印发《明溪县2020年“征迁攻坚年”工作方案》，全县共有征迁攻坚项目28个（其中16个纳入三明市“项目攻坚年”活动），并成立征迁攻坚工作领导小组，由县副处级领导担任责任队长，抽调部门、乡(镇)精干力量充实征迁队伍。全年征收土地160.44公顷、房屋143户26117.5平方米，其中，城市建设和社会事业组完成县总医院门诊综合楼、林业车队地块、原造纸厂地块、民主路地块原医药公司宿舍、三钢矿山道路改线等18个项目征迁，征迁土地70.41公顷、房屋140户，征收房屋25082.5平方米。2020年拆除了原实验小学、进修学校宿舍、原一中印刷厂、原城关派出所办公楼（民主路19号）、原粮食局仓库（民生路13号）、原交通局及人寿保险公司办公楼等19处房屋，拆除房屋20277平方米。

（沈雪兰）

【房地产业管理】 2020年，明溪县计划完成房地产开发投资1.98亿元，实际完成投资2.4亿元，比2019年增长21.21%；推出464套5.5万平方米商品房预售房源，比2019年增长41.75%。销售商品住房435套5.2万平方米，供需情况基本平衡。

（王 剑）

【建筑业管理】 2020年，明溪县出台《明溪县促进建筑业高质量发展九条措施》鼓励企业资质晋升、创先创优，全年新增建筑业企业18家，其中二级施工总承包企业2家，县内注册建筑业企业达54家，1家企业成功晋级一级公路总承包。针对3家重点企业制订“一企一策”帮扶方案。完成建筑业总产值45.2亿元，比2019年增长1.2%；建筑业入库税收7404万元，比2019年增长6%。依法接受招投标备案14项，受理建设项目竣工验收备案35项；完成绿色建筑项目竣工验收13项。开展建筑市场行为“双随机”监督检查1次，每季度进行合同履约评价检查，开展落实农民工工资保障专项检查6次，发出整改通知书2份，集中约谈6家施工单位，4个季度合同履约评价信用扣分总计234分。经省公共资源交易电子行政监督平台预警，处理串通投标案件2个，共处罚4家企业，罚款6.98万元。动员本地建筑业企业调派专业技术人员参与县房屋结构安全隐患大排查大整治工作百日攻坚专项行动。疫情防控期间发动本地建筑业企业捐款捐物，募集捐助现金6万元，口罩25400个、消毒水4吨、防护手套500双等物资折算金额13.4万元；组织本地建筑业企业参与疫情抢险救灾，5家企业表现突出，受三明市人民政府通报表扬；2家企业在疫情防控期间做出突出贡献，获三明市政府表彰。

（陈岩清）

【环境卫生管理】 2020年5月，明溪县完成新一轮道路清扫保洁市场化招标，市场化道路清扫保洁面积达82万平方米；加强垃圾清运监管，做到日产日清，全年共清运垃圾24538吨，清运率100%；做好垃圾填埋场监管工作，确保垃圾规范填埋和渗滤液达标排放，无害化处理率达100%；加强餐厨废弃物收运监管，全年共收运、处置餐厨废弃物1287.39吨；完善环卫基础设施设备，投入138.49万元购置水平式摆臂压缩机2个、可卸式垃圾车1辆及分类式果皮箱30个；完成餐厨废弃处理站建设，餐厨废弃物处置设备、基础及附属工程投入约760万元；推进“厕所革命”，新建、改造城区公厕各1座，投资67.3万元。大坪凹垃圾填埋场“对账销号”相关内业资料于5月上报，11月16日由市城管局组织市生态环境局对大坪凹垃圾填埋场进行销号验收。

（洪冬英）

【城区绿化改造】 2020年，明溪县住房和城乡建设局对城区绿化分车带、行道树及各公园进行苗木补植，共补植红叶石楠、毛杜鹃、香樟等各类苗木3.5万株，完成安装明珠路、迎宾大道绿化分车带等带刺围栏1200米，有效阻止行人踩踏苗木，横穿公路。完成红岗新村街头绿地、四元堂边坡绿化修复、新大路（新井巷）街头绿地建设，共新增公园绿地2处，新增绿地约6600平方米。完成大焦至上坊绿道绿化社会化养护管理招投标，加强城区公园绿地、绿化分车带、街头绿地、行道树、绿道的养护管理监管工作，园林绿化养管质量得到进一步提高。截至2020年12月，县城区园林绿地面积241.73万平方米，城区绿化覆盖面积263.25万平方米，公园绿地56.71万平方米，人均公园绿地面积达14平方米，城区绿化覆盖率达43.66%，绿地率达40.09%。

（陈国振）

【审核审批】 2020年，明溪县住房和城乡建设局审核审批股至成立（2019年7月成立）以来共完成审批180件，其中，办理建筑工程施工许可证核发35件、建设工程消防设计审查12件、城市新建民用建筑易地修建防空地下室审批4件、城市新建民用建筑修建防空地下室审批4件、建设工程档案专项验收31件、质量竣工验收监督31件、人防工程竣工验收备案8件、建设工程消防验收15件、建设工程消防验收（备案抽查）9件、房屋建筑和市政基础设施工程竣工验收备案31件。规模较大的项目有1.明溪县档案馆西北侧地块建设项目（富贵壹号学府）：项目总建筑面积134298.89平方米，合同价17000万元；2.明溪县实验小学东部校区建设项目：项目总建筑面积30823.2平方米，合同价15420.08万元；3.明溪县余厝洞地块建设项目：项目总建筑面积26869.77平方米，合同价3963万元；4.明溪县档案馆北侧地块建设项目（云锦天玺）：项目总建筑面积29193.83平方米，合同价7500万元。

（肖家春）

市容管理与执法

【概况】 2020年4月，明溪县城建监察综合执法大队回归明溪县住房和城乡建设局，重新启用“明溪县城建监察大队”名称，为县住房和城乡建设局下属单位，加挂县“两违”办、“渣土”办、“餐厨”办，监察大队坚持以构建“法治、亲民、文明、和谐”为目标，围绕县委、县政府的中心工作，创新工作思路，狠抓“两违”专项治理、渣土运输监管、餐厨剩余物管理及市容市貌整治工作，城区面貌焕然一新。市容中队获得福建省总工会2020年度“福建省五一先锋号”称号。大队获得县第六届（2018—2020年度）创建省级文明县城工作先进集体称号（记三等功）。

【市容环境整治】 2020年，明溪县城建监察大队建立“街（片）长”网格管理工作机制，通过定人、定岗、定责加强占道经营管理，建立长效化、常态化管理措施，推进城市管理工作开展，发放《开展城区市容环境长效化管理倡议书》1500份，签订《门前三包责任书》2800份；集中开展整治51次，共劝导流动摊点7268处，店铺占道经营2062处，清理垃圾110车，劝导教育非机动车辆的乱停乱放501起，纠正规范1870辆次，协助拖移非机动车辆214辆。

【城区“两违”综合治理】 2020年，明溪县城建监察大队结合“两违”百日攻坚行动和房屋隐患排查工作，拆除罗厝岗安置小区后山违建寺庙、过线室、职中桥头岗亭和狗窝等违章建筑23处，总面积3461平方米。结合打通“生命通道”整治工作，拆除雨棚65处、摊位18个，清理堵塞消防通道3处。采购无人机1部，利用高科技电子设备进行执法，提高大队“两违”执法科技化水平。

【户外广告整治】 2020年，明溪县城建监察大队根据《三明市市区户外广告设置导则》，加强户外广告设置的审批和管理，鼓励和引导城区沿街门面设置高档次、高品位、统一规格的门头牌匾，打造中山路红色苏区一条街。全年集中清理城区乱张贴、乱拉挂等破损横幅工作，清理非法小广告2524处，拆除破旧户外广告201块，清理未经审批广告47块，拆除到期护栏广告39块，拆除破旧公益广告条幅112条，规范公益条幅37条，共约2400平方米。

【建筑渣土管理】 2020年，明溪县城建监察大队根据《三明市城市建筑垃圾管理办法》有关精神，严格渣土密闭运输管理，加强“渣霸”等恶性行为排除治理工作，开展日常巡查392次，开展联合执法11次，落实整改95起，清理沿街建筑垃圾112车。

【“两违”综合整治】 2020年，明溪县累计摸底违建面积22.51万平方米、拆除22.46万平方米、拆除率99.76%；完成年度任务的118.20%。分类处置23.06万平方米，分类处置率106.9%；腾出土地面积18.68万平方米，总利用面积4.29万平方米，总利用率22.96%。

【餐厨废弃物收运】 2020年，明溪县城建监察大队在《三明市餐厨垃圾管理办法》出台之际，组织县重点餐饮企业、单位食堂等部门共计64家开展餐饮服务业管理方面培训，开展入户宣传，发放宣传材料500余份；完成13家新增餐饮单位协议签署，落实全面餐厨收运单位26家，完成收运总量1287.39吨，日均达到3.52吨，餐厨废弃物完成餐厨收运率达95%以上，无害化处理率达到100%；日常巡查86次，联合执法整治19次，对非法收运行为教育12起。

2020年4月15日，明溪县城建监察大队对综合市场内部占道经营行为开展整治 （陈姻强 摄）

【环保责任落实】 2020年，明溪县城建监察大队加强对城区餐饮服务业的油烟监察，督促落实餐饮服务业整改，开展联合执法整治16次，检查城区烧烤店、小炒店、大型餐饮店等经营户160家次，整治油烟污染经营户21家，共处理油烟投诉14起，办结12起，宣传推广高效油烟净化装置30家。加强城区焚烧垃圾、秸秆监管，共处理劝阻焚烧秸秆、树叶等行为182起，处理相关投诉29起。

【犬类家禽管理】 2020年，明溪县城建监察大队制订饲养家畜家禽整治工作方案，通过开展摸底宣传、集中整治和巩固提升等三个阶段行动，共入户发放宣传单3000多份，摸排登记违规饲养家禽家畜249户，涉及各类畜禽1273头，并登记造册，通过入户劝导教育，督促整改135户，自行宰杀769头；通过入户、流动、定点等方式，发放犬类管理宣传500份，发放遛狗绳60条，大队专门成立以执法队员与工人组成的整治小组，在城区范围内集中开展犬类管理专项整治行动，共捕捉犬类81只，有主领养35只，无害化处理46只。

【激活地摊经济】 2020年，明溪县城建监察大队推进“六保六稳”工作，在综合市场西侧设置自产自销农副产品一条街、在体育路设置儿童游乐场所一条街、在福万佳门前设置夜市一条街、在金家路、紫岭路口、粮食局旁、市监局旁等多处不影响道路通行的区域设置季节性水果销售点，通过划线设置摊位，施行集中规范管理，设置规范摊位390个，全部免除经营性占道费。

【疫情防控】 2020年，明溪县城建监察大队加大疫情防控期间市容管理力度，严控占道经营，严管活禽销售，落实疫情防控消杀措施，严格落实7处临时小市场消杀工作。

【“数字城管”建设】 2020年，明溪县城建监察大队在充分发挥“城管通”“外勤助手”等现代化的城市管理手段基础上，不断完善“数字城管”系统，在城区主要道口增设智慧音箱系统14个，配合监控探头通过实时喊话、录音播放等方式，定期定时进行广播宣传，发现占道经营、游摊占道、道路污染等市容问题1368起，远程喊话劝导693人次，提高远程管理城市能力。

（陈姻强）

城市建设投资

【概况】 2020年，明溪县君峰城市建设投资有限责任公司根据公司发展实际，公司班子成员，增设财务总监1人，现有班子成员5人。公司全年累计完成基础设施建设投资20566万元，与2019年15280万元产值相比增幅34.59%。一批工程总承包建成交付使用。2020年度被县委、县政府授予“五比五晒”先进单位、“2020年度地方财政贡献大户企业”称号。

【重点项目】 2020年，明溪县君峰城市建设投资有限责任公司实施重点项目有：明溪县第一中学改扩建项目（EPC）、明溪县综合档案馆（EPC）、明溪县中医院能力提升项目（EPC）、明溪县公共卫生服务综合大楼、明溪县“三校合一”建设项目、明溪县实验小学东部校区和北侧道路建设项目（EPC）、明溪县药谷小镇主干道建设项目（EPC）、综合市场提升改造项目等，建设工程质量、投资、进度有效控制，完成及时，为公司重点项目建设管理积累丰富的经验。

【竣工项目】 2020年，明溪县君峰城市建设投资有限责任公司竣工项目有明溪县第一中学改扩建项目（EPC），明溪县综合档案馆（EPC），明溪县中医院能力提升项目（EPC），活禽公共管理建设项目，明溪县公共卫生服务综合大楼，明溪县原食品公司安置楼建设项目，明溪县“三校合一”建设项目，紫岭路伸至民主路二期改造工程，罗厝岗西侧道路，玉虚洞景区旅游基础设施建设项目，康安小区B、C、D三幢住宅改造工程，明溪县红豆杉路架空线路下地土建工程，工业园区安置房等16个项目完成竣工验收，投入使用，竣工工程面积87556平方米。

【开发项目】 2020年，明溪县君峰城市建设投资有限责任公司与三明市碧桂园房地产开发有限公司合作开发的“碧桂园·生态公馆”，共计建设住房651套，整体去化100%，项目竣工验收，于11月底提前交付。

【运营项目】 2020年，明溪县君峰城市建设投资有限责任公司统筹规划，完成城区智慧停车项目建设。由政府授权实施的城区智慧停车运营项目，经公开招标，确定厦门中卡科技股份有限公司中标实施。经过近3个月的建设，9月1日正式运营。该项目的启动，创造性地开启了运用市场化手段，推动车位有偿停泊共享的新业态发展方式，减轻了城区停车压力，缓解了停车难等问题，提高了城市宜居水平。

【防疫项目】 2020年初，明溪县君峰城市建设投资有限责任公司面对严峻的疫情防控形势，按照县委县政府统一部署，公司全员出动，与建设者一道，不惧风险，运物资、建“方舱”，为县旅外人员返乡抗“疫”提供坚实的基础设施建设保障。完成了“县委党校学员宿舍留观点”和“工业园区安置房”建设的“明溪县防疫工作”速度之战。

（李世春）

土地收购储备管理

【概况】 2020年，明溪县土地收购储备中心按照县委、县政府

2020年4月28日，明溪县土地收储中心对林业总公司林业车队地块土地征收进行指界认定 （县土地收储中心 提供）

“征迁攻坚”工作部署，全力保障重点项目建设，依法依规做好城市征迁所涉及的土地收购储备、土地出让前期土地及受委托的国有土地上房屋征收工作。全县完成土地征迁12幅，土地面积37.99公顷；签订房屋协议171份，征收房屋面积29846.46平方米。

【土地收购储备】 2020年，明溪县土地收储中心推进南山遗址博物馆、三钢矿山道路改线建设、城关中心小学校园扩建及幼儿园新建等项目地块征迁。落实土地征迁12幅37.99公顷，其中：林业总公司林业车队地块3.67公顷，坪埠东路二期建设项目0.28公顷，城关中心小学校园扩建及幼儿园新建项目2.61公顷，南山遗址博物馆建设项目5.09公顷，迎宾大道绿道改造项目0.5公顷，莆炎高速公路连接线周边地块1.04公顷，三钢矿山道路改线建设项目3.23公顷，明溪县220千伏变电站建设项目2.67公顷，明溪县民兵训练基地拓展训练场建设项目1.67公顷，明源水厂及鱼塘溪生态水系综合治理工程3.39公顷，县总医院门诊综合楼地块1.64公顷，明溪县滴水岩红色旅游公路项目12.2公顷。

【国有土地上房屋征收】 2020年，明溪县土地收储中心完成林业总公司林业车队、县总医院门诊综合楼、档案馆西北侧地块、城关中心小学校园扩建及幼儿园新建等项目地块征迁工作，签订房屋征收协议171份，征收房屋面积29846.46平方米。持续用力抓好土地储备工作，为明溪经济发展提供有力的用地保障。

（陈　玲）

责任编辑：温国彪

经济管理与监督

宏观经济管理

【概况】 2020年，明溪县发展和改革局履行经济综合部门职责，面对新型冠状病毒感染的肺炎疫情防控严峻形势，围绕县委、县政府和上级主管部门工作部署要求，做实“四篇文章”、推进“四个着力”、深化“五比五晒”，服务保障“六稳”工作，落实“六保”任务，以重大项目为抓手，重实干、办实事、出实效，各项工作有序推进。

【经济运行分析】 2020年，明溪县发展和改革局强化县域经济发展形势预判和经济运行情况分析，每月、每季度分析县域经济主要指标完成情况，并有针对性地提出对策措施和政策建议，加快疫情后经济社会发展。2020年，局责任指标中，地区生产总值111亿元，比2019年增长4%；固定资产比2019年增长4.7%；第三产业增加值36.29亿元，比2019年增长3.2%；城镇居民人均可支配收入33206元，比2019年增长1.9%，农村居民人均可支配收入18212元，比2019年增长7.4%。

【重点项目建设】 2020年，明溪县“五个一批”项目数225个，总投资329.49亿元，新增入库项目190个，占项目总数84.4%，总投资282.14亿元，占总投资85.63%。新增开工类、投产类项目共88个（列入“五比五晒”考评），占新增项目总数46.3%，新增项目完成投资109.55亿元，占新增项目总投资38.83%。谋划项目80个，总投资115.48亿元，新增项目51个，总投资82.95亿元；签约项目50个，总投资86.38亿元，新增项目47个，总投资82.58亿元；开工项目39个，总投资67.61亿元，新增项目38个，总投资57.61亿元；投产项目49个，总投资51.94亿元，新增项目49个，总投资51.94亿元；增资项目7个，总投资8.08亿元，新增项目5个，总投资7.06亿元。同时，紧盯重点项目开竣工重点环节，出台《重点项目有序复工方案》，督促各职能部门强化服务，加强人力、防疫物资等复工要素保障，全力服务重点项目复工，加快推进项目实施。年内，16个省、市重点项目实际完成投资15.49亿元，占年度计划投资的110.88%。其中，南方制药抗肿瘤新药生产项目（二期）、旻和含氟医药生产、锂电NMP纳米导电剂等项目竣工投产，实验小学东部校区、瑞博奥脱氧核糖及衍生物项目顺利开工建设，科顺新型防水材料、卓越氟硅、火车站站前广场等项目按节点有序推进。

【服务业发展】 2020年，明溪县发展和改革局针对新冠肺炎疫情给服务业带来的巨大冲击，邀请服务业个私企业座谈交流，在全面落实上级扶持政策的基础上，针对县商户实际困难和需求，制定服务业平稳健康发展七条、提振消费五条等刺激政策，推动服务业复商复市，共为全县362家企业（个体工商户）减免租金167.27万元。落实《明溪县加快现代服务业发展的九条扶持政策（试行）》，县级财政安排300万元服务业扶持引导资金，全年共兑现补助121.4万元，其中4家市级增长点企业获得补助19万元。梳理30余家重点培育企业，全年完成26家规模（限上）服务业企业培育，新增规模以上服务业企业数位居全市第一。

【政策对接】 2020年，明溪县发展和改革局发挥苏区办职能作用，开展国家新一轮支持原中央苏区高质量发展政策举措研究工作，先后召开专题会议3次，组织全县各部门梳理报送支持明溪生物医药产业、氟新材料产业等政策建议32条，起草《明溪原中央苏区发展情况报告》。争取项目资金，全年争取中央和省级预算内补助资金12110.5万元，支持实验小学东部校区等22个项目建设；争取地方政府专项债券资金2.81亿元，支持妇幼保健院、垃圾处理工程、总医院门诊综合楼、园区基础设施等6个项目建设。

【优化投资审批服务】 2020年，明溪县发展和改革局严格按照权责清单开展审批工作，全面推行并联审批、网上审批等标准化服务，公布“一趟不用跑”和“最多跑一趟”事项清单，做到“法定职责必须为，法无授权不可为”。全年共办结各类行政审批项目165件，其中政府投资项目审批26件、企业投资项目核准3件、企业投资项目备案136件。建立健全投资项目评审管理机制，依据《政府资金投资项目初步设计及概算委托评审管理办法（试行）》《关于进一步规范政府投资项目评审流程的通知》等评审规定，按照“先评估、后审批”原则，采取政府购买服务方式，委托资质高的第三方机构组织专家开展项目可研、初设及概算评估审查，强化专家评审意见落实，促进项目决策实施科学化。全年共完成14个政府投资项目的评审及立项批复工作，共核减投资概算10个2045.4万元，核增投资概算4个1640.19万元。

【发展规划】 2020年，明溪县发展和改革局完成“十三五”规划终期评估报告，组织各部门、各乡镇开展课题研究及“十四五”期间重点项目策划储备，全年储备“十四五”期间续建、新建或争取落地的重大项目260个，总投资588亿元。对照国家、省、市“十四五”规划重点工作，结合明溪县实际情况牵头起草“十四五”规划征求意见稿，先后6次征求乡镇和部门意见，召开5场座谈会、专家评审会，组织7次集中修改，形成《明溪县国民经济和社会发展第十四个五年规划纲要》草案，经县十七届五次人大会议审议通过。

【价格管理】 2020年，明溪县发展和改革局及时了解掌握最新的价费动态，第一时间将上级最新出台的关于废止、停征、降费项目及文件送达项目主管部门，确保政策落实到位。及时更新公布行政事业性收费单位及收费项目、政府定价管理涉企收费清单、政府定价经营服务性收费目录清单等，规范收费行为。落实商品价格监测预警报告，重点监测重要民生商品价格，每月编制《明溪价格监测》简报，分析总结商品价格情况及每月工作动态。针对疫情突发情况，延长春节“平价商店”活动时间，首次将活动延伸至乡镇，共补贴资金14.84万元，有效平抑物价，切实减轻老百姓的“菜篮子”负担。落实社会救助和保障标准与物价上涨挂钩的联动机制，及时、足额发放价格临时补贴77.23万元，惠及困难群众21222人次，增加低收入群体的获得感。规范有序开展价格制定工作。在成本监审等基础上，完成城区保障性住房物业服务、翠松陵园公墓等2个收费标准定价工作，并启动公办幼儿园保育教育费定价程序。依法依规做好价格认定。配合公、检、法、国土等部门做好涉案物品的价格认定，全年完成价格认定事项24件，标的金额15.7万元，其中涉及刑事案件21件，涉及行政事项3件。

【生态文明建设】 2020年，明溪县发展和改革局牵头做好山水林田湖草生态保护修复试点各项工作，跟踪国际候鸟迁徙通道保护与修复、水土流失综合治理、重点生态区位商品林赎买等7个试点项目，确保试点项目按序时进度推进。至年底，国际候鸟迁徙通道保护与修复工程、水土流失系统治理等7个试点项目完成投资2.03亿元。

【诚信明溪建设】 2020年，明溪县发展和改革局持续深化诚信明溪建设，出台《“诚信明溪”建设方案》等系列文件，建立推进营商环境暨社会信用体系建设联席会议制度，深入推进信用信息归集共享、联合奖惩、信用修复及诚信宣传教育活动等。组织开展“送诚信进企业”专项行动，主动深入企业宣传信用政策、信用知识，指导具备信用修复条件的企业修复信用，并利用上门修复信用的契机，引导企业主动向社会做出信用承诺。全年共协助31家企业修复信用，签署信用承诺书1619份。结合线上线下，加强信用承诺教育。配合信用办成员单位结合春节、“3·15”国际消费者权益日、“5·20”世界计量日、安全生产月、国家宪法日等重要节点，线上线下开展诚信教育活动，利用公众号社区群及时发布信用风险提示信息，并深入社区、企业发放诚信宣传单页、现场签署信用承诺，弘扬诚信文化，提升居民和企业的诚信意识。召开专题会议，对标分析短板。针对余红胜市长对全市诚信建设工作情况的批示要求，专门召开专题会议，分析县短板，提出补齐短板的具体措施，并开展专项行动。联合成员单位，根据不同行业特性，重点治理“黑名单企业”，全年共清理黑名单企业（含僵尸企业）60家，将黑名单企业数量占全县工商企业数量的比重从年初的3.5%降至0.7%。深入推广“信易贷”，解决企业融资难题。联合成员单位，主动上门服务推广“信易贷”，全年县登记注册“信易贷”的市场主体共计445家，名列全市第三。行业涵盖建筑、医药、农林、畜牧、纺织等多个领域的22家企业已成功授信，授信金额达9750.5万元。

【粮油储备与供应】 2020年，明溪县粮食和物资储备局面对疫情防控严峻形势，做好粮油保供稳价工作。开展粮油监测预警，每周对应急工企业和应急供应网点进行询问检查，实地查看城区粮食销售网点粮油库存数量、销售数量及价格等。同时，紧急采购绿豆3吨、黄豆3吨、食用油30吨等储备应急食用物资做好县应急成品粮油投放市场的准备工作，确保县疫情防控期间粮油市场正常供应。落实粮食安全省长责任制。制定《明溪县落实2020年度粮食安全省长责任制工作方案》，草拟《关于认真开展2020年度落实粮食安全省长责任制考核工作的通知》，将工作任务分解到各责任单位和局责任股室、责任人，明确职责，协调配合，做好2020年度粮食安全责任考核工作。完成2000吨县级储备粮轮换销售和出库工作。减小中储粮取消地方代储对县粮食购销公司收入的影响，确保企业正常运转。克服雨季、高温、高湿等多方面的困难，完成了粳稻5915吨入库工作。加强粮食安全质量监管和粮食流通监督检查。强化日常监管和专项检查,加强对全县的粮油加工企业及粮油食品销售网点食品安全卫生及粮食出入库监管，全年开展专项检查10次，检查粮油加工、销售点46家次。同时，制定政策性粮食销售出入库管理制度，强化各级储备粮的质量监管工作，对各级储备粮严格执行定期品质抽样检查和出入库粮食质量安全检验，2020年送三明市粮油质量监督检测站检验稻谷样品共18份，其中：省储入库检验报告8份，县储晚籼稻谷正常品质检验报告10份，品质均合格。

（罗　洪）

市场监督管理

【概况】 2020年，明溪县市场监督管理局以“放管服”改革为抓手，持续优化营商环境，落实“四个最严”要求，坚守食品安全底线，完善工作机制，加强事中事后监管，统筹推进疫情防控，助力复工复产，完成年度工作任务。全县辖区内未报告食品安全事件（事故）。

【市场营商环境优化】 2020年，明溪县市场监督管理局将企业从设立到具备一般性经营条件所必须办理的环节简化为3个，实现压缩企业开办时间至2个工作日，企业设立时间再提速。加强事中事后监管，建立“双随机、一公开”监管机制。树立品牌意识，做好商标注册引导，全年指导企业申请商标142件，核准103件；指导企业申请专利125件，其中发明专利16件、实用新型专利70件、外观设计专利39件；获得专利授权133件，其中发明专利3件、实用新型专利61件、外观设计专利69件。指导荣冠帽业有限公司、泰丰医药化工有限公司、明狮水泥有限公司3家企业新申报质量管理体系认证、环境管理体系认证、中国职业健康安全管理体系认证5个。

2020年5月29日，明溪县市场监管局启用食品安全快检车，到沙溪乡现场开展蔬菜、水果、水产品、干制蔬菜、豆制品农药残留及甲醛、二氧化硫残留快速检测 （县市场监督管理局 提供）

【餐桌污染治理】 2020年，明溪县市场监督管理局将县辖区内25家食品生产企业全部纳入追溯系统管理，57户食品流通环节主体注册使用追溯系统，食品批零经营户注册率达100%；69家生鲜商超、配送单位、学校食堂及大型餐馆注册使用三明市“一品一码”食用农产品追溯系统，114家食用农产品生产企业、合作社、家庭农场100%纳入“一品一码”追溯管理。建成“食品加工小作坊示范点”3个、“餐饮服务食品安全示范街”4条、示范单位60家；创建省级“明厨亮灶”单位4家；26家学校食堂在全市率先建成网络厨房。对32个产品项目开展食品安全评价性抽样检测，抽检各类样品8254件次；开展执法检查1769次，查处不合格食品74.5公斤，立案查处食品安全违法案件18起，案件罚没金额42.96万元。在2019年全市食品安全工作评议考核中的等次为A级，位居全市第二。

【市场监管】 2020年，明溪县市场监督管理局通过“双随机、一公开”监管检查企业30户次、个体户78户次。受理消费者咨询、投诉、举报100件，其中投诉76件，挽回经济损失5.4万元。加强农产品质量安全检查，开展红盾护农行动，立案查处不合格化肥案件1起，没收不合格有机肥、复合肥7.44吨，罚款1.09万元；检查各类食用农产品市场57个次、猪肉相关经营户765户次，处理案件6起，罚没36.4万元。排查食品安全风险隐患，检查相关经营单位561家次，责令改正5家，立结案1起，罚没0.51万元。加大食品抽检力度，完成快检2958

批次，完成食品生产、流通、餐饮及食用农产品、冷链食品273批次的监督抽检任务，依法处理不合格案5起。加强餐饮服务环节监管，完成136家次餐饮服务单位监督检查，联合县工信局现场指导10家大中型餐饮店疫情防控及食品安全工作，督促各餐饮单位按要求做好核酸检测工作，完成178家大中型饭店、蛋糕店、奶茶店检测任务。治理广告市场，结合疫情防控和创城工作，组织开展清理整治低俗、庸俗、媚俗和虚假违法广告专项治理行动，检查各类广告主及广告经营者、发布者107户次，监测各类广告和资讯信息1448条次，查处违法广告案件9起，罚没1.82万元。加强药械监管，开展无菌和植入性医疗器械、中药饮片质量及城乡接合部监督检查，检查企业、使用单位91家次，责令整改、警告、立案调查22家。加强特种设备监管，开展安全隐患大排查大整治百日攻坚行动，检查6家高速标段项目部、5家集中隔离医学观察点、6家危化品相关特种设备使用单位及燃气公司，做好中高考期间电梯安全监管和应急保障，发现整改隐患6条，下发整改指令书2份。对3家特种设备使用单位特种设备应急救援演练开展督导，检验重点企业特种设备安全应急体系建设情况。

【疫情防控】 2020年，明溪县市场监督管理局助力企业复工复产，推行“五办工作法”，实行“不见面”审批，方便群众办理营业执照、执业药师注册、食品生产、特种设备作业人员等资格证复审。对营业执照、食品生产许可到期的，实行预先备案，在疫情结束后30日内办理换证换照等手续；食品经营许可到期未换证的，准予延期2个月，视为有效期内；从业人员所持有的健康证明在疫情防控期间到期的，可沿用至省重大突发公共卫生事件一级响应解除后60日；协助海天蓝波技改项目（医用口罩生产项目）医疗器械注册申报，为有意向生产日常防护型口罩的其他企业提供技术指导。印发《关于加强疫情防控期间企业员工食堂餐饮安全管理的工作提醒》《关于做好疫情防控期间小餐饮恢复营业的告知书》，现场指导39家企业食堂及餐馆从业人员做好开业期间疫情防控工作。加强重点市场监督执法，围绕野生动物交易、冷链食品、市场价格、疫情防控产品质量、计量和投诉举报处置等工作重点和“稳价格、保质量、保供应”工作要求，持续对农（集）贸市场、超市、餐饮单位、药店、电商平台等进行全覆盖监督检查，严厉打击哄抬物价、销售野生动物、非法购销药品医疗器械以及防控相关产品等违法行为。联合县林业局、县森林公安等部门依法依规打击非法制售口罩等防护用品和打击野生动物违规交易，维护市场秩序，共出动执法人员2576人次，检查食用农产品集中交易市场132个次、食用农产品经营者1557户次；检查餐饮服务经营者2822户次，取消群体性聚餐活动336场；检查口罩等重点商品经营者372户次；立案查处违法案件15件，其中涉及防护用品违法案件4件，没收违法所得1189.42元，罚款5947.1元。保障学校复学复课。持续开展学校及周边食品安全大检查，检查学校、供餐单位及校园周边食品经营者114户次，出动执法人员146人次，排查整改食品安全问题或隐患9个，责令改正2户，立案1起。联合县教育局对23所学校配备的155台红外体温筛查仪开展额温枪校准。推动惠企政策落实，延长个体经营户年报时间至12月30日，动员业主减免租户店面租金。减免企业计量检定费用，在疫情防控期间复工、复产企业免费检定新增及到期未检的计量器具按原收费标准的50%收取检测费。适当延长电梯维保周期（最长不超过1个月）和减免相关费用，简化特种设备延期检验申报程序。加强知识产权保护，开通专利资助便捷受理通道，维护市场公平竞争秩序和企业合法权益。加强部门协同配合。配合卫健部门采集核酸食品样品数量643个，检测从业人员数量388人，检测环境样品数量617个，结论均为阴性。会同公安部门对县部分餐饮及摊贩经营者进行突击检查并监督抽检9批次，对2批次涉嫌非法添加食品案移交公安机关立案查处。

【主题宣传活动】 2020年，明溪县市场监督管理局开展主题宣传活动，先后组织开展“3·15”国际消费者权益保护日、“4·26”知识产权宣传周、专利宣传周、食品安全宣传周、质量安全宣传月、药品科技周、化妆品安全宣传周、世界认证认可日、安全生产月等宣传活动，分享传播微信资讯1000多条次，发送手机短信7万多条次。组织“五进”活动。推进食品安全及消费品质量宣传进校园、进社区、进企业、进农村、进网络，引导消费者理性消费、依法维权。利用LED电子显示屏、政府门户网、局微信公众号、食品药品安全监管专栏等，发布消费警示、维权安全、科普知识等，定期公示食品药品监督抽检和公众预警信息，在省市县各级各类网站发布各类信息28条。

（徐晓红）

统计工作

【概况】 2020年，明溪县统计局加强统计监测分析，做好统计咨询指导，提高统计服务水平。完成第七次全国人口普查，完成主要经济指标的常规统计工作，按时发布每月主要经济指标和年度统计公报。发挥统计部门数据监测预警功能，深入挖掘数据，及时提供统计分析和专项分析，为全县经济社会发展提供坚实统计保障。

【各项统计调查】 2020年，明溪县统计局完成基本单位、农业、工业、建筑业、服务业、投资、贸易、人口社会、劳动就业、科技文化、能源等各项常规统计调查工作，组织实施好城乡居民收支调查、农业农村调查、工业生产者价格调查等专项调查工作，疫情防控期间组织开展“四上”（规模以上工业企业、资质等级以上建筑业企业、限额以上批零住餐企业、规模以上服务业企业）企业复工复产、福建居民收支影响等专项问卷调查。扎实做好各项统计调查工作，提升数据质量，为各级党政部门快速掌握全县国民经济运行情况，科学决策提供信息保障。县综合统计工作情况获2020年度全市考评第三名。同时，组织开展政府公众评议和综治“三率”等专项调查工作，提升政府工作绩效和综治“三率”成效。

【统计服务】 2020年，明溪县统计局全面落实县“十三五”规划纲要和实施意见，服务2020年“五比五晒”竞赛活动，密切联系各主要经济指标责任部门，从新冠肺炎疫情影响、企业复工复产、居民收支等方面，全面分析县经济运行情况，客观真实反映疫情对县经济社会的影响，及时对经济发展形势预测预警，形成统计分析报告上报县委、县政府，为领导把脉全县经济社会发

2020年9月，明溪县统计局开展“大国点名 没你不行”第十一届中国统计开放日暨第七次全国人口普查宣传月活动（县统计局 提供）

展提供决策参考。全年发布2019年明溪县统计公报1份，发布2020年月度统计报表11份，解读经济运行形势统计分析报告11期，较好完成经济运行监测职能。

【第七次全国人口普查】 2020年1月15日，明溪县政府印发《明溪县人民政府关于认真做好第七次全国人口普查的通知》，开展全县第七次全国人口普查工作。全县划分为96个普查区，621个普查小区，普查标准时点为2020年11月1日零时。选聘培训普查指导员和普查员758人，开展户口整顿、区划绘图、入户摸底、现场登记、核查比对、事后抽查、行职编码等工作，完成人口普查入户摸底、短表和长表登记以及比对复查工作。经过普查，全县常住人口98930人，户籍人口11.68万人，城镇人口51851人，乡村人口47079人，男性人口51447人，女性人口47483人。

【精准服务“五比五晒”】 2020年，明溪县统计局围绕中心、服务发展，全年组织召开各项专业业务培训会7场，精准解读统计报表制度，提升指导实效，全年新增规模工业企业、限上商贸业和规模服务业企业31家，注入经济发展新动能。县统计局荣获县2019年度“五比五晒”竞赛活动先进单位称号，获表彰“记三等功”和“先进个人”各1人。

【统计监督检查】 2020年，明溪县统计局履行统计监督职权，按照“双随机”统计数据质量核查要求，加强统计监督，遏制“统计造假，以数谋私”的违法行为。全年和市统计局对县6家规模以上工业企业开展数据质量核查，对县工业、固定资产投资、贸易专业的9家企业开展统计监督检查工作，并对4家企业的违法行为进行查处。同时，加大统计“双随机”监督检查力度，9月县统计局对沙溪乡、枫溪乡开展“双随机”统计监督检查，共检查工业、固定资产投资、贸易业专业6家企业，对2家提供不真实统计资料的企业进行立案查处，责令企业改正。

（杨佳敏）

审　计

【概况】 2020年，明溪县审计局完成重大政策措施落实情况跟踪审计、预算执行和决算草案审计、经济责任审计、民生审计、领导干部自然资源资产离任（任中）审计、自然资源资产管理和生态环境保护专项审计、政府投资审计等项目（部门）50个。审计查出非金额计量问题63个，促进增收节支5177.64万元。出具审计报告60份，审计提出建议48条，采纳率100%。撰写审计工作信息67篇，被上级审计机关采纳66篇次。

【重大政策落实情况审计】 2020年，明溪县审计局以推动上级党委政府的决策部署和重大政策措施在县的贯彻落实、促进资金到位、项目落地、政策生效为目标，重点关注疫情防控、“三促进”、财力财源挖掘等政策措施落实情况，对职业教育、社保就业、公共卫生服务、支持中小企业发展和管理、自然资源和新增财政资金直达市县基层直接惠企利民等资金使用情况、国有资产和资本运营管理情况、土地收储和存量情况、新冠肺炎疫情防控资金和捐赠款物管理情况、保障性安居工程资金投入和使用绩效情况等进行专项审计或审计调查，促进经济持续健康发展。

【财政资金提质增效审计】 2020年，明溪县审计局以促进国家重大决策部署和县委县政府重点工作贯彻落实、推动建立现代财政制度、促进国家财政经济安全和财政资金规范高效运行为目标，重点关注财政政策提质增效和政府过“紧日子”情况、中央八项规定及其实施细则精神贯彻落实情况、预算分配、资金安全和绩效情况，以及政府债券、部门决算草案编制、财政收支等方面情况，组织开展2019年度全县预算执行、决算草案及其他财政收支情况审计。经审计，县级预算执行和其他财政收支情况总体良好，财政收入稳中有增、民生保障持续改善、财政改革不断深化。但审计也发现存在“部分预算编制不规范”“部分预算执行不严格”“部分财政管理不规范”等15个问题。县审计局针对存在的问题对相关审计单位提出“加强预算管理，严格预算约束”“坚持问题导向，提高资金效益”“强化绩效理念，推进绩效改革”“规范投资行为，提升管理效率”“严格履行职责，提高工作成效”等5条审计建议。

【领导干部履职尽责情况审计】 2020年，明溪县审计局以促进领导干部推动乡（镇）、部门科学发展和领导干部守法、守纪、守规、尽责为目标，重点关注领导干部贯彻落实有关经济法律法规、贯彻落实县委县政府的工作决策部署情况，重大经济决策制定、执行及其效果，预算执行和财务管理、资产管理、工程项目管理情况，乡村振兴及精准扶贫情况，贯彻落实中央八项规定精神及领导人员遵守有关廉政规定等方面内容，组织实施2个乡（镇）、8个部门（企业）共11位领导干部经济责任审计。同时，以促进领导干部加快推进生态文明建设，践行绿色发展理念，促进自然资源资产节约集约利用和生态环境安全为目标，重点关注自然资源资产管理和开发利用过程中，领导干部贯彻执行生态文明建设决策部署、遵守法律法规、重大决策、目标任务完成、履行监督责任情况，结合经济责任审计，同步开展县水利局局长自然资源资产离任（任中）审计及枫溪乡自然资源资产管理和生态环境保护专项审计。

【政府投资项目审计】 2020年，明溪县审计局以提高政府投资项目的资金使用效益、促进政府投资项目规范管理、建设资金规范使用为目标，通过对公共投资工程项目建设管理活动的真实、合法和效益情况开展审计，强化建设单位主体责任意识，规范政府投资行为，节约公共资金，促进廉政建设。全年完成福建省三明市闽江上游沙溪流域防洪四期工程（明溪段）MX-03瑶奢堤段、明溪县坪埠东路建设项目（一期）工程、明溪县光荣院等33个项目结算审计，促进节约资金3131.39万元。

【精准扶贫相关政策和资金落实情况审计】 2020年，明溪县审计局以促进领导干部在扶贫工作中依法履职尽责、管好用好资金、保障财政资金安全、维护贫困群众利益为目标，组织开展“两不愁三保障”专项审计调查暨中央革命老区扶贫建设资金“最后一公里”专项督查，全力助推脱贫攻坚。

【审计联动】 2020年，明溪县审计局结合公务支出和公款消费情况审计，落实“1+X”专项督查相关工作机制，向县纪委监委提供审计报告17份、移送问题线索2条；向县纪委监委驻县教育局纪检监察组提供审计报告5份，与纪委监委联手，构建明溪高效监督体系，推动中央八项规定精神深入落实；巡审联动，审计助力巡察工作。全年向县委巡办提供审计报告10份，选派1名业务骨干参与市委巡察，发挥审计机关在党风廉政建设方面的积极作用。

（官丽娟）

财　政

【概况】 2020年，明溪县一般公共预算总收入5.44亿元，比2019年增长3.27%。其中，地方一般公共预算收入3.47亿元，比2019年增长5.92%，增幅居全市第2位。一般公共预算支出17.44亿元，比2019年增长7.68%。其中教育、社会保障、卫生健康、农林水等民生重点支出13.958亿元，占一般公共预算支出80.03%，比2019年增长8.45%。

【资源统筹】 2020年，明溪县财政局克服减税降费政策性减收及新冠肺炎疫情冲击等因素影响，主动参与营商环境建设，加大与税务等部门的协调配合，落实各类减税降费政策，培植优质税源，强化组织收入，挖掘增收潜力，做到依法征收、应收尽收。加强政策研究，主动联合其他县直部门和乡镇，结合明溪实际谋划项目，向上沟通汇报，保障明溪县补短板、惠民生等社会事业和重点基础设施建设资金需求。盘活财政存量资金，将盘活范围由结转2年及以上的存量资金扩大到结转1年及以上的存量资金，全年共盘活存量资金4425万元，全部用于补齐民生短板和县委、县政府重大部署等方面支出。

【优化支出结构】 2020年，明溪县财政局落实省市及县委县政府有关疫情防控的决策部署，发挥职能作用，足额保障疫情防控经费共计4241.36万元，用于医疗救治、疫情防控人员补助、采购设备和防控物资等。不断加大教育支出，投入6520万元用于明溪县实验小学东部校区建设，1500万元用于明溪县城关中学学生宿舍及足球场建设，1386万元用于明溪县一中改扩建项目，1280万元用于明溪县实验幼儿园迁建、城关中心小学及第三幼儿园建设。落实社保兜底责任，保障弱势群体基本生活。从2020年1月起，困难残疾人的生活补贴标准从每人每月70元提高到每人每月80元，一级重度残疾人护理标准从每人每月110元提高到每人每月115元，二级重度残疾人护理标准从每人每月60元提高到每人每月85元，全年共拨付补贴资金406.79万元。合理确定低保标准，建立低保标准与最低工资、物价水平联动的正常调整机制。全年共拨付城市低保资金193万元，农村低保资金998.5万元，城乡特困人员救助资金342万元。深化医药卫生体制改革。转变乡镇卫生院运行机制，落实卫生院人员分类保障政策，推进基层医疗卫生机构综合改革。抓好公共卫生服务项目实施。落实基本公共卫生服务经费，从2020年起，将基本公共卫生服务政府补助标准提高到每人每年79元，全年共拨付资金772.23万元。助力乡村振兴，完善农业农村投入优先保障机制，创新乡村振兴多渠道资金筹集机制，加大扶贫资金投入，年初预算安排专项扶贫资金1500万元用于县扶贫开发支出，并从2020年省财政核定的新增债务限额中安排1000万元用于支持乡村振兴领域公益性项目。

【财政管理】 2020年，明溪县财政局加强财审管理，组织完善《明溪县财政投资项目评审管理办法》，规范助审项目付费模式，规范明晰内部运作程序，提高评审实效。全年完成预、结算评审项目54个，累计送审金额53033.47万元，核减金额达2733.42万元，核减率5.15%。推进债务管理，强化地方政府债务限额管理，严格规范政府举债行为，健全规范明溪县举债融资机制，严格控制在省上批准的限额内举借政府债券。加强全口径债务动态监测和评估分析，督促对债券资金使用较慢的单位加快资金使用进度，提高资金使用效益。强化绩效管理，规范预算编制，提高预算编制完整性、科学性和规范性，年初安排的各类专项资金均按要求细化到具体项目或部门单位。加强财政预算绩效管理，将绩效管理融入财政工作各个环节。认真组织实施全国县级财政管理绩效综合评价工作。

【财政监督】 2020年，明溪县财政局开展财政内部监督检查，针对资金安全进一步规范财政业务工作，保障财政资金和人员“两安全”，提高财政监督管理效能，维护政令畅通，服务财政发展大局。推进单位财务监督，加强协调联动，牵头组织县审计局、县机关事务保障中心联合针对75个单位开展财务管理专项大检查，完善单位财务制度，规范单位财务行为，提高财务管理水平。突出重点民生领域监管，针对6个单位扶贫项目资金、危房改造补助资金开展“1+X+Y”专项督查，进一步落实“六保”任务，助力经济社会高质量发展。开展会计信息监督，重点针对地方金融机构和政府投融资平台等2个单位开展会计监督检查，查处违规问题金额2956.78万元，纠正违规资金2956.78万元，进一步维护财政法纪的权威性和严肃性，确保财政资金安全有效运行。

（姚奕冰）

税 务

【概况】 2020年，明溪县税务局面对新冠疫情影响，县域经济下行压力不断增大的严峻形势，以“落实减税降费、助力复工复产”为出发点，围绕“优化营商环境”这一目标，主动服务“六稳”“六保”大局，促进税收管理与服务提质增效。

【税费收入】 2020年，明溪县税务局全年组织各项收入7.28亿元，比2019年增收366万元，增长0.5%。其中：税收收入4.62亿元，比2019年增收2144万元，增长4.9%；社会保险费收入2.45亿元，比2019年减收2007万元，下降7.6%；其他非税收入2022万元，比2019年增收229万元，增长12.8%。县本级收入2.58亿元（县级税收收入2.51亿元，教育费附加677万元），比2019年增收1777万元，增长7.4%。

【减税降费】 2020年，明溪县税务局组织税务复工复产服务团队深入县域重点企业问需问计，辅导最新出台的税费优惠政策，落实延长申报期、延期申报税款、延期缴纳税款等举措，以减轻企业负担，助力复工复产。全年累计新增减税降费6114万元，其中2020年出台的支持疫情防控和经济社会发展税费优惠政策新增减税降费4993万元，2019年年中出台政策在2020年新增减税降费1121万元。

2020年3月，明溪县税务局深入福建南方制药股份有限公司了解企业复工复产情况并辅导最新税费优惠政策 （县税务局 提供）

【职责划转】 2020年，明溪县税务局做好非税收入征缴职责划转工作，每季度召开会议研究征缴情况，解决征缴工作问题及难点。调派业务人员参与市税务局非税收入划转专项调研工作，先行介入划转项目，掌握划转项目相关政策及常见问题，为划转工作做好准备。2月1日，水利建设专项收入划转至税务部门，并于同月顺利征收，全年共征收184.78万元。

【税费征管】 2020年，明溪县税务局持续提升税收信息化水平，加强金税三期系统数据质量监测，做好系统数据维护工作，发挥技术保障作用。推广福建省微电子税务局，县域纳税人关注率达93.32%，实名率达77.3%，形成更加便捷、高效的征纳互动模式。加强税费征管，严厉打击涉税领域违法犯罪特别是虚开骗税行为，营造良好的税收环境。进一步构建社会信用体系，完成纳税信用评价、纳税信用修复、纳税信用级别调整及纳税信用宣传工作。其中，A级纳税人比2019年增长123.1%，B级比2019年增长29.4%，C级比2019年下降96.97%，D级比2019年下降26.63%，纳税人诚信自律程度和税法遵从度持续提高，社会信用体系稳步推进。

【税政管理】 2020年，明溪县税务局落实出口货物退（免）税政策，规范出口退税管理，加快退税进度，全年办理出口退税196万元，办理免抵税额3559万元，促进外贸经济发展。做好企业所得税年度汇算清缴，2019年企业所得税税务登记应参加汇算清缴户数1143户，实际参加汇算清缴户1143户，申报率100%，汇算面100%，差错率0%。落实小型微利企业所得税优惠政策1068户，全年减免税额1524.18万元。做好个人所得税六项专项附加精准扣除，共计1656人享受专项扣除，减免税额153.19万元。

【依法治税】 2020年，明溪县税务局落实《党政主要负责人履行推进法治建设第一责任人职责规定》，坚持按月召开局务会会前学法，按季召开依法行政领导小组会议，加强税收执法风险教育，加大对欠税清理等日常执法的法制指导。推进“三项制度”推行工作，建设完成1间简易约谈室，7月20日首次在网上发布权责清单，县局行政执法信息在市局门户网站和省局行政执法公示平台实现常态化公示，7月27日省局音像记录平台在县局成功上线运行。对分局强制执行案件等重大执法决定进行事前法治审核，促进基层执法规范。建立健全支持疫情防控和经济社会发展税费优惠政策落实工作机制，抓好重点群体创业就业税收优惠政策的落实，开展支持疫情防控和企业复工复产税费优惠政策落实情况自查和“回头看”整改工作。

【纳税服务】 2020年，明溪县税务局开展“便民办税春风行动”，借助微信、电话、直播等方式推广“非接触式”办税缴费渠道，网络申报率90%以上。完成办税服务厅整体搬迁入驻市民服务中心工作，建设专业导税团队，全面升级办税设施，实现智能化、信息化，是全市功能最全的办税服务厅，极大提高办税效率。深化银税互动，推动银行创新信贷产品，与建设银行、工商银行、农业银行、邮政储蓄银行等金融机构推出免抵押、免担保的银税互动产品，并由“线下”向“线上”拓展，全县共有42户次企业成功办理银税互动产品，发放信用贷款2300万元，及时解决企业资金缺口。2020年全县纳税人满意度位列全市第3位、全省第16位。

（林　鑫）

住房公积金管理

【概况】 2020年9月，三明市住房公积金管理中心明溪管理部（简称明溪管理部）搬迁入驻县行政服务中心。2020年，明溪管理部围绕全市住房公积金工作要点，依法依规开展工作，全年共向122户职工家庭发放住房公积金贷款4288.9万元，个贷率56.49%；提取城市廉租住房建设补充资金184万元，累计提取城市廉租住房建设补充资金2868.30万元。

【住房公积金归集提取】 2020年，三明市因受疫情影响，市中心制定一系列关于疫情防控期间住房公积金缓缴、补缴、降低缴存比例的惠企政策和措施，明溪管理部积极应对，加强住房公积金相关惠企政策宣传与执行，及时将相关政策通过电话、“明溪住房公积金微信信息群”进行宣传，以助企纾困，并及时解答单位、职工在“明溪住房公积金微信信息群”、政务网12345平台、福建省信访信息系统和电话咨询提出的相关业务问题。疫情缓解后，开展扩面宣传，鼓励新设企业和自由职业者缴存住房公积金。全年住房公积金归集额14562.09万元，比2019年增加1306.61万元，增长9.86%，完成年度归集计划107.07%。年末住房公积金累计归集总额116077.37万元，归集余额41834.06万元。全年新开户缴存单位19个，年末正常缴存单位226个，正常缴存人数8289人。全年办理住房公积金提取业务9094人次，提取金额14472.91万元，比2019年增加4310.56万元，增长42.42%，占全年住房公积金归集额的99.39%。其中住房消费类提取金额11767.7万元，占总提取金额的81.31%。

【住房公积金贷款】 2020年，明溪管理部防范化解住房公积金资金流动性风险，促进县公积金平稳运行，坚持“房子是用来住的，不是用来炒的”根本遵循，全面落实各项公积金贷款政策，加强贷后停缴催缴力度，及时关注掌握贷款逾期情况。全年共向122户职工家庭发放住房公积金贷款，比2019年减少64户，减少34.41%；贷款发放金额4288.9万元，比2019年减少1385万元，减少24.41%，完成全年贷款发放计划4300万元的99.74%。贷款回收3363.5万元，比2019年增加564.2万元，增长20.16%，完成全年贷款回收计划3300万元的101.92%。年末住房公积金贷款余额23632.8万元，比2019年增加3800.8万元，增长19.16%。

【城市廉租建设补充资金】2020年，明溪管理部从住房公积金增值收益中提取城市廉租住房建设补充资金184万元，为明溪县政府保障性住房建设提供资金支持。

（连江永）

责任编辑：李桂花

金 融

货币政策与金融服务

【概况】 2020年，中国人民银行明溪县支行（简称明溪县人民银行）坚持稳中求进工作总基调，优质高效履行基层央行各项职责，有效贯彻落实稳健货币政策，妥善应对新冠肺炎疫情，带领金融机构有力支持防疫抗疫、企业复工复产和“六稳”“六保”工作，为促进地方经济社会加快恢复发展提供强有力的金融支持。2020年末，全县金融机构本外币各项存款余额95.46亿元，比2019年增长6.16%，本外币各项贷款余额37.22亿元，比2019年增长12.66%。

【货币信贷政策传导】 2020年，明溪县人民银行贯彻落实宏观审慎管理和“双支柱”调控框架要求，做好MPA（宏观审慎评估体系）相关工作，综合运用再贷款、再贴现，以及两项直达工具等货币政策，督促和指导地方法人金融机构科学合理审慎准确规划月度信贷计划、并稳健投放，将信贷资金真实有效地投向普惠小微、涉农等重点领域，支持县域企业复工复产。实施金融精准扶贫工程，助力全县成功脱贫“摘帽”。截至12月末，本外币各项贷款余额37.22亿元，比2019年增长12.66%,金融支持县域经济发展力度显著增强。

【金融服务实体经济】 2020年，明溪县人民银行召开LPR（贷款市场报价利率）工作推进会，加强贷款利率定价基准转换督导，有序推进地方法人银行机构存量贷款定价基准转换工作，结合落实延期还本、政府贴息、减费让利等政策，切实降低企业融资成本。推动政银企加强对接，全县召开政银企座谈会1场，银企专场推进会8场。鼓励金融机构创新防疫抗疫金融产品。指导金融机构推出的“战疫同心贷”“云义贷”等抗疫金融产品，有力支持企业复工复产，推广“无还款续贷”等行之有效、符合小微企业经营特点的续贷金融产品，降低小微企业过桥成本。明溪县人民银行贯彻落实上级部署，支持乡村振兴、推动县域绿色金融发展。

【金融风险防控】 2020年，明溪县人民银行加强区域风险监测排查，开展法人机构疫情影响、法人投保机构信贷风险情况、村镇银行异地支行经营情况等专题调查。继续做好央行金融机构评级工作，加强央行评级的政策引导。持续做好投保机构风险监测，保障存款保险信息系统顺利运行，督促县农信社按时交纳保费，做好风险差别费率管理工作。组织金融机构开展《存款保险条例》实施五周年宣传活动，顺利启用存款保险标识。通过“以测代查”方式检验各机构网点相关人员存款保险标识启用相关知识掌握情况，对所辖27个营业网点的标识准备情况开展督导。规范开展“两综合两管理”工作，对政和泰隆村镇银行明溪支行做好开业指导。

【外汇管理服务】 2020年，明溪县人民银行深化外汇“放管服”改革，促进贸易投资便利化。推进“单一窗口”金融服务板块建设与“数字外管”建设，继续做好台资企业资本项目便利化试点业务的推广工作。提升外汇管理服务规范化水平。强化监管，维护辖区良好外汇市场秩序。推广资本项目收入支付便利化改革，为有业务需求的外汇指定银行开通跨境金融区块链服务平台相关功能。综合运用跨境资金流动监测与分析系统等业务系统，及时上报异常线索。

【调查统计分析】 2020年，明溪县人民银行按照上级部署指导法人机构对照统计制度，做好数据报文采集、审核、入库工作。对新设机构政和泰隆村镇银行明溪支行开展统计工作的指导与管理。组织县农信社、华兴小额贷款公司开展专项统计数据源质量治理。严格按照制度规定办理数据的发布、共享与查询，与7家银行机构重新签订银行业数据共享协议。做好县域法人金融机构考核的各项工作，明溪农信社连续三年在县域法人机构考核中达标。开展调查统计应急演练，提高应急处置能力。

【征信管理】 2020年，明溪县人民银行继续加强征信信息安全管理，防范信息泄露风险。定期通报各接入机构落实征信合规和信息安全管理工作情况，开展各接入机构2019年度征信合规与信息安全年度考核评级工作。做好二代征信系统试运行及上线工作。做好央行内部（企业）评级工作。推进应收账款质押融资业务。深化农村信用体系建设，继续引导县农村信用社共同推进明溪县“信用户”“信用村”建设。继续做好征信宣传工作，通过线上线下宣传，改善社会信用环境。

【金融精准扶贫】 2020年，明溪县人民银行实施金融精准扶贫“四项工程”，助力全县成功脱贫“摘帽”。实施“金融输血”工程，在全市率先以国债质押方式发放扶贫再贷款，引导撬动金融资源流入贫困乡村。实施“金融造血”工程，推广辖区在全省首创的“益林贷”助推林农变森林资源为经营资本。实施“金融增信”工程，建立贫困户信用信息征集机制，建立信用档案、完成信用评定覆盖面100%。实施“金融保障”工程，推动县农信社开展“党建+金融”工作，推进金融扶贫与乡村振兴有效衔接。推动泰隆村镇银行明溪支行开展银村合作活动，共建“党建+金融示范村”，与2个村签订银村合作协议，授信1亿元。金融精准扶贫工作取得明显成效，支持全县1637户4889人贫困人口稳定脱贫，省级扶贫开发工作重点县摘帽退出。

【普惠金融宣传教育】 2020年，明溪县人民银行持续深化金融知识宣传教育，依托“3·15”金融消费者权益保护、“守护钱袋子”、“金融知识普及月”等金融知识宣传活动，以及“七五”普法、“12·4”国家宪法宣传日等契机，与各家金融机构联合开展信贷知识及征信信息等宣传活动。通过结对和定点工作，推进金融基础教育面不断延伸，加强与当地教育部门合作，在全县范围内重点做好小学阶段的金融课程教育，通过多种途径提升消费者金融素养。

【支付结算管理】 2020年，明溪县人民银行推动移动支付工程建设，督促银行业机构完成云闪付新增用户数、交易量、活跃商户数指标，部署云闪付行业应用和应用场景建设，其中明溪县移动支付活跃商户数504户，拓展进度位居全市第三。推进农村普惠金融服务点多样化金融服务，普惠金融服务点云闪付服务加载率达97%，72个普惠金融服务点办理助农取款、现金汇款、转账汇款、缴费共计1913万元，满足农村地区安全便捷的金融服务需求。

【反洗钱监管】 2020年，明溪县人民银行加强司法协作，通过政法部门向公安部门移送线索1条，被公安部门以涉嫌掩饰隐瞒犯罪所得、犯罪所得收益立案侦查。组织银行机构召开扫黑除恶行业专项治理推进会，部署开展金融放贷行业涉黑涉恶可疑交易线索、非法吸收公众存款摸排工作。转发洗钱风险提示6条，部署银行机构防范涉疫情诈骗洗钱风险、加强跨境赌博资金监测、防范“套路贷”洗钱风险，针对“套路贷”、“非法校园贷”、电信诈骗、跨境赌博等可疑交易活动进行集中摸排。督促金融机构深入挖掘重点领域洗钱线索，接收可疑交易线索7条。实施反洗钱监管，对15家义务机构开展年度分类评级，1家法人机构开展洗钱风险评估，根据评级结果及洗钱风险状况，约见谈话3家金融机构，监管走访5家银行机构，质询2家银行机构，督促义务主体强化反洗钱工作成效。

【国库管理】 2020年，明溪县人民银行贯彻国务院2万亿元新增财政资金拨付要求，建立专人负责和联络员制度，对2万亿新增财政资金的拨付实施全流程跟踪，监督资金点对点直接拨付，建立资金拨付台账，实时记录和上报资金拨付情况，共拨付新增财政直达资金17540.45万元，其中拨付抗疫特别国债3810.32万元，办理疫情防控资金拨付1684.06万元。主动配合财税部门，推进个人所得税汇算清缴、代扣代缴手续费退库和增值税留抵退税等财税改革措施顺利实施，共办理个人所得税汇算清缴退税94.58万元，代扣代缴手续费退税32.91万元，惠及居民3126人、单位203户。建立国库定点企业调查制度，确定海斯福化工等5家重点企业为监测对象，组织召开定点企业调查工作会，开展企业税负、经营、融资等方面问卷调查及财税政策效应分析。

【人民币流通管理】 2020年，明溪县人民银行部署新版第五套人民币5元纸币发行工作，督促金融机构做好新券防伪培训和出纳机具升级，组织好现金调运，确保现金正常供应。开展整治非法使用人民币图样巡查，指导金融机构推广应用现金综合管理服务平台，提升现金服务水平。组织银行机构宣传整治拒收人民币现金行为，按照整治拒收现金工作方案，重点对市民服务中心、税务、医社保等领域行业开展摸排，宣传引导人民银行有关整治拒收现金精神。

（范晓春 陈思超 薛玉宸 王君超）

2020年末各金融机构存贷款一览表

表2

各项存贷款	人行	工行	农行	中行	建行	邮储	农信社	泰隆村镇银行	合计
本外币存款（万元）	12073	91298	137953	80949	139547	158094	328769	5953	954636
人民币存款（万元）	12073	87570	136525	75716	136184	157733	328769	5953	940523
外汇存款（万美元）	—	571	219	802	515	55	—	—	2162
人民币贷款（万元）	—	12543	48092	50426	42585	45228	166475	6820	372169

2020年末金融机构人民币存贷款一览表

表3

单位：万元

各项存款	年末余额	各项贷款	年末余额
住户存款	580307	住户贷款	270190
非金融企业存款	135708	企(事)业单位贷款	101980
机关团体存款+财政性存款	224119		
非银行业金融机构存款	5	境外贷款	—
境外存款	385		
合计	940524	合计	372170

2020年末金融机构外币存贷款一览表

表4

单位：万美元

各项存款	年末余额	各项贷款	年末余额	结售汇	金额
住户存款	2011	境内贷款	0	结汇	8905
非金融企业存款	146				
机关团体存款+财政性存款	4	境外贷款	—	售汇	342
境外存款	2				
合计	2163	合计	0	合计	9247

银行保险业监督管理

【概况】 2020年，中国银行保险监督管理委员会三明监管分局明溪监管组（简称“明溪银保监管组”）履行监管职责，防范风险，坚决守住不发生系统性风险底线，服务实体经济，践行为民监管，有效促进辖内银行业保险业机构稳健发展。至2020年末，全县有银行业金融机构7家，营业网点28个，从业人员323人；保险业金融机构8家，营业网点8个，从业人员68人(正式员工）。全县银行业机构各项贷款余额37.22亿元，比年初增加4.18亿元，增幅12.65%；不良贷款余额3967万元，比年初增加94万元；不良贷款率1.07%，比年初下降0.1个百分点。

【金融风险管控】 2020年，明溪银保监管组结合月度经营指标监控，及时掌握不良贷款大户风险劣变情况，加强走访督导。共走访银行保险机构18次，约谈高管及相关管理人员26次，推动农信社等重点机构有序化解不良大户风险。督促各银行机构积极采取现金清收、重组转化、不良贷款核销、以物抵债、担保置换、不良贷款展期、抵债返租等多种方式化解存量不良贷款，持续推进快审快判快结，联系县法院继续开辟金融案件的“绿色通道”，加快金融案件诉讼、审查办理及处置执行效率，为打包、核销不良贷款创造条件。全年累计清收不良贷款3848万元。结合各类会议、监管约谈和日常走访，加强监管新政宣导；结合乱象治理系列工作，针对各机构内外部检查发现问题，督促各机构高管层追根溯源，强化整改问责。督促工、农、建3家支行围绕“三书一函”监管协查发现问题，强化账户开立管理，并落实人员问责15人次，纪律处分6人。配合县纪委、组织部，视情况约谈相关机构负责人，督导各机构做好公职人员不良贷款清收、处置和整改工作。全年共督导走访机构8次，约谈机构负责人5次。

【金融服务】 2020年，明溪银保监管组多措并举，提升服务质效，支持实体经济发展。围绕疫情防控和支持企业复产，加强外部监管的组织协调，对疫情防控期间贷款到期的小微贷款企业，要求银行机构有序引导办理贷款重组、展期、还款延期等事宜，推动部分银行机构创新信贷产品8款，累计发放特色贷款472笔，金额2.09亿元，并对辖内中小微企业给予利率优惠、还款付息期限弹性等政策扶持。针对明溪中小企业多这一特点，引导银行机构做好疫情防控期间“百行进万企”融资对接工作，落实“政银企”对接加快企业复工复产。同时推动银行机构切实降低企业运营成本，严格落实各项减费让利举措，减轻中小企业各类费用14.3万元。发放纾困贷款7笔1687万元。在市局相关科室的指导下，成功协调地方党政部门和领导，助推泰隆村镇银行明溪支行筹建开业，开展首批“多县一行”制村镇银行试点。靠前服务，适时走访新开业机构，推动其发挥生力军作用，加大对当地小微、民营企业的信贷扶持。全年泰隆村镇银行明溪支行新增贷款6820万元。

【金融扶贫】 2020年，明溪银保监管组加强政策传导，推动辖区银行保险机构认真落实银保监会扶贫部署，加大扶贫工作力度，加强信贷资源扶持，持续保障基础金融服务。至2020年末，推动机构建立贫困户经济信息档案1641户，扶持建档立卡贫困户335户，发放各类精准扶贫贷款2946万元。

（吴江一）

银　行

中国工商银行股份有限公司明溪支行

【概况】 2020年，中国工商银行股份有限公司明溪支行（简称“工行明溪支行”）围绕地方经济发展重点和热点，运用“三比三看三提高”工作方法，聚焦存款、贷款、中收等核心业务，提升同业竞争力、系统贡献度。全年全部存款日均增量同业排名第二，四行日均存量占比上升0.18%，同业竞争力得到提升。

【信贷业务】 2020年，工行明溪支行开展个人住房按揭贷款及二手房贷营销，并逐户走访乡镇企业，推介“结算贷”“跨境贷”“用工贷”及“纳税贷”“开工贷”等线上产品。普惠贷款新增授信客户22户，授信金额1891万元，累计成功提款10户15笔，金额890万元；对公贷款年末余额635万元，较2019年同期增加575万元。

【分期付款业务】 2020年，工行明溪支行细化E分期具体营销客群，针对性重点推介房抵E分期、幸福分期、家居分期业务，取得良好成效。全年分期付款投放额3085万元，比2019年增长19.58%，其中，汽车分期业务实现近年来的零突破。

【“客户满意银行”建设】 2020年，工行明溪支行以“2020服务先行”为主题，贯彻“客户至上”理念，持续提升服务品质。通过加强业务培训、晨会点评、现场巡查、调阅服务监控等形式，强化“六步法”等服务规范管理；落实行长坐堂制，由营业部经理、分管行长、支行行长通过服务客户、组织座谈和解决问题三方面内容的履职，促进网点服务水平的提升。

（谢景明）

中国农业银行股份有限公司明溪县支行

【概况】 2020年，中国农业银行股份有限公司明溪县支行（简称“农行明溪支行”）以发展为第一要务，一手抓疫情防控，一手抓金融服务，不断夯实发展基础，各项业务经营继续保持平稳有序的发展态势。截至12月末，本外币各项存款余额137953万元，比年初增加5653万元。本外币各项贷款余额48092万元，比年初增加8247万元。

【不良贷款化解】 2020年，农行明溪支行按照“加快处置、全力堵新降旧”的思路，做好不良资产清收防控工作。截至12月末，不良贷款处置总额708万元、不良贷款余额238万元，比年初下降122.3万元，不良率0.5%，比年初下降1.48个百分点，不良贷款余额及不良率实现“双下降”。

【助力乡村发展】 2020年，农行明溪支行推进“一县一快农贷、一特色产业一快农贷”，创新推出烤烟、水稻制种、油茶、花卉、重点景区农家乐、莲子、林竹、茶叶、食用菌、金线莲、金柑、特早蜜12个特色产业模式，实现系统自动审查审批，实行批量化、标准化、模式化、自动化办贷，实现农户贷款简便、快速、有效投放，具有利率低、随借随还等优势，有效地解决了农户融资难、成本高等困难。截至12月末，“快农贷”覆盖明溪县9个乡镇，88个行政村，共支持1025户农户，授信金额1.42亿元，用信余额9723万元，比年初增加3653万元。

【普惠金融服务】 2020年，农行明溪支行在全面做好疫情防控工作的同时，推动“六保六稳”工作，全力支持各类生产企业复工复产，促进经济社会持续健康发展。不断创新产品和服务方式，主动上门走访对接，开辟绿色通道，倾斜信贷资源，实行优惠利率，创新推出“智动贷”“微易贷”等线下产品，以及“纳税e贷”等线上免抵押、免担保产品，有效解决小微企业“融资难、融资贵、担保难”的问题，全年发放小微企业贷款49笔，金额3462万元；推动生猪产业金融服务，支持生猪稳产保供。针对规模以上生猪养殖户，上门对接营销，对接当地规模养殖企业12户，规模屠宰企业1户，完成授信4户，累计发放贷款820万元。

【创服务品牌】 2020年，农行明溪支行“创服务品牌”工作以“六维方略”为引领，坚持“客户至上、始终如一”服务理念，突出全员创牌，突出全网深化。持续推进网点改造和布局优化，完成了支行办公楼的加固装修改造和新大路支行的装修工作，美化网点环境，改进服务质量，深化暖心服务，突出服务特色，真正实现让普通客户“等候变得有趣”，让贵宾客户“来行显得尊贵”。进一步深化打造“五个最好”，切实提升网点综合服务能力和价值创造能力，让政府满意、客户满意、监管满意、员工满意，做“三明市民最认可”的银行。

（曾宏鹏）

中国建设银行股份有限公司明溪支行

【概况】 2020年，中国建设银行股份有限公司明溪支行（简称“建行明溪支行”）以新发展理念引领新金融实践，聚焦党建融合促发展，突出重质量求实效的鲜明导向，持续增强“三个能力”，纵深推进“三大战略”，将党建工作与推进新金融行动融合并促，紧抓县域经济特点，紧跟地方经济发展步伐，凝心聚力，开拓进取，朝着建设“当地最好、系统领先，客户首选、员工满意”的最好银行的目标不懈努力。截至12月31日，一般性存款时点余额13.96亿元、时点新增0.81亿元，四行占比第一；各项贷款余额达42585万元，比年初新增3929万元。全年实现账面利润2139万元，其中实现中间业务收入1007万元，四行占比第一。

【国际业务实现新的突破】 2020年，建行明溪支行新增三明市海斯福化工有限责任公司授信额度至3000万元，并实现短期出口信用保险项下贷款突破，最高信贷余额1000万元。三明市海斯福化工有限责任公司外汇结算账户全年共办理收汇930万美元，结汇1276万美元。

【金融业务县域拓展】 2020年，建行明溪支行金融业务县域拓展工作初见成效，“裕农通”

活跃服务点达20个，“双10”服务点20个，完成率100%，全面完成市行下达的目标任务。

【普惠金融业务】 2020年，建行明溪支行普惠贷款余额10880万元，比年初新增6202万元，完成率155%，完成率全区排名第一；全年共发放“云义贷”17笔，授信金额1931万元；发放“纾困贷”2笔，金额450万元；延期贷款23笔，金额782万元，无还本续贷3笔，金额1450万元，为企业纾困解难，助力复工复产。

【营业网点综合竞争提升】 2020年，建行明溪支行营业网点设有封闭式柜台、开放式柜台、理财服务区、客户引导区、等候区、自助服务区以及劳动者港湾等。营业网点分区明确，功能齐全，缓解柜台拥挤的现状，在为客户提供优越的业务环境的同时，提升网点的整体形象和使用效率，为业务的发展提供良好的硬件支持。支行营业部被总行授予“五星级营业网点”荣誉称号、被省分行授予“十佳服务标杆网点”荣誉称号，是全市唯一获此殊荣的营业网点，连续三年被市分行授予“先进单位”光荣称号。

（温玉畴）

中国银行股份有限公司三明明溪支行

【概况】 2020年，中国银行股份有限公司三明明溪支行（简称“中国银行明溪支行”）按照总行“为建设新时代全球一流银行”的战略目标，按照“强化执行年”各项工作要求，强化“三比三看三提高”方法运用，以“激发活力、敏捷反应、重点突破”为工作主线，全力推进“五个三”工程，全行主要业务保持较好的发展态势。全年各项本外币日均存款余额91645万元；其中，储蓄存款53500万元；公司存款38141万元；市场份额20.89%，各项贷款余额50426万元；其中，公司贷款39561万元；个人零售贷款10866万元。不良贷款60.93万元，不良贷款率0.12%。全年营业收入1894.47万元。全年税后利润1100.66万元，人均利润78.6万元。2020年获“三明市模范职工之家”称号。

【支持地方经济建设】 2020年，中国银行明溪支行围绕县区域经济发展战略，支持区域经济的优势产业和特色行业，激活信贷存量和增长潜力，推进金融稳企业保就业工作，持续加大对实体经济的信贷支持。为旻和医药、明乐大酒店、龙舜木业、永凯建材、博诺安科、三合生态等一批实体经济企业提供授信支持，解决企业发展资金难题。2020年，公司贷款余额39561万元，较年初新增6983万元，较2019年增加21.43%。个人贷款方面，加强与明溪碧园、闽新地产“东方家园”、恒创地产“富贵壹号学府”合作，争揽按揭贷款业务；同时积极寻找客源拓展普惠金融业务，发展消费贷款和信用卡分期，完善场景建设。2020年，个人贷款余额为10866万元，较2019年增520万元，按揭新增投放1097.81万元。

【企业文化】 2020年，中国银行明溪支行为进一步激发青年员工的工作热情与激情，激发队伍战斗力，一方面加强员工的业务技能培训，提高业务能力和服务能力，另一方面通过严格考勤制度来进一步改进工作作风。同时，支行严格执行人才选拔任用的标准和程序，实行营业厅负责人竞聘上岗，做到公开、公平、公正，激发员工工作的主动性和创业热情。此外，通过员工食堂用餐补助、改善用餐环境等方式，提高普惠性福利保障，将员工关爱落到实处，全行员工获得感、荣誉感明显提升。担当社会责任，员工疫情期间坚守岗位，参加县政府组织的疫情入户排查、值勤巡逻、创建文明县城志愿服务活动，员工主动购买国家开发银行发行的“2020年战疫专题债券”共计38000元。党员捐款1850元。

（海　勤）

中国邮政储蓄银行股份有限公司明溪县支行

【概况】 2020年，中国邮政储

蓄银行股份有限公司明溪县支行（简称“邮储银行明溪县支行”）贯彻落实省、市分行工作会议精神，完成三明市分行下达的利润指标。全行业务收入完成3189万元，完成率105.26%；利润完成1937万元，完成率107.44%。各项存款余额66177万元，比年初增加11495万元；各项贷款余额45228.26万元，比年初增加8903.15万元；不良贷款422.63万元，不良率0.93%。

【信贷业务】 2020年，邮储银行明溪县支行融入明溪县经济发展大局，围绕小微企业、“三农”、民生等领域，持续加大信贷投放力度。搭建银政合作平台，与县、乡镇政府签订乡村振兴战略合作协议，加大“乡村振兴贷”信贷产品投放和创新力度，12月与夏阳乡人民政府共建乡村振兴特色乡镇，推出创新信贷产品“生态旅游贷”。持续推进信用村创建和存量提升，评定信用村37个，信用户1203户，授信7675万元。创新信贷产品，推出“抗疫应急贷”专项信贷产品，对接符合要求的疫情防控重点保障企业，给予专项信贷支持。践行国有大行担当和社会责任，制定优惠政策，对因受疫情影响的批发零售业、住宿餐饮、物流等行业不盲目抽贷、断贷、压贷，全力支持企业恢复生产经营。全年通过减免金融服务费用累计17.37万元，为小微企业、个体工商户等客户利率优惠幅度下降约20%。明确责任部门和责任人，对重点贫困村实施分片包干责任制，建立联络机制，通过各渠道加大对扶贫小额信贷的宣传覆盖面，全年累计发放各类精准扶贫贷款880.27万元。

2020年10月，邮储银行明溪支行开展商圈金融服务。图为工作人员在农贸市场分发宣传单　（邮储银行明溪县支行 提供）

【风险管控】 2020年，邮储银行明溪县支行坚持业务发展与风险管控并行，落实风险限额方案政策，紧盯风险管理指标。资产质量管控实行支行“一把手”负责制，强化日常资产质量监测和预警管理力度，针对新增逾期贷款制定“一户一策”处置方案，加强资产质量管控，化解和压降不良贷款，提升支行全面风险管理水平，年内不良贷款422.63万元，不良率0.93%。

【助力疫情防控】 2020年，邮储银行明溪支行成立支行疫情防控工作领导小组，组织全行员工通过微信开展防疫知识宣传，全体员工提高思想认识，以官方发布的消息为准，不信谣、不传谣。根据明溪县政府防疫指挥部要求，安排员工参加志愿者服务活动，参加进社区返乡人员排查工作，与联创社区共同宣传防疫战疫。严格贯彻落实上级行《关于全力做好新型冠状病毒疫情防控金融服务工作的通知》，通过线上开展金融支持服务工作。积极提供信贷支持，提供绿色通道。根据上级行的统一部署，与明溪县工信局等政府部门对接，摸排卫生防疫、医药产品制造及采购等行业客户融资需求情况，第一时间走访医药和抗疫物资企业了解资金需求，对于符合准入规定的客户制定合理的融资方案，优先推荐线上类贷款产品。通过微信等工具开展线上金融知识宣传，引导消费者合理选择金融产品和服务，增进社会公众的风险责任意识和风险管理能力，有效履行社会责任。

（赖晓琴）

明溪县农村信用合作联社

2020年12月9日，明溪县农村信用合作联社金融助理深入鹌鹑养殖基地了解金融服务需求情况　（县农信联社 提供）

【概况】 2020年，明溪县农村信用合作联社（简称“明溪县农信联社”）以党建为引领，聚焦“六稳”“六保”任务，深耕支农支小“责任田”，一手抓业务发展，一手抓风险防控，在全面做好疫情防控的同时，坚持服务“三农”宗旨，主动融入本地乡村振兴战略，全力推动明溪农信高质量发展转型。截至12月末，资产总额36.12亿元，比2019年末增加3.24亿元，增幅9.85%。负债总额34.20亿元，比2019年末增加3.20亿元，增幅10.32%。其中：各项存款余额32.88亿元，比2019年末增加2.50亿元，增幅8.23%；各项贷款余额16.65亿元，比2019年末增加0.67亿元，增幅4.19%，存贷比例50.64%。存款、贷款市场份额稳居全县第一。全年实现财务总收入1.44亿元，实现账面净利润590.11万元。

获评2019年度地方财政贡献大户企业、三明市疫情防控突出贡献单位、“三明市模范职工小家”荣誉称号、明溪县“妇女微家”授牌，通过市级文明单位初评；营业部获评“福建省工人先锋号”荣誉称号、“明溪县巾帼文明岗”；城关信用社被评为市级工人先锋号；联社团委青年志愿者团队被表彰为“2020年三明市服务发展青年突击队”。

【助力公益事业】 2020年，明溪县农信联社协办明溪县农民丰收节、明溪县首届柑橘采摘文化节暨“农信杯”橘王争霸赛活动、“爱心传递”公益送水活动、高考爱心助考活动等，不断创新方式将金融服务延伸至农村“神经末梢”，助力农民增收、农业增效，助力服务乡村振兴，获得良好的品牌效应。

【信贷支农】 2020年，明溪县农信联社立足当地烟叶、淮山、水稻等农业特色，明确支农工作重点，落实支农工作措施。全县信用社改变“官商”作风，发扬背包下乡，走村串户的传统，在田间地里为农民办理业务，支持农户购化肥、农药、种烟、种子等生产资金需求，支持县域农业发展。拓展“福系列”产品，以激活农村田、林、地、房等要素资源，促进更多农村资产转化为金融活水，推动资源变资产、资产变资金、农民变股东的“三变”改革，通过深化林权要素市场配置改革和加强林业金融服务创新相结合，助力乡村振兴和农村林业要素市场化配置改革。

【信用工程建设】 2020年，明溪县农信联社为推进农村信用体系建设，改善农村信用环境，促进乡村振兴，与县委文明办、县人行、县诚信促进会等单位对接，组织开展信用乡(镇)、信用村、信用户创建工作，把“信用村镇”打造成为农村金融服务平台，营造良好地方信用环境。截至2020年12月末，评定信用乡镇3个，对全县68个行政村进行信用村授牌，新增评定信用户1115户，在雪峰镇设立全县首个“诚信小区”。

【助推城乡妇女创业】 2020年，明溪县农信联社为更好地服务乡村振兴战略，为妇女创业创新、实现就业、脱贫致富和参与农业农村现代化建设提供优质高效的金融服务。联社与县妇联在全县推广“巧妇贷”妇女创业贷款，在利率定价、贷款期限、业务创新等方面给予倾斜，对妇女创业进行贴心金融扶持。截至12月末,累计向妇女经营者发放巧妇贷168户，授信金额1658.5万元。

【推进增户扩面】 2020年，明溪县农信联社以整村授信为依托，开展零售业务提升,采取“金融助理+金融联络员”的服务模式，落实金融助理“6+1+2”（即每日拜访6个客户、联络1名村干部或关键人、落地2项业务）工作职责，大力推进“整村授信”工作开展，通过改变工作方式，增强服务意识，由变被动的“等客上门”转变为“主动营销”上门服务，借助“人熟、地熟、情况熟”的联络员优势，解决普通群众与客户经理之间信息不对称问题，通过多种评议方式获得高质量的农户信息，通过走村串户入社区拉家常多样化开展白名单授信工作，充分发挥农村金融主力军作用。

【精准扶贫】 2020年，明溪县农信联社贯彻落实各级政府扶贫政策及人行、银监、省联社的各项扶贫工作要求，推动金融扶贫工作落到实处、取得实效，确保高质量打赢脱贫攻坚战。结合联社网密根深和贴近农村的优势，推进精准扶贫工作，主动与当地政府、扶贫办、村委会对接，走村入户进行摸排走访，确保做到应贷尽贷。对已还清贷款的建档立卡贫困户，符合条件的、有资金需求的、有产业发展项目的，继续予以扶贫小额信贷支持。截至12月末，全县建档立卡贫困户1634户，共4861人，贷款余额1596.87万元。其中，扶贫小额贷款1431户，累计发放贷款金额3318.31万元，占全县市场份额的78.58%；无不良贷款。

【金融助学】 2020年,明溪县农信联社发挥国家资助体系作用，开展生源地信用助学贷款，力求助学贷款服务覆盖更多学子。履行社会责任，依托福万通慈善基金资助品学兼优的贫困大学生，为困难学生提供金融保障。截至2020年12月末，累计发放助学贷款725笔，金额511.66万元,年度新增助学贷款73户，金额54.47万元；累计捐助福万通慈善基金38.4万元，惠及80名贫困学生。

【助力疫情防控】 2020年,明溪县农信联社针对受疫情影响的企业，严格落实不抽贷、不断贷、不压贷政策，同时加大金融产品创新力度，先后创新“战疫同心贷”“战疫支农贷”“10年小微贷”“流水贷”“全额贷”“银税贷”6款金融产品，因人而异、因地制宜大力宣传推广。成立小

2020年4月16日，明溪县农村信用合作联社打出“纾困组合拳”走访因疫情影响受困企业　　（明溪县农信联社 提供）

微企业（含个体工商户、小微企业主，下同）应急融资业务服务小组，由明溪县农信联社分管领导担任组长，并指定专班负责应急融资服务工作，开辟“绿色通道”，采取“特事特办、急事急办”原则，确保第一时间满足客户的应急信贷资金需求。对遇到暂时困难的小微企业，联社承诺不抽贷、压贷、断贷，并结合实际情况，以无还本续贷、借新还旧等灵活的方式给予信贷支持。针对小微企业受疫情影响无法按时开工导致资金紧张的问题，单列战“疫”专项信贷规模5000万元。截至2020年12月末，累计发放战疫支农贷368笔，金额6625万元，贷款余额6454万元。对受到疫情影响的小微企业贷款利率在原利率的基础上下浮10%，最低至贷款 市场报价利率。截至2020年12月末，减息让利合计325笔，让利金额279.84万元。因受疫情影响，对企业支付员工工资或租金等存在困难的，联社测算其资金需求量，给予一次性授信额度，解决资金使用的燃眉之急。为保障县域百姓在疫情时期吃上放心菜，协调厦门绿百合生鲜食品有限公司以低于市场价的价格调来40吨战“疫”蔬菜，由金融助理作为“爱心配送小哥”，为湖北来明人员、限制流动人员、贫困户等特殊群体免费配送新鲜蔬菜；为关心慰问广大一线战“疫”工作者，协调调拨1100余份免费爱心水果到明溪县域，充实防疫一线后勤保障。同时，将明溪县域内的11个信用社网点作为战“疫”蔬菜临时提货点，尽可能地减少客户外出时间。为隔离观察人员每日配送“爱心餐”，累计向明溪县红十字会捐助15.69万元、向中国青少年发展基金会捐助1060元、向其他社会各界公益组织捐款人民币6万元，均定向用于疫情防控相关工作。对受到疫情影响较大的小微企业，通过立足信贷投放“从民生出发、从需求出发”，充分运用财政贴息、风险分担，向受“疫”的小微企业、个体工商户推广纾困贷款政策，为企业生产经营提供信贷支持，以低利率资金支持纾困解困。入驻“金服云”“信易贷”平台，及时发布相关信贷产品，利用“金服云”平台为企业提供更便捷、更优质的金融服务。

【推广“党建+金融助理”模式】 2020年，明溪县农信联社探索新形势加强党建工作的新方法，对接厦门绿百合食品有限公司，将绿百合线下生鲜直营馆开立在金融助理工作室，让36个金融助理工作室成为绿百合线下的销售点、提货点，把金融助理打造成销售员、送货员，推动网点转型发展，让明溪县农信联社及金融助理真正融入明溪百姓日常生活。同时，根据绿百合公司的生产、销售资金需求，动态提供现金流支持，探索发挥基层党支部战斗堡垒作用和党员先锋模范作用的新途径，以金融助理推动明溪“菜篮子”工程建设，提升明溪县农信联社“党建+金融助理”党建品牌知名度。在“党建+金融助理”服务模式基础上，延伸推广“党建+金融助理+多社融合”新型服务模式，坚持“围绕中心、服务大局、优势互补、资源共享、共同发展”的原则，与县供销社、医院、自然资源局、教育局、林业局、农业局等部门签订党建共建协议。

【推进“多社融合”机制】 2020年，明溪县农信联社利用县供销社、农民专业合作社、农信社“三社”融合发展机遇，借助网点优势，通过业务有效融合、资源整合，实现三方渠道互补，通过全方位收集合作社信息、社员信息、农资采购信息、产品销售信息及各类生产要素信息等，通过综合分析，全力支持农民专业合作社、家庭农场等新型农业主体发展。

（郑舒文）

福建政和泰隆村镇银行有限责任公司明溪支行

【概况】 2020年1月16日，福建政和泰隆村镇银行有限责任公司明溪支行(简称“泰隆村镇银行明溪支行”）正式开业。截至12月末，存款余额5952.91万元，其中对公存款1963.07万元，储蓄存款3989.84万元；开户数2518户。

2020年7月12日，泰隆村镇银行明溪支行开业揭牌

（泰隆村镇银行明溪支行 提供）

贷款余额6819.86万元，贷款笔数201户，其中，小微企业贷款120户，余额5061.30万元；个人贷款193户，余额5804.86万元；存贷比为114.56%。结合明溪当地经济业态，贷款客户群体主要有生猪养殖、山林采运、谷物种植、烟草种植、竹制品加工等行业小微企业及个体工商户。

【风险防控】 2020年，泰隆村镇银行明溪支行探索完善运营管理模式，强化经营发展战略，加强信贷关键动作执行管控，确保贷款全流程风险控制。优化贷审会运作机制，建好大额风控屏障。全面跟进年度监管意见，加强对监管政策落实的全面性和有效性。提升反洗钱风险管控能力，完善机制，落实风险评级、可疑案例等日常工作处理。制定行风行纪配套机制，与风控相融合，通过合规宣讲、案例警示教育、专题会议等多种形式，提升银行员工操作风险防范意识。

【品牌建设】 2020年，泰隆村镇银行明溪支行坚持“服务小微、服务‘三农’”的市场定位，拓展服务广度和深度。加大宣传力度，提升社会形象。先后开展“金融知识进乡村”“反假币宣传”“公益+金融”“暖暖好时光”等系列宣传活动。组织金融服务联络员队伍，加强党建工作，发挥党员的先进性，把业务骨干发展成为党员，同时把党员发展成为业务骨干。在各乡镇建立“党建+金融”示范基地，努力落实党建工作法进社区，结合一系列宣传活动，做到接地气、增人气。

【队伍建设】 2020年，泰隆村镇银行明溪支行强化队伍建设，提高团队凝聚力，根据发展需要，重点抓好团队经营管理、团队营销，提高团队凝聚力和战斗力，做好团队建设工作。明确方向、统一思想、振奋精神、凝聚力量，形成全行员工的共同意志，同心协力，争取创造出更好的业绩。全面推进“立体式”培养，以培训、学习为抓手，通过加强员工技能培训，提高员工理论水平和实践能力，提高风险把控能力。建立完善的各项考核机制，分层分类员工考核，实行优胜劣汰制，完善人才提拔机制，做到人尽其用。

（徐 瑶）

保 险

中国人民财产保险股份有限公司明溪支公司

【概况】 2020年，中国人民财产保险股份有限公司明溪支公司（简称“人保财险明溪支公司”）贯彻落实省、市公司的各项工作部署，以基层建设和提升效益作为工作的主题，加快业务发展，全年总保费收入3025.52万元，赔款支出1715.94万元，保费收入首次突破3000万元。

【业务发展】 2020年，人保财险明溪支公司保费收入3025.52

万元，比2019年增长16.17%。其中：车险1617.97万元，增长14.94%；非车险638.65万元，增长25.77%；农业保险768.87万元，增长11.52%。2020年赔款支出1715.94万元。承保包括《明溪县社会治安综合保险》《残疾人团体重大疾病保险》，以及水稻、烟叶、农房、扶贫产品、森林、超标电动车交强险等项目以及明溪辖区内规模企业的企财、雇主责任险的承保，为明溪社会稳定、经济建设出一份力。

【复工复产保险保障】 2020年，人保财险明溪支公司就疫情联防联控、群防群控工作做出安排部署，全面做好疫情防控金融服务工作，推出各种形式的保险服务支持企业复工复产，疫情防控期间承保理赔大力推进电子化运用。支公司为明溪一线专家组人员办理了每人31万元人身保险，为县委县政府、县卫生健康局、县总医院疫情防控工作人员捐赠法定传染病保险。保障全县春耕春播复工复产顺利开展，共有17949户种植户投保水稻种植保险，保险水稻面积9853.74公顷。有26户普通户投保水稻制种保险，制种保险面积216.67公顷，两项合计投保面积10070.41公顷。全力支持全县养殖复工复产，全县投保能繁母猪总户数3户，能繁母猪总计1332头；投保育肥猪总户数3户，育肥猪数总计17000头；投保蛋鸡数总计20万只。为多家企业提供环境污染责任保险、企业财产综合保险、安全生产责任保险、机器损坏保险、建筑施工人员团体意外险和全县20所中小学校食品安全责任保险以及政策性农房保险等。

2020年3月24日，人保财险明溪支公司与县农业农村局共同召开明溪县2020年水稻种植（制种）保险工作会议

（人保财险明溪支公司 提供）

【助力脱贫攻坚】 2020年，人保财险明溪支公司贯彻落实省委、省政府《关于打赢脱贫攻坚战三年行动的实施意见》精神，发挥保险政策对建档立卡贫困户发展农业产业项目的保障作用，深入开展建档立卡贫困户家庭经营综合险，建档立卡贫困户发展的农业产业项目都可纳入政策承保范围，同时通过多项保险扶贫新机制为脱贫攻坚提供有力保险支撑。领导班子挂靠贫困户，实现帮扶脱贫。2019年10月21日至2020年10月31日，全县产业扶贫投保贫困户数1109户，总保险金额652.40万元。

（汤 妍）

中国人寿保险股份有限公司明溪县支公司

【概况】 2020年，中国人寿保险股份有限公司明溪县支公司（简称“人寿保险明溪支公司”）坚持“重价值、强队伍、优结构、稳增长、防风险”经营方针，践行新发展理念，各项关键指标得到了突破发展，公司业务发展和经营管理跃上新台阶。2020年度经营职能指标居全市系统排名第一名，荣获省公司2020年度“综合金融开拓优胜奖”等系列荣誉称号。队伍建设方面也实现重大突破，其中，个险队伍综合目标达成率排名全市第一。

【业务发展】 2020年，人寿保险明溪支公司总保费收入首次突破8000万元大关，达到8074.63万元，比2019年增长19.33%；股份续年保费5731.78万元，比2019年增长7.38%；长险首年期交保费1777.18万元，比2019年增长32.52%；长险10年期及以上期交保费946.43万元，比2019年增长14.02%；长险首年保费1781.59万元，比2019年增长32.90%；长险首年标准保费947.84万元，比2019年增长5.35%；短期险保费533.76万元，比2019年增长22.03%。全年赔付支出1330.08万元，发挥了保险的经济补偿和社会“稳定器”作用。

【风险管控】 2020年，人寿保险明溪支公司深化“预防为主，教育为先”的风险防控原则，做好风险防控工作。把控关键环节，做好“两加强、两遏制”、“反洗钱”、防范“非法集资”及“销售乱象”常态化工作和自查自纠整改活动，防范和化解经营风险。对省公司审计整改发现问题一一对照整改并上报，推动公司内控建设。落实“三重一大”制度，加大公司各项管理规定的学习和培训力度，做到“制度管人，流程管事”。做好财务预算及报账、固定资产及电子设备、单证、印章、公文、宣传、两会议事及工会等日常基础管理工作，公司行政办公和信息考核列全市系统前列。

【服务水平提升】 2020年，人寿保险明溪支公司通过推广寿险App、保全管家、“空中客服”等线上服务渠道，让客户足不出户、畅享各类保全服务，E化服务推广工作持续推进。通过推广理赔主动服务和重疾理赔服务，理赔服务满意度再创新高。推广“国寿e店”、“e宝”等平台，推进电子化投保、保全和理赔e化，实现服务方式多元化，服务时效全面提升。客户服务水平和质量列全区前列。

【扶贫工作】 2020年，人寿保险明溪支公司落实明溪县及上级公司有关扶贫部署和要求，帮扶责任人定期走访慰问挂点贫困户，落实扶贫政策。同时，切实做好扶贫险业务工作。2020年公司收取扶贫险77.10万元。加强客户服务工作，做好各项理赔尤其是扶贫险的理赔工作，简化工作程序，提供优质高效的理赔服务，2020年向扶贫户支付理赔874人次件，支付理赔款131.06万元，赔付率169.99%。

（梁晓升）

责任编辑：罗菊妃

农业和农村

综　述

2020年，明溪县农业农村局（农办）贯彻落实中央和省、市关于做精做优特色现代农业工作决策部署，坚决打赢脱贫攻坚战，以实施乡村振兴战略为总抓手，深化农业供给侧结构性改革，发展高优粮食、硒锌农产品、生态养殖等特色产业链，推动全县“三农”工作高质量发展。全县完成农林牧渔业总产值34.93亿元，比2019年增长4.4%；完成农村居民人均可支配收入18212元，比2019年增长7.4%。

特色现代农业

【农业品牌创建】 2020年，明溪县有国家农产品地理标志登记保护产品2个（明溪淮山、明溪金线莲），国家地理标志证明商标产品2个（明溪肉脯干、明溪淮山）；绿色食品有效用标企业7家，产品11个，其中2020年新申报绿色食品认证产品9个，获批4个（裕相生态农业公司猕猴桃和天龙茶业公司佰思味红茶、乌龙茶、绿茶）。华山野茶在第27届上海国际茶文化旅游博览会中获评全国名优茶金奖，明溪黄桃入选2020年第一批全国名特优新农产品名录，博冠黄金果获得三明市百香果鉴评会金奖。

【硒锌农产品】 2020年，明溪县累计建成生态硒锌淮山、大

2020年5月，位于明溪县城关乡上坊村的天龙生态茶园

（占土明 摄）

米、猕猴桃、食用菌、茶叶、笋竹等硒锌农产品基地6800公顷，注册明吉红、碧海山琛（公用5类）、圣七娘（金线莲）等硒锌农产品商标共17个，建成硒锌农产品加工生产线13条。王桥村淮山科技示范基地，开展新品种对比试验和机械化开沟整畦、浅层栽培等新技术示范推广，带动全县淮山1500户农户种植淮山333.33公顷。建成生态硒锌猕猴桃基地340公顷，其中300公顷投入生产，全年产果7800吨。

种植业

【粮食作物】 2020年，明溪县粮食种植1.43万公顷，产量8.08万吨。新建连片33.33公顷以上粮食产能区9片，面积493.87公顷，亩产比全省平均432.55公斤，高出89.55公斤，达到522.1公斤。推广水稻优质稻新品种22个（“野香优676”“荃优212”“广8优165”“隆两优华占”“赣优735”“晶两优534”“两优二三丝苗”“禾两优676”“昌两优丝苗”“两优二三丝苗”“乾两优8号”“两优713”“甬优1540”“甬优9号”“晶优534”“晶两优丝苗”“中浙优8号”“甬优7850”“野香优莉丝”“甬优4949”“桃湘优莉晶”“两优丝苗”），推广面积7533.33公顷。推广甘薯、马铃薯、大豆、玉米等旱杂粮作物优新品种32个，面积4204公顷。

2019年明溪县旱杂粮种植种类情况表

表5

序号	作物种类	优新品种名称
1	甘薯	“龙薯24号”“金薯3号”“榕薯819”“福薯16号”“福宁紫3号”“泉薯10号”“福薯24号”“福宁薯12号”“福菜薯18号”“龙津薯1号”“榕紫薯1号”
2	马铃薯	克新系列品种“克新19号”“福克76”“脱毒175”
3	大豆	“毛豆2808”“桂春豆1号”“闽豆5号”“福豆310”“浙春2号”“莆豆8008”“青仁乌B”
4	玉米	“广金桂3号”“粤甜22号”“京科糯2000”“都市丽人”“金百甜”

2020年11月，明溪县在沙溪乡永溪村举办首届柑橘采摘文化节

（罗寿民 摄）

【经济作物】 2020年，明溪县蔬菜种植面积6017.1公顷，产量9.82万吨；水果种植面积5033.33公顷，产量6.26万吨；种植茶园1191.73公顷，生产干毛茶3525吨；全年生产食用菌8604吨。

【强农惠农补贴】 2020年，明溪县农业支持耕地地力保护补贴1.93万户，面积1.05万公顷，发放补贴1108.3万元；2公顷以上种粮大户806户，补贴面积0.25万公顷，发放补贴110.82万元。

【植物病虫害监测】 2020年，

明溪县农业农村局通过纸质、手机短信、网络平台等多渠道发布病虫害情报22期，涵盖水稻、花生、蔬菜、淮山、茶叶、果树、花卉等产业。召开病虫防治等有关田管培训会120期次，参训2200余人次。

畜牧业

【稳定畜禽生产】 2020年，明溪县新增育雏舍2幢，面积2800平方米，产蛋舍3幢，面积4580平方米，新增蛋鸡15万羽；全年全县共有生猪规模养殖场13家（其中大型规模养殖场5家、中小型养殖场8家），全年出栏生猪6.36万头，存栏生猪5.48万头。

【动物疫病防控】 2020年，明溪县免疫生猪口蹄疫19.4万头次，牛口蹄疫免疫0.23万头次，羊口蹄疫免疫2.5万头次，羊小反刍兽疫1.1万头次；禽流感免疫114.3万羽次。

渔　业

【设施渔业】 2020年，明溪县建设完成3个封闭式循环水工厂化养殖基地（凯润达鳗鱼封闭式循环水工厂化养殖基地、拓达封闭式循环水工厂化养殖基地、倍鲁嘉封闭式循环水工厂化养殖基地）；建立3个渔业科技示范基地（明溪县汉声家庭农场、明溪县成杏生态农场、明溪县清水湾高新农业有限公司）和30个渔业科技示范主体。

【渔业推广】 2020年，明溪县在瀚仙、胡坊、夏阳、城关等乡镇开展“优鲈一号”品种养殖试验推广，共计投入鱼苗250万尾；在全县范围内开展中华鳖日本品系、南美白对虾、棘胸蛙、克氏原螯虾、史氏鲟、湘云鲫、黄金鲫、“浦江1号”、长丰鲢等新品种的引进、繁育、试验、示范工作。通过养殖技术推广，促进县渔业养殖优化调整。

农村工作

【乡村振兴】 2020年，明溪县农业农村局强化村庄规划编制，完成10个省级乡村振兴试点村及上坊、王桥、大焦等7个城郊村村庄规划编制，龙湖村村庄规划入选福建省村庄规划成果典型案例，制订完成9个乡（镇）、88个行政村“一乡一计划、一村一方案”。拨付乡村振兴专项资金2280万元用于10个省级乡村振兴试点村及省级乡村振兴实绩突出村夏阳村开展人居环境整治等项目建设，县财政投入4143.50万元用于支持乡村振兴战略实施，投入2771.39万元用于农村人居环境整治。

【乡村治理】 2020年，明溪县农业农村局注重示范样本打造创建，按照“试点先行、串点连线成片”的思路，打造胡坊镇肖家山村—胡坊镇福西村—瀚仙镇龙湖村—城关乡罗翠村等3条乡村振兴“串点连线成片”示范线。强

2020年11月14日，明溪县在城关乡罗翠村举办首届农民丰收节活动　（江月兰 摄）

化乡村治理体系建设，发挥示范引领作用，提升乡村治理能力和水平，沙溪乡、胡坊镇被评为省级乡村治理示范乡（镇），龙湖村、罗翠村、福西村等16个村被评为省级乡村治理示范村。

【农村人居环境整治】 2020年，明溪县农业农村局编制县域农村生活污水治理专项规划，制定出台《明溪县农村生活污水处理设施长效运行维护管理办法（试行）》和《明溪县农村生活污水处理设施运行维护考核方案》，紫云村、御帘村、鳌坑村等16个村生活污水治理项目建成投用，并将全县50座已建成的农村污水治理设施委托第三方运维管理，农村生活污水治理率达86.04%。全县完成4座乡镇公厕、8座农村公厕、6座旅游公厕建设，实现各村均建成一座以上水冲式公厕。全县完成裸房整治789幢；完成户厕改造120户，农村户用厕所无害化改造覆盖率达97.2%；开展“清沟扫地摆整齐”行动，全年共清理农村生活垃圾9000余吨。

【高标准农田建设】 2020年，明溪县完成高标准农田建设项目3个，总投资2016万元，建设总面积893.33公顷。其中：胡坊镇高标准农田（千亿斤粮食产能）项目，总投资576万元，建设面积293.33公顷，建设地点位于胡坊镇福西村、胡坊村、柏亨村；瀚仙镇高标准农田建设（高效节水灌溉）项目，总投资800万元，建设面积333.33公顷，建设地点位于瀚仙镇小眉溪村、石珩村、王陂村、大焦村；沙溪乡高标准农田建设（高效节水灌溉）项目，建设面积266.67公顷，总投资640万元，建设地点位于沙溪乡沙溪村、永溪村、梓口坊村、瑶奢村。

【农村集体产权制度改革】 2020年，明溪县完成全县88个行政村农村集体经济组织登记证，《农村股份经济合作社章程》，理事会、监事会、股东代表等组织机构成员名单和经济合作社牌匾“四上墙”，23324本股权证全部发放到位。

【农产品质量检测】 2020年，明溪县农业农村局推进食用农产品合格证制度与一品一码追溯制度并行工作，全县累计有将144家生产经营主体（其中2020年新增49家）纳入追溯系统监管，生成食用农产品合格证/追溯凭证9789张，为线下散户开具合格证330批次。配合农业农村部开展风险监测样品19个，配合农业农村厅开展监测抽样23个，配合市农业农村局开展监测抽样33个，合格率均达100%。全县生猪产地检疫8.63万头、牛2113头、家禽10.47万羽；屠宰检疫生猪12106头、牛1514头，检疫率100%。全年完成食用农产品快检5082批次，其中县级1011批次、乡级4071批次。

【农业综合执法】 2020年7月，明溪县农业综合执法大队正式挂牌。全年开展线上线下农资执法巡查710余次，抽检全县28家农资经营企业的65个农资产品，开展养殖场、兽药企业和饲料企业“双随机”抽查52家次。全年共立案查处各类农业执法案件11起。

【新型经营主体】 2020年，明

2020年9月，城关乡罗翠村翠竹洋村民种植的冬瓜王长1.45米、重90.5千克 （罗杰 摄）

溪县新注册登记合作社3家、家庭农场62家，全县共有注册登记合作社315家、家庭农村383家。新增县级示范农场11家、县级示范合作社2家；新增市级示范农场2家，市级示范合作社2家；新增省级示范农场4家；全县共有省级示范社8个、省级示范农场8家，市级示范社12个、市级示范农场12家。

【平安农机创建】 2020年11月，明溪县获评福建省平安农机示范县，县内32个行政村获评“平安农机示范村”，8个乡（镇）获评“平安农机示范乡（镇）”。全县拖拉机上牌率95%，检验率88%，持证率90%。

扶贫开发

【扶贫重点工作】 2020年4月25日，省委办公厅、省政府办公厅发布公告，明溪县退出省级扶贫开发工作重点县，全县30个建档立卡贫困村顺利摘帽、建档立卡贫困人口1634户4861人稳定脱贫。全年累计帮助协调解决就业、产业发展等困难问题257个；落实造福工程指标75户282人，占指标任务253人的111.46%，其中已建一层75户282人，已竣工75户282人；全年发放贷款105.87万元，扶持贫困户48户，贴息112.87万元，收回到期贷款3337.82万元；安排扶贫项目57个，涉及资金2858.35万元，动工建设57个，支出资金2858.35万元；对89名建档立卡贫困学生进行补助，共发放补助金额26.7万元；完成创业致富带头人培训88个，完成创业农户135人。

【扶贫项目工作】 2020年，明溪县共安排扶持贫困户发展种养产业、贫困村壮大村集体经济项目产业扶贫发展资金1912.48万元。安排1188.4万元用于贫困村、空壳村、困难村饮水提升工程、道路硬化（含拓宽）等方面建设，共计实施饮水提升工程28个，道路硬化项目（含拓宽）项目8个。

【巩固脱贫成果】 2020年，明溪县建立“一函两单三扶”（即每学年为异地就读贫困生发函协调落实政策，向每位贫困学生发放政策告知单和受助明白单，教师与贫困生结对开展“扶志”“扶智”“扶助”活动）教育扶贫工作机制，全年累计发放基础教育各学段补助资金119.58万元，惠及学生1847人次，共为233名大学生办理生源地信用助学贷款171.24万元。同时县里出台配套政策，对2019—2020年度符合条件的141名建档立卡大中专学生进行补助，共计发放补助资金48.7万元。开展教育脱贫攻坚“补短板 强弱项”大排查，做好异地就读贫困学生政策衔接工作，共补助47人次，发放资助金63562.5元。强化“家庭医生”签约服务，全县组建58个家庭医生团队，参与签约基层卫技人员（含乡村医生）106人，区域常住建档立卡户全部签约完成。实现全县贫困村卫生所医保“村村通”，全年完成27户贫困户房屋修缮，实施农村安全饮水改造提升工程28个，农村集中供水率达96.89%。城乡低保对象1078户2126人（建档立卡贫困户642

2020年10月17日，明溪县开展全国扶贫日系列活动（县扶贫办 提供）

户1359人），发放城乡低保金1185.69万元；全年通过排查，增符合低保认定条件的低保对象85户146人；对已纳入低保的建档立卡贫困户，家庭人均收入超过当地低保标准的共计23户42人，给予12个月延保渐退期。

【健全监测机制】 2020年，明溪县累计受理“一键报贫”申报81条。对全县48户重点户进行重点帮扶、另册管理，增加2项以上的帮扶措施，每季度评估成效，防止出现返贫。落实农村相对贫困家庭“239”帮扶机制，加大产业、就业等帮扶力度，强化兜底保障，防范致贫风险，缓解相对贫困，推进共同富裕。

（罗寿民　吴冠龙　曹思水　颜金财）

农业机械

【概况】 2020年，明溪县农业机械推广中心围绕乡村振兴战略、农业节本增效、农民增收的目标，立足明溪实际，落实农机化发展政策措施，保障粮食安全和县主要农产品生产全程机械化的需求，强化农机化管理，保障农机安全生产，开展农机化优质服务，推广先进适用、节能环保与精准高效的农机新机具、新技术，落实农机购置补贴政策，优化农机装备结构，增强农业综合生产能力，提高农业机械化综合水平。全县农业机械总值（原值）突破亿元，农业机械总动力100418千瓦，首次突破10万千瓦。全县拥有拖拉机1947台，拖拉机配套农机具3130部，水稻插秧机598台，排灌机械1535台，微耕机3315台（套），旋耕机2495台，田间管理机械2972套，谷物联合收割机364台，谷物烘干机18台，农产品初加工机械892台，畜牧机械187台（套），水产机械1254台，农用无人机64架。全县主要农作物耕种收综合机械率71.9%，比2019年增长6.6个百分点；全县水稻耕种收综合机械化率79.7%，比2019年增长3.2个百分点。全县有农机化管理机构10个，农机经销企业7家，农机专业合作社5个，农机户2837户，农机化作业服务人员3476人，拖拉机驾驶员548人，联合收割机驾驶员263人。全县农机服务收入8120万元，农机作业服务收入3746万元。

【农机服务】 2020年，明溪县农业机械推广中心在农事季节组织县、乡（镇）农机干部深入村、户累计服务366人次，组织各种农机服务队485支，检修农机具1万多台（套）。完成机耕作业面积14069公顷，机插作业面积3527公顷，机收作业面积8665公顷。其中水稻机耕作业面积8967公顷，机插作业面积3525公顷，机收作业面积8665公顷。

【农机补贴政策落实】 2020年，明溪县农业机械推广中心加大农机购置补贴政策宣传，及时在指定网站公开农机购置补贴方案、补贴程序、补贴目录、补贴标准，争取农机购置补贴资金480万元，实际使用补贴资金602.3万元，比2019年增加378.3万元，补贴农机具2141台，直接受益农户1245户。应对疫情影响，精简购补流程，推广使用手机App办理农机补贴，让农民少跑路，手机App使用率达87.49%，名列全省第二。首次对涉及人身财产安全的拖拉机、联合收割机、水稻插秧机、机动喷雾（粉）机、机动脱粒机、饲料（草）粉碎机、铡草机等七种农机具实行报废补贴，报废3台机具，补贴1.32万元，实现农机报废补贴零的突破。通过购机补贴政策的实施，满足农业生产对机械化的需求，全县农机装备总量增加，装备结构进一步优化，推进县农机化向全程全面高质高效转型升级。

【新机具新技术推广】 2020年，明溪县农业机械推广中心召开新机具推广现场会5场，组织农机培训2期，举办农机新产品推介会1场，在省（部）市县网站、电视台等媒体进行县春耕备耕、无人机水稻直播、高速插秧机培训、联合收割机培训等新闻报道宣传10次。引进推广履带式大型拖拉机、农用无人机、烟地铺膜机、乘坐式高速插秧机、自走履带式谷物联合收割机（全喂入）、畜禽水产养殖机械等11种新型农机具500多台（套），解决无机可用、无机适用、不会使用等群众生产急需的难题。

【农业生产全程全面机械化推进行动】 2020年，明溪县农业机械推广中心按照省市农业生产全程全面机械化推进行动统一部署，补短板、强弱项，大力推广农机新机具新技术。建设湾内村水稻生产全程机械化示范基地，完成单季水稻机械化耕整地、插秧、植保、收获等4个环节各133.33公顷以上和机烘1000吨以上的机械化作业服务。建设连圣生态养殖有限公司特色农业产业（畜禽）生产全程机械化示范基地，畜禽示范基地粪污设施装备配套率达95%。积极培育乐土、惠民两家“五有”农机合作社，新增1家农机专业合作社，引导合作社提供代耕代种等社会化服务。

【农用无人机水稻直播技术推广】 2020年，明溪县农业机械推广中心首次在城关乡狮窠村和盖洋镇白叶村进行无人机水稻直播试验示范2.4公顷，实行全程机械化管理，指导农民做好水稻田间技术管理。经收割测产，优质稻亩产超过500公斤，取得高效、增产、增效良好效果，既提高劳动生产率，解决农村劳动力不足问题，又大大节约生产成本。

【新型职业农民培训】 2020年，明溪县农业机械推广中心依托实施新型职业农民（农机专业）培育工程，加大对农机合作社带头人、农业生产一线“农机土专家”及小农户的培训力度。举办两期新型职业农民培训班（高速插秧机专业、联合收割机专业），共培训100名学员，均通过考试并取得证书。通过开展高素质农民（农机专业）技术服务培训，为明溪农业生产一线提供更多业务精通、技术过硬的农机化专业技术人才支撑。

【农机安全生产】 2020年，明溪县农业机械推广中心坚持“安全第一、预防为主、综合治理”方针，开展农机“质量月”活动和“11·9”农业宣传月活动。全年深入农机合作社、经销企业开展安全（防火）宣传7次，共发放《农机安全生产注意事项》《谷物烘干机操作注意事项》等5类安全宣传与普法手册资料5760份；举办农机安全宣传与普法教育培训2期，培训人员100人次；开展农机安全隐患排查9次，有效提高农机手的安全生产意识和农机具使用知识，营造浓厚的农机安全生产氛围。

（栾　欣）

农业科技

【概况】 2020年，明溪县农科所严格按照省级区试基地要求，合理规划区试基地建设，加强晚稻、甜玉米等农作物新品种选育、试验、示范、新品种引进，科学合理规划区试基地建设，为“三农”服务。

【农作物新品种区域试验项目建设】 2020年，明溪县农科所承担省、市农作物新品种区域试验

明溪县省级农作物品种试验基地　　（县农科所 提供）

项目，甜玉米和糯玉米22个、菜用大豆10个完成田间观察、记载、收获、测产与试验室考种工作及数据分析、品种评价总结，撰写试验报告4篇，为水稻、甜玉米、糯玉米、大豆品种审定提供科学可靠依据。省区域试验晚稻品种48个，完成田间观察、记载、收获、测产工作，转入试验室考种工作及数据分析，11月完成省区试晚稻试验任务。

【农业科普宣传】 2020年，明溪县农科所开展农业科普宣传工作，撰写实验报告5篇，其中试验论文《21淮山新品种区域筛选试验》在《福建农业科技》(CN35-1078/S)发表，农业经济论文《现代渔业发展现状、存在问题及对策建议》在《农村科学试验》(CN22-1146/S)发表，促进农业科研成果转化。

【省级区试基地建设】 2020年1月，明溪县农科所完成省级农作物品种试验站项目建设，建成投入使用。省级农作物品种实验站位于城关乡坪埠村，占地1.33公顷，新建防鼠墙（砖墙）597.69米(其中：一期306.06米、二期291.63米)，防鸟网（镀锌管、PE）6781.55平方米，硬化田埂（混凝土、钢筋混凝土）640.13米(其中：一期513.89米、二期126.24米)，修缮业务用房32.6平方米；购置先进的水稻数粒仪、分选净度仪等试验仪器和小型联合收割机等种子检验仪器设备16台/套。省级农作物品种试验站基地的投入使用提高了科研能力和试验的科学性、准确性。

（肖　俊）

雪峰农场

【概况】 2020年，明溪县雪峰农场贯彻落实习近平总书记在中央农村工作会议上的重要讲话精神，围绕县委、县政府中心工作和上级农业部门总体安排部署，创新工作思路，完善道路等基础设施建设，落实农业补贴等惠农政策，推进城乡居民养老保险等民生工程。

【疫情防控】 2020年，雪峰农场贯彻落实中央和省市县决策部署，把打赢疫情防控阻击战作为重大政治任务。积极动员，迅速落实，广大党员干部以身作则，冲锋在疫情防控第一线。建立包联机制，全面细致排查，严格措施管控，形成一级抓一级，层层抓防控的工作局面，同时建立了农场国内、国外便民服务微信群，将关于疫情防控的通知第一时间传达到每一户、每一人，为政府与居民、农场与居民、居民与居民之间搭起了零距离沟通的桥梁。坚持多管齐下，保障物资需求，面对防疫物资紧缺，农场统筹协调各方力量，筹措物资，保障一线防控物资供应。

【基础设施】 2020年，雪峰农场投资13万元建设农场上片至友谊队路口道路硬化工程，新建道路长141米，路面宽度6米，新装路灯4盏，确保群众出行安全。改善人居环境，推进“厕所革

2020年4月20日，雪峰农场组织人员检查辖内水库安全，做好防汛工作　（雪峰农场 提供）

命”，投资16.8万元新建公厕一座，新建改造三格式化粪池25个，深入推进农场人居环境整治。完善垃圾转运整治机制，建立垃圾收集点1个，购置垃圾转运车1辆，生活垃圾放置点15处40个垃圾桶，垃圾处理实行周收集清理转运，提升群众生活幸福指数，改善农场风貌。

【森林资源管理】 2020年，雪峰农场严格执行《森林资源保护办法》，明确护林员管护责任，加大巡护责任和打击整治力度，打击林木盗伐，维护林区治安稳定。加大防火宣传力度，引导广大群众移风易俗、文明祭扫，严格火源管理，及时发布预警信号、禁火令。落实森林资源保护与发展目标责任制，与县侨乡国有林场共同完成森林资源采伐38公顷2400立方米，同时实施植树造林工程。

【民生事业】 2020年，雪峰农场以满足人民群众美好生活需要为导向，补短板、强基础、优品质、促均衡，群众落实度不断提升。实施全民参保计划和精准扩面工作，城乡居民养老保险、基本医疗保险参保率分别达96%、100%，全面落实惠农政策，兑现农业支持保护补贴3万元，争取财政“一事一议”项目1个补助资金10万元。扎实开展新一轮“平安农场”建设活动，严守六个坚决防止底线，抓好易俗、安全生产及扫黑除恶专项斗争工作，发放宣传资料300余份，张贴海报横幅20余处，推进“雪亮工程”，全场社会治安稳定。进一步强化低保、困难群众、计生户等群体服务意识，农房保险、综治保险、扶残助残、临时救济等惠民政策覆盖面进一步扩大，农村社会保障体系更加健全。联建联创、双拥共建体系进一步强化，工会、老龄、残疾人等工作扎实开展，统计、防灾减灾等工作取得新进展。

（李　青）

水利建设

【概况】 2020年，明溪县水利局规范水利建设管理，全面推进水利法治建设，抓好水利各项工程建设管理。重大水利工程黄沙坑水库竣工验收，实施金溪、渔塘溪中型灌区节水配套工程建设，加强水资源、河道采砂等管理，水利各项事业健康发展。

【黄沙坑水库及附属工程建设】 2020年，明溪县重点水利工程黄沙坑水库完成移民安置及水库工程建设，12月完成水库竣工验收。推进明源水厂及渔塘溪生态水系综合治理等水库配套工程建设，水厂压力隧洞974米全线贯通，生态补水管线铺设1500米，完成年度投资3800万元。

【夏阳溪安全生态水系建设】 2020年，明溪县夏阳溪安全生态水系项目完成夏阳溪两岸景观、仿木栏、休闲步道、生态护岸等工程8公里，完成投资600万元。

【闽江上游沙溪流域防洪4期工程建设】 2020年，明溪县闽江上游沙溪流域防洪4期工程全面启动，完成瑶奢堤段防洪工程建设；王陂堤段工程克服疫情影响，序时推进，完成防洪堤2.5公里的主体工程建设，完成投资2600万元。

【水土保持综合治理】 2020年，明溪县推进水土保持综合治理工作，实施了水土流失综合治理、水土保持生态村等项目建设。山水林田湖草明溪段水土流失系统治理项目实施了盖洋镇温庄等小流域水土流失综合治理项目，总投资715万元，综合治理面积1508公顷，安全生态水系4000米，项目主体基本完工。闽江上游沙溪流域明溪段水土流失综合治理项目2个，盖洋项目总投资760.9万元，综合治理面积1031公顷，安全生态水系3.51千米，项目建设基本完成；夏阳项目总投资627.01万元，综合治理面积1050公顷，安全生态水系3.15千米，完成主体建设任务。省级水土保持生态村项目2个，建设地点为枫溪乡枫溪村、夏阳乡溪边村，总投资125万元，治理水土流失面积166公顷，项目建设基本完成。

【农村饮水安全工程】 2020年3月，明溪县水利局成立6个排查工作小组，入户排查全县9个乡镇1618户建档立卡贫困人口饮水安全中的用水量、用水方便程度、供水保证率等问题，并委托县疾控中心对贫困户饮水水源水质进行全面检测，排查饮水无问题，检测饮用水均合格。续建2019年建档立卡贫困村饮水安全巩固提升工程，实施盖洋镇湖上村、城关乡王桥村、上坊村，沙溪乡梓口坊上村，共涉及7059人，获上级补助资金231万元。新建2020年建档立卡贫困村饮水安全巩固提升工程，项目实施盖洋镇姜坊村、瀚仙镇龙湖村、岩里村和夏阳乡新坊村，共涉及4799人，获上级补助资金140万元，完成投资100万元，占总投资的71.43%。农村饮水安全工程维修养护项目实施城关乡、瀚仙镇、沙溪乡、夏阳乡、胡坊镇、盖洋镇、夏坊乡、枫溪乡等8个乡镇74个行政村的集中式供水工程152处，受益人口5万人，中央补助资金135万元，完成工程设施修缮，净化消毒滤料，供水设备配件的更换等。

【中型灌区节水配套工程】 2020年，明溪县金溪中型灌区节水配套改造，项目实施盖洋、枫溪、夏坊3个乡镇，设计灌溉面积3733公顷，主要建设内容包括：改建与加固渠首工15座；新建与改造干支渠（沟）道工程29.04千米；渠系建筑物改造58座；新建量测与管理设施55座（个）；灌区信息化工程1项；环保及水土保持工程1项。工程总投资为2386.46万元，完成投资2173万元，占总投资的91.06%。明溪县渔塘溪重点中型灌区节水配套改造，项目涉及城关、瀚仙、沙溪、夏阳4个乡镇，设计灌溉面积3453公顷，主要建设内容包括重建加固引水堰31座；新建与改造干支渠（沟）道工程30.22千米；配套改造渠（沟）系建筑物106座；新建量测与管理设施106座（个）；灌区信息化工程1项；环保及水土保持工程1项。工程总投资为2395.97万元，完成投资2228万元，占总投资的92.99%。

【水资源管理】 2020年，明溪县水利局贯彻落实中央、省、市实行最严格水资源管理制度的部署要求，推进最严格水资源管理工作，着力健全制度、落实责任、提高能力、强化监管，严格用水总量、用水效率，加强水功能区纳污控制“三条红线”、河道岸线、河岸生态保护以及饮用水水源地保护“三条蓝线”的管理，促进水资源可持续利用和经济发展方式转变。严格落实取水许可和计划用水制度，加强取水许可监督管理和计划用水管理，根据省水利厅和市水利局工作部署，3月在全县范围内开展取水许可和计划用水监督执法检查。对持证取水单位的相关资料进行书面审查，并对取水设备及计量设施进行现场检查过程中没有发现取水单位隐瞒和提供虚假资料的情况，能依照批准的取水许可规定条件取水，用水日常管理等方面都符合取水管理要求。全县共办理取水证74套，合计取水量33.69亿立方米，全年共征收水资源费122万元。

【河道采砂管理】 2020年，明溪县水利局加强河道日常巡查，依托河长制平台，实行水政执法与河道专管员巡河联动机制，将河道采砂监管纳入河道专管员巡河工作内容之一，发挥河道专管员日常巡河优势，实施常态化管理。执法大队采取定期和不定期的巡查方式，对涉水、涉砂等违法行为，做到“早发现”“早处理”，坚持依法行政，依法治水，严格执法，维护辖区内的正常水事秩序。发挥河湖长制巡河平台的作用，切实加强对河道采砂活动的监管。全年共出动巡河29人次、执法人员97人次；立案查处非法采砂1起。

【水土监督】 2020年，明溪县水利局落实生产建设项目水保方案的编报工作。协调发改农业等部门，对全县鳗鱼养殖项目逐一复核，印发补报方案通知5份；对水利部卫星遥感监测疑似违规图斑进行现场复核，对违规项目印发限期整改通知。全年审批水保方案报告书2个，办理水土保持报告表许可13个，完成登记表备案1

个。加强生产建设项目事中事后监督检查。年初按照要求做好计划部署，做到全面覆盖，重点突出。2月26日印发《明溪县水利局关于开展2020年度生产建设项目水土保持监督检查的通知》，对全年检查工作进行安排部署；印发《明溪县水利局关于开展2020年莆炎高速、兴泉铁路建设项目水土保持措施专项检查的函》，对兴泉铁路、莆炎高速(明溪县境)共7个标段、工区逐一开展水土保持专项监督检查。全年共检查项目26个34次,印发整改通知4份，对检查中发现的问题，逐一跟踪督促，全面落实整改工作。加强水土保持补偿费征收工作。对于近年审批已开工项目做到足额征收，应收尽收。对于矿产资源项目，协调县矿管部门联合征收。同时，对个别早期审批欠缴项目，积极催缴，共征收水土保持补偿费147万元。推进水土保持设施自主验收工作。全年共督促完成生产建设项目水土保持设施自主验收报备17个，其中市级6个（已下放县级）、县级11个，开展验收核查2个。

【河长制】 2020年，明溪县水利局推进水环境治理网格化和信息化建设，建立健全水环境风险评估排查、预警预报与响应机制。完善“一河一档一策”，适时对部分河流“一档”进行实时更新，及时做好“一策”的修正、完善与应用，确保河流治理与管护措施精准有效。强化河流水质监测，在实现县乡两级行政交接断面监测全覆盖基础上，加密监测频次，实现水质监测数据、污染源数据和水文数据共享，强化结果应用。深化与团县委和县教育局、妇联、工商联及其他社会团体的合作，形成全社会关心、支持、参与、监督生态环境整治和水环境整治的良好氛围。强化生活污水整治和垃圾方面治理，持续开展生态环境综合治理五项攻坚专项行动。摸清家底，找出问题，列出清单，建立台账，逐河、逐段分解落实各级河长整改责任，建立长效管理机制，确保规范整治取得实效。强化责任落实，建立“一月一抽查”制度。探索实行“河长令”，健全考核奖惩机制。强化河长、专管员培训教育，把河长制工作落实到基层层面上。

【小水电生态治理】 2020年，明溪县水利局为落实做好农村水电站生态治理工作，按照三明市人民政府《关于印发2019年三明市生态环境综合治理五项攻坚行动计划的通知》精神，完成水电站生态改造措施68座，完成率100%，完成水电站下泄流量在线监控安装61座，接入福建省下泄流量在线监控系统平台61座，完成率100%。

【移民安置】 2020年，明溪县水利局做好移民直补资金发放工作，完成库区后期扶持资金争取，抓好“平安库区”创建工作，完成黄沙坑水库移民搬迁安置，黄沙坑水库完成移民安置验收和工程竣工验收。共争取中央水库资金项目8个，移民资金865.46万元，拨付207.9万元。项目完工2个，正在实施4个，待审批2个。

（张　宇）

责任编辑：罗兴东

林业与自然保护区

森林资源保护与发展

【概况】 2020年，明溪县完成植树造林716.4公顷；完成审批总采伐量12.69万立方米；全县林业地征占用获批68起，涉及征占用林地面积61.41公顷；查处各类林业行政案件76起，查处率100%；办结林业信访6起、“12345”政务服务平台诉求件31起；发放“益林贷”贷款2999.82万元。

【森林资源培育】 2020年，明溪县完成植树造林716.4公顷，占任务的126.42%；完成森林抚育5274.73公顷、封山育林1855.67公顷。县林业局将全民义务植树活动与“春节回家种棵树”活动结合，完成发放栽植楠木营养袋苗3000株。推进乡村绿化美化、助推乡村振兴，指导、协助瀚仙镇创建省级森林城镇，创建盖洋镇白叶村、夏坊乡李沂村、瀚仙镇大焦村、胡坊镇福西村等4个“福建省森林村庄”。

【森林资源保护】 2020年，明溪县林业局推行林业执法“一带三”工作机制，共查处各类林业行政案件76起，查处率100%，为国家挽回经济损失134.19万元。加大防火宣传力度，开展森林防火宣传活动21次，出动宣传车300余辆次，张贴防火标语700余张，发放宣传年历及宣传单2万余份，手机发送短、微信警示告知10万条次，LED屏宣传550余条。开展有害生物综合防治，成立林业有害生物应急防治队伍1支，预防和防治各类有害生物面积4296.4公顷。对人民诉求高度重视，办结林业信访6起、“12345”政务服务平台诉求件31起。开展涉林“扫黑除恶”专项斗争、林区禁毒和“六清”行动，全面摸底排查和打击整治各种林区乱象。开展风险隐患排查治理专项行动、安全隐患大排查大整治百日攻坚行动，指导完成林业安全生产隐患整改132处，全年未发生重特大林业安全生产责任事故。

【森林资源管理】 2020年，明溪县林业局落实保护发展森林资源目标责任制，完成审批发放采伐证303份，采伐面积1245.2公顷，蓄积量12.69万立方米，占全年采伐限额的28.89%；规范林地管理，报批征占用林地68起，面积61.41公顷，收缴森林植被恢复费1049.69万元。落实生态公益林补偿及天然商品林停伐补助工作，全年发放生态公益林补助资金1455.61万元、天然林停伐补助资金1209.64万元；及时调整聘用生态护林员113人，运用智慧林业信息管理平台对生态护林员进行有效监管，不断提高生态护林员森林管护监测能力。对生态公益林布局进行优化调整，编制上报生态公益林调整方案，调入国家级公益林23.87公顷，调出国家级公益林23.03公顷；调入省级生态公益林13.1公顷，调出省级生态公益林13.45公顷，调整方案获省里批复。优化整合自然保护地，完成自然保护地摸底调查、资料收集等前期准备工作，完成各级各类自然保护地范围调整、功能分区、矢量数据建设和评估等自然保护地整合优化工作任务，组织编制《明溪县自然保护地整合优化预案》，通过上级主管部门评审。序时完成“十四五”森林经营方案编制、种质资源普查、生态红线划定等。

2020年10月20日，明溪县建成候鸟监测管理平台

（黄芳 摄）

【林业改革】 2020年，明溪县林业局培育新型林业经营主体，新增省级示范家庭林场1家、省级新型主体标准化建设社（场）3家、三明市示范社（场）2家。大力发展林下经济，争取省级财政林下经济项目补助资金175万元，新增林下种植林药125.6公顷。持续推广全省首创新型林业普惠金融产品“益林贷”，发放“益林贷”贷款2999.82万元，受益林农474户；推行绿色信贷，新增林权抵押贷款4起，抵押面积1279.8公顷，贷款金额1210万元。探索推进林票制度改革，明溪国有林场与胡坊福西村完成签订林票试点协议书2份，面积34.73公顷；开展三明中闽集团与胡坊福西村、恒丰公司、青珩公司合作建立经营规模33333.33公顷的林票市场化交易试点前期调研。依托盛荣林木收储有限公司、侨乡国有林场和天恒林场，完成重点生态区位商品林赎买70.87公顷。全面推行“马上办、网上办、就近办、一次办”审批服务，落实“一趟不用跑”和“最多跑一趟”办事清单，推进林业“放管服”改革，共受理各类办件217件、木材运输证2250份、办理检疫证5004份。

【林业生态项目建设】 2020年，明溪县林业局培育“生态观鸟+森林康养”新兴产业，打造三星级森林人家9个，申报四星级森林人家3个；建立以生态观鸟为主的森林康养基地12个，其中市级森林康养基地1个；注册“村社合一”观鸟专业合作社5家；与北京林业大学、中国鸟网、全国鸟类环志中心等围绕“生态观鸟+森林康养”达成战略合作。统筹推进沙溪流域明溪段国际候鸟迁徙通道保护与修复工程、鸣溪省级湿地公园建设、莆炎高速明溪连接线林分改造工程，完成鸟类栖息地保护与修复、鸟类科普宣教体系和鸟类救护体系、武夷山国家森林步道明溪（5千米）精品示范段和70千米宣传廊道建设；建成明溪鸟类监测管理指挥平台，实时监测重点区域鸟类活动情况。引进的高级檀香制造项目一期建成投产，月产能达200吨檀香；明溪县中药饮片加工项目完成设备安装，进入设备调试阶

2020年11月5日，明溪县举办福建省第三十届保护野生动物宣传月活动暨生态观鸟森林康养产业主题活动　　（县林业局 提供）

段。第十六届林博会，县林业局围绕“生态观鸟，康养福地”主题，邀请客商122人，完成签约项目9个，项目总投资25.9亿元；上台签约项目1项，总投资1亿元；与中国鸟网合作举办明溪专场主题活动，成功举办了首届“黄腹角雉杯”国际观鸟摄影大赛、中国·明溪生态观鸟产业发展工作现场会等主题活动。

【林业生态扶贫】　2020年，明溪县林业局制定并组织实施《明溪县林业局生态扶贫工作方案》，完善生态护林员管理办法，优先聘用符合条件的45名建档立卡贫困户为生态护林员。县林业局35名帮扶责任人结对帮扶41户建档立卡贫困户，均精准落实帮扶措施，按时实现脱贫，结对帮扶的2个建档立卡贫困村均实现脱贫目标；持续打造“党建+科技特派服务团”品牌，选派8个林业科技特派服务分团到有发展林业特色产业意愿的贫困村、贫困户、合作社、家庭林场等先后开展一对一精准帮扶服务210余人次，帮助解决林业生产上关键技术难题。

（卢遵杨、黄　芳）

福建君子峰国家级自然保护区管理

【概况】　2020年，福建君子峰国家级自然保护区管理局（简称“君子峰保护区管理局”）贯彻落实中共中央办公厅、国务院办公厅《关于建立以国家公园为主体的自然保护地体系的指导意见的通知》精神，加强森林资源管护及生态宣传教育，参与“生态观鸟+森林康养”产业发展。2020年，获得“全省林业系统先进集体”表彰，也是全省唯一获此殊荣的国家级自然保护区。

【资源管护】　2020年，君子峰保护区管理局修订完善《福建君子峰国家级自然保护区护林员资源管护承包管理办法》，新增软件设置，合理规划巡护时长、打卡点及打卡任务数，有效提高全区资源管护质量。全年完成了卫星遥感监测的共涉及保护区的32处变化图斑的实地核查和销号。通过资源监管，指挥中心发现和排查异常进入辖区内车辆照片79张，全年立案3起，立案率100%。严格入区审批，全年共审批入区申请12份。年内，重新调整森林防灭火指挥部成员，充实4支99人的半专业森林应急消防队伍，增设智能广播音箱6个，新建白岚防火装备库1处、防火宣传牌60块，印发森林防火宣传材料2800份，出动宣传车213次，张贴“防火码”宣传海报52张，实现辖区“防火码”全覆盖；开展全区森林防火隐患排查和整治工作，投资20多万元对全区危险地带实施生土隔离带和生物防火林带建设。

【科研监测】　2020年，君子峰保护区管理局在与厦门大学、人民大学、福建农林大学、福建师范大学等高校合作的基础上，与福建省林业科学研究院签订合作

2020年11月27—28日，福建君子峰国家级自然保护区管理局与福建省林业科学研究院在紫云管理所举行区院合作协议签订暨科研基地揭牌仪式 （君子峰保护区管理局 提供）

协议，开展区院全面合作；与北京林业大学开展教学实践活动，为保护区开展科学研究打下坚实的基础。年内完成森林生态系统服务功能及其价值评估工作，君子峰保护区森林生态服务的总价值达到37.11亿元，全面完成鸟类资源调查，新增鸟类记录88种，出版发行《君子峰鸟类》一书；启动维管植物资源本底调查和两栖类固定监测样线的设计与监测调查。全年记录到野生动物24种，其中国家一级保护野生动物2种，国家二级保护野生动物6种，“三有”保护动物16种，监测结果表明，保护区内的野生动物种类和数量在逐年增加，野生动物的栖息地环境得到了有效改善。及时做好区内疫源疫病监测和统计上报工作，加强虫情分布调查，适时采取有效措施，年内有效预防和除治马尾松毛虫约25公顷。

【生态宣传教育】 2020年，君子峰保护区管理局向央媒和省市宣传媒体推介，各类保护成果信息在央视1套《秘境之眼》播出9期，央视新闻客户端、CCTV《新闻直播间》《朝闻天下》、福建综合频道《早安福建》等播出4期，“e三明”平台刊发信息6条，保护区对外影响日益扩大。与县融媒体中心合作开设《君子峰秘境》专题栏目，播出8期，在“明溪在线”订阅号推送《君峰鸟鸣》11期，《守护绿水青山护林人在行动》专题片6次走上央视、“学习强国”、新华网、中央纪委国家监委网站等媒体平台，生态修复性司法联动机制项目荣获“美丽中国，我是行动者”2020年十佳公众参与案例，入选“2020年福建省优秀公众参与案例展播”。结合爱鸟周、世界野生动植物日等活动，开展专题宣传活动7场次，举办自然讲堂1期，印发宣传材料1.2万份，张贴横幅标语16条，制作宣传展板165块，定期编辑工作简报12期，向上报送信息44条。加大科学防疫常识和野生动物疫源疫病知识的宣传力度，引导辖区群众自觉抵制乱捕滥猎和食用野生动物的违法行为，共滚动播放宣传标语120条，悬挂条幅16条，出动宣传车150余次，发放宣传单5000余份。

【社区共建】 2020年，君子峰保护区管理局完成区内“一事一议”项目2个，共发放慰问金8400元，发放生态效益补偿金291.39万元，林权所有者补偿金48.85万元。成立首家护林人普法工作室，开展“法治宣传守护绿水青山”普法教育活动，法治宣传案例入选中国法律服务网（“12348”中国法网）司法行政（法律服务）案例库。探索实现绿水青山就是金山银山的有效途径，参与“生态观鸟+森林康养”产业发展，配合开展好“绿海明溪、显盖紫云”骑游大会等活动。开展“扫黑除恶”专项行动，持续广泛宣传和走访问题摸排，健全线索排查台账，强化扫黑除恶信息、每月民情信息、预防电信诈骗宣传情况报送；配合做好“两会”期间的安全稳定工作，完成“七五”普法报告；“12345”便民服务平台及时办结3件诉求件，满意率100%。

【项目建设】 2020年，君子峰保护区管理局完成龙坑至鸡公庵、龙坑至苎畲道路改造新建工程，完成枫溪管理所、4个宣教点、2个监测站等选址、设计、预算等各项前期准备工作；完成总投资300万元的2020年能力建设项目，完成君子峰保护区整合优化预案，并通过省级评审。

（吴伟贞）

明溪县林业总公司

【概况】 2020年，明溪县林业总公司树立和践行“绿水青山就是金山银山”发展理念，在做好疫情防控的基础上，严格按照县委、县政府下达的2020年度工作目标，有序推动各项工作的开展。全年实现经营收入307.93万元，其中生态公益林补偿金收入104.85万元，木材销售收入71.28万元，天然林停伐补助收入43.8万元，其他业务收入88万元。清回欠款27.6万元。争取闽江上游重点区位商品林赎买及林分改造资金250万元。

【“十四五”森林经营方案编制】 2020年，明溪县林业总公司根据《福建省森林经营方案编制技术规定》《福建省林业局关于印发“十四五”期间年森林采伐限额编制工作的通知》等文件要求，以明溪县2019年度森林资源建档数据为基础，组织编制《明溪县侨乡国有林场森林经营方案（2021—2030年）》，分别从基本情况、森林资源分析评价、森林经营需求与经营环境分析、经营方针和目标等15个方面进行详细编制，有针对性地提出适合林场林业发展的森林经营具体措施，为林场制订年度计划、组织和安排森林经营活动提供了科学决策依据。7月11日，方案通过有关林业专家评审。11月12日，经县林业局批准同意予以实施。

【重点生态区位商品林赎买】 2020年，明溪县林业总公司坚持以“生态得保护、林农利益得维护”为目标，严格按照县重点生态区位商品林赎买实施方案，建立健全重点生态区位商品林赎买服务体系，依托“闽江流域山水林田湖草生态保护修复试点项目”“莆炎高速明溪连接线林分改造工程项目”等项目，共赎买重点生态区位商品林61.93公顷，有效破解县部分商品林采伐利用与生态保护的矛盾难题，使林农得以盘活林木资产，有效促进农民增收和林业增效。

【林业车队地块征迁】 2020年，明溪县全面启动明溪县林业总公司林业车队地块征迁工作，该项目为2020年三明市“征迁攻坚年”重点项目。明溪县林业总公司成立项目专班，共完成征收土地3.64公顷，搬迁企业5户，征收房屋建筑面积5246平方米，征收房屋72套（其中公有住房15套），柴火间48间。该地块于6月30日完成征迁，比原计划提前90天，征迁期间未出现上访户和钉子户，真正实现了高效征迁、和谐征迁。

【森林资源管理】 2020年，明溪县林业总公司以生态建设为中心，以培育健康、稳定、高效的森林生态系统为目标，实施灵活多样的森林经营措施，结合森林防火、防盗、林业有害生物防治等林业“三防”工作，大力培育和保护森林资源，不断增强公司森林资源总量，以达到森林可持续经营，实现森林的生态、社会和经济效益。做好森林权属纠纷调处工作，着力化解山林权属矛盾纠纷，构建和谐平安林区，调处山林纠纷2起，接待群众询问、来访50余人次。

【国有资产管理】 2020年，明溪县林业总公司加强公司厂房、房屋、店面等固定资产以及林地、林木资产管理，及时收取房屋、场地租金及林地使用费。做好房屋安全隐患排查，整治并消除危房安全隐患，拆除危房4处，实施完成箭竹坪采育场场部、沂洲采育场中溪工区、福田寨采育场综合场退宅还耕项目，退宅还耕面积超过1.33公顷。妥善解决原林业公路段宿舍楼、原林委宿舍楼紫岭路6号房改房，公司办公楼一层店面合作建房的产权证办证问题，大力化解矛盾纠纷，收到了较好的社会反映。

【疫情防控】 2020年，明溪县林业总公司按照县委、县政府的统一部署，制订了疫情防控工作方案和疫情防控应急预案，配合县相关部门及社区，做好高速卡口、社区和县返乡人员隔离点的疫情值班值守。全体党员干部职工投入疫情防控中，参与疫情排查、值守等155人次，组织党员助力疫情防控捐款1100元。

【巡察整改】 2020年6月23日，县委巡察一组对明溪县林业总公司进行专题反馈巡察意见，县委巡察一组提出巡察反馈的4个方面15个问题。公司先后组织召开巡察整改会10次、巡察专题组织生活会1次，剖析产生问题的原因，共制订整改措施15条，全部完成整改。

【退休人员社会化管理】 2020年，明溪县林业总公司根据县委、县政府关于退休人员社会化管理工作会议精神，成立工作专班，扎实开展公司退休人员社会化管理移交工作。对公司256名退休人员的基本信息进行再核对和再核实，全面摸清了退休人员的基本情况，并建立个人信息电子台账；对退休人员人事档案，全面细致逐卷逐页进行审核，认真鉴别档案材料，将所有应归档材料准确分类、排序、编号，逐份编写材料目录，整理、装订、装盒成册。11月5日，公司256名退休人员管理关系全部移交到相关社区，退休党员党组织关系移交由相关社区党组织管理。12月9日，公司256份退休人员人事档案全部移交到县档案馆。

（颜千星）

国有林场管理

【概况】 2020年，明溪国有林场贯彻习近平生态文明思想，牢固树立和践行“绿水青山就是金山银山”理念，全面落实省市县决策部署，做好疫情防控和复工复产工作，重点抓好森林资源精准培育，提升生态服务和保障功能，推进“党建+生态”引领国有林场改革创新发展，推动国有林场建设取得新成效，全年无安全事故和森林火灾发生。

【营林工作】 2020年，明溪国有林场严抓中央财政森林抚育、森林质量精准提升、近自然经营等项目落实，提升苗木培育、造林质量管理，完成大田育苗0.23公顷，造林43.13公顷，中幼林抚育面积533.07公顷，封山育林157.6公顷，森林病虫防治648.2公顷，松枯死木处置260株，生物防火林带维修5.4千米、林道维修3.8千米。

【木材产销】 2020年，明溪国有林场严把伐区规伐、设计、招投标、伐前拨交、伐中检查与伐后验收程序，加强木材销售、木材检验管理工作，完成木材生产6567立方米、抚育间伐176.2公顷，木材销售7088立方米（含上年度库存木材），木材销售总收入657.1万元，每立方米木材平均销售价格（不含薪材）916元。

【林票推广】 2020年，明溪国有林场按“自愿、公平、公正、共赢”的原则，通过“合作经营、量化权益、自由流转、保底分红”等方式，与林场经营区周边乡村开展合作经营，实施“森林管护、补植、林下经济培育、林木更新采伐利用”等全程托管，实现了村财增收、林农致富、林场发展的共赢效果，有力助推乡村振兴。全年林场完成“林票”制发34.73公顷（合作造林），合作经营现有林14.2公顷。林场与胡坊镇福西村的合作造林、制发“林票”，是明溪县境内第一例“林票”成功发行案例，得到当地政府和林业部门的高度肯定，为“林票”制度在明溪县的全面推广起了带头示范作用。

【党建引领】 2020年，明溪国有林场以实施“党建+生态”模式为抓手，深化林场“为青山增绿 助林农掘金”党建服务品牌创建工作，发挥林场森林资源优势，与胡坊镇瓦口村的贫困户合作经营发展林下经济30.53公顷，种植铁皮石斛、灵芝等中药材，实现稳定增收，切实助力贫困户脱贫，被《三明日报》《东南日报》等多家媒体报道；组建11人的党员科技服务队，不定期走进乡村，开展生态保护、林业科技服务等，推动党员干部在乡村振兴、脱贫攻坚中奋发有为、勇于担当，走前头、做表率。

【标准化管护站建设】 2020年，明溪国有林场继续依照《三明市国有林场管护站建设标准（试行）》要求，完成城关管护站建设。至11月完成站点房屋修缮、水电管网更新、景观和环境改造，配备完善办公设备、生活设施，为管护站一线人员提供更好的工作生活保障。

【疫情防控】 2020年，明溪国有林场根据省市县疫情防控要求，制订疫情防控工作实施方案、应急预案，推动宣传引导、值班值守、信息报送等各项防控措施的落实。抽调干部职工参加疫情防控知识宣传、高速公路卡口值守、协助联建联创社区入户摸排返乡人员信息等志愿服务100余人次，引导群众正确理解、积极配合、科学参与疫情防控工作。春季造林期间，多方协调推进复工开展造林工作，按期完成了造林任务。疫情形势缓和后，实施常态化管理模式，巩固抗疫成果。

【森林资源保护】 2020年，明溪国有林场与县公安局森林警察大队协同合作，在持续推进涉林领域扫黑除恶专项斗争和林区禁毒工作的基础上，严厉打击非法侵占林地、盗伐林木资源等违法行为。全年共发生盗伐案件5起，均报县公安局森林警察大队查处，侦破4起；未发现林地被侵占，生态公益林、天然林及森林公园等重点区域森林资源被破坏等现象。严格执行相关编制方案原则及技术标准，开展林场“十四五”期间年森林采伐限额编制和森林经营方案（2021年至2030年）编制工作，确保编制成果科学合理。完成了非林地资源档案的整理工作，确保准确掌握资源现状和资源动态变化趋势。

【森林公园建设】 2020年，明溪国有林场依托雪峰山森林公园优越地理位置，结合“四个林场”、“一场一景”、示范林建设等项目，持续打造明溪生态公园。以马尾松大径材和木荷培育示范基地为中心，辐射冬韵红叶、松海听涛、松林夕照等景观，合理利用已有林区便道、生产道路，投资130余万元，铺设透水砖或卵石嵌石板森林步道2.5千米，建造木结构休息亭2座，安置石椅10张，投入11.26万元制设示范简介、综治文明宣传栏，安全防火警示、二维码树木识别、道路指示等标识牌，营造森林文化科普教育氛围。

（钟育根）

责任编辑：叶安婕

工业园区建设

工业

【概况】 2020年，明溪县工业和信息化局统筹疫情防控和工信工作，落实“六稳”工作、“六保”任务，总体工作保持稳中向好态势。全年规模以上工业增加值35.47亿元，比2019年增长3.6%；工业用电量29781千瓦时，比2019年增长23.07%；工业投资比2019年增长40.8%，技改投资比2019年增长86.8%。在2020年度“五比五晒”竞赛活动考评中居全市第二位，组内第一位；在全县五个重点工作组年终考评中，工业产业组连续三年保持第一；在2019年度绩效考评中，居全县政府工作机构第一位。

【产业结构优化】 2020年，明溪县“三新”产业再发力，总投资5亿元的海斯福三期项目建成投产，启动总投资5.26亿元的海斯福四期项目建设；总投资10亿元的科顺智能化新材料项目一期和总投资3亿元的卓跃硅新材料项目开工建设。南方制药二期项目建成试产，启动南方制药三期项目征迁工作；海西联合药业与上市公司昂利康制药实施战略合作，联合开发七氟烷和地氟烷两个制剂和注册申报；旻和医药公司建成投产；福瑞明德医药、瑞博奥医药基本完成土建工程，进入设备安装阶段。康墨锂电池隔膜一期项目建成投产，二期项目进入设备安装调试阶段；玮士迈锂电池环保设备成为宁德新时代等国内锂电龙头企业的配套装备。全县累计培育国家高新技术企业8家，省级高新技术企业6家，科技小巨人领军企业8家，省级创新型企业2家，专精特新企业2家，专精特新小巨人1家；获批企业工程技术研究中心3家、知识产权优势企业5家。海斯福公司与三明学院合作的《环境友好型含氟多氧杂表面活性剂的产业化技术及应用》获福建省科学技术进步奖三等奖；海斯福“铬雾抑制剂的研究和产业化”项目及百事达的“新型聚己内酯竹粉纤维改性淀粉基可降解PP复合材料的研制及产业化”项目获省上立项；锦浪公司与浙江大学聚合与聚合物工程研究所联合开发“热膨胀微胶囊制备过程强化与聚合新技术”。

【指标提质增效】 2020年，明溪县工业和信息化局组建工作专班，抓部置、抓督查、抓落实、抓总结，随时对滞后工作提出预警。将“五比五晒”竞赛活动方案涉及的指标进行细化分解，指定专人负责日常联络和材料报送，做到每周有情况通报、月度有例行调度，季度有综合分析，并进行综合调度。建立“项目问题清单”，实行“解决一项、销号一项”，及时解决项目推进中存在的困难和问题。针对经济运行的实际情况，出台增产增效扶持措施和“一企一策”建议，保障工业运行的质量和效益。

【项目招商】 2020年，明溪县围绕氟新材料、生物医药、新能源、文旅康养和特色现代农业等县域产业导向，精准策划一批项目推出招商，取得实效。先后走访广东科顺、浙江昂利康、上虞中欣氟材、上海谊众医药、上海熙华医药检测、上海和立特气、厦门绿百合等企业，在广东科顺公司设立“明溪招商服务点”。全年共组织各类招商活动334场次，新增含氟医药中间体、熙华新型生物检测试剂等签约项目47个，总投资104.33亿元。保持“亲、清”的政商关系，实施县领导挂包重点项目机制，专人联系重点项目，对签约项目在立项、开工、投产全过程所涉及的行政审批和供电、供水、供气、通信、网络等事项提供领办、代办等服务，推进项目尽快转化升级、落地建设。

【服务保障】 2020年，明溪县工业和信息化局开展“访企业、解难题、促‘六稳’”专项行动，建立领导干部联系企业制度，定期走访企业，为企业排忧解难。全年共走访44项重点工业投资项目和93家重点企业，收集各类问题162项，基本解决到位。向上争取省技改贴息、县域产业专项、增产增效、重点流域生态补偿、重点用能单位在线监测端系统补助、企业上云专项、小微企业融资担保风险补偿等政策扶持。鼓励存量企业实施技术改造，对扩建项目的生产设备投资予以10%的专项资金补助。与三明兴业银行联合开展省级技金政策宣贯活动，逐家走访重点技改企业，破解企业融资困难。

【疫情防控】 2020年，明溪县工业和信息化局采购募捐储备口罩73.52万只、民用防护服3400件、民用护目镜800个、手套1.5万副、测温枪719把、消毒液5.1吨、洗手液2000瓶。引导医疗器械企业海天蓝波公司建设日产6万个口罩生产线和日产1000瓶免洗手消毒液生产线，并在最短时间建成投产。组建工作专班，制订复工复产具体操作流程，逐家企业推进复工复产，组织包车赴浙江、江西、四川等地“点对点”运载返岗人员159名。保障企业复工复产，提供口罩6.97万只、体温枪70把、消毒液0.4吨，核酸检测1274人，3月初全县规模以上工业企业基本实现复工复产。牵头出台保障工业稳定运行、企业复工复产、增产增效、金融帮扶等政策，鼓励企业多接订单、加大生产。引导在产铁合金、水泥、化工、医药等重点行业企业开足马力生产，在省增产增效扶持的基础上，予以地方再配套奖励50%，稳定企业生产。

（杨 楷）

福建海峡科化股份有限公司烽林分公司

【概况】 2020年，福建海峡科化股份有限公司烽林分公司（简称“烽林分公司”）在机电控股和海科总部的指导下，围绕中心任务和工作计划，统筹推进疫情防控、安全平稳、质量提升、市场拓展、转型升级等各项工作，实现安全生产平稳运行、盈利能力不断增强的总体目标。

【电雷管脚线生产】 2020年，烽林分公司响应行业指引和海科内部归集生产战略部署，恢复电雷管脚线生产。完成年产1250万发工业电雷管（含216基础雷管装填）生产线和101工房基础雷管装填生产线销爆，于12月2日通过省工信厅组织的专家验收。

【合作项目推进】 2020年，烽林分公司合作项目：1.301、302产品。完成301装压药自动化设备调试，配合完成北京京安先锋公司组织的鉴定检验，完成布撒器模块装药的生产条件建设。2.601产品。对定型前的技术指标进行厂内摸底试验，配合完成601产品的企业标准制定和内部评审工作，先后在龙岩、辽宁、武汉、永安等地试用，形成使用记录报告。3.DNT（二硝基甲苯）项目。完成溶解釜改造工作，提升生产效率30%；完成科飞提供的异常原材料处理工作；完成DNT项目的基建改造、消防配套，污水站扩（改）项目及附属配套工程验收工作。4.2号影视效果纸爆管研制。完成2号影视效果纸爆管初步研制工作，试制1000发交付使用。5.射钉紧固件研制。以政策为引导，与湖南达威金属结构有限公司达成合作协议，共同完成试生产条件建设，于10月前开始试生产。12月完成技术安全咨询意见。6.延期发火元件研制。按照941厂提出的要求，试制出样机，完成生产条件建设，初步手工产能达3000发/天，首批产品已交付客户。在设计半自动化生产线及相关模具。7.数码电子雷管脚线生产线建设。完成电子雷管脚线生产设备的调研和选型、电子雷管脚线包覆拉制设备的招标和入厂安装调试工作，12月开始试生产。引进电子雷管脚线自动加工设备。8.电子雷管芯片研发。和四川美创达公司达成合作意向，配合开展新型数码电子雷管的研制工作，完成秒量精度和厂内“三码”起爆流程的测试，测试结果正常。

【市场拓展】 2020年，烽林分公司勤走访、勤沟通、及时供货，巩固江西、青海市场，赢得广东汕尾用户的青睐和支持，实现市场占有率超竞争对手湖南神斧集团，逐步收回南平地区的市场。加强对新产品的熟悉掌握，做好新产品销售衔接工作。产品与成都科飞公司、北京京安公司进行业务对接；射钉弹、军用延期发火元件的销售有序推进。

【党风廉政建设】 2020年，烽林分公司规范开展党委中心组、“三会一课”、主题党日活动，每季度召开一次党建工作例会，落实分公司班子成员联系支部制度。做好“两委”换届工作，9月召开分公司党员大会，选举产生新一届党委班子和纪委班子，明确党委委员分工及职责。明确职责分工，落实“一岗双责”，组织签订21份《2020年党风廉政建设责任书》，39份《重要岗位人员廉洁承诺书》；上半年召开全面从严治党专题学习会议1次、节日廉政专题部署会3次；重点研究部署各个时期的重点工作；利用QQ网站、手机短信、办公自动化、微信平台等载体发放20份反腐倡廉学习材料；坚持落实3项谈话制度，全年进行廉政谈话5次；加强具体事项监督，参与工程建设、物资采购招投标、询比价92起、商务谈判53起和工程项目验收等监督6项次；参与经济合同的会签审核，共对89份经济合同的合规性进行审核监督。建立健全意识形态工作定期分析研判机制，召开两次专题研讨会。每月召开一次中心组学习。三八国际妇女节组织开展网络知识竞答、维权学习教育和讲座收看活动，中秋、国庆“双节”组织开展职工趣味活动。组织开展工会群团以及人文关怀工作。开展“夏送清凉”职工防暑降温慰问活动，为高温一线职工送清凉，送健康，发放防暑降温物资共296份；开展创新与合理化建议征集活动，“复杂药块自动成型设备研制”项目获2020年福建省百万职工“五小”创新大赛三等奖。

（张其晃 林美玲）

城镇集体工业

【概况】 2020年，明溪县城镇集体工业联合社坚持以新发展理念统领发展全局，抓好工艺美术、集体资产运营管理、疫情防控等各项工作落实，持续做好招商引资、客商接待、帮助企业复工复产等相关工作。

【工艺美术发展】 2020年，明溪县城镇集体工业联合社组织工艺美术从业人员参加厦门文博会、福建省工艺美术创意设计大赛等展览，选送具有明溪特色的宝剑、宝扇、微雕、衍纸画等7个种类20余件作品参展参赛，展示明溪“三宝一绝”的工艺美术特色亮点。其中，赖志强

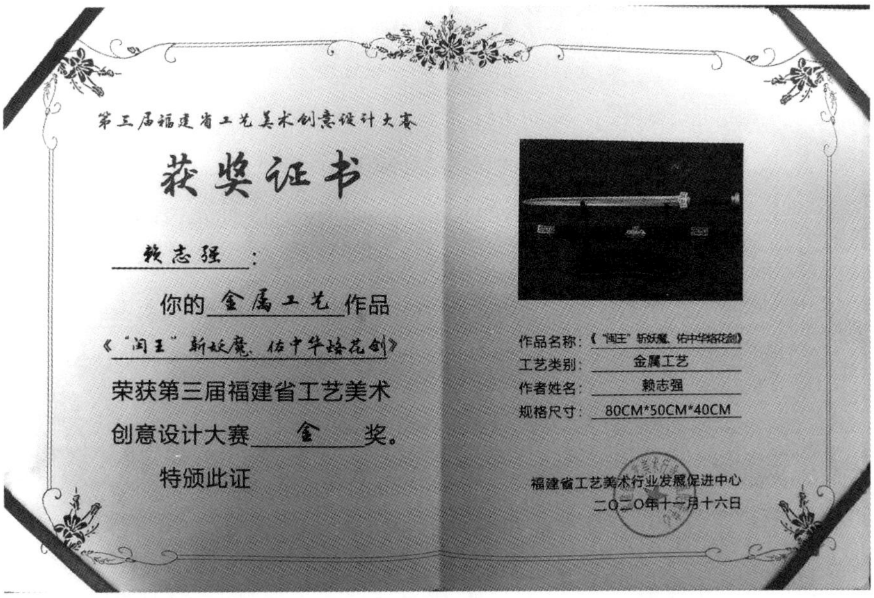

2020年11月，赖志强获第三届福建省工艺美术创意设计大赛金奖

（县二轻工业联社 提供）

作品《“闽王”斩妖魔，佑中华烙花剑》获得第三届福建省工艺美术创意设计大赛金奖、毛祚胜作品《二十四孝图》获得福建省工艺美术创意设计大赛银奖、毛新华作品《孙子兵法》获得福建省工艺美术创意设计大赛铜奖，明溪县是全市唯一获得金奖的县份，此次大赛金奖在三明市占比100%，银奖占比50%，铜奖占比25%，获奖数名列三明市前茅。将参加莆田艺博会、厦门文博会等活动中涌现成效显著的大师列入传统手工业和传统工艺技能的评审范围，经组织评选，有3人被评选为2019年度传统手工业和传统工艺技能优秀从业人员。

【集体资产运营管理】 2020年，明溪县城镇集体工业联合社对现有集体资产进行摸底调研，研究资产用途和作用，对外宣传招租，发布信息，提高资产的运行效益，促进资产增收增效。部分集体固定资产有一定程度的盘活，集体资产非税收入比2019年增长20%。

【新冠肺炎疫情防控】 2020年，明溪县城镇集体工业联合社积极参与县疫情防控各项工作。借调1名干部到县融媒体中心，工作期间参与疫情相关新闻报道42篇。2名干部被县委、县政府派驻到广州白云机场参与境外疫情防控工作，在派驻期间，服务14名明溪籍入境广州、深圳的海外侨胞。

（李　飞）

经济开发区管理

【概况】 2020年，明溪县经济开发区管委会围绕园区高质量发展奋斗目标，“三新”产业集聚取得新突破，实现园区经济持续、平稳、较快的发展。全年园区企业完成规模以上工业总产值70.23亿元，实现税收1.49亿元，比2019年增长12.13%和8.9%；“三新”产业完成规模以上工业总产值40.22亿元，实现税收1.22亿元，比2019年增长11.86%和12.95%。入驻企业64家，其中高新技术企业9家，上市企业3家。

【用地保障】 2020年，明溪县经济开发区管委会完成工业污水处理厂尾水排放工程、畅旺新材料、科顺东侧发展备用地等7个项目地块及零星征收52.2公顷，房屋拆迁130平方米，累计支出1904.39万元。完成瑞博奥脱氧核糖及衍生物生产项目、洁水处理剂等系列生产项目2块用地土地出让，为项目落地提供保障。

【资产盘活】 2020年，明溪县经济开发区管委会通过收储优质资产，盘活佳欣食品、聚龙精密制造、金草种业等闲置资产，引进归化红食品加工、沃林红豆杉生物科技、传田绿色食品加工等食品产业；通过租赁方式，盘活气动工具产业园3幢标准厂房，入驻康墨改性隔膜、导洁水处理剂等项目。全年盘活各类闲置土地资产8.4公顷，厂房面积12317平方米。

【工程建设】 2020年，明溪县经济开发区管委会投入7320万元，建成电力杆线迁移、园区环状供水、D区3号应急池、工业污水处理厂尾水排放工程等项目，集中区北侧支路、科顺支路竣工通车，A、D区污水管网改造项目开工建设；瀚大线至明溪经济开发区B区道路工程、工业集中区道路完成地质勘探；完成B区污水管网、集中区1号应急池、南方制药发展备用地等项目方案设计前期工作；主干道二期（科顺路段）延伸工程完成设计、预算。南方制药抗肿瘤新药系列产品生产项目（二期）和旻和含氟医药生产项目竣工试产；明溪瑞德医药中间体生产项目完成土建部分主体施工，进行甲类仓库2、锅炉房、辅助用房等室内外装修，外部管廊支架基础施工及设备安装调试等。

【安全环保】 2020年，明溪县经济开发区管委会围绕污水处理厂提升改造，优化改造方案，完成在线仪表、中控系统升级和污泥临时贮藏间等建设，同时根据园区发展规划，启动园区污水处理厂一期改造及二期立项、设计等前期工作。对接三明学院，利用高校智库资源，深化“智慧园区”建设方案，完成方案比选，进入设计阶段。强化企业安全生产管理，年初与企业签订年度安全生产责任状，全年累计开展安全检查132家次，查出隐患174条，安全隐患全部整改到位。聘请环保、安全管家第三方进行环保、安全检查评估。

（李燕梅）

电力供应

【概况】 2020年，国网福建省电力有限公司明溪县供电公司（简称“明溪供电公司”）累计售电量4.45亿千瓦时，比2019年增长21.22%，售电量创明溪公司历史新高。营业收入2.11亿元，比2019年增长11.47%。固定资产投资8350.35万元，比2019年增长16.64%，资产总额3.27亿元。年内获第十四届“省级文明单位”、县疫情防控阻击战担当作为先进集体、县平安先进单位和“五比五晒”先进单位称号。

2020年1月，明溪重点项目海斯福高端含氟精细化学品生产项目（三期）建成全面投产 （县经济开发区管委会 提供）

【服务大局】 2020年，明溪供电公司组建防疫保电“特战队”，支持县园区新设输入性疫情防控医学观察点建设，45小时超常规投运配套供电工程。组建1支防疫保电“特战队”，保障党校、明洲酒店、商业宾馆等隔离观察点和救治医院等安全可靠供电。执行降价政策，全县共有7738个用户享受95折优惠结算，减免电费416.22万元。开展“百千万”客户大走访，累计走访客户68户，解决诉求6项。2020年累计购买湖北长阳县、秭归县等贫困县和明溪县当地扶贫农产品2.8万元，全年累计光伏扶贫项目上网电量1202.21万千瓦时，助力明溪脱贫攻坚和振兴发展。

【电网建设】 2020年，明溪供电公司完成“十四五”电网滚动规划编制任务，通过省公司“十四五”评审。220千伏明溪（大焦）变电站及配套工程开工建设，35千伏胡坊变电站二期扩建工程竣工投运，枫溪35千伏输变电新建工程获得项目核准。完成明溪石珩工业园区3条110千伏、2条35千伏输电线路的迁改工作，确保电网安全运行。公司生产综合大楼调度专业机房等全部完成搬迁。完成农配网投资3378.2万元，新建及改造10千伏线路长度79.3千米，新建配变容量3.05万千伏安，新建及改造0.4千伏线路长度16.66千米。县政府出台《明溪县电力设施建设补偿标准方案》，规范工程前期环节。

【供电服务】 2020年，明溪供电公司优化营商环境，提高送电效率，将城区供电营业厅整体搬迁至明溪县行政服务中心，实现营业网点转型升级，提升服务能力和方便群众办理用电业务。先后完成中医院扩建、一中扩建、碧桂园明溪项目居配工程、莆炎高速明溪段供电工程等多个民生项目的业扩工程实施，确保民生项目及时启用和送电。试点推行阳光业扩，高低压办电平均时长分别比2019年降3.25%、12.1%，“e三明”客户诉求件办理及时率100%。

【党建工作】 2020年，明溪供电公司认真学习贯彻习近平总书记重要讲话、重要指示批示精神和中共十九届五中全会精神，深化党建绩效应用，加强支部考核评价；推行电力党建服务网与乡村党建网“双网融合”；推进“有事找党组织”机制落地，推行“1+N”党员联系群众机制，收到员工个人诉求、意见建议39条，办结率达97.43%。完成“四季关怀”“三必贺”“三必访”“三必帮”231人次。完成市公党委对公司党委开展的自主巡察。公司信通运检班获得省公司四星班组称号，配网调控班获得省公司五星级班组和市公司工人先锋号称号，实现公司无五星级班组“零”的突破。组织优秀职工和抗疫突出贡献一线员工参加健康疗休养。

（张扬胜）

责任编辑：邓静倩

交通 邮政 通信

交 通

【概况】 2020年，明溪县交通运输局围绕构建“四个交通”“两大体系”总体目标，推进交通基础设施建设，严格规范运输行业管理。全年完成公路客运量26.05万人，旅客周转量1764.55万人千米，公路货运量205.33万吨，货物周转量19397.18万吨千米，客货运换算周转量比2019年增长4.5%。完成交通固定资产投资11025.5万元，向上争取资金2891.28万元。

【高速公路建设】 2020年，莆炎高速公路明溪城关至枫溪段主线全长约53.24千米，概算投资46.06亿元，设计速度100千米/时，采用双向四车道高速公路标准建设。路线起于三明市明溪县瀚仙镇杨家坪接建成的三元莘口至明溪城关段，经明溪县的瀚仙镇、城关乡、雪峰镇、盖洋镇和宁化县的泉上镇，终于明溪县枫溪乡。明溪境内设置互通式立交3座（明溪互通、盖洋互通和枫溪互通）；匝道收费站3处；服务区2座（明溪服务区、枫溪服务区）；该项目于2017年6月开工建设，2020年12月16日通过交工验收，2021年1月1日正式通车。莆炎高速公路明溪城区互通连接线项目新建1.98千米，其中明信橡塑老厂房至省道204线（明溪至将乐）平交路段

2020年12月，莆炎高速公路明溪城区互通连接线项目建成

（县交通局 提供）

按县迎宾大道标准建设（路基宽32米、路面宽22米）；省道204线至高速收费站广场路段，按路基宽度23.5米（减少两侧人行道各5米、增加两侧路肩各0.75米）、路面宽22米标准建设，明溪收费站按3进5出标准建设，总投资为7400万元。

【铁路建设】 2020年，明溪县完成兴泉铁路主线征迁工作。兴泉铁路一期工程新建7237平方米集散广场、4500平方米公交停车场、5117平方米社会停车场及1.21千米明溪县S219至兴泉铁路明溪客运站公路，采用公路二级标准兼城市道路功能，设计速度60千米/时，路基宽24米，路面采用沥青混凝土结构，总投资10311万元。项目于8月份动工建设，完成投资3000万元。

【农村公路建设】 2020年，明溪县交通运输局动工建设农村公路项目18条38.92千米、危桥25座,完成33.94千米、25座，其中县道3千米、乡道18.55千米、村道12.4千米，累计完成投资6080万元。3条农村公路纳入交通战备公路项目，争取交通战备补助资金3077万元，全部拨付至项目业主。全年农村公路列养总里程937.8千米（其中县道136.4千米、乡道398.5千米、村道402.9千米）。通过推行“路掌通”App，简化管理流程，提高县农村公路网格化监管水平。全年

2020年11月，明溪县夏阳乡黄坑经福田寨、御帘至牛岭公路（二期）建成。图为验收现场 （县交通局 提供）

获赔农村公路灾毁保险资金共计28.77万元，农村公路水毁修复投入27.3万元。

【交通运输管理】 2020年，明溪县有货物运输企业23家；客运企业4家，客车32辆，出租车10辆，公交车26辆；汽车维修企业13家；驾校2家（共培训机动车驾驶员1577人）；审核审批受理各类申请796件。春运期间，发送班次3640班，完成客运量2.84万人。全年共出动执法人员1925人次，检查交通运输企业和客货场站210家次，检查车辆2557辆次，查处交通运输违法违章案件133起，处罚14.49万元。

【疫情防控】 2020年，明溪县交通运输局在疫情防控期间规范设置高速公路交通查验站2个，检查车辆32774辆，检查人员69811人。

（卢成锋）

福建闽通长运股份有限公司明溪分公司

【概况】 2020年，福建闽通长运股份有限公司明溪分公司（简称“闽通明溪分公司”）按照三明市交运集团有限公司2020年度项目建设工作方案安排部署，以“一县一品牌、一地一亮点”的特色经营创新活动，完成旅客周转量1004万人千米，客运量12.02万人次。

【公司经营】 2020年，闽通明溪分公司受新冠肺炎疫情影响，截至10月，公司完成票务收入366.34万元，比2019年同

期减少340.01万元；行李房完成2.64万元，比2019年同期减少2.25万元；乘意险销售收入5.86万元，比2019年同期减少5.46万元；公务车收入85.31万元，比2019年同期减少0.02万元；净利润亏损21.71万元。完成旅客周转量1004万人千米，为2019年同期的51.69%；完成客运量12.02万人次，为2019年同期的51.05%。

【安全管理】 2020年，闽通明溪分公司贯彻执行《中华人民共和国安全生产法》《中华人民共和国消防法》等法律法规，严格按照“谁主管、谁负责”的原则，将各项目标责任层层落实到各部门、各岗位。按照“一岗双责”要求，加强安全工作的领导，成立以经理为第一责任人、分管副经理为副组长、各科室负责人为成员的安全生产领导小组，确保安全生产工作机构健全。从法规教育、例会制度、案例分析等方面入手，加大安全生产教育宣传力度，层层签订安全生产责任书，开展省交通厅和市、县交通局组织的“安全生产月”活动。为应对各种突发事件，如汛期暴雨恶劣天气、防恐、火灾等事件，制定应急方案并组织开展相关演练，为确保班次的安全、有序运行打下良好的基础。全年安全生产工作态势保持平稳，各项安全生产考核指标达标，未发生安全事故。一般治安隐患整改率100%，消防、重大治安隐患整改率100%。

【机务管理】 2020年，闽通明溪分公司贯彻执行公司《机务管理规定》，探索车机管理新模式，推行科学的质量管理办法，严格控制维修生产过程中质量过程检验和竣工检验质量，使之达到工艺要求和技术标准，在安全生产的基础上，力创更好的经济效益。严格按照疫情防控指南要求做好修理车间的疫情防控工作。至10月底，公司厂内修累计完成二级维护86辆次、一级维护206辆次，检验车辆11520辆，检验费收入14.02万元；通过2020年度修理厂二类质量信誉考核；完成机油料采购640升，完成轮胎采购20条。

【公交服务】 2020年，闽通明溪分公司从抓驾驶员安全教育入手，培训驾驶操作技能，落实安全责任制，牢固树立“安全第一”的理念，将人民生命财产安全放在首位，遵章守纪、安全行车、文明服务，严格落实安全考核制，加大奖罚考核力度，全年安全生产态势平稳，实现零事故、零伤亡。响应政府对残、障人士优待政策，发行特殊人群爱心卡182张。以不断深化社会服务承诺制度为重点，强化管理监督检查，坚持抓服务质量，树公交形象。完善县城外公交线覆盖，满足各乡镇百姓的出行需求，结合公交现状，对公司现有线路及运营车辆统一优化整合，合理利用现有公交运力资源，实现全县公交服务的同步提升，优化城区公交线路网布局。6月，新购置3辆纯电动公交车并投入运营，对2路、5路、6路等公交班线进行优化调整，便于城南、城西社区居民出行；3路公交班线由交警大队至坪埠延伸至闽通公路港（首末站）发车；为方便工业园区员工上下班及沿途药谷小镇、明洲酒店等群众出行，新增13路（岩里—海斯福三期）公交线路。

【公务用车平台管理】 2020年，闽通明溪分公司加强公务用车平台管理。全年公务用车服务平台公务用车总里程36.42万千米，完成产值103.78万元。按照集团公司制定的公务车管理规章制度，完善闽通明溪分公司公务车相关管理制度，落实各项管理制度并按时填报各类报表，做好新冠肺炎疫情防控工作相关台账。受新冠肺炎疫情影响，公司利用网络平台加强司勤人员学习教育，进行职业道德培训，提高司勤人员职业道德及业务水平。落实对车辆的技术管理，做好定期安全月检及相关台账，完成车机部门制定的维保任务，配合安保部门做好车辆的各项保险业务，确保无脱保、漏保，按时完成车辆年检。规范并完善公务用车服务业务，用车单位使用网络电子约车，取消手工派单，并与用车单位签订银行托收结算业务，明确用车费用结算周期。

【项目建设】 2020年，闽通明溪分公司在县交通局的指导下，开通农村预约客车，制订实施方案并通过审批。农村预约客车由县政府出资购置车辆，闽通明溪分公司经营，实行公车公营，独立核算。6月19日，在明溪县闽通公路港举行“村村通预约客车”运营启动仪式，“村村通预约客车”采取预约响应式，在明溪县8个乡镇23个建制村共投放8辆7座客运车辆，全面实现村村通客车。4月中旬明溪旅游集散中心建设完毕，5月底进行竣工验收结算，7月初通过市文旅局验收。明溪旅游集散中心具有游客咨询、旅游产品展示、旅游商品销售、游客综合服务等功能；将旅游和交通的功能进行有机整合，实现城际客运、城市公交、乡村客运线路与旅游景区（景点）无缝对接。

【疫情防控】 2020年，闽通明溪分公司落实上级部门部署的春运疫情防控各项工作，制订工作方案、突发事件应急预案和值班制度。召开春运动员大会，将春运疫情防控安全工作落到实处，将安全责任落实到人、到岗。严格按照上级部门防疫相关文件要求，做好疫情防控期间工作。做好车站、车辆消杀工作，要求旅客、驾驶员及工作人员进站戴好口罩、查验体温、核验健康码，落实购票、候车、检票“一米线”距离等要求。做好宣传防控知识、张贴宣传标语、进行语音播放等防控宣传工作。根据指南（第一、二、三、四版）严格落实客运场站和交通运输工具新冠肺炎疫情分区分级防控。落实疫情防控常态化管理，推行八闽健康码，做好“外防输入、内防反弹”各项措施，确保人民群众身体健康和出行安全。做好疫情防控期间海外侨胞返乡及高中风险地区返明溪人员运输工作。完成接送疫情防控物资及接驳境外侨胞返乡“点对点”运输任务，组织12辆客车、6名驾驶员参加境外侨胞返乡及高中风险地区返明溪人员运输工作，全年共计出车163趟次，完成运量653人次。10月23日，交通运输部召开全国交通运输系统抗击新冠肺炎疫情表彰大会，三明市交通集团明溪分公司公交驾驶员张富荣荣获“全国交通运输系统抗击新冠肺炎疫情先进个人”称号。

（徐莉梅）

公路管理

【概况】 2020年，三明市公路养护中心明溪分中心（简称“明溪公路养护分中心”）围绕“美丽交通、生态公路”建设目标，提升公路综合服务水平，推动公路各项事业健康发展。总管养里程为155.09千米，专养公路干线优良路率达92%。通过实施路基、路面、桥涵和构筑物养护，公路绿化提升，建设公路安保设施，规范完善交通标线、标志，监管危害公路行为，维护路产、路权，打造人民满意“五优公路”。年内，明溪公路养护分中心被福建省委、省政府授予“第十四届省级文明单位”荣誉称号，被明溪县委、县政府评为“平安先进单位”。

【公路养护】 2020年，明溪公路养护分中心根据规范化养护的技术标准，采取专项养护推动全面养护的工作机制，推进预防性养护，提高路面抗毁及通行能力，对公路出现的病害和缺陷及时组织修复，确保路面平整、路基坚实、桥涵安全、排水顺畅。年内，共完成公路建养总投资1304万元，其中，专案工程投入643.59万元。完成“十三五”“迎国评”暨养护质量效益评价工作。完成肖家山隧道提质升级工程，总造价约49.81万元；实施2020年明溪县灾毁路面修复工程，修复面积3538.51平方米，总造价约84.93万元；完成2020年省道219线“为民办实事”道路安保工程，安装波形梁1008米，造价21.88万元；完成明溪县国道534线过境公路88别墅“创城”环境整

2020年5月22日，明溪公路养护分中心对布上大桥进行桥梁安全检测（明溪公路养护分中心 提供）

治工程，安装波形梁340米，造价7.2万元。强化桥涵的日常调查、统计工作，全年共检查涵洞425道，桥梁41座。

【公路绿化】 2020年，明溪公路养护分中心加强对公路沿线的绿化带和苗木的管理，及时修整边坡、边沟，补栽补植缺苗路段。全年补植补种地被5000平方米，投资约8万元。抓好季节性施肥喷药，投资2万余元对沿线苗木进行系统施肥，同时在苗木病虫害高发时节组织人员对沿线苗木进行病虫害治理，投资约3万元。巩固“绿色长廊、和谐公路”建设成果，公路绿化达到“四季常绿、四季有花、一路一景、一季一景” 的生态景观效果。

【路政管理】 2020年，明溪公路养护分中心贯彻执行《中华人民共和国公路法》、《中华人民共和国公路安全保护条例》及相关法律法规，依法依规实施路政管理。路政人员共计上路巡查537人次，纠正制止各类违章78起，发放路政宣传材料1000余份，刷新挡墙宣传标语5条，横幅广告宣传标语12面。联合明溪县交通运输综合执法大队开展路域环境整治工作,推进“路政宣传月”宣传工作，采用宣传横幅、LED显示屏、微信、短信等方式开展多样化宣传活动，营造爱路护路、依法治路的良好氛围。

【平安公路建设】 2020年，明溪公路养护分中心以“平安公路”建设为主线，落实“一岗双责”有关规定，推进公路建设安全管理标准化，及时排查整改安全隐患，全年安全态势良好。落实疫情防控期间安全生产防范各项措施。组织重大节日、雨季汛期、消防安全等专项安全大排查。排查各类安全隐患15条，落实整改15条，隐患整改率达100%。制作养护作业标志牌81面，安装养护作业车长排爆闪灯15盏，安装班站汽油桶存放箱8个，更换消防器42个，施划振动标线及热熔标线460平方米，安装柔性警示柱67根。投入8万余元用于路障清理、购买劳动保护用品、安全宣传、隐患整改等。全年安全生产无事故、无治安案件、无火灾发生。

【水毁抢险】 2020年，明溪公路养护分中心以水毁防治为重点，做好路基预防性养护工作。以班站为单位，置备防毁抢险材料、机械，开展易毁路段和水毁隐患路段的检查、养护和修复工作；修订完善《公路防毁抢险应急预案》，组织抢险突击队开展抗台抢险应急演练；落实值班制度，执行汛期24小时值班制；坚持巡路制度，及时发现险情组织抢修；规范信息化管理，畅通公路管理服务“96330”热线，实时登录灾害信息管理系统完成信息录入。全年共清理溜方10处3800立方米，修复涵洞144道，修复桥梁检查通道2处、波形梁42米，加高水沟254米、浆砌水沟39.6米，路缘修复51.5立方米，路基修复706立方米。

【机械养护】　2020年，明溪公路养护分中心加强机械设备和车辆管理，提高机械设备的使用率和经济效益，全年机械使用率达71%，完好率97%，实载率62%。购买打药机1台，错台铣刨机1台，手扶单钢轮压路机1台，轻型载货汽车2台，共39万余元。做好机械设备和物资的储备工作，定期组织知识技能培训和应急演练，提升公路抢险救灾能力，确保能够及时处置公路险情，保障公路安全畅通。

（阙新琴）

邮　政

【概况】　2020年，中国邮政集团有限公司福建省明溪县分公司（简称“邮政明溪分公司”）全面完成市公司下达的各项通信指标任务，全年未发生重特大通信案件和事故，在市邮政管理局2020年度县域邮政通信服务质量评比中，邮政通信服务质量综合得分88.3分，被综合评定为A类，机要通信用户满意度113.67分。

【邮政经营】　2020年，邮政明溪分公司邮政业务收入完成2220万元，完成年计划的96.3%，增幅5.6%；收支差完成612万元，完成年计划的140.7%；金融业务收入完成1499万元，完成年计划的95.2%；邮务类完成收入398万元，完成年计划的100%；寄递类完成收入260万元，完成年计划的104.1%，增幅29.9%。

【金融代理业务】　2020年，邮政明溪分公司实现代理金融收入1499万元，完成年预算的95.2%，收入增幅5.6%；金融收入占全司邮政总收入的67.5%。全县邮储代理期末余额9.15亿元，2020年余额净增9282万元，比2019年净增5260万元，市场占有率15.77%；2020年跨赛余额净增1.25亿元，完成率125%。拓展保险业务，全年实际完成指标总额2499万元，保险收入196.9万元。

【邮务类业务】　2020年，邮政明溪分公司完成邮务类业务收入398万元。其中函件业务收入91万元，完成年度计划的121.5%；在组织好生日礼仪业务项目的同时，抓好年货市场的拓展工作；在其他商品销售方面，实现业务额72.07万元；在新媒体项目方面，实现收入9.6万元；报刊类业务完成127万元，完成年计划

2020年8月，邮政明溪分公司与县法院签订司法送达战略合作协议

（县邮政局 提供）

的100.3%，其中校园图书《经典作文》系列销售156本1.8万元，《习近平在福州》销售3479本20万元；集邮类业务收入45万元，完成年度计划的68%。

【寄递类业务】 2020年，邮政明溪分公司寄递事业部完成业务总收入260万元，完成收入指标的104.1%，比2019年增长29.9%；其中国内标快完成78万元，完成收入指标的89.66%，比2019年增长12%；国内快递包裹完成82万元，完成收入指标的102.5%，比2019年增长48.1%；国际快递完成41万元，完成收入指标的390.91%，比2019年增长831.4%。

【物流体系建设】 2020年，邮政明溪分公司建设县、乡、村三级物流体系项目。完成1个县级物流仓配中心、7个乡（镇）物流中转仓、62个行政村物流服务网点建设，在全县范围内实现“县到乡T+1、县到村T+2”的配送时效。

【助力乡村振兴】 2020年，邮政明溪分公司助力乡村振兴，全年进出物流件61万件，畅通农产品进城和工业品下乡的双向通道。同时还利用遍布城乡的网络优势全方位解决产品仓储、销售、运输等问题。

【电商助农联盟】 2020年，邮政明溪分公司推进邮政电商助农扶贫工作，对接相关单位联合组织贫困村人员开展农户培训及农村电商创业者培训，培训农户60人，电商创业者培训5人。同时对接政府联合开展扶贫工作，借助县融媒体中心的力量及利用邮政庞大的物流、信息、网络等体系对贫困户滞销农产品进行精准扶贫重点宣传推介，线上在福建电视公共频道和明溪在线等网络新闻媒体宣传，线下参与政府组织的“御帘油饼节”“农特产品展销”等各种助农促销活动，累计扶贫产品销售5.4万元。

（张 雪）

通 信

电 信

【概况】 2020年，中国电信明溪分公司围绕“网络强国、服务群众”目标，贯彻落实“云改数转”战略，按照省公司“十个坚持和加强”和“十五项关键行动”的部署，坚持党建统领，强化价值经营、云网融合、深化改革，开展“强党建、转观念、提能力”“讲故事、干全活，同读一本书，传递正能量”活动，践行“知说做效”。全年企业生产经营安全平稳有序，运营能力进一步提升。荣获全市服务优秀团队竞赛一等奖，全市网络运营竞赛三等奖，全市无线网络质量排名第一等奖项。

【网络运营】 2020年，中国电信明溪分公司重点围绕光网网络质量提升及5G基站建设，保证通信共抗疫情，提高用户满意度。完成23个5G室外基站建设，2个室分，城区内5G服务全覆盖。全年共新增FTTH端口300个，完成10GE设备端口板的扩容，东门机房新增C600设备，同时完成县、乡OTN、IPRAN设备的扩容，增加传输通道的承载能力和移动网上联中继容量。承担央企社会责任，参与疫情防控，做好各行业部门通信网络保障和隔离点的网络建设；强化客户保障，对前端部门发起要客专线实施重点保障，全年大型活动通信保障6次，加强重保专线的监控和巡检工作，进行隐患排查，做好专线安全保障支撑工作，维护网信安全，融入生产经营的全过程和全流程。完成网络与信息安全、防诈、保密等工作，全年保持通信网络畅通、无事故发生。

【业务发展】 2020年，中国电信明溪分公司推进市场化改革步伐，深化分支局、渠道、政企三条线承包，做实社区清单化营销，全面完成业务发展任务，提升经营业绩。收入市场份额达36.75%，全市第一。天翼用户超2.8万户，宽带超过1.8万户，高清宽带视界（ITV）突破1.2万部。坚持标准信息化和智能分布式数字监控核心服务器（DICT）

项目两手抓，全年中标县委智慧党校、县卫健智慧大楼、县委政法委综治视联网、公安“雪亮工程”等重大ICT（信息通信技术）项目。

【服务提升】 2020年，中国电信明溪分公司持续开展 “两深入两服务（深入市场、深入基层；服务客户、服务员工），全员服务在行动”教育传播活动。继续开展“双轮驱动、五力齐发”一部一品建设，以党建为统领五力齐发，双轮驱动企业更好地践行服务人民的初心。严格执行首问负责制规范服务，强化考核落地；严格执行携号转网新政，把选择权交给用户，倒逼优质服务；拓宽服务渠道，在做强做优核心营业厅、核心门店基础上，带动新增哲信网点一个，城区渠道布局日趋合理，服务能力进一步提高；优化服务体系，坚持支撑、管理前移，严格执行“当当慢”服务承诺，快速响应用户需求。履行国企的政治责任和社会担当，持续开展“长春-2020”防范打击通信信息诈骗专项行动和落实“断卡行动”，全年归属公司用户中涉诈数为0。

（张凯芸）

移动通信

【概况】 2020年，中国移动通信集团福建有限公司明溪分公司（简称“移动明溪分公司”）围绕省市公司经营发展思路，坚持党建引领，落实价值运营,保持无线网络优势，深化质量服务、网业协同，打造客户满意新口碑。坚持走连接驱动发展道路，实施产业链立体式布局，量质并重稳固发展根基，做大规模，做优服务，做强应用，强化支撑发展新能力，推进公司健康可持续发展。

【企业经营】 2020年，移动明溪分公司实现通信服务收入4028.36万元。年累计新增市场占有率50.9%，全区排名第五。5G客户渗透率全区排名第六；宽带新增份额57.3%，全区排名第五，年累计净增份额70%，全区排名第五；100兆（即传输速率最高可达100兆比特每秒）及以上高带宽占比99%，全区第二。全年信息化收入345万元，全区排名第七；缴纳各项税费35.25万元，服务地方经济，发挥央企“国家队”作用。

【业务发展】 2020年，移动明溪分公司加快网络基础建设工作，推进网络覆盖及网络健康度提升，为提升客户网络感知打下坚实的网络基础。加快5G基础建设，全区率先完成5G基站建设，通过线上线下融合宣传以及县融媒体中心现场深度采访报道，进店体验5G的客户日益增多，受到市民的认可。解决影响偏远农村满意度的网络问题点，完成2个偏远自然村人大投诉点，与村民和村干部协商，由村和乡镇出资完成专线监控建设，进行宽带和2G简易基站开通；创新进行全加定FDD（移动通信系统中使用的全双工通信技术的一种，与TDD相对应）站点天线整合，在不增加RRU（射频拉远单元）的情况下，实现农村全向站点的扇区增加，解决弱覆盖投诉问题，提升客户满意度。

【企业管理】 2020年，移动明溪分公司贯彻省市公司工作部署，传播和实践“正德厚生，臻于至善”的核心文化理念，围绕培养“滴水岩”品牌的内涵，将“滴水穿石”的红色精神融入企业文化中。发挥央企主力军作用，全力支援保障疫情防控阻击战。疫情防控期间主动对接县政府，及时为医院提供对讲机30台，并为县城关中学740名师生提供云视讯远程教学方案，助力学生网络学习。利用自有业务短信平台，响应地方政府需求，共计发送疫情防控宣传短信45万余条。参与构建和谐企业工作，营造“奋斗为本，担当先行”的企业文化，常态化开展送温暖和员工慰问活动，给办公场所加装空调及对办公场所进行空间优化，提升员工之间的交流效率与和谐氛围，增强企业凝聚力和战斗力。

【安全管理】 2020年，移动明溪分公司重视安全生产工作，组织安全学习和培训。全年共召开各类安全会议和培训15次，各类检查共计138次；隐患整治完成25处，安全隐患点数比2019年下降8%，全年未有安全事故发生。

（杨成养　晏希华）

联通通信

【概况】 2020年，中国联合网络通信有限公司明溪分公司（简称“联通明溪分公司”）坚持高质量的网络建设发展之路，高起点规划和建设以5G为重点的未来新网络；持续推进互联网化运营，规范资费套餐设置，落实减资降费有关目标要求，提高服务质量与水平。有计划、分阶段、按步骤、有重点地开展与实施“智慧城市”建设工作。通过信息化手段，为县域城镇化发展提供生态化、网络化、数字化的生产生活环境，为促进地方经济发挥积极作用。全年完成财务预算口径收入1801.5万元，其中码号型收入增幅19.58%，项目型收入增幅51.02%。

【新增业务】 2020年，联通明溪分公司各项主要经营指标保持稳定、快速发展。推进数字化转型以构建“智慧城市”平台，在县教育、农业、林业、水利、国土、环保、住建、交通、旅游、电力、气象、银行、税务、城管、公安、司法、法院等行业开发应用。在互联网+系列、云平台、物联网、大数据、高清会议系统、掌上办公、电子商务、单兵执法终端、视频监控、数字城管、社区网格化、旅游信息化上助力“智慧明溪”建设。

【网络建设】 2020年，联通明溪分公司有移动网4G站点96个扇区数210个，3G站点158个扇区数263个和2G站点40个扇区数75个，人口覆盖率达86%。城区、乡镇、景区的3G/4G网络基本完善覆盖，覆盖率达85%，部分区域存在深度覆盖不足。4G网络城区覆盖率达94.5%，乡镇实现体验式点覆盖。行政村覆盖率为80.5%，在完成2升4后，明溪县的4G站点扇区可达到200多个。高速沿线全覆盖。

（孙家明）

责任编辑：罗菊妃

商贸服务

商贸流通

【概况】 2020年，明溪县实际利用外资139万元，新批外资企业8家。生产型企业完成出口2.97亿元，比2019年增加29%；社会零售品消费总额完成23.6亿元，比2019年减少1.6%；批发业销售额完成14.83亿元，比2019年增加23%；零售业销售额完成16.61亿元，比2019年增加3%；住宿业营业额完成0.34亿元，比2019年增加8.1%；餐饮业营业额完成3.28亿元，比2019年增加1.5%。

【招商引资】 2020年，明溪县商务局先后走访了广东科顺、浙江昂利康、上虞中欣氟材、上海谊众医药、上海熙华医药检测、上海和立特气、厦门绿百合等知名企业，在广东科顺公司设立“明溪招商服务点”。全年共组织各类招商活动334场次，新增含氟医药中间体、熙华新型生物检测试剂等签约项目47个，总投资104.33亿元。实施县领导挂包重点项目机制，专人联系重点项目，对签约项目，在立项、开工、投产全过程所涉及的行政审批和供电、供水、供气、通信、网络等事项提供领办、代办等服务，推进项目转化升级、落地建设。

【外资外贸管理】 2020年，明溪县以骨干企业、重点产品、优势产业为切入点，做好海斯福化工、南方制药、福建博诺安科医药科技有限公司等生产型出口企业跟踪与服务，提升生产型出口企业的出口比重。研究省、市促进外贸出口的激励政策和支持措施，鼓励已登记备案和供货出口的企业开展自营出口业务，引导企业拓宽自营出口道路，开拓多元化国际市场，培育出口新增长点。按照“生产型企业出口不足，发展流通型贸易弥补”的思路，引导明溪旅外人员从事总部经济贸易、开展对外贸易流通业务，壮大出口总量。赴厦门“9·8”投洽会参加经贸交流活动，配合做好“6·18”海交会、“11·6”林博会等专场招商活动，深化明溪对外交流与合作。

【商贸流通管理】 2020年，明溪县商务局按照限上企业入统要求，对达标限上商贸企业开展摸底工作，配合乡镇办理入统相关手续。全年成功入统新增限上企业19家，下达商贸企业奖励资金共102.98万元；做好新增省控副食品基地审核申报工作并发挥基地场保供应作用；对样本监测企业进行动态管理，做好市场监测，保障市场供应，合理引导消

2020年8月16日，明溪县在夏阳乡旦上村举办首届“乐购三明”直播节（县工业和信息化局 提供）

费，维护市场稳定，为服务政府决策、搞好市场调控起到较好的参谋作用。

【电子商务】 2020年，明溪县商务局与县农业局、文旅局共同组织明溪县17家企业参加在三明市体育馆举办的首届“乐购三明”直播节，通过县长带货的直播形式在抖音平台进行推广，促进农业、工业、文旅等产品网络销售。

（杨 楷）

房地产业

【概况】 2020年，明溪县住房和城乡建设局推进房地产建设，计划完成房地产开发投资1.98亿元，实际完成投资2.4亿元，比2019年增长21.21%；推出464套5.5万平方米商品房预售房源，比2019年增长41.75%。销售商品住房435套5.2万平方米，供需情况基本平衡。

【“五比五晒”成效】 2020年，明溪县商品房销售面积4.3万平方米，全年增量－9.5万平方米，增速－68.84%。通过调控第四季度目标任务将负增幅缺口缩小到50%以内。房地产业税收入库2908万元，增量162万元，比2019年增长5.9%。房地产去化周期合理化，该项指标通过调控去化周期可保持在12—18个月，该指标得满分。

【房地产市场调控】 2020年，明溪县加快云锦天玺、富贵·壹号学府、东方佳园等在建房地产项目开发，启动林业总公司木材厂地块开发，适时推动紫岭、嘉豪等地块商品房开发建设；加快安置房项目建设，促进原造纸厂地块征迁、汽车站提升改造、康乐路拓宽等项目的实施。以“同地段、同区域、同品质”楼盘近半年成交均价为基准，确定各片区新建商品住房价格管控总体目标，实现新建商品住房销售均价不上涨。策划并实施一批老旧小区改造项目；督促加快原造纸厂安置房建设进度，按时完成城市棚户区改造任务，谋划新建一批公租房，重点解决中等偏下收入家庭及外来务工人员的阶段性居住困难问题。

【抗击新冠肺炎疫情】 2020年，明溪县住房和城乡建设局要求房地产企业做好新冠肺炎疫情摸排工作，建档造册，及时上报。每日安排人员巡查，督促房地产企业、售楼部、物业服务企业等做好消毒和防疫工作。对房地产企业、售楼部和经纪机构进行巡查，督促企业落实疫情防控主体责任。

（王 剑）

供销合作

【概况】 2020年，明溪县供销系统推进供销综合改革，立足为农服务，对标行业先进，助推乡村振兴，在农业社会化服务、基层组织建设等方面发力，把供销社打造成与农民联结更紧密，服务功能更强大的综合服务平台，在全市供销社综合业绩考评中获得三等奖。

【抗击新冠肺炎疫情】 2020年，明溪县供销社按照县委、县政府部署，全员参与抗疫，组织干部职工参加从遭受疫情突袭的湖北返乡人员值守、社区值守和国外归国人员值守工作，累计有320人次参加值守；响应明溪县应对新型冠状病毒感染肺炎疫情工作指挥部《关于给予租户适当减免租金的倡议》，对直属企业出租店面42个、房屋4处、库区1个减半收取1—6月房租，为承租户减免租金共计41.45万元。

【农业社会化服务】 2020年，明溪县供销社实施农业社会化服务惠农工程，新建2个惠农服务中心，实现惠农服务中心乡镇全覆盖；做好农资供应服务工作，本年度冬储各种化肥6542吨；加强农资连锁经营网点改造提升，改造提升4个农资网点。

【烟花爆竹经营管理】 2020年，明溪县供销社持续加强安全生产和烟花爆竹经营管理，开展安全生产隐患排查治理专项行动和安全生产月等活动，全年共召开安全生产会议10次，下发安全文件7份，开展安全检查84次，检查单位10家，参加检查205人次，投入整改资金1.7万余元，整改闭环安全隐患14处；开展烟花爆竹专项安全检查116次，烟花爆竹应急预案演练2次，确保烟花爆竹安全供应，全年烟花爆竹经营态势良好；完成市级安全生产红色隐患（土产公司烟花爆竹仓库问题）销号，总投资600余万元的明溪县烟花爆竹配送中心项目建成，于9月29日投入使用。

【基层组织建设】 2020年，明溪县供销社继续推动基层社分类改造和村级供销社恢复重建工作，新建1个村级供销社；立足当地农业主导产业和特色农产品，牵头领办专业合作社6个、专业合作社联合社1个；盘活供销社资产、资金，引进村级组织、社会力量共建城乡社区综合服务社（中心），年内建成3个村级综合服务社；强化基层社管理，将全县8个基层社划为3个片区管理，集中人力、物力办好基层社。

【项目引进】 2020年，明溪县供销社围绕做实“四篇文章”，向上争取政策和资金支持，当年向上争取项目资金22万元。抓好福建省明溪三合生态农业有限公司农产品全产业链综合服务项目建设，是年，三合生态农业有限公司从明溪县及周边县市收购120多吨蔬菜进行加工并销往厦门，推动县农产品与厦门销区市场对接，在县农贸市场建成约300平方米的蔬菜超市，11月正式营业。与福建大成生物科技有限公司合作投资，开办集农产品展示、电商销售、新媒体展销、实体销售、展会和民俗活动促销“五位一体”的农产品销售中心，12月正式营业。

【精准扶贫】 2020年，明溪县供销社落实精准扶贫措施，通过供销社领办的专业合作社引导帮扶对象发展蔬菜种植、禽畜养殖等产业，推进产业扶贫；利用供销社电商渠道，帮助农民销售农产品，增加农民收入；给予挂点村、共建社区和帮扶对象资金帮助，共计发放帮扶资金3.2万元，确保精准扶贫责任到位、措施到位。

【农村合作金融服务】 2020年7月1日，明溪县供销社为解决供销社系统企业、农民专业合作社融资难、融资贵问题，与县农信社签订战略合作协议，在企业、农民专业合作社资金授信、担保等方面开展合作。

（肖海琴）

粮食流通

【概况】 2020年，明溪县粮食和物资储备局为确保明溪县疫情防控期间粮油市场正常供应，做好粮油监测预警。每周对应急加工企业和应急供应网点进行询问检查，实地查看城区粮食销售网点粮油库存数量、销售数量及价格等。全年县粮油市场货源充足，价格稳定。紧急采购绿豆3

吨、黄豆3吨、食用油30吨等应急食用物资，做好县应急成品粮油投放市场的准备工作。

【粮食安全省长责任制】 2020年，明溪县粮食和物资储备局制定《明溪县落实2020年度粮食安全省长责任制工作方案》，草拟《关于认真开展2020年度落实粮食安全省长责任制考核工作的通知》，将工作任务分解到各责任单位和局责任股室、责任人，做好2020年度粮食安全责任考核工作。完成2000吨县级储备粮轮换销售和出库工作，争取省级储备粮代储指标5915吨，减少中储粮取消地方代储对县粮食购销公司收入的影响，确保企业正常运转。

【储备粮订单收购】 2020年，明溪县粮食和物资储备局与全县8个乡镇86个行政村签订合同，向8484户种粮农户发放“售粮卡”。制定秋粮收购工作方案，合理布置收购网点，召开各站主任及相关人员的秋粮收购工作会议，做好秋粮收购的仓容准备。设立8个收粮点，执行省储备粮公司出台的晚谷收购价147元／50千克（含12元／50千克直补款）。自9月25日起，历时3个月，共收购粮食7692吨，完成县级储备粮2000吨、省级储备粮5000吨和市级储备粮692吨订单粮食收购任务。

【储备粮和应急物资储备管理】 2020年，明溪县粮食和物资储备局完善粮食储备规章制度，确保储备粮质量良好，通过省、市组织开展的春季库存粮食安全大检查。落实县委、县政府关于新型冠状病毒感染肺炎防控各项工作，紧急采购储备应急物资84消毒液、绿豆、黄豆、食用油、灭火器等，及时发放棉被、帐篷、折叠床、棉大衣等应急物资，为打赢疫情防控阻击战提供物资保障。完善救灾物资储备管理和监管工作，由下属企业粮食购销公司负责救灾储备物资收储、轮换等管理工作。

【粮食安全质量监管】 2020年，明溪县粮食和物资储备局加强对全县的粮油加工企业、粮油食品销售网点食品安全卫生及粮食出入库监管，全年开展专项检查10次，检查粮油加工、销售点46家次。制定政策性粮食销售出入库管理制度，强化各级储备粮的质量监管工作，对各级储备粮执行定期品质抽样检查和出入库粮食质量安全检验制度，送三明市粮油质量监督检测站检验稻谷样品共18份，其中：省储入库检验报告8份，县储晚籼稻谷正常品质检验报告10份，品质均合格。

（罗　洪）

烟草专卖

【概况】 2020年，明溪县烟草专卖局（分公司）贯彻执行县委、县政府和上级党组的重大决策部署，围绕践行省、市局高质量新发展“1234”工作思路，坚持“两统筹、两兼顾”，抓好疫情防控和“两烟”生产经营、专卖管理等各项工作，推动高质量发展超越取得新成效。全年企业实现税利总额8266万元，贡献地方财政收入1704.82万元。集体获“当好主人翁，建功新时代”三明烟草卷烟营销职业技能竞赛团体三等奖、个人获“当好主人翁，建功新时代”三明烟草卷烟营销职业技能竞赛三等奖等荣誉。

【烟叶生产】 2020年，明溪县种植烟叶1493.33公顷，烟农866户，户均售烟收入8.95万元，比2019年增加2.51万元。确保将“中棵烟”各项关键技术落实到位，彰显烟叶质量特色。做好防灾救灾工作，共完成消雹作业30次，发射火箭弹210枚，减少烟叶受灾损失。试点探索种采烤分一体化、烟叶收购全过程质量溯源工作，推进烟技员片区化管理、烟叶产业经理培育工作。

【卷烟销售】 2020年，明溪县卷烟销售3678箱，比2019年增长6.54%；销售额1.07亿元，比2019年增长2.71%；单箱销售收入3万元；卷烟非烟一体化建设扎实推进，共签约非烟经营合作户24户；优化终端建设，构建零售终

2020年7月31日，明溪县烟草专卖局盖洋站启动烟叶收购全程质量追溯试点工作。图为抬烟人员放置RFID（射频识别）等级牌系统自动进行烟叶称重（县烟草专卖局 提供）

端标签评价体系，推进现代零售终端改造，向终端市场投入27台E福通智慧收银系统；文明吸烟环境建设持续推进，共投入烟灰柱54个、吸烟室2个。

【专卖管理】 2020年，明溪县查处涉烟案件24起，查获涉案真品卷烟434条、假烟31条、烟叶2170千克，总案值2507.48万元。加强与县公安局、县交通局、市场监督管理局等部门联合执法。推进“双随机、一公开”与APCD（即以分析、计划、检查、处理为主要流程的烟草市场检查方法）工作法融合，优化市场监管，提高市场检查精准度。成功破获明溪县史上涉案价值最大的互联网销售伪劣烟草制品案，涉案价值近2500万元，成为全市专卖“打出去、出去打”的生动实践。

（张 瑜）

物资流通

【概况】 2020年，明溪县物资总公司为县域经济跨越式发展提供助力，全年销售额1348.08万元，房租收入85.54万元。

【民爆火品业务】 2020年，明溪县物资总公司下属山海民爆明溪分公司，全年民爆物品销售1348.08万元，应缴税金63.01万元，利润总额9.17万元。为兴泉铁路、莆炎高速、厂矿企业提供优质配送服务，完成销售炸药794吨、雷管23.3万发、索类16.37万米，车辆配送约375趟。

【安全管理】 2020年，明溪县物资总公司加大安全管理，落实安全生产标准化工作。对仓库避雷、报警、监控、消防、防爆挡墙等设施进行维护和设立索类发房间，新建民爆物品专用车车棚等。做好全体职工安全教育培训和各岗位人员专项培训，总公司与仓管员、驾驶员、押运员、装卸员签订安全生产责任状。与县金盾保安公司签订合同，派遣4名专业保安人员专门对民爆仓库进行夜间巡逻，仓库实行24小时值班制，确保每小时巡视一次。11月24日，在洋龙民爆仓库组织开展消防设备设施操作使用培训和反恐演练。完成索类隔间改造、护坡塌方治理工程，更换监控值班楼防盗门、新建停车棚。通过人防、物防、技防、犬防等方式构建多维度民爆物品安全管理体系。

（余兴辉）

责任编辑：邓静倩

科技 教育

科学技术

【概况】 2020年，明溪县科学技术局增强创新实力，博诺安科、锦浪新材料2家企业新认定为国家高新技术企业，海西联合药业、南方制药、紫杉园3家企业重新认定为国家高新技术企业，锦浪新材料入库省级高新技术企业。全县有国家高新技术企业8家、省级高新技术企业6家、科技小巨人领军企业8家，省级企业工程技术研究中心3家。鼓励企业加大研发费用投入并完成上年度R&D（科学研究与试验发展）投入统计，2019年全县规模以上工业企业R&D经费总投入6800万元，增幅30.8%。海斯福开展企业研究开发费用税前加计扣除鉴定，申请并获得科技小巨人领军企业研发费用税前加计扣除奖励资金125.8万元。南方制药、海西、紫杉园、博诺安科4家申请研发费用分段补助资金59.99万元。博诺安科医药科技有限公司申报并获得省创新券补助专项资金7.7万元。海天蓝波生产医疗器械引进免洗手消毒凝胶、一次性防护口罩生产线各1条。

【创新发展软环境】 2020年，明溪县科学技术局贯彻落实县委县政府《关于实施创新驱动发展战略建设创新型明溪的实施意见》和《深化科技体制改革加快创新体系建设的实施意见》文件精神，提请县政府兑现2019年度各类科技创新奖励资金20万元，并配套省级高企入库、出库奖励，研发费用分段补助等地方应承担的资金。通过政策兑现，进一步聚集人才、资金、项目支持科技型企业发展，营造科技创新发展软环境。

【项目申报】 2020年，明溪县科学技术局高度重视项目申报工作，组织人员学习省、市各类科技项目申报政策，找准项目对接点，加大服务企业力度。成功申报并获立项2项省级项目，分别是三明百事达淀粉有限公司的“新型聚己内酯竹粉纤维改性淀粉基可降解聚丙烯复合材料的研制及产业化”申报省级对外合作产业化项目；三明市海斯福化工有限责任公司申报省STS（指中科院所属研究所及其平台科研成果在福建转化的项目）计划配套项目。福建美士邦精细陶瓷科技有限公司、福建紫杉园生物有限公司等5家企业申报并获立项市级引导性科技计划项目9项。

【科特派工作】 2020年，明溪县科学技术局采取“引、聘、派”多种方式跨界拓展选派科技特派员，将工作目标扩大到省外，推动科技特派员在产业链各环节开展服务，多渠道壮大科特派队伍，提升科技特派员层次。选任省级科技特派员38名（三区人才10名），市级科技特派员9名，县级科技特派员19名，省级科技特派团队6支，省级法人科技特派机构1个，科技特派员服务覆盖全县9个乡镇、30个贫困村。与省农科院合作，试点“福建省农业科学研究院科技特派员集团服务示范区”，围绕明溪现代农业产业开展“产、学、研”工作。建设“福建省农科院明溪县科技特派员工作站”“三明市科技特派员胡坊镇工作站”2家市级科技特派员工作站。

（杨　楷）

教育事业

【概况】　2020年，明溪县有各级各类学校22所，其中，普通高中1所,职业高中1所，初级中学5所，九年一贯制学校3所，小学12所（城区小学2所、乡镇中心小学5所、村级完全小学5所），小学附设特教班1个，学生社会实践基地1个，幼儿园31所（其中公办20所、民办11所），支教点11个。在园幼儿3875人（3—5岁3587人）。在校生小学6022人、初中2427人、普高1320人、职高1052人（其中全日制268人）。留守儿童1584人，随迁子女1066人（进城务工人员随迁子女787人）。全县教育系统有教职工1393人，其中，高中169人、职业中学65人、初中296人、小学572人、幼儿园193人、教师进修学校28人、学生社会实践基地17人、教育局机关53人（含行政编制4人）。

【教育事业统筹发展】　2020年，明溪县适龄儿童入园率达98.52%，公办幼儿园在园幼儿比率达66.84%，各级示范幼儿园就读幼儿比率达63.2%，小学入学率为100%,九年义务教育巩固率98.6%，高中三年按时毕业率为68.62%，6—14周岁残疾儿童少年入学率达100%，三类残疾儿童少年入学率达100%，各项指标均高于省平均水平。学前教育加快发展，积极回应人民教育关切，扩大学前教育资源，完善政策保障体系，解决“入园难”“入园贵”“小学化”等问题。义务教育均衡发展，开展控辍保学工作，小学辍学率为零，初中辍学率为零。加大义务教育投入力度，化解“择校热”“大班额”问题。深化教育体制机制改革，均衡城乡教育，着力推进“总校制”工作，采取“一对多”、同学段的形式，组建县城关中学与盖洋中学、县第二实验小学与瀚仙中心小学、县实验幼儿园与城关乡王桥村幼儿园紧密型总校，同时将沙溪学校、胡坊学校及枫溪学校全体初中部学生委托给城区中学统一管理，盖洋中学、夏坊初级中学、夏阳初级中学学生采取自愿原则，可申请到城关中学就读，使他们享受当地生源的教育资源，实现资源共享、优势互补、共同发展；推进“高考综合改革”工作，深入开展选课走班教学；推动教育改革发展，持续推进实验小学、第二实验小学、城关中心小学、城关中学等4所“福建省义务教育教改示范性建设学校”培育工作，开展中期绩效评估。持续推进小学“强基”、初中“壮腰”、高中“筑梦”工程，健全德智体美劳全面发展的育人体系，推动教育教学内涵式发展，全面提高教育教学质量和水平。全县共有16所中小学顺利通过福建省“义务教育管理标准化学校”评估验收，创建完成率88.9%，为县申报创建“教育强县”奠定基础。2020年县共有490名考生参加高考（明溪一中473人，社会考生17人）；明溪一中本科上线285人，本科上线率60.25%。有24人（含社会考生1人）被985、211及双一流以上大学录取。其中理工类考生335人，本科上线216人，本科上线率64.5%；文史类考生89人，本科上线20人，上线率22.5%；艺、体类考生49人，上线49人，上线率100%。职业教育质量进一步提升，构建多元办学格局，启动“1+X”证书制度，加强“双师型”教师队伍建设，推广“二元制”“师徒制”育人模式，办好现有学前教育、机械加工等特色专业，大力开展校企合作，为县工业园区定向培养技术工人。2020年的学业水平考试合格率100%，学校选派选手参加2020年市职业院校技能大赛，有三位同学获市一等奖，9位同学获市二等奖，13位同学获三等奖；学校获素质类团体三等奖。推进特殊教育，城关中心小学附设特教班一个，招收残疾少儿9人，三类残儿各校招收随班就读学生29人，对义务教育阶段12名有重度残疾的学生开展“送教上门”工作，2020年共拨付特教“两免一补”资金9.5万元。规范发展民办教育，严格执行民办幼儿园准入制度，将民办幼儿教育作为整个教育工作的一个组成部分，与公办幼儿园同等对待，同安排、同检查、同落实。联合人社局、民政局、市场监管局等11个部门对县域内无证教育机构开展现场专项督查及“回头看”行动，进一步规范管理县民办教育，有效消除安全隐患，营造健康有序的教育环境。

【教师队伍建设】 2020年，明溪县教育部门深化师德师风建设活动，开展“新时代教师职业行为十项准则”大讨论活动，引导广大教师以德立身、以德立学、以德施教、以德育德，争做“四有”好教师，全县教师撰写心得体会1390余篇。精心组织开展师德师风考核，考核结果作为教师评优评先、职称晋升和教师资格定期注册等的依据。学习宣传全国模范教师傅燕珠的先进事迹，到各校（园）巡回演讲了15场次，积极探索“县管校聘”管理体制改革。全年理顺教育系统内部借调人员158人，在编制总额控制的情况下，重新核定了教育系统内各校、事业单位编制数；11月20日，《明溪县“县管校聘”管理体制改革实施方案》行文实施。建立教师补充机制，2020年拟招聘紧缺学科教师89人，实际招聘75人，其中专项招聘上海体育学院、闽南理工学院、湖州师范学院等院校毕业生32人；做好公费师范生委培工作，9月和三明学院签约培养小学教育公费教育师范生10名。完善协同育人机制，加强教师交流、培训，校际交流教师72名，其中骨干教师交流23名，交流人数分别达应交流人数的14.56%、22.18%，采取“走出去、请进来”的办法，在县领导的牵线搭桥下，邀请清华大学附属中学语、数、英等优秀教师到明溪一中、城关中学支教，选派明溪一中、城关中学教师赴北京大学、清华大学附中跟岗学习。2020年，校长、教师参加各类培训、研训、跟岗学习等2800人次以上（含网络公共课培训），其中省级以上培训77人；实施名师名校长、学科带头人、骨干教师培养工程，现有市名校长3人、市名师2人、市级骨干校长7人、市级学科带头人32人、县级学科带头人20人、市骨干教师78人、县骨干教师93人，有 “十三五”福建省名校长培养和后备培养人选5人、市名校长培养对象3人、市名师培养对象5人、省学科带头人培养对象4人、省“十三五”中小学学科带头人培养人选7人、市学科带头人培养对象10人、县骨干教

2020年8月5日，明溪县教育局安排县小学教师参加市提升教研能力培训班 （县教育局 提供）

师培养对象42人，有市名校长工作室1个，县名校长工作室2个，县名师工作室12个，县学科工作室8个。全县有31人参加省市教师教学技能大赛并获奖。

【教育项目推进】 2020年，明溪县教育部门实施教育补短板项目，城乡办学条件进一步均衡，累计完成投资约10122万元，新增学位840个。学前教育方面，投资770万元建成了明溪县胡坊中心小学幼儿园，新增学位90个；投资830万元开工建设了夏坊中心幼儿园。义务教育方面，投资850万元建成瀚仙中心小学教学楼；投资1.5亿元新建实验小学东部校区项目。高中教育方面，投资3602万元实施县一中改扩建项目，新建2幢教学楼约8600平方米，新增学位750个。

【教育惠民政策】 2020年，明溪县教育部门持续做好建档立卡等家庭经济困难学生资助工作，严格执行各教育阶段各类学生资助政策，累计落实家庭经济困难学生资助金119.62万元，受惠学生总数1848人次。开展生源地信用助学贷款工作，全年为284名家庭经济困难大学生办理生源地信用助学贷款，发放贷款207.54万元。鼓励社会各界捐资助学，全年累计收到社会捐资助学资金和实物60多万元。

【平安校园创建】 2020年，明溪县学校牢固树立安全发展理念，不断完善学校安全管理体系，强化风险防控和隐患排查治理，坚决防范和遏制学校重特大安全事故，切实保障学校安全、师生安全和校园和谐稳定，全面提升校园“一键式”报警系统、视频监控系统，实现全县学校“一键式”报警系统、重点部位监控探头联入公安网100%，防冲撞设施安装率100%，护学岗100%，全县食堂“明厨亮灶”100%。持续开展新一轮“平安校园”创建考评，17所学校达AAAAA级平安校园标准，公立学校完成率达100%。全县校园排查的各类一般隐患，整改率达100%，无重大隐患，全年实现全县校园未发生安全责任事故，校园内学生非正常死亡人数为0。

2020年11月，明溪县举办教育系统广播操比赛（县教育局 提供）

【召开“两项督导”省级评估整改工作市级专项视导座谈会】 2020年9月4日，“两项督导”省级评估整改工作市级专项视导座谈会在县政府第一视频会议室召开，市教育局局长涂林瑢、市政府副处级督学陈吉首、三明教育学院副院长林启福、县委副书记陈谊声、县政府副县长聂建兴等领导参加会议。明溪县委副书记陈谊声作表态性发言，县政府副县长聂建兴作明溪县“两项督导”省级督导评估整改情况汇报，市教育局局长涂林瑢讲话。会议要求，要抓重点，更要破难点；要重点抓好队伍建设，特别是教师、校长、教研员、机关干部、名师名校长等五支队伍，增强服务意识，杜绝权力意识、特权意识和守摊子思想，加强师德师风建设，把好入口关、培养关、管理关，切实加强管理和培养；要重点抓好教育质量提升，直面问题，抓住薄弱环节，营造浓厚的教研氛围；要重点抓好项目建设落地，推进“校中校”整改，做好校园安全隐患排查整治；要突破学前教育、职业教育两个难点，把压力变成动力，推动明溪教育高质量发展。市教育相关业务科室负责人、三明市教育学院教研员以及县教育局领导班子、机关股室代表，各级各类学校的校（园）长或主要负责人共50余人参加会议。

【教师进修学校概况】 2020年，明溪县教师进修学校在岗教师28人，其中高级教师13人、一级教师14人、初级教师1人。本科学历23人，获县级及以上名师、学科带头人、骨干教师荣誉的13人(其中市名师1人、市学科带头人5人、市级骨干4人、县级骨干3人)。学校发挥“研究、指导、管理、服务”的职能，开展一系列教育科研及教师培训活动。教育科研工作方面：全年教研员听课1300余节，开设公开课及专题讲座30场次；指导公开课29节；指导县教师参加各级比赛获省三等奖1人，市一等奖3人，市二等奖11人，市三等奖14人。组织开展形式多样的教学比武和教研活动，先后举办了中小学“线上教学与复课后的课堂教学有机衔接”、幼儿园“区域活动教学”、学前教育“写生画教学”、基于聚焦问题导学的音乐体验、数学、英语、物理、化学、地理学科初高中衔接、农村初中“小班化”课堂教学、小学数学“数的运算”、中小学语文课外阅读指导、小学语文课内课外阅读教学等专题研训活动28场；组织中小学幼儿园片区教学专题研讨活动5场；承担了三明市第三教研片区小学美术、体育学科专题研训活动。开展课题研究，课题结题28项(市级11项、县级17项)，立项55项（省级1项、市级14项、县级40项）。开展论文征集活动，对2019—2020年度明溪县基础教育优秀论文进行征集评选，共征集论文189篇并汇编成册；教研员撰写CN论文12篇。培训工作方面：举办新教师岗前培训、非师范类教师能力提升研训、幼儿园专(兼)职保健人员培训、教育系统思政教师培训、学校资产采购、基建维修程序管理培训、各学科课题研究培训、中小学毕业班各学科教师培训、中小学幼儿园各学科教师教学技能研训等各类培训班44期，参训2655人次。暑期与三明学院合作举办中小学校长高级研修、幼儿园园长能力提升培训、中小学教研员业务能力提升培训、中小学名师工作室培训、中层及后备干部培训、乡村中小学教师培训、师政干部培训、中小学班主任培训等各类培训班11期，参训人数178人。配合省、市开展名师“送培下乡”活动4场，组织县名校长、名师、骨干教师到薄弱校开展送培送教活动7场。教学质量监控方面：依托课堂评估，促进教学常规管理；加强中小学毕业年级的教学指导，开展小学和初中毕业班总复习课堂教学专题研讨活动，对毕业班总复习进行指导；开展大田、清流、明溪、将乐、泰宁、尤溪6县联合命题工作，对小学一至六年级语文、数学、英语及初中七至九年级各学科进行统一命题，统一考试。

【明溪一中概况】 2020年，明溪县一中共有学生1466人，教职工177人，其中中学高级教师70人，中学一级教师62人，中学二级教师及以下45人。学校以“让每一个学生健康成长”作为自己的办学理念，以“省一级达标校”为办学目标。遵循“质量立校、科研兴教、全面育人、创建特色”的指导思想和可持续发展理念，深化教育改革，彰显办学效益。校党支部在上级党委的正确领导下，坚持以习近平新时代中国特色社会主义思想为指引，贯彻落实习近平新时代中国特色社会主义思想，深入学习中共十九大和中共十九届二中、三中、四中、五中全会精神，围绕县教育系统党委部署要求，按照新时代党的建设总要求，坚持和完善党对教育工作的全面领导，坚持立德树人根本任务，坚持把不忘初心、牢记使命作为加强党的建设的永恒课题和全体党员干部的终身课题，持续发挥党建示范引领作用，以党的建设高质量推动教育综合改革，促进教育公平，提升教育治理能力，为打赢疫情防控人民战、总体战、阻击战，办好人民满意教育提供有力组织保障。在教研工作上，以“关注新高考 聚焦新课程 用好新教材”为主题，开展系列教研活动，加强教师的培训力度，发挥名师、学科带头人的作用，加强新教师培养，提高教师教科研能力，制定并推进明溪一中普通高中新课程新教材，实施国家级实验校建设工作三年规划，完善激励政策，推进基础教育课程改革实验向纵深发展，年内有8个课题结题，1个省级课题、2个市级课题、12个县级课题在研，年内发表CN论文25篇，获得县级以上教科研奖励44人次，其中省、市级教科研奖励26人次，4个县级名师工作室，1个省学科带头人发挥示范引领作用。2020年高考，本一上线率13.95%，本科上线率60.25%。

【职业中学概况】 2020年，明溪县职业中学开办了学前教育、机械加工技术、计算机应用、无人机应用与维修、市场营销和旅游服务管理、电子商务等7个专业。学校有教职工62人，其中高级讲师24人，讲师26人。有专业课教师30人，其中双师型19人。学生数1049人（其中全日制265人）。学校发挥职校中心作用，与明溪县人力资源和社会保障局等联合举办了2期保育员、育婴员培训，合计91人次，其中有76人取得职业资格证。另举办了1期电工、电焊工、汽车维修工培训，合计100人次。学校在教师中开展新老教师“党建+师徒结对”一带一活动，外派培训，努力打造高素质的教师队伍。2020年共14人次参加了1周以上的专业能力提升培训，10人次参加2020年三明市中等职业学校学科教师教学研训活动，9篇论文在CN刊物中发表，3篇论文参加县级汇编，获1个市教学能力赛三等奖。学校弘扬劳模精神和工匠精神，在全校开展党建+社团活动，共成立了八大类19个社团，有近800人次的学生参与了社团活动。2020学年学生参加省、市技能竞赛，共获得省二等奖1人，省三等奖4人（其中数控加工技术是团体赛），市一等奖4人，市二等奖9人，市三等奖12人。2020年春季高职单招高考专科上线率100%。

【城关中学概况】 2020年，明溪县城关中学有教学班40个，学生1815人，在岗教职工170人，其中高级教师49人，一级教师86人。2020年度获“三明市文明校园”“全国青少年校园排球体育传统特色学校”等荣誉称号，陈美娥老师被评为“福建省优秀教师”。加强理论学习，扎实抓好党建工作，严格落实“三会一课”制度，党支部召开支委会14次、党员大会5次、党小组会12次、党课5次、“支部主题党日”活动12次。发挥党员的先锋模范作用，疫情防控冲锋在前。在新冠肺炎疫情防控工作中，组织党员干部共85人参与社区志愿服务，志愿

2020年10月，明溪县职业中学派出优秀学生参加2019—2020学年闽西南协同发展区中职校学生技能联赛，获焊接技术、数控综合应用、素描、书法、演讲等多项奖项　（县教育局 提供）

服务累计超过400人次。在“停课不停教，停课不停学”活动中，党员教师主动担当，主动承担，在网络教学及学生思想工作中起到了很好的示范作用。开展县教育系统“众志成城，抗击疫情，我们在行动”主题作品征集活动，共征集学生范文69篇、教师文章14篇，学生书法美术作品32幅、教师书法美术作品13幅，学生短视频13个、教师短视频3个。其中有6人获得一等奖、22人获得二等奖、22人获得三等奖。同时开展市级“我的战‘疫’日记”征文活动，1人获得市级未成年组二等奖，2人获得市级成年组三等奖。加强对教师的培训，通过“请进”和“走出”的形式参加市级培训78人次，省级24人次，县级200余人次。教师在全国、省、市举办的各类教育教学比赛中成绩优秀，获全国初中信息技术优质课展评二等奖1项、教育部“优课”1项、省中小学教师信息技术应用能力提升工程优秀应用成果奖2项、省名师课堂网络直播1节、市中学青年教师优质课评比一等奖3项。

【实验小学概况】 2020年，明溪县实验小学有37个教学班，在校生1882人。在编教职工131人，其中高级教师6人，中级教师79人；市名师1人，市级学科带头人3人，市级骨干教师9人,县学科带头人、骨干教师11人，市名校长工作室1个，县名师工作室2个。学校在落实常态疫情防控工作的基础上，以“一个中心”（学校高质量发展为中心），贯穿“两条主线”（全员育人、全科阅读），突出“三个抓手”（落实五小规则口令、更新师生评价机制、搭建师生展示平台），实现“三个转变”（教师观念的转变、学生形象的转变、学校面貌的转变）统领学校全局工作。学校在教育教学各方面都取得了佳绩。市“三优联评”，3人获一等奖，8人获二等奖；市中小学作业设计评选，1人获一等奖，4人获二等奖，3人获三等奖；市师生“暑期读一本好书”征文活动，1人获一等奖，2人获二等奖，3人获三等奖；市书写大赛中，2人获一等奖，3人获二等奖，6人获三等奖；县各类征文比赛，37人获奖；县教师技能比赛，8人获一等奖并代表明溪县参加市级技能大赛，9人获二等奖；县教职工广播操比赛，校代表队获一等奖，县中小学生羽毛球联赛，获小学组团体冠军。全年申报立项12个课题，其中省级课题1个，市级课题2个，县级课题9个。教师撰写汇编论文共64篇，其中CN论文19篇。学校荣获“福建省职工职业道德标兵单位”“福建省五一劳动奖状”“三明市书香墨香示范校”“三明市师范生教育实践基地”“市职工模范之家”“县文明交通学校”等称号。

【第二实验小学概况】 2020年，明溪县第二实验小学有36个教学班，学生1802人；附属幼儿园12个班，在园幼儿435人；在编教师156人（其中小学119人、附属幼儿园37人），本科学历70人，专科学历86人，省、市、县级骨干教师26人，高级职称4人，中级职称84人，市学科带头人4个。学校倡导“力行”教育,致力于办一所以“立德树人”为育人理念,以“知行合一”为教学理念,以“实践体验”为学习方式，以科技教育为品牌的优质学校。学校在“力行”教育理念的引领下，构建“重学巧教”“两学一引”教学模式的“力行课堂”。学校着力打造“书香校园”，坚持诵读国学经典，传承中华传统文化，开展“诵经典”、“演国学”和国学操等特色活动；开辟富有特色的大型传统文化墙、雅致“书香园”和开放式“图书走廊”等特色场所，为师生营造浓厚的阅读氛围。学校把科技教育作为特色文化的永恒主题，科技教育已成为学校的亮丽品牌，科技项目在国家、省、市的各级竞赛中累计获得大小团体奖280项，学生个人获奖1969人。在第36届三明市青少年科技大赛中荣获“科技优秀组织奖”，在青少年动手电子制作项目中夺得电子百拼B组团体第一名；在市级田径品牌季度赛中获得男子组团体第二名；在市级中小学作业创新大赛中包揽全县语、数、英三个学科一等奖。教师撰写论文共有

33篇，其中CN论文10篇。教师在参加各类竞赛活动中有49人次获奖。肖勇明老师被授予“三明市师德标兵”，学校特色发展促进了学校的内涵发展，不断提升学校的办学品位。2020年全体教师勠力同心，合力同行喜获“全国校园航空飞行营地”“三明市近视防控示范校”“三明市模范职工之家”“三明市优秀少先队大队”，“3456科技教育机制”获市教学成果奖。

【城关中心小学概况】 2020年，城关中心小学共有37个教学班（含上坊和王桥2所完小、特教班及中心幼儿园、上坊幼儿班），学生1122人。在编教师101人(其中小学86人、幼儿园15人)，硕士研究生1人，本科28人，大专68人，中专4人，高级教师1人，中级教师67人。这一年来，学校以全力做好疫情防控为首要任务，以提高教育教学质量为目标，以立德树人为着眼点，以抓常规促管理、抓质量促提升、抓内涵促发展为根本，促进校各项工作稳步发展。疫情防控期间，学校“停课不停学”，将信息技术与教育教学有效融合，开展线上教学，并辐射部分兄弟学校，效果良好。这一年，学校不断提炼“滴水教育”育人模式，逐步凸显办学特色。学校加大校园环境整治，篮球场、足球场焕然一新。学校继续开展“国旗飘扬　伴我成长”主题教育，以乡村学校少年宫为平台，促进学生综合素养有效提升。学校注重新教师培养，搭建平台，坚持每周开展新教师培训活动，助力新教师成长。2020年，在全校师生共同努力下，学校获“2020年县平安先进单位”、“2020年税务杯”全县职工气排球比赛二等奖，在“海斯福杯”教育系统“强体魄铸师魂”主题广播操比赛中，获二等奖，学校师生在市、县各类比赛中获各种奖项40余次。

【实验幼儿园概况】 2020年，明溪县实验幼儿园有19个教学班，其中总园13个（原12个增设为13个）、分园6个，在园幼儿603人，教职工55人，专任教师49人中，本科学历30人，高级教师3人，市级名园长1人，市级学科带头人4人，市级骨干教师7人，省名园长培养对象1人，省学科带头人培养对象1人，县级名师工作室1个。幼儿园积极打造艺术特色品牌，确立“尚美教育”办园理念，坚持“美时美课”办园特色，秉持“让孩子拥有一个多彩的童年”办园宗旨，遵循“尽善尽美”教育理念，践行“以美养正”园风及“向美而行”师风、学风。教师个人在参加各级各类竞赛活动中有3人次获市、县级二等奖。2020年度立项市、县课题4 项，其中市级2项、县级2项，结题省级1项、市级1项，撰写5篇论文在CN刊物发表。12月，王桥分园被确认为“三明市示范幼儿园”，是全市第一所行政村市级示范幼儿园。

【电大工作站概况】 2020年，明溪县电大工作站为二级局事业单位，是全县唯一的可申办国民教育系列专科、本科学历教育的一所成人高等学校。县电大工作站设有站长1名， 副站长2名，管理人员兼教师2名，相对稳定的兼职教师13名。2020年，明溪电大如期保质完成招生、教学、考试、社会实践等工作任务，2位电大教师被省电大评为招生先进个人。2020年度共有开放教育在校生245名，其中本科生118名，专科生127名，教育教学设施能满足各项教育教学需求。开放教育开设专业有本科法学、会计、教育管理、学前教育、小学教育5个专业以及专科法学、会计、小学教育、学前教育、茶艺与茶叶营销等5个专业。“奥鹏”远程教育学习中心在校生108人，开设土木工程、建筑工程技术、工商企业管理、电力工程技术、水利水电工程、金融学等专业，2020年招收各类学员17名，本专科毕业生32名。2020年12月8日，县电大工作站接受并通过省电大系统办学评估。

（余建泓）

责任编辑： 罗菊妃

文体旅游 卫生健康

公共文化

【概况】 2020年，明溪县文体和旅游局加快推进文体设施建设，提升文化惠民工程，加强文化遗产保护利用，向上争取文体和旅游各类资金2228.36万元，比2019年增长183%，居全市前列。配送“半台戏”16场次，农村公益电影放映1056场，开展讲座、培训、阅读推广活动110余次，图书流动服务18次，开通数字图书馆，为14750人次提供线上资源服务。完成47个贫困村综合文化服务中心提升改造工程，96个村居“村村响”应急广播提升改造工程。在全市“五比五晒”文旅工作考评中，居全市第三位。

【公共文化服务供给】 2020年，明溪县文体和旅游局组织县文艺团体组织编排40多个形式多样的文艺节目，参加全县文化、科技、卫生“三下乡”活动展演。先后组织开展“双拥联欢晚会”、“2020迎新春团拜会”、“城市名片‘游’我来说”导游讲解员宣讲大赛、“推动全民健身 助力全面小康”全民健身日活动、“夜三明”百姓大舞台明溪海选赛、“文化进军营”欢送2020年退伍老兵联欢晚会、2020年明溪县农民丰收节、“绿海明溪·清新盖洋”健康跑活动和“风展红旗 如画三明”2020年明溪县首届柑橘采摘文化节等大型主题性文化活动。县文化馆开设微信公众号，发布文化信息、开展艺术作品展示等线上服务。为基层综合文化服务中心提升改造建设提供补助资金48万元，完成47个贫困村综合文化服务中心提升改造工程。加强“村村响”广播系统建设，完成96个村居“村村响”应急广播提升改造工

2020年12月29日，明溪县举办“迎新年·庆元旦”第十四届福建音乐舞蹈节优秀节目惠民演出 （县文体和旅游局 提供）

程。推进艺术扶贫，开设声乐、器乐、美术、舞蹈等课程，满足不同群众的需求。全年为社区人民群众放映公益电影10场，为全县88个行政村放映公益电影1056场。组织国学经典知识宣讲172场，听众近万人次。与武警明溪中队签订军民共建协议，建立武警明溪中队流动书屋，每月向流动书屋送书100册，丰富部队官兵业余文化生活。

【文化遗产保护】 2020年，明溪县文体和旅游局制定文化遗产保护专项工作方案，加强文化遗产保护。推进争创南山国家考古遗址公园项目建设，抓住世界遗产大会在福州召开的有利契机，向县领导汇报南山遗址的重要价值，得到县领导的高度重视和支持，成立以县委、县政府主要领导任组长的争创南山国家考古遗址公园领导小组，明溪南山遗址保护与发展中心升格为相当于正科级事业单位，引进和招录考古学硕士、历史学本科专业人员各1名，争取到国家、省文物局南山遗址环境整治和遗址公园建设补助资金1185万元。邀请省文物局局长傅柒生、省文保中心副主任常浩到县指导南山遗址的保护与利用，并为县委理论学习中心组和文物保护成员单位专题授课。将争创南山国家考古遗址公园列入县“十四五”规划，南山遗址博物馆完成可研报告初步论证。同时，做好第四十四届世界遗产大会筹备工作，“南山遗址—洞穴遗址周边环境整治”（第一期）按序时推进，南山遗址临时展馆外立面改造竣工，内部展陈完成设计待布展。主动融入长征国家文化公园建设。成立长征国家文化公园（明溪县）建设工作领导小组，编制《明溪县长征国家文化公园建设保护规划》，明确明溪县革命纪念园、胡坊中央红军村革命旧址群等6大特色展示点。策划“明溪县革命旧址群修缮保护项目”“旦上—御帘红色旅游区建设项目”等5个保护项目，保护和利用好县的红色文化资源。启动《明溪客家文化生态保护区总体规划》（含重点区域专项规划）编制工作，开展非遗数据库建设。在全县深入开展非物质文化遗产普查调查，重点调查非物质文化遗产项目30余个，全县共有省级项目4个、市级11个、县级9个，省级传承人3名、市级传承人4名、县级传承人1名。举办“文化遗产日”系列活动，开展“非遗过大年 文化进万家”线上宣传活动，持续开展“非遗进校园”“戏曲进校园”活动，先后深入4所城乡学校的24个教学班开展传承教学；央视《探索与发现》、央视《我的美丽乡村》等栏目到县拍摄宝剑锻造技艺（明溪）、明溪肖家山铜瓷技艺传承及明溪微雕技艺。加强文物保护，年内新增省级文物保护单位1个（红七军团铜铁岭战斗旧址），编制完成纳入市级红色文化遗址保护总体规划县级文物保护单位以上文物设计方案12份，成功通过省文物局评审。全县共争取国家红色文物保护资金430万元，完成城关万春桥、夏阳雍睦堂、夏坊红军粮库等3处红色文物修缮工程。同时，自筹资金32万元实施城关罗翠官厅、盖洋黄燕老厝、夏坊徐家老宅、枫溪官坊周氏祠堂等4处古建筑的抢救性修缮工作；为县级文物保护单位以上的23个古建筑安装70余个烟感器；完成31处县级文物保护单位以上文物的画线落图工作；竖立各级文物保护单位保护碑35处；坚持文物巡查制和安全责任制，与县纪委监委、公安局、检察院等部门建立文物保护联动机制，加大文物违法行为的打击力度，确保全县文物安全。年内，明溪紫云豫章家学、明溪赵大将军庙、赖水金为革命剖心沥胆的故事、明溪夏坊英烈李狗女的故事、风展红旗如画——红色御帘、客家团牌（明溪）等6个项目入选三明市第六批非物质文化遗产保护名录。

（邓家煌）

公共文化场馆

【明溪县文化馆】 2020年，明溪县文化馆发挥馆办文艺团队红豆杉女子合唱团、红豆杉舞蹈工作室和君子峰大自然艺术团的骨干作用，在重大节日、送文化下乡活动和“半台戏”配送过程中，为明溪人民献上丰富多彩、喜闻乐见的文艺节目。全年组织文艺活动42次，组织策划2020年文化下乡、“双拥联欢晚会”、“2020迎新春团拜会”、“城市名片‘游’我来说”导游讲解员宣讲大赛、“推动全民健身 助力全面小康”全民健身日活动、“夜三明”百姓大舞台明溪海选赛、“文化进军营”欢送2020年退伍老兵联欢晚会、2020年明溪县农民丰收节、“绿海明溪·清新盖洋”健康跑活动和“风展红旗 如画三明”2020年明溪县首届柑橘采摘文化节等主题性文化活动、各类大型文艺演出10场，参与演出人员500多人次，观众达1.8万人次。举办未成年人声乐培训班3期、舞蹈培训班4期、器乐培训班3期、书画培训班4期，老年人声乐培训班6期、舞蹈培训班2期、书画培训班1期，参加培训人数达3300人次。举办展览5次，参观3200人次，举行公益性讲座3次，参与450人次。

【明溪县博物馆】 2020年，明溪县加强文物保护工作，将文物保护经费纳入年度县财政预算，自2020年起年度预算安排文物保护资金20万元。2月，胡坊红军旧址群、御帘东方军司令部旧址、归化县苏维埃政府西北办事处旧址（王坊张家）、罗翠官厅红军驻地旧址、下泞红军桥旧址（原厝坑高平廊屋桥）、华山河明桥红军战斗旧址等6处红色文物保护单位申请国家文物保护专项补助资金290万元。3月，县政府将县红七军团铜铁岭战斗旧址列为第七批县级文物保护单位。4月，县博物馆投入资金32万元，对城关罗翠官厅、盖洋黄燕老厝、夏坊徐家老宅、枫溪官坊周氏祠堂等4处古建筑进行抢救性修缮工程，城关罗翠官厅、盖洋黄燕老厝、枫溪官坊周氏祠堂完成修缮。5月，开展文保单位安全大排查大整治工作，共巡查县保文物古建23家，发现问题7个，整改问题6个。7月，为加强县革命文物保护利用工作，根据《三明市文物局关于开展革命文物名录公布工作的通知》精神，开展县革命文物名录的统计及报送工作，共统计及报送可移动革命文物36项，不可移动文物35处。8月，联合县委党史方志室开展县红军标语调研认定工作，普查认定县红军标语27处。9月，召开全县文博单位消防安全培训暨创建工作现场会，9个乡（镇）文化站及博物馆管理人员参加培训，有效提升县文博单位消防安全管理水平。10月，根据《三明市文物局关于开展全市文物保护单位保护碑专项整治行动的通知》，开展全县文物保护单位保护碑专项整治行动，全面核查保护碑树立情况，核查县各级文物保护单位38处。11月，福建省人民政府将县级文物保护单位红七军团铜铁岭战斗旧址列入第十批省级文物保护单位。12月，根据《三明市文物局转发福建省文物局 福建省自然资源厅关于开展文物保护单位建设控制地带划定工作的通知》，完成第九批省级文物保护单位建设控制地带划定工作。

【明溪县图书馆】 2020年，明溪县图书馆开展送书下乡文化惠民活动，推进全民阅读活动广泛开展。在县税务局设立图书馆分馆，推动资源共享共建共同发展。做好数字图书馆的宣传推广工作，读者通过数字图书馆，实现图书资源一站式搜索、导航和全文获取服务。开展各类线上阅读活动，发扬传承优良传统文化。全年，图书馆共推出线上活动14场、线上展览5场，微信服务号推文54篇。

（邓家煌）

体　育

【侨乡体育中心投入使用】 2020年1月12日，明溪县侨乡体育中心（明溪县全民健身活动中心）建成投入使用。明溪县侨乡体育中心（明溪县全民健身活动中心）是国家专项建设基金项目，位于县城中心地段（县体育中心东侧），项目总投资1.35亿元，用地面积约24076.74平方米，建设室内体育馆1幢、室内游泳馆1幢、室外篮球场2个、网球场1个，体育馆有座位2022个、地下停车场1个（容纳车位99个）。为深化场馆运营管理改革，提高县体育设施安全管理和综合利用率，县政府召开专题会议，将县侨乡体育中心体育馆委托县国有企业三明市归化印象文化传媒有限公司经营，开展体育培训、体育竞赛、体育表演、文化娱乐等体育活动，满足群众多层次、多样化的体育消费需求。

【创建福建省全民运动健身模范县】 2020年，明溪县成立由县委书记为组长的明溪县创建全民运动健身模范县工作领导小组，召开全民运动健身领导小组工作会暨创建全民运动健身模范县推进会，根据福建省全民运动健身模范县创建测评体系要求，做好各项创建工作。健全全民健身组织，县、乡（镇）体育总会、老年人体育协会、社会体育指导员协会覆盖率达100%。改善全民健身基础设施，对全县88个行政村农民健身设施进行提档升级，为47个贫困村专门添置健身设施。丰富全民健身活动赛事，全年举办线上线下体育赛事28场。加强健身指导提高健康素养，在县侨乡体育中心体育场制作“每天锻炼一小时，健康工作五十年，幸福生活一辈子”固定宣传标语和“创建福建省全民健身运动模范县”体育文化角。推进落实重点项目，落实省委、省政府为民办实事工作——全民健身场地设施建设项目。

【全民健身】 2020年疫情防控期间，明溪县文体和旅游局组织录制第九套广播体操、线上居家健身操等视频在明溪在线平台推广，引导广大群众居家健身，并策划八段锦、太极拳、亲子趣味等居家健身项目短视频，以微信传播方式让广大家庭寓教于乐、互动健身。举办全县太极拳线上运动会和全县线上亲子运动会，受到广大健身爱好者的广泛好评。制定、落实《明溪县“月月有比赛”工作方案》，在明溪县君子峰山地户外运动休闲小镇举办首届“绿海明溪·显盖紫云”骑游大会，盖洋镇万亩珍稀绿化苗木基地举办第四届“绿海明溪·清新盖洋”健康跑，举办明溪县2020年纪念毛泽东同志“发展体育运动，增强人民体质”题词书法展等活动28场，参与人数约1万人次，形成“月月有比赛、活动有特色”的体育氛围。

【老年体育】 2020年，明溪县委、县政府加大对老年体育扶持力度，每年工作经费提高至6万元。同时，支持鼓励县老体协向上争取老年人健身活动场地建设等项目，资金缺口部分由县财政予以相应补助。全年举办门球、广场舞、太极剑舞等培训班64期，培训老年人约1万人次。至2020年，全县共建立各类项目辅导站9个，建设康乐家园83个，配备辅导员、健身骨干200余名。

【体育场地建设】 2020年，明溪县围绕城市社区15分钟健身圈建设补短板，建好群众身边的体育场地，落实为民办实事项目，东部新城商住小区3对3篮球场、雪峰镇5人制足球场、城西社区笼

2020年11月15日，明溪县举办第四届“绿海明溪·清新盖洋”健康跑活动

（县文体和旅游局 提供）

式足球场为民办实事项目相继提前竣工投入使用，基本建成县、乡、村三级公共体育设施体系，完成指标任务。同时，围绕县侨乡体育中心综合体商圈打造，加快推进县体育中心体育设施提档升级、体育场安全围栏、灯光改造和看台改造工程。至2020年，全县共有体育场地867个，面积331905平方米，人均体育场地面积达3.22平方米，公共体育场地设施状况良好。

【三明市国家体育消费试点城市建设】 2020年，明溪县培育多元主体，拉动体育消费增长。提升体育场馆利用率，充分发挥体育场馆的作用，县侨乡体育中心、游泳馆等场馆除举办体育赛事、收取场地租金外，同时承办竞赛、训练、演出、展会等活动，全年营业额120万元以上。依托明溪县侨乡体育中心高人流量及高体育消费需求，引入全省首家体育彩票销售旗舰店、胜旭体育用品店等体育元素商业店铺入驻。整合现有的生态、旅游、文化资源优势，将体育赛事与沿线风光、文化、民俗有机串联，打造“吃住行游购娱”体育赛事旅游套餐，全年举办“绿海明溪·清新盖洋”健康跑、“浓浓橙意·相约沙溪”柑橘采摘健身文化节等多场体旅融合赛事，带动消费10万元以上。将体育健身与森林康养、生态观鸟等特色元素融合，推动“明溪君子峰山地户外运动小镇”“村头山地户外运动小镇”“沙溪柑橘采摘健身文化小镇”等一批运动休闲小镇建设，推出“山水运动+度假休闲”“登山+观鸟休闲”等特色产品，树立体育特色新品牌、培育运动消费新风尚。年内，明溪紫云森林康养基地等5个体育产业项目、明溪县印象归化健身休闲康养基地等2个“体育+森林康养”项目和明溪村头生态旅游景区建设“体育+文旅”共计8个项目及明溪药谷小镇茶海跑、明溪村头山地户外运动节暨半程马拉松赛2项赛事列入福建省三明市推进国家体育消费试点城市建设重点任务项目库和重点赛事。

【青少年业余体育学校】 2020年，明溪县青少年业余体育学校加强辖区中小学竞训的组织策划、协调管理和优秀运动员选拔输送等工作，促进青少年业余体育事业发展。县青少年运动员在各项比赛中获得好成绩，孙靖宇获“洛阳家鑫杯”全国男子拳击锦标赛49公斤级第五名，“白沙杯”全国拳击冠军赛49公斤级亚军；福建省青少年拳击冠军赛罗正旭获U18男子组75公斤级冠军、卢旖获女子组第三名、周雨欣获女子组第五名、曹仁浩获男子组第三名，福建省拳击精英赛罗正旭、卢旖分获男子75公斤级、女子45公斤级冠军；男子排球获福建省U系列排球赛团体第五名，福建省中学生排球锦标赛高中组获三等奖；杨易炘获福建省U系列青少年羽毛球比赛U13男双第三名；王乐菲获福建省青少年羽毛球巡回赛（福州站）8岁以下组女单第三名。8月1日，成立首支县少儿游泳队。全年共向上级体校输送4名运动员。

（邓家煌）

旅游业

【概况】 2020年，明溪县文体和旅游局以文体和旅游深度融合发展为主线，全力推进文体和旅游加快融合、高质量发展，新增国家AAA级旅游景区1个（明溪滴水岩红色旅游景区），新增三星级旅游饭店1个（明洲大酒店）；枫溪村获评省级旅游扶贫村，御帘村获评福建金牌旅游村。明溪与永安、清流、宁化成功组建“三明红色旅游推广联盟”。全年全县旅游接待人数达49.24万人次，增幅位居全市第一位，实现旅游总收入5.12亿元。

【旅游宣传推介】 2020年，明溪县与永安、清流、宁化成功组建“三明红色旅游推广联盟”，立足发挥三明红色老区、苏区优势，有效整合四县旅游营销资源。在四县A级景区、星级宾馆等增设四县广告牌，并以塑造三明红色旅游推广联盟整体形象为核心，编印三明红色旅游推广联盟

2020年7月18日，明溪县在夏阳乡革命老区村旦上村举行以“明溪溪明　青山山青”为主题的全省摄影大赛启动仪式暨明溪红色旅游推介活动　（夏阳乡政府 提供）

旅游宣传手册1万册；将城市名片内容植入县204省道旁、时代广场、A级旅游景区、星级宾馆、旅行社、文化活动场馆等场所，积极宣传三明文旅LOGO及“中国绿都·最氧三明”口号。

【旅游主题活动】　2020年，明溪县举办“融”三明城市名片“看”明溪乡村振兴——2020年明溪县县长当导游直播带货活动。副县长林建忠、王凤珍分别在旦上村、肖家山2个直播会场，带领网友看日出旦上村、游魅力肖家山、领略红色文化、体验生态观鸟。9月19日，为持续打响明溪“绿海明珠”“醉美御帘”品牌，举办“中国绿都·最氧三明四季行”明溪红绿村游记暨御帘第五届油饼节活动。11月15日，举办明溪县第四届“绿海明溪·清新盖洋”健康跑活动，以三明红色旅游推广联盟和创建首批福建省全民运动健身模范县工作为重点，突出明溪文化+旅游+体育活动特色。12月26日，举办“风展红旗如画骑聚绿都三明”2020年第二届中国·三明自行车联赛市区站暨首届“绿海明溪·显盖紫云”骑游大会。

【旅游品牌创建】　2020年，明溪县文体和旅游局制定《明溪县加快现代服务业发展的九条扶持政策（试行）》《明溪县关于提振消费促进经济稳定增长五条措施》，出台升级旅游消费、培育旅游市场主体和特色品牌扶持政策。推进“十镇百村”工作，指导枫溪村创建2020年度全国乡村旅游扶贫重点村，指导省级挂钩帮扶扶贫村胡坊村建设旅游项目，指导夏阳乡御帘村创建为2020年福建金牌旅游村。新改建盖洋镇衢地村、夏坊乡中溪村、夏坊乡鳌坑村、胡坊镇肖家山景区步道、胡坊镇胡坊村文化公园、瀚仙镇龙湖村龙池6座旅游厕所。创新特色观鸟旅游。在“三明实践”集中采访报道中，新华社推出“三明明溪‘访鸟’记”4个视频专题报道（珍禽白鹇的“吃播”日常、山野池塘·冬日鸟趣、看“凡尔赛”鸳鸯“撒狗粮”、白颈长尾雉的“下午茶”时光），以及多篇妙趣横生的观鸟旅游文章（“人鸟情缘”带来高山小村发展机遇、观鸟特色旅游助力乡村振兴、飞鸟归山林·青山变金山、一声鸟鸣·千年鸟道上的“观鸟经”）。全年全县观鸟旅游达1.8万人次，实现“观鸟+康养”旅游收入5400万元，逐步走出一条以“观鸟+康养”为主题的特色乡村振兴之路。12月，明溪滴水岩红色旅游景区被评为国家AAA级旅游景区，明洲大酒店被评定为国家三星级旅游饭店。县文体和旅游局奖励三明市明乐大酒店有限公司（明洲大酒店）10万元。

【旅游人才建设】　2020年，明溪县文体和旅游局重视旅游人才建设工作，联合县委宣传部共同举办明溪县导游讲解员宣讲大赛。宣讲大赛分赛前培训、县级初赛、县级复赛以及参加市级决赛4个环节。通过比赛，选拔一批优秀人才，通过他们把红色三明、工业三明、绿色三明、文明三明中明溪县的鲜活故事展示出来、传播出去。9月23日，县文体和旅游局在市导游讲解员决赛中荣获优秀组织奖，选送的选手周媛荣获最佳人气奖和优秀奖。同时，开展2020年度乡村文化和旅游能人推荐工作，胡坊镇肖家山村余世勤获评为“2020年度全省乡村文化和旅游能人”。

【文化旅游市场管理】 2020年，明溪县文体和旅游局对全县文化市场经营单位进行台账登记，建档管理。年初与文化经营业主签订《安全生产责任书》《信用承诺书》，督促业主守法经营、文明经营。全年，新增文旅企业9家（其中，歌舞娱乐场所2家、游艺娱乐场所1家、书店5家、电影院1家），召开文旅企业业主会议6次。建立健全文化娱乐场所开业审批、安全审查、登记发证、定期检查等管理制度。按照文化市场“严格规范、依法整治”的原则，开展文化娱乐场所安全管理月、暑期网吧娱乐场所专项整治、校园周边环境整治等活动，净化文化环境。对全县文化市场开展拉网式的清理整顿。互联网上网服务场所按照要求统一安装实名制过滤软件和福建省文化监管平台系统，安装率达到100%。通过组织召开歌舞娱乐场所业主座谈会、定期检查与突击检查相结合等方式，加大对歌舞娱乐场所的监管力度；联合公安、市场监督管理局、消防等部门对歌舞娱乐场所开展专项整治和复工复产专项检查指导，确保文化娱乐市场安全无事故，全年未发现涉黑涉恶现象。开展“扫黄打非·护苗、秋风2020”等五大专项行动。利用“4·26”世界知识产权日、“5·19”中国旅游日、“六一”国际儿童节、“6·26”国际禁毒宣传日等节日，强化“护苗”教育引导，进校园开展以“护苗·网络安全课”为主题的宣讲活动，开展以“互助少年儿童健康成长，抵制有害出版物和信息”为主题的“2020绿书签护苗行动”进校园宣传活动，共组织开展文化市场法律法规宣传活动8场次，发放宣传资料850份。开展假期对旅行社租赁旅游包车治理检查，未发现重大安全隐患。疫情防控期间，协助中侨旅行社退回80%的旅游质保金6万元。管辖区内的网吧、KTV娱乐场所和星级宾馆从业人员按要求全部做核酸检测，检测结果均为阴性。严格执行疫情防控指南规定，人员限流限量，错峰入场，与他人小于1米距离必须佩戴口罩，出示八闽健康码等。检查过程中对少数未落实防疫指南要求的企业，下发整改通知书8份，已全部整改到位。全年出动执法人员868人次，检查网吧、娱乐场所、书店、旅行社等场所共453家次。其中，会同县公安局、市场监督管理局等相关部门开展联合执法8次，办结行政处罚案件共3起，罚款3300元，没收非法所得245元，收缴非法出版物229册，处理举报线索1起。健全行刑衔接机制，强化“三书一函”（监察建议书、司法建议书、检察建议书和公安机关提示建议函）跟踪问效，对收到的“三书一函”反馈的问题和意见建议，注重从审批流程、管理环节、日常监督等方面找漏洞、找短板，形成受理、办理、整改、反馈的工作闭环。全年共收到“三书一函”1份，办结1份，办结率100%。实行行政审批职能，全年共办理审批件9件；梳理办事指南、权责清单、“一趟不用跑”和“最多跑一趟”清单，压缩审批时限；更换文化市场新证照；更新省网系统内容、电子证照系统内容；更新电子印章。

（邓家煌）

融媒体宣传

【概况】 2020年，明溪县融媒体中心学习贯彻落实习近平新时代中国特色社会主义思想，紧扣县委、县政府的中心工作和重大决策部署，发挥各媒体间深度融合和聚合共振效应，不断提高新闻信息生产、传播、服务能力，讲好明溪故事，为全方位推动高质量发展超越提供强有力的舆论支撑。

2020年10月9日，明溪县融媒体中心新址正式启用

（县融媒体中心 提供）

【新闻宣传工作】 2020年，明溪县融媒体中心内宣方面：在明溪电视台《明溪新闻》、“明溪在线”和“明溪头条”微信公众号、新闻网站等媒体平台，同步开设“2020，敢拼会赢”“众志成城 防控疫情”“一手抓防控 一手抓发展”“走向我们的小康生活”“扫黑除恶在行动”“守住钱袋子”“学习进行时”“科技为民 奋斗有我”“风展红旗·如画三明”“五中全会精神在基层”等20多个栏目，凝聚起广大干部群众抗击疫情、众志成城、攻坚克难的强大正能量，展现项目建设、脱贫攻坚、扫黑除恶等取得的新成果，反映全县上下决胜全面建成小康社会的奋力作为，在全县营造干事创业、担当作为的舆论氛围。全年发布新闻资讯（含电视台、“两微一端”、网站、抖音等平台）5100多条次，总浏览量超过1400多万人次，点击率10万人次以上的26条，100万人次以上的3条，新闻发稿数、制作短视频数、新媒体点击率10万人次以上和100万人次以上的条数等均创历史最好成绩。外宣方面：明溪县融媒体中心主动对接省、市媒体，先后与《福建日报》、《海峡都市报》、《三明日报》、新福建App、东南网等媒体建立战略合作关系，全力提升明溪经济建设、脱贫攻坚、生态文明建设、乡村振兴、“四张名片”等方面宣传的力度、广度和深度。积极向上级主流媒体推送稿件，努力实现传统媒体有新突破、新媒体有新气象的目标任务，讲好明溪故事，努力提升明溪的知名度和美誉度。全年在中央电视台、新华社、“学习强国”、《福建日报》、“新福建”App、三明电视台、《三明日报》、“e三明”、央视新闻+等市级以上媒体平台发稿1200余条次，仅11月25日以来，“三明实践”新闻采访团在三明采访期间，在中央及省级以上媒体刊播有关明溪的新闻稿件就达到43条。新闻《福建三明 “云端村落”老人与白鹇美丽生态画卷》在央视播出，点击率高达231万人次；短视频《君子峰上的18年守护》在新华社客户端播出，浏览量154万人次；《杨桃生的防疫日记》《明溪战“疫”武汉加油》等7条短视频点击率达到100万人次以上；《福建明溪：捕鸟到护鸟 “观鸟经济”保生态富百姓》《福建三明：“云端村落”老人与白鹇 美丽生态画卷》《福建三明：君子峰保护区公布野生动物影像》《福建明溪：千亩梯田晚稻迎来收获季》等新闻在中央电视台播出13条次。在中央媒体、省级媒体发稿和央视播出数均创历史最高水平。同时，为提升明溪在海外的知名度，县融媒体中心充分发挥新侨乡优势，与海外华人媒体《匈牙利新导报》签订合作备忘录，建立友好交流合作关系，《@海外福建乡亲 预防、出行、求助……这些事，我们帮你问了权威部门和专家》《看明溪老人千年鸟道上的“观鸟经”》《一场特殊的“云”宣讲！明溪连线海外侨胞学习党的十九届五中全会精神》等事关国内和明溪的新闻被《匈牙利新导报》转载。“明溪在线”微信公众号也分别转载《匈牙利新导报》刊发的《爱心

在接力！匈牙利明溪商会组织华商向慈善机构捐赠物资》《热烈祝贺！匈牙利明溪商会会馆落成揭牌仪式在布达佩斯举行》等新闻，并刊发《央媒“三明实践”报道印发海外华人媒体、海外乡亲关注和热议》等报道。县融媒体中心与海外华人媒体的合作取得了初步成果。

【媒体融合发展】 2020年，明溪县融媒体中心按照“深度融合、合而为一”的理念，融合广播电视、县委报道组、新闻网站，手机客户端、微信公众号、微博等各类媒体资源和乡镇部门微信公众号平台，入驻央视新闻移动网、央视频、人民网、“学习强国”平台、“新福建”、今日头条、抖音等国家及省市媒体平台，构建统筹内宣、外宣、网宣，融传统媒体、新媒体、社会宣传资源于一体的现代传播体系，扩大新闻舆论传播效果，提高传播影响力，形成集群优势，更好地将党的方针政策“飞入寻常百姓家”。同时，县融媒体中心对原有各媒体平台相互独立的采编发流程进行改革，建立统一工作平台，实行策划、采集、编辑等部门集中办公，达到PC端、客户端、微信、微博等数据互通。建立技术支撑体系，配备软硬件，为采编发一体运行提供可靠技术保障；建立传播效果监测反馈系统，及时对各平台新闻产品的传播力、影响力进行评估，发现舆情热点，进行选题参考；围绕时政热点、民生问题等，统一调配采编人员，统一安排采访任务，形成“一体策划、一次采集、多元生成、多渠道传播、全方位覆盖”的融合传播新格局。在提供社会服务方面，按照“媒体+”要求，在做强做精新闻主业的基础上，逐步拓展“新闻+政务”“新闻+服务”“新闻+党建”等服务领域，搭建“政务+民生+文化”服务平台，建立融媒传播矩阵，打造融媒产品，打通党和人民群众信息沟通、社情传递的“最后一公里”，逐步把县融媒体中心建成主流舆论阵地、综合服务平台和社区信息枢纽。10月，县融媒体中心新址投入使用。

【经营创收】 2020年，明溪县融媒体中心利用三明市归化印象传媒有限公司这一平台，主动贴近市场，负责广告业务经营，承接文旅、演艺、直播等各类活动，与乡镇、部门联办专题栏目，实现社会效益和经济效益的双赢。与县委文明办、县扶贫办、县公安局、县医院以及福建君子峰国家级自然保护区管理局合办《守望南山》《文明讲谈》《扶贫最前线》《百万警进千万家》《明医明科》《君子峰秘境》6档栏目。与县纪委监委、雪峰镇、沙溪乡、瀚仙镇、夏阳乡、河长办、信用社、税务局等乡镇、单位签订宣传合作协议。举办微信直播活动19场，承接晚会3场。全年实现经营性收入561.2万元，初创第一年就实现规模以上企业目标。

（范锋华）

图书销售

【经济预算指标完成情况】 2020年，福建新华发行（集团）有限责任公司明溪分公司（简称“新华明溪分公司”）实现销售码洋473.11万元，比2019年增长85.43万元，其中教材销售码洋160.54万元，比2019年增加8.76万元；教辅销售码洋148.42万元，比2019年增加7.36万元；一般图书销售码洋153.39万元，比2019年增加82.67万元；多元化产品销售码洋9.32万元，比2019年减少12.93万元。全年利润－28.92万元，比2019年全年利润减少36.15万元，减亏7.23万元。

【主营业务】 2020年，新华明溪分公司在教材、教辅的征订和发放工作中，面对生源减少的情况，提高服务水平，优化服务质量，完成教材“课前到书，人手一册”的政治任务，义务教育阶段小学英语、科学，初中实验报告册等教辅的配套率为100%。按照“以重点书带动一般书销售”的发行战略，采取上门推销，送书上门，争取有关单位下发文件等一系列有效措施，带动一般图书的销售。参与新华荐品、好书聚惠，“全民读书月 新华悦读季”等主题营销，与紫岭居委会共同开展“我为祖国朗诵一首诗”、夏阳“油饼节·心相印书相承”、助力第四届“绿色明溪·清新盖洋”健康跑活动、“永溪丰收节”读书活动，在取得经济效益的同时，还取得良好的社会效益。组织开展以“暑假读一本好书”为主题的推广活动，倡导师生阅读，提高学生人文素养和教师专业素质。响应全民阅读的号召，挑选适合各年龄阶段学生及老师阅读的书籍，组织员工流动售书，走进各乡镇，社区，中小学校，幼儿园，为读者和师生提供适合的优质图书，流动售书乡镇覆盖率达到100%。抓好重点政治理论读物的宣传征订发行工作。年内发行《习近平在宁德》征订3620册，码洋24978元；《习近平在厦门》征订3622册，码洋152124元；《习近平在福州》征订3428册，码洋260528元；《习近平谈治国理政》第三卷征订6921册，码洋553680元；《中国制度面对面》征订469册，码洋260528元；《习近平关于统筹疫情防控和经济社会发展重要论述选编》征订4604册，码洋138120元。开展多元产品营销，扩大多元产业团购业务。加强书香悦读卡、两纸一油一酒、教装校服等多元产品的营销推广。鼓励员工由店内坐商向店外行商转变，做到“走出去请进来”，年内新增县夏阳小学附属幼儿园的校服市场。

（温莉莉）

卫生健康

【概况】 2020年，明溪县卫生健康局面对突如其来的新冠肺炎疫情，学习贯彻习近平总书记重要讲话重要指示批示精神，按照省、市、县党委政府的工作部署要求，以最快速度、最强阵容，组建全县卫健系统疫情防控领导小组，带领全县卫健系统人员投身抗疫最前线，并选派优秀人员第一时间向武汉、三明逆行支援抗疫。全县疫情防控进入常态化管理，较好完成省、市卫健主管部门的工作安排和《2020年明溪县政府工作报告》分解的目标任务，取得医药卫生体制改革、疫情防控双赢的良好成绩，全县卫生健康各项工作稳步推进。全年全县门急诊量54.09万人次，出院人数8598人次，总医院床位使用率61.63%；医疗机构医药总收入9849.28万元，比2019年增长0.8%；药品及卫生耗材收入3995.27万元，比2019年增加629.65万元，占医药总收入40.5%；检查化验收入1993.28万元，比2019年减少423.94万元，占医药总收入20.2%；百元医疗收入中消耗的医用耗材为19.99元；门诊次均费用157.7元，比2019年增加12.05元，住院次均费4749.4元，比2019年增加261.44元；财政补助收入14535.3万元，其他收入678.7万元。健康明溪公众号共出刊21期，发布70余篇（条）健康科学、健康生活方式、疫情防控等内容；开展线上主题宣传日活动7次；发宣传品55000余份，服务人群3.7万余人次，义诊6010余人。

【医药卫生体制改革】 2020年，明溪县医药卫生体制改革工作围绕探索医防融合改革、探索疾控系统综合改革、完善慢性病“一体化”管理机制等重点工作

2020年5月8日，2020年明溪县医改暨卫生健康与医疗保障工作会召开 （县卫生健康局 提供）

任务，稳步推进各项改革，加快构建以人民健康为中心的价值医保、价值医药、价值医疗新型服务体系。县政府办公室制定印发《明溪县人民政府办公室关于印发明溪县疾病预防控制中心综合改革方案（试行）的通知》，加快推动“以治病为中心”向“以人民健康为中心”转变，探索建立“疾病预防、医疗救治、健康管理”三位一体的医防协同融合服务新模式。5月，县制定下发《明溪县推进医防融合深化公共卫生服务体制改革实施方案》，挂牌成立医防融合办公室，明溪被列入3.0版三明医改——全市“医防融合”改革试点县。11月，县总医院通过评审，确认为二级甲等综合医院。

【疫情防控】 2020年，明溪县卫生健康局根据国家和省、市要求，制订印发不同阶段、不同场景的新冠肺炎疫情防控工作方案和新冠肺炎疫情防控工作应急预案等（共5版），其中《明溪县严控境外疫情输入工作方案》（3.14版）被全省原文推广转发。选送1名优秀护士邓梅华援鄂；投入600万元完成县总医院、疾控中心PCR（聚合酶反应）实验室建设，配置全进口高通量核酸提取仪等设备5台，日最大检测量2856人份；成立20支总人数60人的核酸检测采样应急队伍，全年对重点人群进行核酸采样；设置雪峰卫生服务中心及县中医院2个疫苗接种点，全年完成新冠疫苗接种260剂；全县各医疗机构均按照满足满负荷运转30天需求、疾控机构按照满足既往疫情高峰期10天满负荷运转需求储备应急物资，开展各类新冠疫情防控演练7场次。

【项目建设】 2020年，明溪县卫生健康系统总投资1.05亿元，先后组织实施一系列卫生基础设施和基本建设项目。总投资8000万元，建筑面积16377.2平方米的县公共卫生服务综合大楼进入扫尾阶段；总投资3200万元的县中医院能力提升项目投入使用；总投资1.86亿元的县总医院门诊综合楼项目进行前期工作；总投资45万元，完成城关、盖洋、瀚仙等卫生院中医馆建设项目并投入使用。

【卫生应急】 2020年，明溪县卫生健康局选送应急管理人员及专业人员6人参加省、市卫健委举办的应急管理培训学习；建立卫生应急队伍1支30人（含紧急医学救援队、突发急性传染病防控队伍、突发中毒事件处置队伍），组织开展及参加各类突发公共事件卫生应急演练6次；参与县内各重大活动（赛事）医疗保障工作12次。

【基层卫生健康】 2020年，明溪县建立电子居民健康档案95052份，建档率92.28%；65岁以上老年人体检7311人，健康管理率80.66%；管理高血压患者6599人，规范化管理高血压5123人，规范管理率77.63%；管理糖尿病患者1994人，规范化管理糖尿病1631人，规范管理率81.8%。全县精神障碍患者在册568人，在册率5.51‰，年在管540人，管理率95.07%，规范管理率92.08%。

【妇幼健康】 2020年，明溪县35—64岁城乡居民医保妇女免费“两癌”筛查2201人，完成率100%；完成婚前医学检查女性89人、男性89人；完成孕前优生优育检测374人，覆盖率46.75%；开展地中海贫血免费筛查181对，完成率60.33%；叶酸服用490人，完成率65.33%；完成城区入园儿童体检2672人，体检率达98.5%；完成托幼机构工作人员的健康体检314人；完成农村妇女妇科普查1444人，完成城镇职工妇科普查446人。

【疾病预防控制】 2020年，明溪县共报告乙类和丙类传染病500例，无甲类传染病例，无死亡病例；报告手足口病例209例，无重症；性病、艾滋病管理的感染者病人共15例，无新增病例；完成“三热”血片、血检56人次，未检出阳性病人；完成预防接种共建卡证981人，建卡率100%；各适龄儿童国家免疫规划疫苗接种率均达99%以上；首针乙肝及时率达100%；全年食源性疾病监测完成525例，任务完成率120.69%；全年全县未出现传染病暴发流行；对全县23家住宿场所、1家沐浴场所、1家游泳场所及94家美容美发场所进行量化分级管理，覆盖率达到100%，卫生行政处罚案件2件，处罚金额4000元；对城市供水、二次供水单位开展监督检查4次，对乡镇集中式供水单位开展监督检查2次；检查生活饮用水单位36家次，水质监测68份，合格68份，合格率100%；二次供水单位水质监测20份，合格20份，合格率100%。

群众自我防病意识明显增强，肺炎、流感疫苗接种量大幅提高，比2019年分别增长31.99%、63.85%。

【职业健康】 2020年，明溪县共对纳入监测的重点职业病进行职业健康体检131人。完成职业性尘肺病随访与回顾性调查率100%。完成工作场所职业病危害因素监测任务数17家，并及时通过监测信息平台报送相关监测数据和结果。完成职业病危害现状调查90家企业，并按要求及时录入网络系统。对10家重点监管企业开展专项督查，共监督检查26家次，下发意见书9份，立案查处1家。27家涉尘涉毒监管对象均完成2020年度的职业病危害定期检测，其中10家涉尘涉毒重点企业职工体检数达714人。

【医政管理】 2020年，明溪县卫生健康局深化“放管服”改革工作，简化审批服务流程，共办理审批件260件；对全年11件行政执法案件、3件投诉举报事项进一步摸排梳理；组织开展覆盖全县各医疗机构医疗废物处置专项监督检查活动；推进医患纠纷调处工作，不断健全和完善医疗纠纷“五位一体”应急处置机制，进一步强化组织和队伍建设，开展“平安医院”建设工作，提高医疗纠纷化解水平，推进医患纠纷调处工作，调解1起医疗纠纷事件，全年未产生医闹等影响社会稳定的情况。

【中医药工作】 2020年，明溪县抓住国家中医药管理局对口支援的契机，积极发展县中医药事业，加大中医药服务设施建设，推进重点学科建设，加强中医人才队伍、中医机构内涵和专科专病建设，加快学术和技术带头人培养，推广中医适宜技术的应用。5月，邀请省中医药管理局专家到县做中医药产业、人才培养等专题交流指导；11月，国家中医药管理局闫树江副局长到县调研中医药事业发展工作；12月，县挂牌成立福建中医药大学（明溪）中医药健康管理示范中心，并举办福建省中医健康管理产业发展促进会；完成县中药配送中心建设，实现全县中药汤剂统一煎煮配送；投资25万元的全国第四次中药资源普查项目工作进入编制阶段，等待省级验收。

【综合监督】 2020年，明溪县卫生健康局深入开展打击非法行医专项行动，监督检查106家医疗机构、21家生活美容场所、1家农贸市场、14家养生保健场所，共查处非法行医案件5起，罚没款4.2万元；对17所中小学完成两轮监督检查。检查企业10家，下发监督意见书9份。

【老龄健康】 2020年，明溪县卫生健康局做好老龄调研统计工作，建立健全16名百岁老人台账信息；沙溪乡梓口坊村戴清华荣获“全国敬老爱老助老模范人物”荣誉称号；及时完成干部保健对象日常申报、咨询、答疑等服务工作，新增8名保健对象，其中高级人才3名。

【爱国卫生】 2020年，明溪县卫生健康局组织协调好每月一次的全民爱国卫生日活动。开展灭鼠灭蝇蟑活动，全年共发放慢性鼠药物0.8吨、灭蟑螂药物2000盒；与相关部门密切配合，抓好环境整治工作，巩固省级卫生县城成果；做好农村户厕新建改造工作，全年完成改厕120户；盖洋镇、瀚仙镇、胡坊镇被命名为福建省卫生乡镇。

【人口计生】 2020年，明溪县出生982人，政策符合率90.73%，出生性别比为114.41，人口信息质量准确率97.27%；确认农村计划生育奖励扶助对象376人，其中低保户72人；确认特别扶助对象49人，其中低保户15人；确认城镇奖扶对象429人，其中低保户9人；确认贡献奖励对象165人；确认二女绝育夫妇对象2358人。发放计生各项奖励金3457人次，发放奖励金290.16万元，其中贡献奖165人、5.94万元，农村二女节育奖励2385人、85.86万元，奖励扶助805人、106.32万元，特别扶助95人、91.34万元，独生子女奖励7人、0.7万元。

【队伍建设】 2020年，明溪县执行党委领导下的院长负责制工作；依托省市高等院校定向培养、定向招生，全年招录定向委培生6人，发放人才资金近118.624万元；引进福建省立医院、三明市第一医院等医疗专家团队开展专家坐诊、理论讲座、诊疗示范、手术示教、案例分析，同时与9家乡镇卫生院建立对口支援关系，定期开展巡诊和业务教学指导，推进医疗卫生对口支援“传帮带”；派出29名专业技术人员到上级深造，实施优秀学科带头人培养计划6人、优秀青年人才培养10人；共12人被省人力资源和社会保障局认定为引进人才；为延伸设立村卫生所聘用人员每人每月发放基础薪酬1000元，共为95名老年乡村医生发放养老生活补助50.42万元；投入近100万元修缮可容纳40人的人才周转房。3个卫健系统家庭荣获2020年度“福建省最美抗疫家庭”称号、瀚仙卫生院谢琳制作的视频获“2020年福建省预防接种家长课堂微视频竞赛项目”一等奖。

（赖国芳）

医疗保障管理

【概况】 2020年，三明市明溪医疗保障局（简称“明溪县医保局”）做好常态化疫情防控工作，保障医保基金安全，超额完成基金征缴任务，推进医保扶贫工作。

【疫情防控】 2020年，明溪县医保局贯彻中央、省、市、县疫情防控有关工作部署要求，加强与各定点医疗机构的联系，深入各定点医药机构督导，确保患者先行救治，医疗费用及时结算，及时协调解决疫情防控过程中出现的新情况、新问题。督促阶段性减征、缓征职工基本医疗保险费工作的落实，为企业解决实际难题。全年为全县162家企业单位降低缴费负担达276.68万元。

【医保缴费】 2020年，明溪县共有参保职工14515人，比2019年增长3.72%，其中在职职工8619人，退休人员5896人，赡养比为1.46∶1；城乡居民参保人数94700人，比2019年度增加638人，增长率0.68%。

【基金监管】 2020年，明溪县医保局开展整治欺诈骗保违约违规违法行为，组织召开全县打击欺诈骗保工作通报会、医保基金监管集中宣传月活动和稽查稽核动员部署会议，开展“打击欺诈骗保 维护基金安全”主题宣传活动，加强对“两定”机构的稽核力度，开展基金专项整治活动，进一步规范县医疗服务行为。全年共约谈8个、通报批评6个定点医药机构，对县域内100家定点医药机构进行日常、专项稽核检查120余次。发现存在问题4884例，追回涉及违规金额111887.56元。通过电话、发传真函，核查区外住院大额发票42人次，涉及总费用248.25万元，未发现违规票据。受理县参保人员因外伤就医48人次，涉及医疗费用总额114.19万元，补偿金额42.59万元；拒收存在第三方责任人外伤就医2人次，涉及金额13.19万元。

【医保扶贫】 2020年，明溪县医保局加强与县民政局、县扶贫办等部门联络，规范工作流程，对建档立卡贫困人口和省定低保对象进行动态调整，每月增减变动1次，至2020年，全县建档立卡贫困人口共4771人，全部纳入县基本医疗保险参保范围。严格执行精准扶贫医疗补助政策。全年全县建档立卡人员就诊28434人次，医疗总费用1358.83万元，补偿总金额1167.15万元，补偿比85.89%。落实医保扶贫四条措施。建立“日日”监测管理机制，“四办”措施执行以来，动态跟踪排查建档立卡贫困人口就医79人次；回访建档立卡贫困户76人次；协助办理转诊手续13人次；第三次精准补助提前办理3人，补助金额126726.3万元。全年共办理2019年度第三次精准补助97人，补助总金额2613495.77元。落实“村村通”“就近通”政策。全年新增5家村卫生所纳入医保定点医疗机构管理，至2020年，全县共有66个行政村卫生所，均已实现“村村通”或“就近通”，开通率达100%。

（汪丽华）

责任编辑：李桂花

社会民生

民　政

【概况】　2020年，明溪县民政系统聚焦脱贫攻坚、聚焦特殊群体、聚焦群众关切，提高城乡低保标准，提高特困人员分散供养标准，重新修订完善临时救助暂行办法，加强流浪乞讨人员救助管理，强化留守儿童关爱保护，提升养老服务水平，打赢新冠肺炎疫情防控攻坚战。

【城乡低保】　2020年7月起，明溪县城乡低保标准由6456元/年提高到7680元/年，占2019年县农村人均生活消费支出12523元的61.33%，县城乡低保标准均超过国家和福建省扶贫标准。全年共救助农村低保901户、1857人，其中被列为扶贫对象1366人，发放保障金1099.19万元；救助城市低保198户、316人，发放保障金204.83万元。全县共新纳入低保93户、210人，退出不再符合条件低保对象34户、93人，城乡低保覆盖率达1.83%。

【特困人员供养】　2020年7月起，明溪县特困人员分散供养标准由每人每年9936—29088元提高到11688—33600元，集中供养标准在分散供养标准的基础上提高1倍。全年共救助特困人员274人，发放供养资金419.78万元，不能自理特困人员集中供养率达97.8%，实现省民政厅要求的不能自理特困人员集中供养到2020年达到50%的目标。

【临时救助】　2019年3月，明溪县重新修订完善临时救助暂行办法，县政府印发《明溪县临时救助暂行办法的通知》，适度提高临时救助标准、合理扩大救助范围、酌情优化救助程序，提高临时救助资金的灵活性。2020年共实施临时救助2919人次、118.49万元，临时救助资金使用率为110.74%，达到省民政厅要求的临时救助资金年使用率80%的目标。

【流浪乞讨人员救助】　2020年，明溪县民政局累计救助流浪乞讨人员220人次。通过全国救助寻亲网，公安人脸识别系统等渠道做好滞站人员寻亲工作，寻亲成功5人，护送返乡11人次。着力开展生活无着的流浪乞讨人员救助管理服务质量大提升专项行动，继续开展“寒冬送温暖”“炎热送清凉”专项救助行动，为街头流浪乞讨人员和困难群众提供必要的救助服务。

【留守儿童和残疾人关爱】　2020年，明溪县民政局加强留守儿童关爱保护，强化留守儿童信息化管理。全县850名农村留守儿童，365名困境儿童全部落实监护责任。进一步落实孤儿生活保障，为3名孤儿发放保障金2.98万元，为事实无人抚养儿童42人发放基本生活费27.3万元。全县共有1787名残疾人纳入困难残疾人生活补贴、2120名残疾人纳入重度残疾人护理补贴，累计发放生活补贴费172.03万元、护理补贴费250.23万元。

【养老服务】　2020年，明溪县新建盖洋镇老年人日间照料中心、瀚仙镇王陂村农村幸福院，实现老年人日间照料中心城区乡镇覆盖率100%，农村幸福院覆盖68.2%的行政村。持续开展“互联网+智慧养老”居家养老服务，受惠老人达900人。全县88个行政村建立并推行“党建+养老服务中心”机制，推动农村养老服务社的规范化管理，提升居家养老服务水平。高龄津（补）贴覆盖80周岁及以上老年人，发放高龄津（补）贴208.57万元。实施养老机构责任险，累计投入保费3.4万元。开展老年人意外伤害险，将2901名老人纳入保险，投入保费5.8万元。

【基层自治建设】　2020年，明溪县民政局建立以财政投入为主、社会投入为补充的社区组织运转经费保障机制，落实2020年度省级城市社区运转经费32万元、县级城市社区运转经费8万元。推进城市社区居民民主议事厅建设，全县96个村居全部完成“民主议事厅”挂牌。在全县范围内开展优秀社区工作法遴选，与沙溪乡政府联合撰写《三明市明溪县沙溪乡梓口坊村“融侨议事”工作方案》，该工作法入选“福建省优秀社区工作法”。指导各村（居）规范制定村规民约，对全县富有特色的村规民约进行梳理和汇编，选定收录3篇富有特色的村规民约。

【社区治理】　2020年，明溪县民政局联合县人社局制定《明溪县民政局　明溪县人力资源和社会保障局2020年高校毕业生服务社区计划招募考核公告》，开展高校毕业生服务社区招募，共有3名高校毕业生被确定为招募对象。根据《福建省民政厅办公室转发民政部办公厅关于做好基层政权建设和社区治理数据维护有关工作的通知》要求，在9月底前完成城乡社区综合服务设施覆盖率等相关统计数据的集中核查以及城乡社区工作者基础信息等的确认和完善。落实房地产开发企业按比例无偿提供社区配套用房政策。办理欧华大厦配套用房审核，为城东社区提供36.34平方米配套用房。

【社会组织和社会工作发展】　2020年，明溪县共有社会组织243家，社工机构2家。其中，2020年共计新孵化成立89家社会组织。9月，培育1家本土社工机构（明溪县明德社工发展中心）。启用民政E线通、福建省民政厅社会组织管理平台合作项目系统，实现社会组织业务网上办理。完善政府购买服务机制，向上争取资金55万元，用于社工机构承接政府购买服务，让社会组织承接政府简政放权释放的具体事务。

2020年11月18日，明溪县召开困难家庭帮扶工作推进会暨明德社工发展中心成立会议　（县民政局 提供）

【行政区域界线管理】 2020年，明溪县民政局开展年度行政区域界线联检工作，持续深化平安边界创建，加强9条县级界线和12条乡级界线的重点地段风险预防，完成4条市内县级界线及2条乡级界线内外业联检工作。完成《中国地名大会》节目试题3题，核对《国家地名信息库》数据84条，完成《三明地名志》《三明地名录》明溪部分初稿审核及校对工作。完成地名管理的乡镇资料统计及夏阳乡溪边村“到马岭”自然村更名工作，地名普查成果转化工作成效明显。

【殡葬管理服务】 2020年，明溪县民政局为57个困难家庭减免殡葬费用7.41万元。做好清明群众祭扫服务保障工作，推进6个村级公益性骨灰楼（堂）项目建设，缓解城区公墓供需矛盾。县殡仪馆做好规划区内迁坟骨骸并提供免费火化和寄存服务。开展殡葬领域突出问题专项整治工作，强化殡葬服务、中介服务和丧葬用品市场监管，促进殡葬行业健康发展。持续开展违法违规私建墓地等突出问题专项整治，共排查处置违建大墓1座。

【婚姻登记】 2020年，明溪县婚姻登记中心因疫情防控需要，实行周末预约办公，全年办理预约登记30对。全年办理国内居民婚姻登记947对，婚姻登记合格率、服务对象满意率均达100%。开展中华人民共和国成立以来婚姻登记历史信息补录，共完成信息录入2万多条。9月27日整体搬迁新行政服务中心，10月9日正式办理业务。建立健全婚姻家庭辅导室机制，发挥21位婚姻家庭辅导志愿者的作用，为前来离婚的107对夫妻提供情感和心理疏导，成功劝和38对，促进家庭和睦平安、社会和谐稳定。

（林福毅）

老区建设

【概况】 2020年，明溪县老区办围绕加快打赢脱贫攻坚战、全面建成小康社会的目标任务，落实年初县委、县政府下达工作目标任务，强化责任意识和服务观念，围绕“三个聚焦”推进老区扶建等各项工作深入开展。

【老区宣传】 2020年，明溪县老区办宣传《福建省促进革命老区发展条例》（2020年1月9日省第十三届人大常委会第十四次会议通过修正决议），做好老区苏区“红色”品牌宣传工作，以弘扬老区革命精神为目的，宣传老区优良传统和工作作风，让老区传统、老区精神、老区观念、老区意识深入民心。参与市民政局完成《风展红旗如画——红色三明》编印出版；配合县老促会编撰《明溪县革命老区发展史》的资料收集和编整工作；协助省老促会完成《讲好老促会故事》电视纪实片拍摄；协助市老区办完成“风展红旗如画——红色三明”系列报道——中央苏区革命遗址保护利用专题拍摄等活动；征订《中国老区建设》等书报杂志32套赠送给有关部门阅读，加强政策解读，扩大老区政策宣传。加强信息报送，向中国老区网、神州老区建设网等网站投稿37篇，宣传县红色革命历史及老区建设新发展、新面貌，扩大县老区苏区品牌推介。

【老区扶建】 2020年，明溪县老区办贯彻落实中央和省市脱贫攻坚决策部署，策划老区扶建项目，向上争取资金，推进老区扶建工作。年内，共争取老区扶贫建设发展各项专项资金100万元，其中：争取中央革命老区扶贫建设专项资金30万元，扶持盖洋镇姜坊村、夏坊乡高洋村、夏阳乡杏村等3个革命老区村生产生活道路硬化建设项目3个，项目总投资46.8万元，共硬化老区道路路面1.42公里，解决当地村民生活难题和农业生产问题。争取省级革命老区发展（革命遗址保护利用）资金40万元，补助明溪县滴水岩红军战地医院纪念馆建设项目，促进县红色旅游发展，推动爱国主义教育活动。争取市委、市政府苏区调研办实事项目资金30万元，支持盖洋镇湖上村下楼通组道路拓宽及村内道路硬化项目建设，改善当地村民生产生活条件。

【资金监管】 2020年，明溪县老区办按照《福建省扶贫专项资金使用管理责任追究办法（试行）》有关规定和要求，加强扶建项目资金的使用管理，落实扶贫资金在线监管制度，保证扶建资金及时足额发放到位，专款专用，提高资金使用效益。全年组织开展专项资金自查4次，会同县财政局、县民政局开展扶贫领域“1+X+Y”老区资金专项督查3次。经检查未发现以权谋私、优亲厚友和虚假冒领、贪污侵占老区扶贫资金等情况。完成扶贫资金在线监管绩效录入工作。

【老区政策对接】 2020年，明溪县老区办贯彻落实国务院办公厅《关于加大脱贫攻坚力度 支持革命老区开发建设的指导意见》、福建省委《关于加大攻坚力度支持革命老区开发建设的实施意见》等有关政策文件精神，梳理中央、省、市对老区的扶持政策，坚持“老区优先、适当倾斜”原则，坚持不懈为老区做好事、办实事，抓好老区政策与扶贫工作政策衔接。结合县“2020·敢拼会赢”主题活动，开展向上走访和对标学习活动。梳理对接老区苏区政策，主动与省市老区业务部门沟通联系，开展向上走访汇报工作；县民政局主要领导带队到龙岩漳平、三明永安、沙县、梅列等地开展对标学习，了解兄弟县市在对接老区苏区政策、促进老区发展方面的经验做法，学习借鉴、取长补短，通过对标学习，提升把握推进老区工作能力和水平。

【“五老”优抚政策】 2020年，明溪县老区办贯彻落实“五老”人员优待政策，逐步提高革命“五老”人员生活和其遗偶的定补标准。每月按时足额发放各项补助，从8月起，革命“五老”人员定期生活补助标准由每人每月1380元提高到1530元，“五老”遗偶生活补助标准由每人每月400元提高到475元。2020年，全县健在革命“五老”人员4人（其中机关“五老”2人、农村“五老”2人）、“五老”遗偶11人（其中农村“五老”遗偶10人、机关“五老”遗偶1人），全年共发放革命“五老”及遗偶生活定补、医疗补助和物价补助等11.05万元，其中生活定补10.52万元、医疗补助0.1万元、物价补贴0.43万元。开展春节、重阳节慰问活动，共发放慰问金3.13万元。2020年度革命“五老”人员及遗偶去世3人，老区办工作人员前往吊唁，协助家属办理丧葬事宜，送发慰问金1580元。改进“五老”管理工作。了解掌握“五老”人员基本情况，做好“五老”人员及其亲属来信来访工作，提供上门服务及不定时电话回访，帮助解决“五老”人员生活中的困难和问题，切实为革命“五老”人员送温暖、解忧愁、办实事。

【引导社会力量共建】 2020年，明溪县老区办开展“阳光1+1（社会组织+老区村）牵手计划”行动。8月25日，在县民政局举办签约仪式，县10个社会组织和11个老区村牵手结对帮扶，参与牵手的社会组织帮助老区村引进项目5个，投入资金130多万元，组织开展产业扶持、困难助学、关爱留守儿童、慰问困难空巢老人等多项社会服务帮扶活动，受益人数5000多人次。加强与县老区建设促进会联系，深入老区乡（镇）村开展调研活动，发挥老领导、老干部、老专家的政治优势、经验优势和智力优势，带动其他社会力量关心支持老区建设，凝聚各方合力，促进老区村更好更快发展。引导社会组织捐资助学，2020年度争取黄仲咸教育基金会奖学金9万元，资助90名品学兼优的老区贫困学生，12月11日，在明溪一中举行奖学金发放仪式。

（陈建华）

退役军人事务

【概况】 2020年，明溪县退役军人事务局推进退役军人服务保障体系建设，组织开展丰富多彩的双拥活动，做好扶持退役军人就业创业工作，落实优抚安置政策，开展公祭活动和烈士纪念设施信息系统采集工作，全力防范化解退役军人事务领域重大风险。

【双拥活动】 2020年，明溪县退役军人事务局引导县司法局、县文体和游旅局、县委党校、县职业中学、县信用联社及南方制药有限公司等单位和企业与武警明溪中队签订军地共建协议，双拥共建单位发挥各自优势，开展互学互帮活动。1月19日，县举办“风展红旗如画、军民鱼水情深”2020年迎新春双拥联欢晚会演出活动，全县干部群众和部队官兵观看了演出，为县双拥模范县创建营造良好氛围。新春佳节前夕和“八一”中国人民解放军建军节期间，县退役军人事务局走访慰问军休干部、残疾军人、参战人员、企业离退休军转干部等优抚对象，发放慰问金。9月，联合康佳集团明溪营销部、美的集团明溪营销部和县闽兴电器有限公司响应国家“拥军优属”行动号召，启动在全县开展“拥军优属福利工程”活动，为每位重点优抚对象发放电风扇1台，每位退役军人发放购电器优惠券1张，军人军属享受到了补贴。12月1日，受县委、县政府委托，协同县人武部组成慰问组，慰问省军区部队官兵。12月5日，协同县司法局、雪峰镇城南社区到驻地部队，开展“深入学习宣传习近平法治思想，大力弘扬宪法精神”为主题的法治宣传活动，为驻地官兵宣讲中共十九届五中全会精神，详细讲解《中华人民共和国退役军人保障法》，解读即将实施的《中华人民共和国民法典》。

【优抚安置政策落实】 2020年，明溪县退役军人事务局全面实行社会化方式发放优待抚恤资金，各项抚恤优待资金按时如数兑现。足额兑现义务兵家属优待金，优待金发放标准为城镇义务兵按上年度城镇居民人均可支配收入的50%发放，农村义务兵按上年度农村居民人均纯收入的100%发放，获得优秀士兵荣誉称号的增发10%的义务兵家属优待金，全年为多名在部队服役的义务兵发放家属优待金。为自主就业退役士兵发放地方经济补助金。

【部分退役士兵社保接续】 2020年，明溪县各有关部门“精准施策、精准宣传、精准服务、精准施力”，推进部分退役士兵社保接续工作，率先在全省完成退役士兵社保接续工作，应保参保率达100%。全省部分退役士兵社保接续工作启动后，县成立退役军人社保接续工作领导小组及社保接续工作专班，由县财政局、人力资源和社会保障局、医保中心、退役军人事务局、税务局各抽调一名精干业务人员联合办公，建立“一门受理、协同办理”的经办机制。通过县政府OA网、明溪在线等平台发布公告，通过县电信公司短信平台发送短信，通过微信工作群、人武部乡镇工作群、老兵战友群等广泛转发社保接续公告。严格按照“以政府安排工作方式退出现役士兵社会保险接续工作”指导手册的具体操作流程及规定，围绕政策咨询、身份认定、信息审核、参

2020年1月19日，明溪县举办双拥晚会。图为晚会现场

（县退役军人事务局 提供）

保缴费四个环节，按照规定的步骤和时间节点，做好排查核实工作。同时根据业务经办风险防控要求，加大对参保时间、补缴时段、缴费工资基数等关键信息的审核力度，加强业务经办风险防控。每周五固定召开工作专班协调会，将一周以来县退役军人事务局受理的退役士兵上报材料进行核查，对疑难问题进行分析并共商解决方法。注重与退役士兵原安置单位及上级主管部门的联系和沟通，特别是在社保接续资金筹集方面争取他们的最大理解和支持。县直有关部门坚持“高度重视，优先办理”的原则，第一时间处理县退役军人事务局移交的参保和补缴业务，尽量简化流程，缩短办理时限，确保“移交一批，受理一批”；财政部门快速拨付县退役军人事务局申请应由财政承担的资金；工作专班工作人员加班加点审核资料、录入信息，确保准时准点、按要求全面完成社保接续任务。

【扶持退役军人就业创业】 2020年，明溪县退役军人事务局与县人力资源和社会保障局、工业和信息化局及教育局等部门密切合作，组织退役军人参加适应性培训，通过“送政策进军营”、招聘会等形式，加强政策宣讲和业务指导，参加就业技能培训。组织开展免费职业教育宣传，与县教育局等部门密切配合，宣传国家扶持的免费职业教育政策，有多人报名参加退役军人高职扩招考试，并被高校录取。发动退役士兵参加县人力资源和社会保障局举办的优秀创业创新典型项目活动，择优选送2名退役士兵参加县级优秀创业创新典型项目比赛，其中1名退役士兵获项目评选二等奖。

【服务保障体系规范化建设】 2020年，明溪县退役军人事务局按照退役军人事务部、省退役军人事务厅和市局关于做好服务保障体系建设，创建示范型退役军人服务中心（站），开展“五比五看”创“五有”工作的工作要求，争取县领导和乡镇主要领导的支持，多次召开全县服务保障体系建设推进会，全面推进服务体系规范化建设，全县服务保障体系软硬设施得到有效完善和提高，退役军人服务体系建设工作经验在省退役军人事务厅开办的“全省示范型退役军人服务中心（站）创建培训班”上作为典型被推介。

【烈士纪念设施信息系统采集】 2020年，明溪县退役军人事务局为保护红色资源，弘扬革命传统，组织开展全县烈士纪念设施、散葬烈士墓数据采集校核工作，通过组织人员深入实地，对烈士纪念设施进行拍照、定位，采集烈士纪念设施GPS地址坐标、全景照片、纪念内容、占地面积、主要材质等信息要素，录入“褒扬纪念管理系统”，全县共采集校核烈士纪念设施17个(座)，做到底数清、保护明。

（蔡逸超）

人力资源和社会保障

【概况】 2020年，明溪县人力资源和社会保障局坚持新发展理念，推动高质量发展超越，在做好常态化疫情防控工作的同时，做好“六稳”工作，全面落实“六保”任务，促改革、惠民生、防风险、保稳定，推动全县人社事业发展取得新突破。县社会保险中心被三明市总工会授予“三明市五一先锋号”荣誉称号。

【疫情防控】 2020年，明溪县人力资源和社会保障局贯彻落实习近平总书记关于疫情防控的重要批示指示精神和中央、省、市、县的安排部署，立足人社职能，做好“六稳”“六保”工作，实现“线上+线下”招聘、业务办理，助力企业复工复产，通过简化申请流程、压缩审核时限等措施为222家企业发放失业保险稳岗等各项补贴共计354.89万元；落实阶段性减免社保费政策，完成社保退费623家、240.4万元。参与入户排查、高速路口值守、居家隔离人员看守、社区值守、口岸接驳等疫情防控工作。同时，响应组织号召的党员自愿捐款活动，支部党员共捐款

3090元。

【就业与创业创新】 2020年，明溪县城镇新增就业670人，城镇失业人员再就业284人，城镇就业困难人员再就业317人，城镇登记失业率2.71%，低于全市2.29个百分点；畅通线上线下招聘渠道，通过大学生就业云招聘等线上平台，累计为141家企业发布就业岗位信息2342个次，共收到求职意向975人；举办现场招聘会2场，提供各类就业岗位900余个，入场应聘者近1600人次，初步与企业达成就业意向638人；评选明溪县级优秀创业创新项目10个，市级2个，给予资金扶持26万元；发放创业担保贷款129笔，金额2705万元；组织开展各类职业技能培训26期1910人次，完成率全市第一，专账资金审核支出率全市第二；开发基层公共管理和社会服务岗位10个，安置高校毕业生10人；新增乡村振兴协理员、防疫消杀员等公益性岗位，安置142人，其中安置建档立卡贫困户88人，推荐建档立卡贫困家庭劳动力就业167人次，参加职业技能培训70人次。

【社会保障】 2020年，明溪县全面实施机关事业单位养老保险制度改革，率先在全省范围内完成职业年金清算工作，受到省机关社保中心的通报表扬。2019年前机关事业单位退休“中人”待遇重核完成率达100%。以全省第一的速度完成“部分退役士兵社会保险接续”工作，受到省委退役军人办通报表扬。全年精准扩面631人，完成扩面总任务数的100%，三年扩面目标任务完成率并列全市第一。为3373名贫困人员代缴养老保险费65.34万元。为被征地保障对象发放养老保障补助金583.73万元。通过微信申领方式为1092名灵活就业困难人员发放社保补贴250.01万元。完成全县24252名退休人员养老金待遇调整工作，机关事业单位退休人员人均月增资183.68元、企业退休人员人均月增资141.8元、城乡居民退休人员基础养老金从123元提至130元。基金管理更加规范，未发生违规使用基金的情况。

【人才服务】 2020年，明溪县人才服务体系不断完善，申报国务院特殊津贴2人、市级B类人才2人、实用型人才4人，引进紧缺急需人才12人；成功申报毕业生创业项目（云海人家）获得省市资助20万元；新增就业见习基地3家，征集岗位47个，到岗37人，完成任务数的102.77%，发放就业见习补助33人，14.06万元；为76名符合条件的四类人才发放人才津贴25.44万元；符合省急需紧缺人才引进指导目录的12名人员连续五年享受2000元/月的省级引进人才生活津贴；会同卫健局、财政局审核一线医务人员临时性工作补助3.48万元。技能人才工作成效明显，获批市级技能大师工作室2家，成功推荐青年工匠人选赖志强获得市委、市政府新时代新三明百名担当作为青年先进表

2020年11月，明溪县人社局联合县司法、住建等部门在欧侨广场开展明溪县“根治欠薪”法治宣传活动

（县人力资源和社会保障局 提供）

彰；开展育婴员、保育员提升培训198人次，鉴定合格160人，其中中级工111人，完成市下达培训任务数的198%。

【考试招聘】 2020年，明溪县共聘用218人，其中教育系统聘用75人，卫生系统57人，其他事业单位86人；接收省级“三支一扶”毕业生14名。

【职称评聘】 2020年，明溪县批准确认工程、教师等专业初级专业技术职务97人；通过委托省市评审，取得正高职称1人，副高职称49人，中级职称72人，初级职称32人。其中为非公企业确认初级职称3人，通过副高职称1人、中级职称13人、初级职称8人；制定印发《明溪县中小学教师“县管校聘”管理体制改革实施方案》，推进“县管校聘”工作。

【和谐劳动关系】 2020年，明溪县人力资源和社会保障局召开《保障农民工工资支付条例》（简称《条例》）宣传贯彻会4场，组织网络学习《条例》70余人次，发放宣传小手册2000余份。加强劳动关系管理，不定期开展劳动用工备案专项排查行动，深入企业检查劳动合同签订情况、社保参保情况等，全县在册企业劳动合同签订率达到96%，劳动用工备案企业130余户，签订劳动合同4000余份。加大监察执法力度，开展农民工工资支付情况专项检查、劳动保障监察书面审查、根治欠薪专项行动等专项检查，共协调欠薪案件28起，涉及职工792人，解决拖欠工资1675万元；组织实施集体协商“特别要约”行动，签订工资集体协商要约23份，开展工资集体协商企业139家，覆盖企业139家，涉及职工4064名。强化纠纷调处力度，共受理劳动人事争议仲裁案件31起，涉及职工31人，涉及金额70余万元，结案率达到100%；共受理工伤认定45起，认定45起。

（范桂梅）

责任编辑： 罗菊妃

乡镇概况

城关乡

【概况】　城关乡位于明溪县城西郊，属武夷山脉南段，主要由中低山和丘陵地势构成，海拔在325—1004米之间，其山多呈东西走向；属亚热带季风气候区，温暖湿润，四季分明，光照充足，雨量充沛，干湿季明显，无霜期长；生态资源丰富，是南方重要林区之一，也是南方红豆杉产地之一。2020年，全乡面积115.84平方千米。有林地面积11002公顷，森林覆盖率达73.97%。辖9个行政村80个村民小组，人口11779人。

【人文历史】　城关具有悠久的历史，人文和自然景观丰富，生态旅游和红色旅游正在兴起。据考证，远在四千年前已有人类在此栖居，境内南山狮山溶洞仍保存有史前人类洞穴居住遗址。明成化六年（1470）曾建里治；元末名将陈友定曾安营扎寨境内雪峰山上；始建于北宋年间的月峰寺（又名罗汉庵）已有900年历史；被誉为“武夷三绝”之一的玉虚洞景点奇特、游人络绎不绝；罗翠村翠竹洋火山口是全国四大蓝宝石发源地之一，2013年8月，罗翠村翠竹洋被住房和城乡建设部、文化和旅游部、财政部列入第二批中国传统村落，2017年12月，翠竹洋园区被列入福建明溪火山口省级地质公园。第二次国内革命战争时期，作为革命老区之一，毛泽东、朱德、彭德怀等老一辈无产阶级革命家都在此留下战斗的足迹。

【经济建设】　2020年，城关乡完成地方级财政收入2407.77万元，比2019年增长0.02%。完成粮食播种面积1360公顷，粮食产量7590吨，烟叶种植面积75.73公顷，收购126.85吨，实现烟叶税93.68万元。规模以上工业产值完成14.31亿元，比2019年增长6.1%，全社会固定资产投资完成8.3亿元，贡献率12.2%。

【防控新冠肺炎疫情】　2020年，城关乡众志成城、同舟共济，疫情防控工作成效显著。面对疫情大考，成立城关乡新型冠状病毒感染的肺炎防控工作领导小组，加强组织领导，广泛动员各界力量参与防控，认真落实各项防疫措施，对全乡9个行政村40个自然村进行“网格化”管理，逐户摸排、登记造册，守住不发生本土病例底线。集结党员、团员、妇女等组成党员志愿服务队、疫情防控青年突击队等队伍24支，提高群防群控参与率。抓住关键环节、采取果断措施，做到“不落一户、不漏一人”，夯实网格基础。

【服务企业复工复产】 2020年，城关乡按照县委、县政府工作部署，在疫情形势稳定后，全面服务企业复工复产。乡项目办、安监站等部门成立企业复工复产服务小组，对辖区内40余家企业进行摸排，帮助解决防疫物资不足、复工材料申报、外省返岗员工居家管理等有关问题，落实疫情防控期间惠企政策。

【招商引资】 2020年，城关乡坚持“一把手”招商，赴福州、厦门、东莞等地招商引资9次，收集招商引资信息50余条，沟通洽谈寻求合作。新签约石制工艺品加工、下汴鸟生态康养产业，培育规上企业5家。

【“项目攻坚”建设】 2020年，城关乡积极推进富平新村、三钢矿山道路改线、上坊大坪头公路等民生关注度高项目开工建设，明溪县活禽交易市场建成运营，改变群众消费习惯。持续推进重难点项目进度，新引进的聚石石业、闽景印象茶博文化馆等项目建成投产。

【征迁攻坚】 2020年，城关乡共有9个县重点项目征迁任务，集中力量突破房屋拆除、青苗、地面大棚补偿等难点问题5个，完成第三实验小学扩建及幼儿园新建、南山遗址公园山体、迎宾大道绿道沿线征迁、三钢矿山改道等项目土地征收70余公顷，拆除房屋13座。

【乡村环境整治】 2020年，城关乡深入开展乡村环境整治，累计建设污水管网2.7千米，检查井47座，开展河湖清理行动15次，清理河道陈年垃圾30吨、水面漂浮物10吨。投入255万元实施翠竹洋提升改造、观鸟步道工程建设，投入59.94万元对乡、村公路、涵洞、桥梁及81.62千米公路进行全面养护与管理。

【乡村产业发展】 2020年，城关乡组织建立明溪县聚福产业联合社产学研一体化基地，推动形成公司、合作社、家庭农场等多层级产业联合社建设。推进罗翠省级乡村振兴试点村建设，完成官厅（县级文物保护单位）项目修缮，推进乡愁馆项目建设，举办2020年明溪县农民丰收节，助推乡村文化产业建设。

【村集体经济】 2020年，城关乡9个村村财收入均达到10万元以上。为坪埠、大富村争取120万元扶持壮大村集体经济资金，用于入股明溪县活禽交易市场，获取投资分红收益。狮窠村将30万元用于发展养蜂产业，整合菜单扶贫资金25.5万元投入合作社集体蜂场，村财年增收2万元。

【脱贫攻坚】 2020年，城关乡3个建档立卡贫困村全部退出，182户516人贫困人口全部脱贫。精准识别和帮扶相对贫困家庭，将6个村8户低保户23人纳入帮扶对象。投资492.35万元实施一事一议项目16个，落实农资综合直补、良种补贴、种粮大户、再生稻等补贴288.47万元。累计为

2020年11月14日，明溪县在城关乡罗翠村举办丰收节

（城关乡 提供）

110户低保，16名特困供养人员发放补助132.2万元，走访慰问计生困难家庭26户，发放慰问金1.2万元。

【安全隐患排查整治】 2020年，城关乡深化重点行业领域专项整治，开展安全隐患大排查大整治活动，累计共检查各类场所115家次，参加人员230人次，发现隐患数41处，整改隐患41处。完成房屋安全隐患排查2811户，排查出一般隐患房屋282栋，六大类房屋155栋，重大危险隐患房屋30栋，拆除13栋，封房17栋。

【社会管理综合治理】 2020年，城关乡做好三峡移民信访稳控工作，开展电信诈骗等新型网络犯罪重点整治工作，治理各领域乱象，提升治安水平。以坪埠村“说事评理”模式为样板，健全完善社会矛盾多元预防调处化解机制，妥善处理了百姓日常生活中86件“关键小事”，建设更高水平的“平安城关”。

（江宗禄　谌惠珍）

雪峰镇

【概况】 雪峰镇位于明溪县境中部，因镇区的高峰寒冬积雪、群峰竞秀而得名，是明溪县政府所在地和全县政治、经济、文化中心，下辖2个村、6个居委会，人口2.56万人，其中农村人口约3642人。辖区面积15.86平方千米，耕地75.73公顷，山地337.8公顷，林地224.2公顷，森林覆盖率达83.8%。

【经济建设】 2020年，雪峰镇完成社会地方公共财政收入452.3万元，占任务的136.65%；财政增长131.63万元，比2019年增长41.05%。完成农业生产总值11961万元，比2019年增长4.3%；完成规模以上工业产值6.49亿元，比2019年增长0.2%；完成社会消费品零售总额9161.5万元，比2019年增长11.3%。

【疫情防控】 2020年，雪峰镇凝心聚力，众志成城，坚决打赢新冠肺炎疫情防控阻击战。发挥党组织核心引领作用和“街乡吹哨、部门报到”的主体作用，共建立微信联系群384个，强化社区网格化摸排和管理，把城区划分封闭小区、机关企事业单位区域、松散型区域、楼栋“四级”区域进行值守，建立重点人员联排、外来车辆联查、异常情况联动、卡口设置联防、工作信息联通、人员物资联享“六联”防控机制，在短短24小时内建立起社区封闭式管理机制；分18个片区，采取“爱心敲敲门”逐户查、大数据比对查、对接源头组查、对接卫健反馈信息查、发动群众反馈查“五查”方式开展网格化摸排；各有关部门、辖区共建单位累计2385人次参与社区防控和社区服务，坚持党员示范带动，1790名在职党员、干部到所居住社区报到参与疫情防控工作，发动898名各类志愿者组建值

2020年3月15日，省委常委、统战部部长刑善萍（前右二）到雪峰镇紫岭社区检查疫情防控工作　（雪峰镇 提供）

班值守、巡逻劝导等志愿队伍，共同参与区域封闭管控工作，在疫情防控第二阶段及时有效阻断我省第1起境外疫情输入风险，受上级表扬，坚决守住社区这道最基础、最核心的防线。

【项目建设】 2020年，雪峰镇依托重点项目，实行倒排工期、挂图作战，解决镇挂包服务NMP提纯及纳米导电剂生产、环保新装备制造、心海森林康养共3个省、市重点项目问题，确保项目序时推进，解决涉及施工、土地、道路等项目的9个问题。突出发展重点，强力推进“五比五晒”项目竞赛活动，做好项目谋划、签约、开工、投产、增效工作，“五比五晒”工作成绩列全县前列，位居小组第二名。引进三明市乐德企业管理有限公司、鑫智工程有限公司等总部经济企业15家，财税收入明显增长。

【精准扶贫】 2020年，雪峰镇始终围绕“两不愁、三保障”目标，坚持“四不摘”原则，坚持精准施策、精准帮扶、精准脱贫，帮助贫困户发展服务业和特色种养项目，其中养蜂40户，光伏项目59户，开店5户；落实公益岗位31人，实现贫困户人均年收入达1.4万元以上。完成贫困户房屋零星修缮28户，饮水提升工程4户，落实医保、家庭医生签约服务、子女教育补助等政策，全镇贫困户实现稳定脱贫。

【征迁攻坚】 2020年，雪峰镇凝共识、聚合力，创新模式，攻坚克难，扎实推进各项征迁工作开展。积极推行“党建+征迁”模式，充分发挥党员在征迁攻坚中的先锋模范作用，建立“12345”征迁攻坚模式。即组建“一个专班”：在镇党委统一领导下，成立征迁办，针对全镇11个征迁项目，成立11个由三套班子成员率队、37名党员征迁骨干组成的征迁专班，带动23个部门联动，真正发挥党组织和党员在征迁一线的战斗堡垒和先锋模范作用；强化“两项措施”：开展“一管三带”活动，要求党员征迁户管好自己，带好家庭、带好邻居、带好村组；找准一个重点突破，认真分析、妥善处理征迁历史遗留问题和各类矛盾，针对“难点”“堵点”，直面困难解决问题，严把政策底线，依法依规推进征迁攻坚；立足“三个转变”：党支部“变”指挥部，成为引领征迁工作又快又好推进的坚强核心。班子成员“变”小组长，成为带领干部在一线攻坚克难的骨干力量；本地能人“变”宣讲员，成为带动群众支持配合征迁工作的桥梁纽带；落实“四个坚持”：坚持政策要求、坚持标准统一、坚持公平公正、坚持维护群众利益；实现“五个一线”：干部在一线锻炼、政策在一线落地、问题在一线解决、群众在一线响应、关怀在一线实现。完成实幼迁建、县总医院门诊大楼、坪埠东路二期、林业总公司木材厂地块等13个项目征迁工作，突破县委、县政府部署的重点攻坚项目4个、县城建重点攻坚项目4个，在全县年度征迁工作考评中，成绩位于全县第一。

【扫黑除恶专项斗争】 2020年，雪峰镇纵深推进扫黑除恶专项斗争，加大矛盾排查力度，开展排查200余次，转化扫黑除恶战果1条。联动相关部门在十大行业开展行业乱象专项整治，构建“雪峰牵线、部门拉网”工作联动模式，充分利用网格化管理平台和“雪亮工程”建设，对11类黑恶势力违法犯罪和十大行业领域乱象开展拉网式摸排和打击。结合“e三明”平台工作，处理辖区各类乱象及其他问题366个。

【信访工作】 2020年，雪峰镇深入推进信访工作，坚持“群众利益无小事”的原则和分类处理的办法，对群众反映的各类热点难点问题高度重视，落实责任，着力化解各类矛盾纠纷。充分发挥线上服务，线下调解功能，建设9个信访评理室，与司法所、派出所联动，按照信访工作“三到位一处理”的总体要求，定期排查化解矛盾纠纷，有效整治信访难点；健全“受理登记、归口办理、跟踪督办、反馈回复”四个环节，增派3名专员联合8个村

（居）及相关部门共同推进，群众满意率均达到100%，形成政民互动、多元协同的社会治理新格局。2020年度未出现非正常进京上访现象，全面有效转变了常信常访信访重镇的被动局面，实现城区社会安定、稳定。

【文明创建】 2020年，雪峰镇持续提升创城实效，强化环境卫生长效管理机制，聘请20名公益保洁员，发挥联建联创机制优势和社会志愿服务作用，集中整治33个小区210条楼道的小广告和牛皮癣，累计清理残留垃圾86车；强化公民道德建设，广泛开展“五好文明家庭”“十星级文明户”“好婆媳”评选活动，深入开展“我们的节日”等形式多样主题活动40余场。建立“亲子乐园”“儿童快乐家园”等平台服务未成年人，开设“心守护”青少年“四点半”课堂，为400余名社区留守儿童关心关爱服务，向100余名“洋家长”传授育儿心得和沟通技巧；优化小区规范管理机制，指导新成立宝发佳园、气动工具城一期、明珠御苑B区小区业主委员会3个，完成绿色家园小区业委会换届筹备工作，充分发挥群众主体作用，小区物业自治管理水平持续提升。

【生态环保】 2020年，雪峰镇全面落实“河长制”制度，配备8名专管员，通过智慧水利App开展日常巡河信息汇报和台账建立工作，聘请公益岗位河道保洁协管员20名，协助做好南关溪、日月溪、李坑垅溪、渔塘溪等辖区河道保洁工作，做到每日一巡并清理；完成鸡公山支流清淤项目及养鸭场的拆除工作；组建8支专门的巡查小组，不定期进行摸排，对生猪等畜禽养殖情况进行回头看；发放禁燃秸秆、垃圾宣传单页1000余份，处置焚烧秸秆、垃圾行为30起，有效保障辖区空气质量；加大对建筑施工渣土运输车辆管理，加强辖区内工业废气监管，确保辖区内无企业冒黑烟现象发生；加大耕地保护宣传，强化措施，确保雪峰镇两村耕地保有量23.65公顷；配合县级有关部门推进鸡公山矿山生态环境恢复，进行植树造林绿化0.22公顷，建立多级防护池进行过滤，确保鸡公山支流水质达标；协助城监执法大队、环保局等部门，强化城区噪声管理、烟花爆竹燃放、广场舞噪声整治工作；积极推广高效油烟净化装置，着力解决辖区内油烟扰民问题；完成东横路快餐街、东方军路整街油烟提升改造，对牛满满、红蚂蚁、绿园小炒等群众反映存在油烟、噪声问题的餐饮店进行重点治理；加大对小区巡查宣传，对饲养家禽进行劝阻，妥善解决群众禽畜问题投诉6起；全面清理沿河沿路的建筑垃圾，清运小区生活垃圾120车次，有效改善城区生态环境。

（汤银生）

瀚仙镇

【概况】 瀚仙镇是全国环境优美乡镇、国家级生态乡镇、省级文明乡镇、省级农村产业融合发展试点示范乡镇、市第一批农村新型住宅小区集中建设试点乡镇、市农村村民住宅规划建设管理试点乡镇，“闽学鼻祖”北宋大理学家杨时故里，地处明溪县城东北部，东毗沙溪乡，南邻胡坊镇，西连城关乡、盖洋镇，北与将乐县白莲镇接壤，距县城9千米，306、204省道及莆炎高速、永宁高速明溪连接线贯通全境。全镇总面积148.7平方千米，耕地面积11.75平方千米，林地面积124.57平方千米，森林总蓄积量127.66万立方米，森林覆盖率74.55%。下辖11个行政村89个村民小组，总人口3100户1.14万人。

【镇域经济】 2020年，瀚仙镇规模以上工业总产值比2019年增长3.6%，固定资产总投资比2019年增长15.65%；地方公共财政预算收入1107.3万元，超额完成预期目标。深化“五比五晒”活动，列入省级“五个一批”项目4个，其中开工项目1个、投产项目3个。建设农产品全产业链、洋龙观光基地等一批特色项目，推进220千伏变电站、明兴新材料生产线等项目，闽昂建材成功申报规模以上工业企业。开展招商引资，参加各类招商活动，组织小分队赴福州、厦门、泉州等地开展定向招商13场，引进久耐建材、民鑫建设、盛世众锦等税型企业13家。启动大焦际头自然村整村搬迁，完成药谷大道二期等地块征迁，累计征地73.33公顷，保障县重点项目顺利开展。

【乡村振兴】 2020年，瀚仙镇开展大焦、王陂、岩里村庄规划编制，实施村庄分类定位建设。龙湖村省级乡村振兴试点示范村、市级美丽乡村精品示范村建设序时推进，完成荷塘栈道建设、杨时公园提升改造等6个项目，实施龙池公园改扩建、国际候鸟通道等4个项目。探索农村村民住宅规划建设管理，推进农村新型住宅小区集中建设试点珩溪小区建设。新建洋龙村集中连片40公顷以上粮食产能区1个、水稻工厂化育秧大棚1座。发展果蔬、食用菌产业，培育有一定规模的蔬菜基地5个、猕猴桃基地3个、工厂化食用菌1家。实施景成坑公路改建等民生“补短板”项目9个；完成2019年高标准农田、龙湖小型灌区、岩里等3个村饮水安全巩固提升和瀚溪等村水毁修复工程，推进2020年瀚仙片中型灌区、城乡供水一体化和烟建项目；实施王陂五队大桥重建工程，完成坪埠至洋龙拼宽、瀚际线拼宽、洋龙至上龙坑公路改建、龙南线改建工程。

【生态环保】 2020年，瀚仙镇及龙湖村分别入选省级文明镇、文明村，创建岩里、大焦、王陂3个市级文明村。推动瀚溪、石珩等7个村绿盈乡村创建，大焦村获评省级森林村庄。实施高速公路沿线村庄整治，开展“两违”综合治理，拆除整改违建面积3万平方米，拆除率139.4%。加强河道巡查管理及水污染处置，渔塘溪流域水体达标治理工程投入使用，水流域环境有效改善。实施连厝村环境整治、王陂村污水管网新建工程，新建污水处理站2座、管网6.5千米、入户支管120户。新建公厕2座、三格化粪池50户；完善城镇生活垃圾收集转运处置系统，新增分类垃圾桶500余个。

2020年9月，瀚仙镇龙湖村杨时公园提升改造工程完成。图为公园夜景 （瀚仙镇 提供）

【疫情防控】 2020年，瀚仙镇坚持“苦干+巧干”，织牢织紧镇、村、组三级网格，抓好各项疫情防控措施。强化重点场所防控，停止举办晚会、庙会、民俗活动等各类大型公众聚集活动，临时关闭民间信仰场所17家。强化重点人员防控，做好春节返乡人员、外来人员、疫情中高风险地区入明溪人员、入境人员等重点人群的信息登记和健康监测工作。

【民生保障】 2020年，瀚仙镇巩固提升脱贫攻坚成效，在全镇范围内开展“补短板强弱项”大排查、农村相对困难家庭、监测对象摸排认定工作。夯实“两不愁、三保障”和安全饮水，解决贫困户就业17人，22户安装出水过滤净化装置，实施造福工程搬迁14户61人，完成零星修缮20户，卫生厕所改造29户。完成城乡居民基本养老保险缴费、基本医疗保险参保工作，新增特困人员4户4人、低保人员4户9人。完成“万寿延”农村养老服务中心登记工作，建成王陂村幸福院。开展岗位技能培训100人，实现城镇新增就业20人，再就业20人，协调解决2起农民工欠薪案件。完成第七次人口普查和农村集体产权制度改革。推进扫黑除恶、禁毒、打击非法集资、打击网络诈骗、防范化解金融风险等工作，将4个村确定为“六无村”。坚持和发展新时代“枫桥经验”，深化矛盾纠纷大排查大化解，化解信访案件85件，其中省级1件。落实安全生产责任制，强化矿山、消防、有限空间、道路交通、森林防火、食品、住房等重点领域排查与整治力度。支持工会、共青团、妇联、残联等群团组织依法推进工作。

（刘晓云）

胡坊镇

【概况】 2020年，胡坊镇统筹疫情防控和经济社会发展，做好“六稳”工作，全面落实“六保”任务，做实“四篇文章”、推进“四个着力”，深化“五比五晒”，推动胡坊高质量发展超越，全镇呈现出经济有序恢复、民生持续改善、社会安定和谐的良好局面。2020年，胡坊镇完成规模以上工业总产值18.01亿元，比2019年增长9.9%；社会固定资产投资5.26亿元，占全县固定资产投资的7.9%；限额以上贸易总产值完成4557.5万元，比2019年增长12.75%；规模以上服务业营业总产值2723.6万元，比2019年下降16.87%；一般预算收入727.71万元，比2019年下降19.22%。

【农业发展】 2020年，胡坊镇落实涉农惠农政策，发放农业支持耕地地力保护补贴141.56万元。建设瓦口村粮食产能区和柏亨村水稻新品种示范片各1个，开展杂交水稻制种示范、无人机统防统治、无人机直播、病虫害绿色防治等技术推广，实施2019年度高标准农田建设项目和肖家山村团结片区高效节水工程，完善配套农业设施，夯实现代农业发展基础。镇域内共种植各类中药材785.8公顷，种植黄花梨、柑橘、黄桃、猕猴桃等50余公顷，养殖四大家鱼、加州鲈鱼等近40公顷，柏亨、瓦口村与漳州佳乐食品有限公司合作，探索订单农业发展路径，种植槟榔芋10余公顷，拓宽农民增收渠道。

【工业建设】 2020年，胡坊镇以“五比五晒”为抓手，立足资源禀赋和交通区位优势，强抓招商引资和项目建设，镇域经济发展活力增强。2020年，增“五个一批”项目11个，完成投资6.2亿元。成功引进三明恒腾贸易有限公司、明溪县富林工贸有限公司等16家总部经济企业，新增福建烁坤竹制品制造有限公司、明溪永凯建材有限公司和三明仲凯工贸有限公司3家规上企业以及三明瑞天下贸易有限公司、明溪县景宏贸易有限公司2家限上商贸企业，明溪县卫祥高标准生猪良种繁育养殖基地等9个项目开工建设。兴泉铁路明溪火车站站前广场和奋发山海协作产业园完成土地征迁41.98公顷，迁移坟墓78座。产业园杆线迁移工程稳步推进，完成首动区一期6个项目林地报批，基本完成工业用地“农转用”报批材料收集，省道219至兴泉铁路明溪客货运站连接线（主线）工程、首动区项目地块土石方工程（一期）等6个基础设施建设项目加快推进。

【旅游业振兴】 2020年，胡坊镇围绕打造胡坊“半小时旅游圈”思路，着重挖掘“红色”“绿色”资源，以胡坊、福西、肖家山等村为重点，充分发挥辐射带动作用，引领胡坊旅游业发展。胡坊红色文化教育基地完成旅游公厕建设、红军老街部分古民居修缮、红军街步道铺设，编制完成红军广场可研报告，推进红军广场、何厝户外拓展基地等项目报批工作。福西村着力建设现代农业产业园，发展生态观鸟产业，建成观鸟民宿和观鸟科普长廊，实施百年私塾修

中国传统村落——肖家山村　（胡坊镇 提供）

缮，推进农耕展示馆和芹菜湖林下经济观光园建设，宜游福西正逐步成形。肖家山村完成八仙步道沿线自然景观改造提升工程，旅游公厕、木栈道、景观长廊和观景平台建设，岩头寨战斗遗址修缮，正有序推进游客接待中心施工建设。

【脱贫攻坚】　2020年，胡坊镇按照“四个不摘”要求，健全完善贫困户动态监测机制，动态调整2次，新增贫困户11人，减少贫困户14人，识别相对贫困户7户20人，着力构建防贫返贫安全网。发放产业扶贫资金37万元，新开发公益岗位23个，落实发展壮大村集体经济资金300万元，拓宽脱贫增收路径。完成住房零星修缮25户，雨露计划资助大中专学生12.9万元，疫情防控期间帮助贫困户销售农特产品17万余元，投资近400万元实施肖家山上岭新村基础设施建设等项目，围绕上级检查反馈的各类问题制定整改台账，完成问题整改21个，坚决做好脱贫攻坚“后半篇文章”。

【生态环保】　2020年，胡坊镇深化河长制工作，发挥河道专管员、河道清理员等五支队伍作用，开展镇村河长巡河718次、环保专项整治5次，拆除“两违”2.44公顷，人居环境进一步改善。成立胡坊镇生态综合管护队，实现管护山边、水边、路边“三边覆盖”。深入开展爱国卫生运动，全面完成2020年户改厕任务，完成2019年度新建三格化粪池和垃圾堆肥房验收，投入近150万元实施辖区内污水处理提升工程，2019年奋发石溪水源地综合治理项目竣工验收，实施2020年奋发石溪水源地保护建设项目，全镇绿盈乡村创建率达60%，胡贡溪被评为三明市“十佳小流域”，胡坊镇被命名为“福建省卫生乡镇”。

【乡村振兴】　2020年，胡坊镇制订辖区内各行政村实施乡村振兴战略计划，画好乡村振兴“路线图”。日间照料中心竣工验收，完成胡坊加油站红线批复，庙浒小区改造启动，古月湾小区被列入三明市新型农村住宅小区集中建设试点，征迁土地2.31公顷，完成16户房屋桩基工程，进行承台圈梁建设。投入近300万元，实施明溪县胡坊镇2019年水土流失综合治理项目、胡坊镇福西村水毁修复及2019年市级水土保持面上项目等基础设施建设项目和肖家山上岭新村基础设施建设工程等6个2020年一事一议财政奖补项目。完成胡坊镇杉赖线胡坊杉坑至赖家山公路（一期）工程、县道左曹线明溪左拔村至永安界公路(二期)改建工程，新建柏亨村罗家墩路口桥、瓦口村朝阳桥和仙永桥、洋地南坑桥，基础设施不断完善，镇村面貌持续改善，乡村振兴加快推进。

【疫情防控】 2020年，胡坊镇深刻认识疫情防控工作的复杂性、艰巨性，把思想和行动统一到党中央国务院和省、市、县的决策部署上来，召开工作部署会20余次，入户走访1700多户。用好固定宣传阵地、流动宣传阵地、新媒体“三大渠道”，撰写的新闻稿件被《福建日报》、央视移动新闻网等多家媒体采用报道。持续做好来明溪返明溪人员动态跟踪，持之以恒从严从细落实好重点场所常态化防控，着力倡导公众养成“一米线”、少聚集、强通风、勤洗手、戴口罩、公筷制等良好卫生习惯，大力推广“八闽健康码”的申领使用，强化防疫物资储备，毫不松懈抓好疫情防控。

【社会保障】 2020年，胡坊镇强化低保动态管理，新增低保、特困人员15人，做好临时救助、两项补贴和老龄关爱工作，共计发放各类救助、补贴55.46万元。关心关爱弱势群体，开展走访慰问残疾人活动，落实扶残助残优惠政策，抓好残疾人康复和就业服务，发放慰问金1.68万元。深化生育关怀，做好计生家庭“幸福工程”、小额贷款、“金秋助学”等帮扶活动。团委、妇联等群团组织认真履行职责，深入开展农村留守儿童、留守妇女、空巢老人等关爱帮扶工作，困难群体生活更有保障、日子更有温度。

【社会治理】 2020年，胡坊镇坚持保安全就是保发展、保安全就是保民生、保安全就是保稳定的理念，签订各类安全生产责任书41份，定期召开安全生产联席会议，每季度召开一次全镇安全生产形势分析会议，开展非煤矿山非法违法行为整治、建筑施工非法违法行为等行动，排查并整改隐患69处，安全生产防线扎实紧密；开展安全生产月，安全生产知识进企业、进学校、进单位、进农村、进家庭等“六进”活动，组织开展安全应急演练3次，举办安全培训及警示教育3次，营造全镇安全生产良好氛围。坚持以提高人民群众安全感和满意度为导向，全面落实综治责任制，深化扫黑除恶和“六清”行动，推进社会治安问题专项治理三年行动，加强重点人群管理，常态化开展禁毒防毒工作，共摸排制毒隐患点43处，办结信访、“e三明”诉求共42件，处理矛盾纠纷62起，开展各村风险隐患排查220次，努力建设更高水平的“平安胡坊”“法治胡坊”。深入开展农村住房安全隐患排查，建立“一户一档”，累计排查房屋2277座，识别一般危险房屋29座、重大危险9座，拆除重大危险房屋3座、封房6座。制定《胡坊镇农村老旧房屋线路改造实施方案》，组织多部门开展农村住房老旧线路排查，投入40余万元，完成400余户老旧线路改造，消除农村火灾隐患，织密“安全网”。

【组织建设】 2020年，胡坊镇把“不忘初心、牢记使命”主题教育成果转化为工作实效，持续改善工作作风，制定《胡坊镇二级绩效考评方案》，强化干部日常管理，激励广大干部新时代新担当新作为。牢固树立以人民为中心的工作理念，深化“放管服”改革，精简审批事项，推行网上审批，减少证明材料12个，减少办理环节29个，压缩审批时限681个工作日，镇便民服务中心办理群众事项485件，村级便民服务代办点累计为群众办事1241件，以便民践行为民。持续落实政务公开和政府信息公开，规范权力运行，健全完善政府议事规则和镇政府法律顾问制度，建立政府职能部门权责清单，强化工作监督检查，开展新冠肺炎疫情防控工作督查、贫困户脱贫“回头看”专项督查等23次，以督查倒逼工作责任落实，提升政府公信力。

（林　燕）

盖洋镇

【概况】 盖洋镇位于县西北部，东与县城关乡相连，南和清流县林畲镇毗邻，西与宁化县泉上镇、县夏坊乡接壤，北和泰宁县大龙乡、将乐县白莲镇交界，是省级文明乡镇。全镇土地总面积355平方千米，耕地面积3538.76公顷，林地面积28713.08公顷，下辖18个行政村、1个居委会，总人口2.2万人。2020年，完成规模以上工业产值16.47亿元，增加值3.55亿元，完成固定资产投资9.17亿元，地方一般性公共财政预算收入1820万元，农村居民人均可支配收入18212元，比2019年增长9%。

【经济发展】 2020年，盖洋镇农业产业逐步形成规模化发展态势，强化优质稻产业发展，落实粮食播种面积3680公顷，依托福建柳里河生态农业有限公司，成立明溪温庄贡米农业产业化联合体，采取“公司+农户”的产购销模式种植优质稻600公顷，打造“温庄贡米”核心区，形成“龙头企业+联合体+合作社+农户”模式，在温庄粮食烘干厂基础上，投资建成粮食加工厂，粮食产后服务体系基本建成。稳定烟叶生产规模，推广种植“翠碧一号”等优质烟叶580公顷，克服“3·26”冰雹龙卷风自然灾害影响，实现烟叶收购19658担，镇财政收入729万元，农民创收3300万元，稳定镇村财力和农户收益。强化项目带动，持续深化“五比五晒”和“项目攻坚年”工作，扎实做好“六稳”工作，落实“六保”任务，全年实现“五比五晒”项目开工项目2个、转投产项目5个，引进落户企业8家，其中总部企业2家，实现税收增量100万元。

2020年4月，盖洋镇温庄粮食加工厂建成投入使用 （杨洪元 摄）

【三大攻坚】 2020年，盖洋镇聚焦“两不愁、三保障”成果稳固，落实摘帽“四不摘”要求。167名农村儿童和少年均享受义务教育阶段“三免”政策和生活补助。实现医疗全覆盖，为348户1072名贫困户购买城乡居民基本医疗保险、商业医疗保险等政策性险种，办理118名特殊门诊。对全镇4860栋房屋逐户开展安全排查，争取政策为90户贫困户改善居住条件。抓牢产业，以菜单扶贫为着力点保障增收致富，按每户1500元标准给予菜单帮扶，让农户成本降低，产业更稳定。稳定就业，推动稳定就业巩固脱贫成效，引导367名贫困户务工（含公益性岗位98人），动员辖区、镇属企业以技术支持、岗位扶持等方式带动就业创业，新开发设立乡村振兴协理员、疫情防控管理员等新岗位36个，聘用36人。强化宜居环境建设，完善环保基础设施建设，提升管养能力。投入使用户分类垃圾桶1300个、240升垃圾收集桶500个；加强对盖洋村、村头村、林地村人工湿地的运行管护工作，聘请专职管护员对人工湿地进行管护，确保污水收集率高，设施运转高效；推进环保问题处置，打击生态违法违规，完成洋地际水库养殖污染治理；推进“厕所革命”，完成爱卫办改厕16户，公厕改造1座、新建2座。打赢农村安全隐患清零战，制订印发专项行动方案，印制发放《农村自建房质量安全常识一张图》《农房安全知识宣传单》，公布举报电话，充分利用LED、村宣传栏等多种手段扩大宣传面，提高群众建房、住房及消防安全意识；完成镇村排查及第三方技术人员摸排，排查重大隐患34户，再次复核六大类重点及一般安全隐患房屋状况，严格按照“零容忍”的要求，迅速落实整治措施，拆除危房13户，封房21户。

【基础设施】 2020年，盖洋镇投资完成省道至温庄道路单拼双改造工程，实施葫芦形至黄沙坑、湾内至白岚道路拓宽和新建工程；持续抓好“路长制”工作，择优选配32名养护工，常态化开展日常巡查养护；实施“村村通客车攻坚工程”，开通白叶—温庄—大陂—姜坊—温庄—小蔗坑—盖洋、盖洋—村头、盖洋—雷西3条墟天班车路线，极大地方便沿线居民出行需要；保障居民日常供水，完成集镇水源地清淤工程等饮水工程建设，引入新水源点多处，集镇及各村居民饮水安全得到保障；实施湖上等3个村灾毁耕地修复项目3.78公顷、姜坊等15个村旧村复垦5.66公顷，开展白岚、湾内等7个村620公顷高标准农田项目建设，推进常坪村、温庄村、桂林村等地灾治理项目建设。

【乡村振兴】 2020年，盖洋镇持续抓好盖洋、温庄2个村省级乡村振兴试点创建和温庄、衢地、白叶乡村振兴示范带建设。审核通过温庄、盖洋村的村庄规划编制，实施温庄村新街环境整治项目、农民公园工程等项目8个，完成温庄、盖洋2个村危旧房屋拆除32座、3525平方米，清理猪牛栏20余个、旧烤房15座，立面改造房屋30座、3710平方米，完成土地平整4000余平方米，打造温庄农耕文化、盖洋家风家训文化、生态水土保持文化3个特色点。

【平安建设】 2020年，盖洋镇持续完善农村治安防控整体化协调、网格化工作等机制，持续完善雪亮工程的建设，扎实推进矛盾纠纷积案化解，共接待群众来访50批次，化解矛盾纠纷67起，处理信访件7起；开展扫黑除恶“六清”行动，制订工作方案，压实责任，定期开展“回头看”工作；严格落实禁毒工作措施，常态管控重点人员；强化特殊人群服务管理服务，全面落实重点对象“清单式”管理措施，有效提升患者检出率和管理率，做到应录尽录、应补尽补、应收尽收、应管尽管。

【疫情防控】 2020年，盖洋镇抓紧抓细抓实新冠肺炎疫情防控工作，加强摸排力度，及时掌握动态，专人负责数据收集、汇总、统计及分析工作。强化保障措施，利用宣传栏、微信群、悬挂横幅等途径，广泛宣传普及防

2020年5月，省级乡村振兴试点村温庄村振兴项目建成

（杨淑珍 摄）

病知识，引导群众加强个人防护，发动群众及时主动向所在村居及部门报告身边来自疫情重点地区且未落实健康监测、隔离观察措施的人员。

（于红艳）

沙溪乡

【概况】 沙溪乡位于明溪东部，距明溪城区22千米、三明市区48千米，东与三元区岩前镇毗邻，西和瀚仙镇接壤，南同胡坊镇连接，北跟夏阳乡交界，省道306线和建设中的湄渝高速公路贯穿全境。全乡总户数1864户，户籍人口6467人，下辖6个行政村，48个村民小组，1个居委会。土地总面积141平方千米，其中，耕地706.67公顷，林地1.21万公顷（被列入生态公益林3067公顷、被划入国家级君子峰自然保护区933公顷），森林覆盖率达85%，名贵珍稀树种有红豆杉、楠木、三尖杉等；探明的矿藏资源有煤、石灰石、花岗岩、石英石等。全年完成农业总产值2.85亿元，比2019年增长6%；规模以上工业总产值完成14.3亿元，比2019年增长7%；规模以上工业企业增加值3.3亿元，比2019年增长8%；地方公共财政收入554万元；农村居民人均可支配收入20493元，比2019年增长12%。年内获得“全国未成年人思想道德建设工作先进单位”“省级乡村治理示范乡镇”“福建省侨乡文化名镇名村”“省级文明乡镇”“全市脱贫攻坚工作集体嘉奖”等荣誉称号。

【项目建设】 2020年，沙溪乡深化“五比五晒”项目竞赛活动，坚持以商招商、产业链招商，发挥梓口坊工业园区“筑巢引凤”作用，全乡有工业企业27家，其中规模以上企业11家，引进拓盛环保科技有限公司、品德建筑服务有限公司等10家总部企业。培育峰辉餐饮服务有限公司等4家限上餐饮企业，跃腾贸易有限公司等4家限上贸易企业。立足柑橘、蓝莓、蛋鸡等特色产业，投入500万元建成沙溪农特产品交易中心，配套完善深加工、包装营销、冷藏库等产业链条，构建产供销一体化平台，提升农产品附加值；完成华联硅业新材料2.5万千伏生产线、大林森食用级活性炭生产线建设、金阳矿业氧化钙粉体系列产品扩建等项目建设。

【农业产业】 2020年，沙溪乡按照“品牌化、规模化、特色化”发展思路，建成“四万两千”（万亩粮食、万亩柑橘、万亩林竹、万羽蛋鸡，千亩烟叶、千亩中药材）特色产业示范园；发展培育农业龙头企业和新型农业合作社组织，做大灵硕蓝莓、汤臣一品、长赖清水湾等8家农村产业融合发展示范点；培育农业专业合作社26家，家庭农场、生态农场30家；蓝莓深加工生产线建成投用；永溪村（柑橘）获选省级“一村一品”示范村；举办明溪县“首届柑橘采摘文化节”；引进信创农牧蛋鸡标准化养殖项目，完成3幢厂房建设及设备安装。

【乡村建设】 2020年，沙溪乡结合全乡村庄分类、产业布局、土地利用等条件，推进“多规合

2020年11月28日，2020年明溪县首届柑橘采摘文化节在沙溪乡举办

（沙溪乡 提供）

一”村庄规划、国土空间规划、全域土地综合试点工作、梓口坊省级乡村振兴试点村，优化生产生活环境和生态空间布局；推进农村人居环境整治三年行动，拆除“两违”面积2.7万平方米，实施沿街立面改造、房屋平改坡等项目建设，改善村容村貌；沙溪乡被列为全县农村村民住宅规划建设管理试点乡镇，沙溪村牛柏岭小区、梓口坊金井小区被确定为农村村民住宅规划建设管理试点，完成新建房10余幢，集镇面积扩大到2.1平方千米，形成具有侨乡特色的建筑风貌。

【脱贫攻坚】 2020年，沙溪乡聚焦“两不愁、三保障”，动态调整6人。探索建立“支部+基地+贫困户”产业帮扶机制，依托柑橘、蓝莓等特色产业，建成农特产品交易中心，探索建立“支部+基地+贫困户”产业帮扶机制，下拨产业扶贫发展资金补助10.5万元。为贫困户提供公益岗位61个，教育资助贫困学子42名，全乡适龄贫困儿童入学率达100%。瑶奢健康文化中心扶贫项目完成主体验收。

【民生事业】 2020年，沙溪乡推广梓口坊村医养中心“336”经验模式，推进沙溪乡敬老院提升打造和健康文化中心等项目建设；推进全省生活垃圾减量化资源化试点，总结提炼垃圾分类“136”工作法，在全县率先成立生态综合管护队，加大基础设施建设投入力度，推进安全饮用水提升改造、严家祠堂水泥道路延伸硬化、黄沙坑水尾桥重建、防洪堤、高标准农田建设等项目建设；新建乡村公厕1座、三格化粪池建设及户厕改造59户，污水处理率达94.45%；打造新时代红色教育馆、革命老区教育馆、侨乡文化展示馆、新时代文明实践站等文化阵地，总结提炼“三四五六”乡村治理、梓口坊新时代文明实践站“365”机制，做好“三明实践”沙溪篇章。

【疫情防控】 2020年，沙溪乡针对出国人员多、返乡人员持续时间长等问题，按照“找到人、接好人、跟紧人、管好人”要求，通过开展“爱心敲敲门”“邻里守望”行动，坚持柔性劝导，建立党员、乡贤微信群，筑起人员摸排、宣传引导、值班值守等抗击疫情坚固防线。统筹抓好疫情防控和经济社会发展，协调帮助辖区内企业克服疫情影响，科学有序恢复生产生活秩序，保护人民群众的生命健康安全。

（张钰强）

夏阳乡

【概况】 夏阳乡地处明溪县东北部，距县城43公里，东与沙县的富口、夏茂两镇毗邻，南与梅列区的陈大、三元区的岩前两镇交界，西与沙溪乡、瀚仙镇接壤，北与将乐县白莲镇、漠源乡、南口乡相邻，辖16个建制村73个自然村，人口1.64万人，土地总面积343.2平方千米，耕地面积2071公顷，林地面积3.24万公顷，竹林面积6000公顷。全年实现税收1924.42万元，占年度任务数的248.95%，位居全县第一；技改固投增长对全县贡献率达28.36%，位列全县第一；完成固定资产投资增长对全县的贡献率达14.4%，位列全县第二。规模以上工业总产值9.8亿元，比2019年增长2.18%；社会消费品零售总额1.79亿元，比2019年增长1.18%。

【项目建设】 2020年，夏阳乡持续深化“五比五晒”和“项目攻坚年”活动，主动担当作为，在“五比五晒”活动总成绩位居组内第二名。全年共开展小分队招商38场次，新增招商落地开工项目12个，总投资17.26亿元；完成市级重大招商活动中欣氟材含氟新材料和含氟医药项目等亿元以上签约项目2个；完成外资批办2家，实际利用外资139万元。围绕“六稳”“六保”任务，开展“访企业、解难题、促六稳”专项行动，协助企业和项目解决融资、用地、环评手续等难点堵点问题，省重点项目明溪瑞博奥脱氧核糖及衍生物生产项目实现开工建设，明溪丰沃现代农业科技产业园项目取得主要进展，以重大项目落地促进夏阳高质量发展。

【乡村振兴】 2020年，夏阳乡240户贫困户799人全部实现稳定脱贫，4个贫困村、6个空壳村全部实现退出；通过产业带动、家门口就业、生态扶贫等帮扶措施，增强贫困户发展动力，全乡贫困户年人均纯收入达1.5万元以上，10个贫困村、空壳村村财年收入均达10万元以上。稳定粮食播种2666.67公顷、总产约1.5万吨，烟叶166.67公顷，发展水稻制种140公顷、草种33.33公顷、吊瓜种植20公顷，壮大万亩现代竹业基地、千亩高山果蔬基地、千亩红豆杉等特色产业。旦上村获评省级“一村一品”示范村。发动群众开展村庄清洁行动25次，投入258万元实施后洋、紫云、下坂、杏村、御帘等村污水管网建设，委托第三方公司对9个村11处污水处理设施进行运营维护管理。依托“红色、绿色、古色”等特色资源优势，建立“紫云—夏阳—御帘—旦上”的乡村振兴精品示范线，带动周边村庄共同发展，推动乡村旅游与红色文化、森林康养、特色农业、生态观鸟等产业融合发展，举办御帘村红绿村游记、紫云村骑游大会等文旅活动。御帘村获评省“金牌旅游村”、红七军团铜铁岭战斗旧址列入第十批省保单位。向上争取乡村振兴资金1559万元，重点做好省级乡村振兴示范村紫云村、御帘村的创建工作，推进省级乡村振兴实绩突出村夏阳村项目建设。投资2050万元，完成御帘至牛岭公路改建工程；投资1172.5万元，完成三明市明溪县夏阳溪安全生态水系建设项目；投入960万元，实施明溪县夏阳乡2020年度高标准农田建设项目。

【社会治理】 2020年，夏阳乡争创2020年明溪县金牌调委会3个，获评市级金牌调解员1人，受理群众来信来访78件，调解矛盾纠纷111起，查处赌博和为赌博提供条件案件7起17人。开展集镇墟日防范电信诈骗宣传活动9次，排查涉诈高危人员23名；查处“断卡”行动涉案2名。侦破非法狩猎案1宗，查获射钉枪1支，射钉弹197发，钢珠211粒，电猎工具一套。御帘村通过国家级民主法治示范村复核。召开安全生产工作会议13场、警示教育会5场。在各领域开展安全隐患大排查大整治工作，共检查各类场所126家次，参加人员438人次，发现隐患数54处，均完成整改。开展应急救援演练50余次，消防安全培训8次，完成各村规范配备消防水泵等消防器材。对全乡3900栋房屋结构安全隐患进行排查，整改、销号、处置重大隐患房屋30栋；按照农村危房改造档案管理要求，实行“一户一档”制度，共计完成农村危房改造12户；投入130万元完成农房老旧线路整改1231户。

【民生保障】 2020年，夏阳乡城乡居民养老保险、城乡基本医

2020年1月10日，明溪县在夏阳乡举办“我们的中国梦——文化进万家活动”2020年文化科技卫生“三下乡”集中示范活动

（夏阳乡 提供）

疗保险参保率分别达98.27%、100%，发放低保金184万元，惠及群众287人次；发放特困补助49万元，做好城乡医疗救助和临时救助工作，全年支出城乡困难群众临时救助资金3.13万元。投入154万元实施夏阳村建筑屋顶“平改坡”改造项目，投资90万元完成数字化预防接种门诊建设；实施乡镇敬老院提升改造工程，登记成立万寿延养老服务中心16个，农村幸福院覆盖全乡12个村。投入148万元实施农村饮水安全巩固提升工程，惠及5个村。建成夏阳乡新时代文明实践所、御帘村新时代文明实践站，组织开展志愿服务活动15次，累计服务时长463.5小时。御帘村被评为全国文明村。完成第三次全国国土调查、农村地籍房屋调查，第七次全国人口普查顺利推进。

【自身建设】 2020年，夏阳乡始终将依法行政贯穿于政府行为的全过程，自觉接受乡党委领导和乡人大的监督，办理人大代表建议13件，听取社会各方意见，推进政府实事项目。配合推动“e三明”扩面提效，“12345”便民服务平台按时办结群众反映事项73件，群众满意率达100%。严格执行中央八项规定及其实施细则精神，落实公务接待、公车使用报备制度，整治“四风”，改进文风会风，控制一般性支出，“三公”经费支出同2019年比下降10.56%。

【疫情防控】 2020年，夏阳乡贯彻中央、省、市、县有关新冠疫情防控工作部署，把人民群众的生命安全和身体健康放在第一位，全乡未出现疑似或确诊病例。实行“网格化管理、地毯式排查”模式，全面摸排境外、高中风险地区、疫情发生地低风险区返乡人员，落实好分区分级差异化防控措施。落实“四早”措施，把好“五道关口”，建成村级网格16个，片区网格90个，责任人员254人。安排疫情防控资金50.01万元，防疫物资储备充足；做好集中隔离场所准备工作，备好28间隔离用房及其他配套设施。

（吴　丹）

夏坊乡

【概况】 夏坊乡位于明溪西北部，乡政府所在地距县城55千米，东与盖洋镇毗邻，北与泰宁县大龙乡、建宁县均口镇交界，西与枫溪乡相连，南和宁化县泉上镇相接，是四县五乡的结合部。境内多山，平均海拔452.2米，主峰1000米以上的山峰有6座，其中国家级自然保护区君子峰海拔高度1360.5米。全乡总面积223平方公里，其中林地面积2万公顷、耕地面积826.67公顷，森林覆盖率87.5%，地处闽江源头，夏坊溪、中溪、苎畲溪3条主要河流流经全域，有3个中型水库库区，可利用水域面积266.67公顷。2020年年末，全乡人口总数2135户，户籍人口8482人，下辖9个行政村、61个村民小组、83个自然村。全乡地方一般公共财政预算收入565.35万元，比2019年增长7.97%，固定资产投资比2019年增长1.43%，规模以上工业总产值10.39亿元，比2019年增长1.55%，社会消费品零售总额14200.8万元，比2019年增长13.27%。

【项目建设】 2020年，夏坊乡通过开展招商引资，引进总部企业20家，实现税收225.36万元。向上争取项目建设资金近9000万元，争取或推动实施项目50余个落地夏坊建设。采用线上线下相结合的方式；组建项目服务专班，解决企业经营发展问题5个；全年新增4个开工项目，完成投资额居乡（镇）首位；税收增长31.78%，居乡（镇）第三位；社会消费品零售总额居乡（镇）首位；在县级“五比五晒”活动考评中获得乡镇组二等奖。

【产业发展】 2020年，夏坊乡推行农旅结合和观光+农产品销售的一村一品生态农业产业发展之路，拓宽群众致富增收渠道。丰富产业类型，新建30.67公顷李沂生态优质果园、荷花园、百亩淡水虾生态养殖等基地；成立莲子生产加工、苎畲蜜蜂养殖等合作社，围绕鸣溪省级湿地公园、生态移民示范区建设，做强做大“森林康养”“休闲渔业”产业品牌。加强基础设施建设，完善李沂长启果园、33.33公顷鳌坑猕猴桃基地、20公顷食用菌基地、鲜花基地、库区渔业等基础设施。加大农业生产力度，粮食年播种面积1200公顷、毛竹基地1333公顷，茶果种植400公顷，烟叶种植近267公顷，完成烟叶税收294万元，比2019年增长34.36%。村集体经济收入每年在20万元以上的村达5个。

省级乡村振兴示范村鳌坑村　　（夏坊乡 提供）

【乡村建设】 2020年以来，夏坊乡围绕“绿盈乡村”的主题，加强生态系统保护与修复，实施李沂村林分修复、中溪村村容绿化美化、沙溪流域明溪段国际候鸟迁徙通道保护与修复（夏坊中溪点）、福建鸣溪湿地公园生态修复工程。累计植树造林56公顷，森林抚育400公顷，封山育林267公顷，森林资源持续增长，森林蓄积量达224万立方米，林地保有量达20103公顷。依法、科学、精准打好污染防治攻坚战，实施“一河一策”，定期对蒙州库区进行保洁工作，累计清理垃圾200余吨（湿重），维护水域面积600平方千米，加强对库区、河岸周边的环境保护，设立长启老桥、李沂村桥2个流域自动监测站点，建立2年期库区保洁机制，将库区垃圾清理保洁工作纳入日常生活中。加强村庄建设，投入近500万元，实施中溪、鳌坑等4个村环境整治工程；封锁、拆除重大安全隐患房屋20栋，处置拆除“两违”建筑1.82万平方米。李沂村入选省级森林乡村。

【脱贫攻坚】 2020年，夏坊乡聚焦“两不愁、三保障”及饮水安全，按照“四不摘”原则，建立健全全乡126户377名贫困户预防返贫致贫、动态管理和跟踪帮扶等工作机制，5户重点监测户人均纯收入由2019年的8927.7元提升到2020年的15271.34元。采取多种方式减轻疫情影响，协助贫困户销售鲜花、笋干、鸽子等滞销产品，成功对接15名贫困户实现家门口就业，协助86户贫困户发展种养殖产业，发放产业扶持资金12.9万元。依托产业扶贫政策，追加村级扶贫资金100万元入股水电公司，带动村集体经济发展。投入269.8万元，回购贫困户光伏发电及林业公司项目，拓宽村集体经济来源。2020年顺利完成贫困县退出省级第三方评估检查和实地考核工作。

【民生事业】 2020年，夏坊乡逐步完善民生基础设施。投入400余万元，实施涉及中溪村、黄地村等5个村高标准农田建设项目；新建400吨蓄水池1座，进一步提高集镇和农村饮水安全、生产灌溉条件。逐步完善道路建设，投入1000多万元，实施鳌坑村主干道、鳌坑至龙坑、龙坑至苎畲等道路拼宽工程，完成苎畲至水口公路改建工程，黄地村公路、长枫线水毁养护工程，有序推进楼丘段、余家埠等田间道路硬化，重建龙坑二桥。完成龙坑村、新建村、中溪村路灯亮化工程。按照保障、救助、文化、卫生等公共服务体系建设要求，加强各类民生保障工作，完成就业技能培训、岗位技能提升培训、职业技能鉴定累计85人次；成功对接60人就业，发放民政救助资金168.25万元，惠及群众432人，开展临时救助19人次。完成龙坑村综合文化服务中心建设，序时推进乡敬老院建设及改造提升、夏坊村文化墙、龙坑幸福院、中心幼儿园等项目建设。2020年完成市级文明乡镇创建考评工作。夏坊乡被评为县级平安先进乡（镇）。

（吴慧虹）

枫溪乡

【概况】 枫溪乡位于县西北部，东与夏坊乡毗邻、南与宁化泉上相连、西与宁化水茜交界、北与建宁均口乡接壤。枫溪乡土地总面积123.2平方千米，其中林地面积1.06万公顷、耕地面积733.33公顷；下辖7个行政村、70个村民小组，分散于90个自然村；全乡总人口1165户6179人，常住人口2795人。枫溪乡是省定革命老区基点乡，所辖7个行政村均为革命老区基点村。民国20年（1931）成立华枫区革命委员会，民国21年（1932）成立中共华枫区委员会和华枫区苏维埃政府。枫溪乡地理位置较高，平均海拔606.5米，气候条件独特，物种丰富，较珍贵的树木有红豆杉、楠、花梨等，传统的土特产品有魔芋、笋干、红菇、香菇、腊味、田鲤鱼干等，境内始建于唐开元九年（721）的聚龙禅寺是福建省四大古刹之一。2020年，全年实现地方财政收入751.37万元，比2019年增长11.78%；工业总产值7.1亿元，比2019年增长11%，工业增加值1.08亿元，比2019年增长8.11%。

【项目建设】 2020年，枫溪乡谋划落实项目15个，引进金煜丰新型材料有限公司等10家企业入驻枫溪，不断提升发展的质量和效益；扶持现有企业发展，培植税源，建立可持续发展的财政基础。加大固定资产投资，全年新增固定资产投资项目8个，投资增速37倍；新增“五个一批”开工项目4个，开工数位于全县前列。

【产业发展】 2020年，枫溪乡在稳定粮食播种面积和烟叶收购基础上，因地制宜发展“两米两茶一中草药”特色农业产业。引进闽甜、金百甜等玉米品种优化农业种植结构。引导、服务瑞泰生态养殖有限公司新建、改造优质高产油茶林基地137公顷；整理保护狮子峰、鸡形寨等区域老茶叶基地，9月狮子峰茶叶合作社的华山茶获上海国际茶文化旅游博览会“中国名优茶”金奖，产品知名度进一步提升。主动对接国家中医药局扶持政策，在整理恢复草珊瑚、黄精、红豆杉等基地的基础上，新发展林下中草药种植53公顷。启动实施2020年高标准农田建设项目、土地综合整理项目、金溪灌区节水改造项目，不断改善农业基础设施，增强农田防灾抗灾能力。

【乡村建设】 2020年，枫溪乡坚持“先规划、后建设”原则，落实农村住宅规划建设管理“两统筹、两统管”制度，强化乡区域农房管控和农村居民点布局规划。编制《枫溪乡集镇总体规划》《枫溪新村修建性规划》《小珩村乡村振兴规划》《官坊回族村特色村寨建设规划》等，坚持以点带面，梯度推进周边村庄发展，打造“枫情小镇”品牌，推进张家垅、墩上片区开发、河滨公园景观提升等工程，完成新街杆线规整、广告立面改造和屋顶平改坡。开展“三清一改”（清理农村生活垃圾、清理村内塘沟、清理畜禽养殖粪污等农业生产废弃物、改变影响农村人居环境的不良习惯）集中整治45次，农村户厕无害化普及率达95%以上。实施枫溪村拆违整治工程，拆除“两违”建筑12处9400平方米。实施小珩村环境改造提升工程，征迁面积1800平方米，裸房整治10余栋2000平方米。

【脱贫攻坚】 2020年，枫溪乡落实“两不愁三保障”，应对新冠疫情影响，发放产业补助17.85万元，资助59名贫困学子4.25万元；为44户贫困户办理产业扶贫保险，全覆盖开展贫困户房屋安全鉴定和饮水安全调研。拓宽村级集体经济发展路径，开发公益性岗位35个，发动23户贫困户养殖蜜蜂80箱，种植野茶4公顷。统筹扶贫专项资金926.83万元，完成贫困村扶贫项目21个，完成造福工程、易地搬迁106户428人。

【民生事业】 2020年，枫溪乡不断完善卫生设施，完成卫生院中医馆建设，提升医疗能力和水平，解决乡村居民病有所医的问题；建成乡养老服务中心，枫溪、华山、熊地等多个村级幸福院投入使用，解决乡村居民老有所养的问题。完成7个村万寿延养老服务中心民非登记，城乡低保、五保供养标准持续提高，社会救助体系进一步完善，全面完成全乡第七次全国人口普查工作。武装工作有新进展，小珩村退役军人服务站获省级示范站称号。

（罗文斌）

名　录

2020年明溪县在职领导干部名录

（一）中国共产党明溪县委员会

书　记	李　腾（2020年8月离任）
	钟　科（2020年11月到任）
副书记、县长	苏迎平
副书记	陈谊声（2020年12月离任）
常　委	谌良福
	谭细华
	钱　超
	吴文明（2020年4月离任）
	朱昶凯（2020年4月离任）
	陈锋毅（2020年4月到任）
	吴　洲
	刘儒光
	张翠雄
	徐　婷（女）
	林中甲（2020年6月到任）
	张庚豫（2020年8月到任）

（二）明溪县人民代表大会常务委员会

党组书记、主任	廖善朋
党组副书记、副主任	戴玲玲（女）
党组成员、副主任	施茂隆
	黄锦波
副主任	汤成荣（2020年1月到任）
党组成员	冯向东

（三）明溪县人民政府

党组书记、县长	苏迎平
党组副书记、副县长	吴文明（2020年4月离任）
	陈锋毅（2020年4月到任）
	林中甲（挂职，2020年6月到任）
党组成员	徐　婷（女）
副县长	聂建兴
	林建忠
	蔡丽青（女，2020年10月离任）
	王凤珍（挂职，2020年6月到任）

洪明福（2020年10月离任）
傅永强（2020年10月到任）
科技副县长　康培阳（挂职）

（四）中国人民政治协商会议明溪县委员会

党组书记、主席　吴焰生
党组副书记　谌良福（2020年3月到任）
陈永洋（三明市经济开发区挂职）
副主席　王汉英
陈永洋
陈书宁
李　斌
秘书长　刘祥斌

（五）中国共产党明溪县纪律检查委员会、明溪县监察委员会

书记、监察委主任　谭细华
副书记、监察委副主任　林志杰
林黎清
常委、监察委委员　钟贵平
曾承伟
曾周华

（六）县委各部、委、办、局及直属事业单位

1.县委办公室

主　任　肖建宁（2020年4月离任）
黄国荣（2020年4月到任）
副主任　王贵明（2020年4月离任）
张　伟（2020年3月离任）
杨秋香（女，2019年9月到任）
陈礼滨（2020年4月到任）
党建办主任　王贵明（2020年4月离任）
督查室主任　林　熙（2020年4月离任）
县国家保密局局长　陈礼滨
县委机要局局长　陈礼滨
县委台港澳办主任　陈礼滨（2020年4月到任）
室务会成员　雷　敏
县纪委监委驻县委办纪检组
组　长　郑文泉
副组长　邓秋媛（女）

2.县委组织部

部　长　张翠雄
常务副部长　黄国荣（2020年4月离任）
陈国柱（2020年4月到任）
副部长　陈国柱（2020年4月调岗）
冯燕春（女，2019年9月到任）
连建山

3.县委宣传部

部　长　钱　超
常务副部长　雷祖泉（2020年7月到任）
副部长　廖康标（2020年4月离任）
谢寿生
罗　艳（女）
章　蕾（女，2020年4月到任）

4.县委统战部

部　长　谌良福
副部长　崔　毅
杨建明
罗建文

5.县委政法委

书　记　吴　洲
副书记　洪明福（2020年10月离任）
傅永强（2020年10月到任）
吴光备
李凤英（女）
涂晓彬（2020年4月离任）
曹连祥（2020年4月到任）

政治处主任　　张建晖（2020年4月到任）
政法委委务会成员　黄建位

6.县委巡察工作领导小组办公室

主　任　　钟贵平
副主任　　张彬祥

7.县委编办

主　任　　邱铸兴
副主任　　陈孟耀
　　　　　杨丽云（女）
县事业单位登记中心主任　黄建茹

8.县直机关党工委

书　记　　张翠雄（兼）
常务副书记　李振荣（2020年4月离任）
　　　　　王贵明（2020年4月到任）
副书记　　揭久平
　　　　　黄　靖（女）
委　员　　吴陈桂
　　　　　罗祥念（2020年4月到任）
　　　　　阮　强（2020年4月离任）
县直机关纪检监察工委
书　记　　吴陈桂
纪工委副书记　张水情
县直机关人民武装部
部　长　　阮　强（2020年4月离任）
　　　　　罗祥念（2020年4月到任）

9.县委文明办

主　任　　罗　艳（女）
副主任　　邱德标
　　　　　余晓明

10.县委老干部局（加挂县委离退休干部工作委员会）

局　长　　连建山
副局长　　邱学莲（女）
　　　　　肖新梅（女）
县委离退休干部工作委员会
书　记　　连建山

11.县委党校（县行政学校）

党校校长　　张翠雄
行政学校校长　蔡丽青（女，2020年10月离任）
　　　　　徐　婷（女，2020年10月到任）
常务副校长　吴映岚（女）
副校长　　石秀苇（女，2020年4月离任）
　　　　　黄宝玲（女）
　　　　　付伟业（2020年4月到任）

12.县委党史和地方志研究室

主　任　　王远松
副主任　　温国彪
　　　　　罗菊妃（女）

13.县融媒体中心

主　任　　葛本洛
总编辑　　石秀苇（女，2020年4月到任）
副主任　　黄选辉
　　　　　江月兰（女）
　　　　　汪其鹏（2020年4月到任，借调至扶贫办）
　　　　　王　健（挂职）
　　　　　夏丽琴（女，挂职）

14.县档案馆

馆　长　　陈蔚辉
副馆长　　李亚清（女）
　　　　　程晓康

（七）县人大常委会各委室

1.办公室

主　任　　冯向东

副主任　　黄美钦（女，2020年4月到任）

2.监察和司法工作委员会

主　任　　邱正文

3.财政经济委员会

主　任　　罗建章

4.教育科学文化卫生委员会

主　任　　陈　桦

5.环境和城乡建设委员会

主　任　　陈日祥

6.农村经济委员会

主　任　　黄锦柱

7.人事代表工作室

主　任　　王清华（女）

8.信访工作室

主　任　　魏秋蓉（女）

（八）县政协各委室

1.办公室

主　任　　谢巧玲（女）

副主任　　李传谟（2020年4月到任）

　　　　　罗栋成

2.提案和法制委员会

主　任　　肖秋梅（女）

3.社会事业委员会

主　任　　黄国强

4.经济和港澳台侨委员会

主　任　　罗永辉（2020年4月离任）

　　　　　朱发远（2020年4月到任）

5.文史学习和民族宗教委员会

主　任　　朱发远（2020年4月离任）

　　　　　廖康标（2020年4月到任）

6.农业和农村委员会

主　任　　刘祥斌

（九）县纪委、监察委各室

1.办公室

主　任　　詹跃华

2.组织和宣传部

部　长　　高　俞（女）

3.党风政风监督室

主　任　　林威宏

4.信访室

副主任　　赖贤铭

5.案件监督管理室

主　任　　刘宗权

6.第一纪检监察室

主　任　　饶凯晖

7.第二纪检监察室

主　任　　吴毅辉

8.第三纪检监察室

主　任　　戴少瑜

9.第四纪检监察室

主　任　　　　吴祯越

10.第五纪检监察室

主　任　　　　陈明钟

11.案件审理室

主　任　　　　吴丽雪（女）

12.纪检监察干部监督室

主　任　　　　林　彬

（十）县政府组成部门及相关管理工作机构

1.县政府办公室

党组书记、主任　　温水木
党组成员、副主任　林　桂（2020年4月离任）
　　　　　　　　　田其懋
　　　　　　　　　罗智闽
　　　　　　　　　葛厚明
党组成员　　　　　夏丽琴（女）
　　　　　　　　　傅兴禄（2020年4月到任）
县纪委监委派驻纪检监察组组长　　沈富勇
县纪委监委派驻纪检监察组副组长　冯新祥
外事办主任　　　　温水木
效能办主任　　　　温水木

2.行政服务中心管委会

主　任　　　　林增云
副主任　　　　陈绍顺
　　　　　　　李　月（女）

3.县文体和旅游局

党组书记、局长　　陈建华（女）
党组成员、副局长　林兆河
　　　　　　　　　黄益龙
　　　　　　　　　罗永漠
　　　　　　　　　陈明英（女）
　　　　　　　　　吴智强（2020年6月到任）

4.县发展和改革局（加挂县粮食和物资储备局牌子）

党组书记、局长　聂志辉（2020年4月离任）
　　　　　　　　温裕强（2020年4月到任）
党组成员、副局长　　罗艳娟（女，兼任县粮食和物质储备局局长）
　　　　　　　　曾繁尧（2020年4月到任）
　　　　　　　　陈孟良
副局长　　　　　王怀龙
科技副局长（省派挂职）
　　　　　　　　曾新宇（2019年7月到任）

5.县工业和信息化局（加挂县科学技术局、县商务局牌子）

党委书记、局长　　李远良
党委委员、副局长　苏荣斌
　　　　　　　　　邱永明
副局长　　　　　　李步忠（兼任县商务局局长）
科技副局长　　　　陈　奇
科技局局长　　　　康培阳（兼，2020年4月离任）
　　　　　　　　　苏荣斌（2020年4月到任）
县贸促会会长　　　吴金华
县招商服务中心副主任　张金铄

6.县市场监督管理局

党组书记、局长　　黄云明
党组成员、副局长　黄子台
　　　　　　　　　林跃东
　　　　　　　　　肖建辉
　　　　　　　　　梁文仙
　　　　　　　　　罗建华
　　　　　　　　　温耿晖
党组成员、县纪委派驻纪检监察组组长　　卢　萍（女）
县纪委监委派驻纪检监察组副组长　　钟求明

7.县应急管理局

党组书记、局长　蒋祖舜
党组成员、副局长　张少华（2020年4月离任）
郑榕桔
黄林超
李　强
蔡建明（2020年4月到任）

8.县消防救援大队

党委书记、教导员　陈伟斌
党委副书记、大队长　刘必凤

9.县经济开发区管委会

党委书记、主任　张运华（2020年4月离任）
陈建东（2020年4月到任）
党委专职副书记　高佑民（2020年4月离任）
叶　林（2020年4月到任）
党委委员、副主任　张文强
李　荔
林　伟（2020年6月到任）
党委委员　吕家贵
叶　林（2020年4月到任）

10.县教育局

党委书记、局长　王忠和
党委副书记、副局长　李传谟（2020年4月离任）
胡桂娥（女，2020年4月到任）
党委委员、副局长　吴玉忠
吴富根
党委委员、县纪委监委驻县教育局纪检监察组
组长　张丰根（2020年4月到任）
明溪电大工作站站长　蔡庆元

11.县公安局

党委书记、局长　洪明福（2020年10月离任）
傅永强（2020年10月到任）
党委副书记、政委　傅永强（2020年10月离任）
陈　赟（2020年10月到任）
党委副书记　吴锦财
党委委员、副政委　王毓传
党委委员、副局长　刘春明
王　勇
张雄彬（2020年7月到任）
党委委员、县纪委监委派驻纪检监察组
组长　崔素萍（女）
县纪委监委派驻纪检监察组
副组长　黄建光
党委委员　郑金藏
林轶雄
官光能

县公安局森林警察大队（2020年9月，明溪县公安局森林分局管理体制调整，划归明溪县公安局直接领导管理，并更名为明溪县公安局森林警察大队）

局　长　张雄彬（2020年7月离任）
大队长　雷化雄（2020年7月到任）
教导员　聂建文

12.县民政局

党组书记、局长　晏连荣（2020年4月离任）
张运华（2020年4月到任）
党组成员、副局长　魏　坚
副局长　李春晖
县老区办主任　魏　坚

13.县退役军人事务局

党组书记、局长　邱德兴
党组成员、副局长　谌启能
陈志武

14.县司法局

党组书记、局长　王　录
党组成员、副局长　黄天铮
方秋轩（女）

15.县财政局

党组书记、局长 张扬伟
党组成员、副局长 张标炳
黄玲瑛（女）
陈炳林（2020年4月离任）
卢晓军（挂职，2020年9月到任）
陈永中（2020年4月到任）
党组成员、县纪委监委驻县财政局纪检监察组组长 张丰根（2020年4月离任）

16.县住房和城乡建设局（县人民防空办公室）

党组书记、局长、人防办主任 汤先锋
党组成员、副局长、人防办副主任 罗九根
党组成员、副局长 张锴强
陈良枝
党组成员、总工程师 陈岩清
副局长、人防办副主任 汤国平
科技副局长 黄全芳
园林中心主任 游木生
环卫服务中心主任 洪冬英（女）

17.城建监察综合执法大队（2020年4月，明溪县城建监察综合执法大队更名为明溪县城建监察大队）

大队长 官光能（2020年4月离任）
教导员 王槐春（2020年4月离任）
副大队长 黄　伟（2020年5月主持工作）
申　宁

18.县自然资源局

党组书记、局长 郑长龙
党组成员、副局长 魏锦华
刘智勇
邓敏生（2020年7月到任）
副局长 朱玉明
邹益銮（挂职，2020年6月到任）
科技副局长（挂职） 王绪辉
不动产登记中心主任 肖胜华（2020年1月到任）

19.县交通运输局

党组书记、局长 黄泽湜
党组成员、副局长 官厚斌
黄顺全
罗国培
陈振辉
童　炜(2020年6月到任)
党组成员、县运输发展中心主任 邱明铭

20.县农业农村局

党委书记 肖　强（2020年4月离任）
局　长 汤成荣（2020年3月离任）
党委书记、局长 曾荣华（2020年4月到任）
党委副书记、副局长 余　健（2020年4月离任）
党委委员、副局长 陈金贺
张长兴
严绍忠
谢振锟（2020年4月到任）
张立杰（挂职）
刘明洪（挂职）
党委委员、县纪委监委派驻纪检监察组组长 黄忠衡
县纪委监委派驻纪检监察组副组长 范建琳

21.县林业局

党委书记、局长 李　毅
党委副书记、副局长 杨永生
党委委员、副局长 林报运
李马霖
陈建华
党委委员、总工程师 邱乐平（2020年4月到任）

22.县卫生健康局

党委书记、局长 杨 武
党委副书记 黄 伟
党委委员、副局长 张运峰
付莉丽(女)
李志兴
孙丽平（女，挂职，2020年6月到任）

23.县审计局

党组书记、局长 陈国强
党组成员、副局长 陈美兰（女）
陈永中（2020年4月离任）
陈炳林（2020年4月到任）
党组成员 王 健（挂职）

24.县统计局

局 长 陈 伟
党组书记、副局长 廖丽萍（女）
党组成员、副局长 江兴发
党组成员、农村社会经济调查队
队 长 陈江杰
党组成员、城市社会经济调查队
队 长 吕清香（女）

25.县人力资源和社会保障局

党组书记、局长 王传荣
党组成员、副局长 曾云祥
余 珊（女）
副局长 王 斌

26.县水利局

党组书记 张 翊
局 长 邱建玮
副局长 陈贵春
张 翊
蔡建明（2020年4月离任）
总工程师 郑庆喜
县水利水电工程移民中心主任 卢长桂

27.县信访局

局 长 葛厚明
副局长 刘 燕（女，2020年3月退休离任）
黄美钦（女，2020年4月离任）
阮 强（2020年4月到任）

28.县民族宗教局

局 长 崔 毅

（十一）县政府所属企事业单位

1.县机关事务保障中心

主 任 江斌虹（女）
副主任 连淼玄
方文林

2.县农业机械化推广中心

副主任 叶孙发（主持工作）
曾绍福
庄建良

3.县农业科学研究所

所 长 李传祀

4.县供销合作社

主 任 陈文联
副主任 张金明
吴庆荣

5.县城镇集体工业联合社

主 任 王福明
副主任 彭少敏

刘明洪

6.县林业总公司

总经理 吴庆锥
副总经理 夏 伟
王明旺（2020年4月离任）

7.县君峰城市建设投资有限责任公司

董事长、总经理 王允和
总工程师 李世春
副总经理 林伟明
副总经理 黄卫明
财务总监 伍文隆

8.县土地收储中心

主 任 王瑞璋（2020年4月离任）
陈锋毅（2020年4月到任，2020年6月离任）
林中甲（2020年6月到任）
常务副主任 方文林
副主任 廖金根

9.县物资总公司

负责人 吴金华（2020年4月离任）
总经理 王明旺（2020年4月到任）
副总经理 张清友（法人）
余兴辉（2020年8月到任）

10.县第一中学

党支部书记、校长 谢 斌
副校长 陈永明
饶炳生
杨伟敏
党支部副书记 曾红东（女）

11.县职业中学

党支部书记、校长 谢正贤

12.县教师进修学校

党支部书记、校长 谢世春

13.县城关中学

党支部书记、校长 王志锋

14.县实验小学

党支部书记、校长 王彩萍（女）

15.县总医院

党委书记 梁广文
党委副书记、行政副院长 李宏明
院 长 刘志刚
党委委员、副院长 郑发斌
张玖福
副院长 王秀萍（女）
余 文
纪委书记 陈全明
党委委员 温建成（2020年4月到任）
总会计师 李源兴（2020年4月离任）
汤凤英（女，2020年4月到任）

16.县疾病预防控制中心

主 任 张运峰（2020年3月离任）
黄锦松（2020年3月到任）

17.县卫生监督所

所 长 曾朝铖

18.县妇幼保健院

院 长 揭晓云（女）

（十二）司法机关

1.县人民法院

党组书记、院长 白 威（2020年12月离任）

党组书记、代理院长　宁金德（2020年12月到任）
党组成员、副院长　何毅明
张元优
党组成员、政治处主任　邱生旺
党组成员、审委会专职委员　吕家寿
党组成员、县纪委监委派驻纪检监察组
组长　余钦龙
审委会专职委员　胡敬春

2.县人民检察院

党组书记、检察长　廖才玉（2020年12月离任）
党组书记、代理检察长
胡世棋（2020年12月到任）
党组成员、副检察长　施万庆
叶秋发
党组成员、县纪委监委派驻纪检监察组
组长　涂学章
党组成员、检察委员会专职委员　李建明
检察委员会专职委员　黄怀忠

（十三）省、市属单位

1.国家税务总局明溪县税务局

党委书记、局长　巫明海（2020年9月离任）
罗朝焰（2020年9月到任）
党委委员、副局长　童培基（2020年7月离任）
杨立平
苏国庆
杨发章（2020年7月离任）
黄惠枝
党委委员、纪检组长　伊贤赞

2.三明市明溪生态环境局

党组书记、局长　余　舜
党组成员、副局长　王远辉
王昌枝
党组成员、生态环境保护综合执法大队
大队长　邱国华（2020年6月到任）
党组成员、环境监测站站长
赖旺成（2020年6月到任）

3.三明市明溪医疗保障局

局　长　张根兴
副局长　冯先福

4.县烟草专卖局（公司）

局长、经理　黄广北（2020年12月离任）
丁加东（2020年12月到任）
副局长　罗征祥（2020年9月离任）
魏生强（2020年12月到任）
副经理　张一帆
连云彬（2020年12月离任）
纪检员　蔡　锋（2020年12月离任）
张日生（2020年12月到任）

5.中国邮政集团有限公司福建省明溪县分公司

党支部书记　王　晓（2020年10月离任）
杨　威（2020年10月到任）
总经理　王　晓（2020年10月离任）
副总经理（主持）　杨　威（2020年10月到任）
副总经理：　刘　明

6.中国电信股份有限公司明溪分公司

总 经 理　廖福金
副总经理　张贻华（2020年3月离任）
江清芬（2020年3月到任）

7.福建移动通信有限责任公司明溪分公司

经　理　原天生
副经理　肖勇东

8.中国联通明溪分公司

总经理　廖建平

9.县气象局

局　长　吴小明
副局长　何　磊
气象台台长、纪检员　薛晓菲（女）

10.三明市公路养护中心明溪分中心

主　任　黄晓平
副主任　郑玉锋
　　　　吴锡易

11.福建闽通长运股份有限公司明溪分公司

经　理　邱建华
副经理　林贻鸽

12.中国银行保险监督管理委员会三明监管分局明溪监管组

主　任　王义周（2020年12月离任）
　　　　黄　晖（2020年12月到任）
副主任　吴江一

13.中国人民银行明溪县支行

党组书记、行长　赵道升（2020年5月离任）
　　　　　　　　徐文龙（2020年5月到任）
党组成员、副行长　官光生
　　　　　　　　　卢念明

14.中国工商银行股份有限公司明溪支行

行　长　吴忠健
副行长　邵　军
　　　　林金美（2020年6月到任）

15.中国农业银行明溪县支行

党委书记、行长　涂继振（2020年3月离任）
　　　　　　　　董巧芳（女，2020年11月到任）
党委副书记　董巧芳（女，2020年3月到任，11月离任）
副行长　董巧芳（女，2020年8月到任）
　　　　施福增（2020年12月离任）
　　　　江　赟（女）
纪委书记　冯　斌（2020年1月离任）
　　　　　施福增（2020年1月到任，12月离任）
　　　　　谢文娟（女，2020年12月到任）

16.中国建设银行股份有限公司明溪支行

行　长　苏树友（2020年5月离任）
　　　　黄周衢（2020年5月到任）
副行长　吴春华（女）

17.中国银行股份有限公司三明明溪支行

行　长　黄汉明
副行长　罗秀萍（女）
派驻纪检监察员　海　勤（女）

18.县农村信用联社

党委书记、理事长　林志民
党委副书记、主任　黄瑞洪
纪委书记、监事长　柯旗伟
党委委员、副主任　上官诚慧（2020年10月离任）
　　　　　　　　　王翔燕
　　　　　　　　　白平源

19.中国邮政储蓄银行有限责任公司明溪县支行

副行长　黄丽娟（女，2019年8月到任，主持工作）
　　　　杨静生

20.福建政和泰隆村镇银行有限责任公司明溪支行

行　长　王　杰（2020年1月到任）
副行长　王佳瑜（女，2020年1月到任）

21.中国财保股份有限公司明溪县支公司

经 理 傅绍敏
副经理 陈逢满
杨 帆(2020年11月到任)

22.中国人寿保险股份有限公司明溪县支公司

经 理 杨卫国（2020年10月离任）
翁 健（2020年10月到任）

23.县供电有限公司

党委书记 洪 伟（2020年7月离任）
姚 彬（2020年7月到任）
党委副书记、总经理 刘忠义（2020年9月离任）
梁垂超（2020年9月到任）
副总经理 丁剑平（2020年3月离任）
王梓华（2020年3月到任）
汤 华
纪委书记、工会主席 王云鹤

24.福建省明溪国有林场

场 长 张金发（2020年7月离任）
赖建明（2020年7月到任）
副场长 赖建明（2020年7月离任）
郭运堂
罗 宁

25.福建新华发行（集团）有限公司明溪分公司

经 理 邝雪萍（女，2020年9月退休）
副经理 戴观荣（主持工作）
叶家青

26.福建海峡科化股份有限公司烽林分公司

党委（党组）书记 陈长福（2020年7月离任）
苏明阳（2020年8月到任）
总经理 王庆土（2020年7月离任）
苏明阳（2020年8月到任）
党委副书记 林良书（2020年7月到任）
常务副总经理 陈启洋
副总经理 胡黎东
纪委书记 连建雄（2020年10月离任）
吕燕清（女，2020年11月到任）

27.三明市住房公积金管理中心明溪管理部

主 任 邱和平

（十四）群众团体、工商联

1.县总工会

主 席 张翠雄（兼）
常务副主席 张永清
副主席 胡继忠
庄雪花（女）
潘梓金（兼，女）
余晓明（挂职）

2.团县委

书 记 林 熙（2020年4月到任）
副书记 陆纪超
邓 雯（2020年4月到任）

3.县妇女联合会

主 席 徐 笑（女）
副主席 林 栎（女）
王月清（女）

4.县科学技术协会

主 席 黄清基
副主席 邹杨洁
刘志刚（兼）
张 诚（兼）
吕 涛（兼）

5.县计划生育协会

会　长　　李群秀（女）
常务副会长　　黄　伟
副会长　　黄松银

6.县工商业联合会（总商会）

主席（会长）　　黄立群（兼）
党组书记、常务副主席（副会长）　　杨建明
驻会副会长　　汤正春

7.县残疾人联合会

理事长　　叶玉珑
副理事长　　冯德平
　　汤均衡

8.县归国华侨联合会

主　席　　罗建文

9.县关心下一代工作委员会

第一主任　　张翠雄（兼）
主　任　　陈全北
常务副主任　　谢世平
　　张　诚
　　黄苏明（2020年8月到任）

10.县文学艺术界联合会

主　席　　李燕萍（女）

11.县社会科学界联合会

主　席　　许裕珍
　　王远松（兼）
　　石秀苇（兼，女）
　　李传谟（兼）
　　陈明英（兼，女）

12.县红十字会

会　长　　蔡丽青（女，2020年6月离任）
　　王凤珍（女，2020年6月到任）
常务副会长　　王启良

（十五）自然保护区

福建君子峰国家级自然保护区管理局

局　长　　杨元增
党委书记　　张卫明（2020年9月退休）
党委委员、副局长　　余迭生
　　陈建武
　　张光长
副局长　　雷　敏
　　郑　蔚
党委委员、纪委书记
　　曾庭军

（十六）乡镇、农场

1.城关乡

书　记　　曾卫中
乡　长　　邱筱斌
人大主席团主席　　廖立明（2020年4月离任）
　　郑祖棉（2020年4月到任）
副书记　　邱筱斌
　　郑祖棉（2020年4月离任）
　　杨　峰
　　邱保群（挂职，2020年4月到任）
　　余学忠（挂职）
组织委员　　黄艳平（女）
纪委书记　　孙传杰
监察组组长　　孙传杰
宣传、统战委员　　谢振锟（2020年4月离任）
　　杨　峰（兼，2020年7月到任）
政法委员　　郑祖棉（2020年4月离任）

邱保群（2020年4月到任）
武装部部长 邱保群
党委委员 孙传杰
邱保群
郑 蔚
副乡长 李 英（女）
谢振锟（2020年4月离任）
村镇建设综合服务中心主任
傅茂国（2020年12月到任）
社会事务综合服务中心主任
林嘉斌（2020年12月到任）

2.雪峰镇

党委书记 汤炳龙
镇 长 温裕强（2020年4月离任）
章 炜（2020年7月到任）
人大主席团主席 廖文炳
党委副书记 温裕强（2020年4月离任）
章 炜
林永强（挂职）
方文林（挂职，2020年4月到任）
纪委书记 杨真后
监察组组长 杨真后
组织委员 陈雪娇（女）
宣传委员 陈登明
统战委员 林永强
政法委员 林永强
党委委员、武装部部长
张 杰
副镇长 林周如
罗桂珠（女）
黄永峰（提名，2020年12月到任）
乡村振兴综合服务中心主任
杨春莲（女，2020年12月到任）
社会事务综合服务中心主任
温爱芬（女，2020年12月到任）
社区综合服务中心主任
蔡艳红（女，2020年12月到任）

3.瀚仙镇

党委书记 王远明
镇 长 邱文祥
人大主席团主席 陈建东（2020年4月离任）
林 桂（2020年6月到任）
党委副书记 邱文祥
林 峰（挂职）
杨 旷
纪委书记 李伟华
监察组组长 李伟华
武装部部长 王 超
组织委员 林育红（女）
宣传委员 刘 虹（女）
统战委员 林 峰
政法委员 林 峰
党委委员 王 超
副镇长 王 超
黄大荣
吕水根（提名，2020年12月到任）
乡村振兴综合服务中心主任
余兴生（2020年12月到任）
社会事务综合服务中心主任
汤先平（2020年12月到任）

4.胡坊镇

党委书记 陈孟亮
第一书记 林 尧（2020年4月到任）
镇 长 张刚昌
人大主席团主席 肖 锋

党委副书记　张刚昌
肖连顺（挂职）
王　勇（2020年4月离任）
黄　纬（2020年4月到任）
纪委书记　傅兴芳（女）
监察组组长　傅兴芳（女）
组织委员　李　萍（女）
宣传委员　黄　纬（2020年4月离任）
邓丽珍（女，2020年4月到任）
统战委员　肖连顺
政法委员　王　勇（2020年4月离任）
黄　纬（2020年4月到任）
党委委员、武装部部长　池旭忠
副镇长　池旭忠
丁绍文
关　丽（女）
邓其奋（提名，2020年12月到任）
乡村振兴综合服务中心主任
赖吾生（2020年12月到任）
社会事务综合服务中心主任
程代贤（2020年12月到任）

5.盖洋镇

党委书记　巫河清
镇　长　邝立聪
人大主席团主席　黄继兴
党委副书记　邝立聪
陈起晃
李一帆
纪委书记　雷　鸿
监察组组长　雷　鸿
党委委员、武装部部长　谢　亮
组织委员　黄华昕
宣传委员　程　琅（女）
统战委员　李一帆
政法委员　李一帆
副镇长　谢　亮
胡定斌
吴大勇（提名，2020年12月到任）
村镇建设综合服务中心主任
江夏华（2020年12月到任）
社会事务综合服务中心主任
李建雄（2020年12月到任）

6.沙溪乡

党委书记　王德礼
乡　长　张　媛（女）
人大主席团主席　范远辉
党委副书记　张　媛（女）
李东维
刘晓庆（2020年6月到任）
喻摇圻（2020年10月离任）
纪委书记　黄正镇
监察组组长　黄正镇
组织委员　李志强
宣传委员　罗时旺
统战委员　喻摇圻（2020年10月离任）
政法委员　喻摇圻（2020年10月离任）
党委委员、武装部部长　李晨帆
党委委员　黄臻炜（2020年12月到任）
副乡长　涂　瑞
童桂梅（女）
黄臻炜（提名，2020年12月到任）
乡村振兴综合服务中心主任
陈　辉（2020年12月到任）
社会事务综合服务中心主任
姜武辉（2020年12月到任）
村镇建设综合服务中心主任
杨连重（2020年12月到任）

7.夏阳乡

党委书记　曾荣华（2020年4月离任）
　　池昌江（2020年4月到任）
乡　长　池昌江（2020年4月离任）
　　涂晓彬（2020年6月到任）
人大主席团主席　罗程亮
党委副书记　池昌江（2020年4月离任）
　　章　蕾（女，2020年4月离任）
　　涂晓彬（2020年4月到任）
　　巫锡源
　　张　弦（2020年4月到任）
纪委书记　李　伟
监察组组长　李　伟
党委委员、武装部部长　张　弦
组织委员　廖尚洲
宣传委员　庄　丽（女）
统战委员　巫锡源
政法委员　巫锡源
党委委员　张　弦
　　涂晓彬（2020年4月到任）
副乡长　曾繁尧（2020年4月离任）
　　钟琳华（女）
　　赖万松（2020年6月到任）
　　林　征（提名，2020年12月到任）
社会事务综合服务中心主任
　　张雪英（2020年12月到任）

8.枫溪乡

党委书记　郑秀娟（女）
乡　长　王　勇
人大主席团主席　张七金
党委副书记　王　勇
　　陈首记
纪委书记　吴永建
监察组组长　吴永建
党委委员、武装部部长　钟茂桂
组织委员　俞　娇（女）
宣传、统战委员　罗祥念（2020年4月离任）
　　陈首记（2020年7月兼任）
政法委员　陈首记
副乡长　吴雄伟
乡村振兴综合服务中心主任
　　张扬忠（2020年12月到任）
社会事务综合服务中心主任
　　邓丽媛（女，2020年12月到任）

9.夏坊乡

党委书记　郑　晔
乡　长　陈国泳
党委副书记　陈国泳
　　曹连祥（挂职，2020年4月离任）
　　阙　凡（女）
人大主席团主席　原建发
纪委书记　丁　祺
监察组组长　丁　祺
组织委员　罗容容（女）
宣传、统战委员　邱兴星
政法委员　曹连祥（2020年4月离任）
　　林长烨（2020年12月到任）
武装部部长　曹连祥（2020年4月离任）
　　阙　凡（女，兼）
副乡长　李旺根
　　林长烨（2020年12月到任）
乡村振兴综合服务中心主任
　　陈德才（2020年12月到任）
社会事务综合服务中心主任
　　丁　铭（2020年12月到任）

10.雪峰农场

副场长　傅俊荣

2020年度明溪县获市一级及以上表彰先进集体

2020年度明溪县获市一级以上表彰先进集体一览表

表6

获奖单位	荣誉称号	授予单位	授予时间
沙溪乡梓口坊村	全国乡村治理示范村镇	农业农村部	2020年1月
明溪县社区矫正管理大队	全国社区矫正机构先进集体	司法部	2020年1月
明溪县城关乡人民调解委员会成轩调解工作室	“大排查、早调解、护稳定、迎国庆”专项活动表现突出集体	司法部	2020年1月
明溪县政府办	2020年度全省政府系统信息报送优秀单位	福建省人民政府办公厅	2020年1月
福建君子峰国家级自然保护区管理局	全省林业系统先进集体	福建省人力资源和社会保障厅、福建省林业局	2020年1月
明溪县第一中学	2020年福建省青少年校园排球联赛暨中学生排球锦标赛高中组三等奖	福建省体育局	2020年1月
沙溪乡梓口坊村	省级“侨胞之家”示范点	福建省侨联	2020年1月
明溪县	三明市2019年度“五比五晒”项目竞赛活动二等奖	中共三明市委、三明市人民政府	2020年2月
明溪县	2020年度平安县（市、区）一等奖	中共三明市委、三明市人民政府	2020年2月
明溪县公安局交通警察大队车驾管中队	五一先锋号	福建省总工会	2020年3月
明溪县委文明办	第六届“诚信先进单位”（2017—2018年度）	福建省诚信促进会	2020年3月
明溪县	福建省平安农机示范县	福建省农业农村厅、福建省应急管理厅	2020年3月
明溪县农村信用合作联社	福建农信2019年度高风险行社摘帽奖	福建省农村信用社联合社	2020年3月
明溪县	信访工作“三无”县	国家信访局	2020年4月
福建海西联合药业有限公司	2019年度福建省“安康杯”竞赛先进单位	福建省总工会和福建省应急管理厅	2020年4月
福建龙舜建设工程有限公司	2019年度福建省“安康杯”竞赛先进单位	福建省总工会和福建省应急管理厅	2020年4月
中国建筑第五工程有限公司福建分公司明溪药谷小镇EPC项目	2019年度福建省“安康杯”竞赛先进班组	福建省总工会和福建省应急管理厅	2020年4月
瀚仙镇龙湖村	省级乡村治理示范村名单	中共福建省委农村工作领导小组办公室等6个部门	2020年6月
沙溪乡瑶奢村	省级乡村治理试点示范村	中共福建省委农村工作领导小组办公室	2020年6月
沙溪乡永溪村	省级乡村治理试点示范村	中共福建省委农村工作领导小组办公室	2020年6月
沙溪乡	省级乡村治理示范乡镇	中共福建省委农村工作领导小组办公室	2020年6月

续表6

获奖单位	荣誉称号	授予单位	授予时间
邮储银行明溪县支行	2018—2020年度省分行先进党支部	邮储银行福建省分行	2020年6月
明溪县人民检察院	三明市人民检察院、明溪县人民检察院联合制作的微电影《归巢》荣获首届全国未成年人检察微电影微视频微动漫三等奖	最高人民检察院	2020年7月
明溪县税务局	示范党支部	中共福建省委离退休干部工作委员会、中共福建省委老干部局	2020年7月
福建海峡科化股份有限公司烽林分公司曹晓峰的复杂药块自动成型设备研制项目	福建省百万职工“五小”创新大赛三等奖	福建省总工会	2020年7月
明溪县第二实验小学	全国校园航空飞行营地	中国航空运动协会	2020年8月
明溪县消防救援大队	省级青年文明号	福建团省委	2020年8月
明溪县农村信用合作联社营业部	工人先锋号	福建省总工会	2020年8月
明溪县城关中学	2020年福建省青少年U系列排球锦标赛（男子组）第五名	福建省体育局	2020年8月
明溪县农村信用合作联社	三明市疫情防控工作突出贡献单位	三明市人民政府	2020年8月
明溪县公安局交通警察大队车驾管中队	全省一等县级车辆管理所	福建省公安厅	2020年9月
明溪县人民检察院	“生态修复性司法联动机制项目”荣获“美丽中国，我是行动者”2020年十佳公众参与案例	福建省生态环境厅	2020年9月
明溪县人民法院	“生态修复性司法联动机制项目”荣获“美丽中国，我是行动者”2020年十佳公众参与案例	福建省生态环境厅	2020年9月
明溪县司法局	“生态修复性司法联动机制项目”荣获“美丽中国，我是行动者”2020年十佳公众参与案例	福建省生态环境厅	2020年9月
明溪县财政局	2019年度县级财政管理绩效综合评价全国前200名	财政部	2020年9月
明溪县	“爱鸟护鸟全民行动项目”荣获“美丽中国，我是行动者”2020年十佳公众参与案例	福建省生态环境厅	2020年9月
三明市明溪生态环境局	2019年福建省生态环境保护执法大练兵表现突出集体	福建省生态环境厅	2020年9月
三明市明溪生态环境局	第二次全国污染源普查表现突出集体	国务院第二次全国污染源普查领导小组办公室	2020年9月
明溪县城关中学	全国青少年校园排球体育传统特色学校	教育部体育卫生与艺术教育司	2020年9月
明溪县农村信用合作联社营业部	福建省工人先锋号	福建省总工会	2020年10月
沙溪乡	全国未成年人思想道德建设工作先进单位	中央文明委	2020年11月
夏阳乡御帘村	第六届全国文明村镇	中央文明委	2020年11月

续表6

获奖单位	荣誉称号	授予单位	授予时间
明溪县人民检察院	第六届全国文明单位	中央文明委	2020年11月
夏阳乡旦上村红七军团铜铁岭战斗旧址	第十批省级文物保护单位	福建省人民政府	2020年11月
明溪县人民法院	十份优秀文书：（2015）明行初字第22号三明清流县人民检察院诉清流环境保护局环保行政公益诉讼案（三明）	福建省高级人民法院	2020年11月
明溪县人民法院	十种修复方式：三明明溪县人民法院“动植物保护令”资源保护方式	福建省高级人民法院	2020年11月
明溪县人民法院	十部影视作品：三明明溪县人民法院生态司法微电影《清风徐来》	福建省高级人民法院	2020年11月
三明市明溪生态环境局	2020年生态环境保护执法大练兵中党建工作表现突出集体	福建省生态环境厅	2020年11月
明溪县农村信用合作联社	2020中国金融扶贫及创新优秀案例奖	2020金融扶贫及创新峰会	2020年11月
明溪县归国华侨联合会	福建省抗击新冠肺炎疫情先进集体	中共福建省委、福建省人民政府	2020年11月
明溪县农业农村局	全国农村固定观察点县级优秀主管部门	（中共中央政策研究室、农业农村部）农村固定观察点办公室	2020年12月
夏阳乡御帘村	2020年“福建金牌旅游村”	福建省文化和旅游厅、福建省发展和改革委员会	2020年12月
瀚仙镇大焦村	2020年度福建省森林村庄	福建省绿化委员会、福建省林业局	2020年12月
沙溪乡	福建省侨乡文化名镇	中共福建省委统战部、福建省住建厅、福建省文旅局、福建省侨联	2020年12月
夏阳乡旦上村	省级“一村一品”示范村	福建省农业农村厅	2020年12月
明溪县	福建省2020年度县域经济发展“十佳”县	福建省人民政府发展研究中心	2020年12月
明溪县税务局	福建省模范职工之家	福建省总工会	2020年12月
国家税务总局明溪县税务局工会委员会	福建省模范职工之家	福建省总工会	2020年12月
明溪县实验幼儿园后勤组工会小组	福建省模范职工小家	福建省总工会	2020年12月
福建南方制药股份有限公司101—201工段工会小组	福建省模范职工小家	福建省总工会	2020年12月
明溪县科学技术协会	2020年福建省全国科普日优秀组织单位	福建省科协	2020年12月
城关乡人民政府	省级先进退役军人服务站	福建省退役军人事务厅	2020年12月
沙溪乡	福建省侨乡文化名镇	福建省委统战部、福建省住房和城乡建设厅、福建省文化和旅游厅、福建省归国华侨联合会	2020年12月
沙溪乡	全市脱贫攻坚工作集体嘉奖	中共三明市委、三明市人民政府	2020年12月

续表6

获奖单位	荣誉称号	授予单位	授予时间
明溪县发展和改革局	2016—2020年度全市生态文明建设先进集体	中共三明市委、三明市人民政府	2020年12月
三明市明溪生态环境局	2016—2020年度三明市生态文明建设先进集体	中共三明市委、三明市人民政府	2020年12月

2020年度明溪县获市一级以上表彰先进个人

2020年度明溪县获市一级以上表彰先进个人一览表

表7

姓名	工作单位	荣誉称号	授予单位	授予时间
黄太有	明溪县人民法院	第七届全国法院行政审判优秀业务成果（案例类）三等奖	最高人民法院	2019年12月
张富荣	闽通长运明溪分公司	全国交通运输系统抗击新冠肺炎疫情“先进个人”	交通运输部	2020年1月
李凤英	明溪县委政法委	新中国成立七十周年安保维稳和扫黑除恶专项斗争先进个人（三等功）	中共福建省委政法委	2020年1月
林曦碧	明溪县林业局	全省林业系统先进工作者	福建省人力资源和社会保障厅、福建省林业局	2020年1月
吕清龙	明溪县第一中学	《福建陶研》一等奖	福建省教育厅福建陶行知研究会	2020年1月
乐克奇	明溪县公安局刑事侦查大队	新中国成立七十周年安保维稳和扫黑除恶专项斗争先进个人	中共三明市委、三明市人民政府	2020年1月
张泉培	明溪县公安局国内安全保卫大队	新中国成立七十周年安保维稳和扫黑除恶专项斗争先进个人	中共三明市委、三明市人民政府	2020年1月
饶凯晖	中共明溪县纪律检查委员会	在新中国成立七十周年安保维稳和扫黑除恶专项斗争中表现突出，三明市委、市政府给予嘉奖	中共三明市委、三明市人民政府	2020年1月
施茂隆	明溪县人大常委会	“2017—2018”年度诚信工作先进个人	福建省诚信促进会	2020年3月
李　腾	明溪县委	2019年度“五比五晒”竞赛活动记三等功	中共三明市委、三明市人民政府	2020年3月
肖建宁	明溪县委办公室	2019年度“五比五晒”竞赛活动记三等功	中共三明市委、三明市人民政府	2020年3月
苏迎平	明溪县人民政府	三明市2019年度“五比五晒”项目先进个人（记三等功）	中共三明市委、三明市人民政府	2020年3月
陈锋毅	明溪县人民政府	三明市2019年度“五比五晒”项目先进个人（记三等功）	中共三明市委、三明市人民政府	2020年3月

续表7

姓名	工作单位	荣誉称号	授予单位	授予时间
吴文明	明溪县人民政府	三明市2019年度“五比五晒”项目先进个人（记三等功）	中共三明市委、三明市人民政府	2020年3月
温水木	明溪县人民政府办公室	三明市2019年度“五比五晒”项目先进个人（嘉奖）	中共三明市委、三明市人民政府	2020年3月
曾荣华	明溪县农业农村局	2019年度“五比五晒”竞赛记三等功	中共三明市委、三明市人民政府	2020年3月
张扬伟	明溪县财政局	“五比五晒”竞赛嘉奖	中共三明市委、三明市人民政府	2020年3月
邓梅华	明溪县总医院	在新型冠状病毒肺炎防控阻击战中，表现优秀	中共东西湖方舱医院临时委员会、武汉东西湖方舱医院	2020年3月
赖旺成	三明市明溪生态环境	全国生态环境保护执法大练兵表扬突出个人(2020年度荣誉，2021年4月颁奖)	生态环境部	2020年4月
邓梅华	明溪县总医院	最美逆行者	中共湖北省委、湖北省人民政府	2020年4月
曾繁尧	明溪县发展和改革局	第四次全国经济普查工作“省级先进个人”	福建省第四次全国经济普查领导小组	2020年4月
许新坚	明溪县税务局	全省税务系统减税降费专项工作三等功	国家税务总局福建省税务局	2020年4月
叶玉珍	明溪县农业农村局	科技特派员工作嘉奖	三明市人民政府	2020年4月
欧建德	明溪县林业局	科技特派员工作嘉奖	三明市人民政府	2020年4月
谢伙妹	明溪县林业局	第十五届林博会先进个人	中共三明市委、三明市人民政府	2020年4月
邓梅华	明溪县总医院	2020年度福建省抗疫最美家庭	福建省妇女联合会、福建省卫生健康委	2020年5月
李柳清家庭	明溪县雪峰镇中山社区	2020年度福建省抗疫最美家庭	福建省妇女联合会、福建省卫生健康委	2020年5月
严祖平家庭	明溪县卫生健康局	2020年度福建省抗疫最美家庭	福建省妇女联合会、福建省卫生健康委	2020年5月
杨冬青家庭	明溪县疾病预防控制中心	2020年度福建省抗疫最美家庭	福建省妇女联合会、福建省卫生健康委	2020年5月
严祖平	明溪县卫生健康服务中心	2020年福建省抗疫最美家庭	福建卫生健康委员会	2020年5月
邓梅华	明溪县总医院	2020年福建省抗疫最美家庭	福建卫生健康委员会	2020年5月
杨健（指导老师董南平）	明溪职中学生	2020年福建省职业院校技能大赛中职组焊接技术二等奖	福建省职业院校技能大赛组委会	2020年5月
罗腾辉（指导老师董南平）	明溪职中学生	2020年福建省职业院校技能大赛中职组焊接技术三等奖	福建省职业院校技能大赛组委会	2020年5月
罗瑞鹏（指导老师曾一建）	明溪职中学生	2020年福建省职业院校技能大赛中职组数控加工技术（团体）三等奖	福建省职业院校技能大赛组委会	2020年5月

续表7

姓名	工作单位	荣誉称号	授予单位	授予时间
陈飞（指导老师曾一建）	明溪职中学生	2020年福建省职业院校技能大赛中职组数控加工技术（团体）三等奖	福建省职业院校技能大赛组委会	2020年5月
李晨春（指导老师曾一建）	明溪职中学生	2020年福建省职业院校技能大赛中职组数控加工技术（团体）三等奖	福建省职业院校技能大赛组委会	2020年5月
叶友宾	明溪县消防救援大队	2020年新时代新三明百名担当作为青年先进	中共三明市委、三明市人民政府	2020年5月
赖志强	福建省明溪县雪峰宝剑厂	2020年新时代新三明百名担当作为青年先进	中共三明市委、三明市人民政府	2020年5月
池昌江	中共夏阳乡党委	2020年新时代新三明百名担当作为青年先进	中共三明市委、三明市人民政府	2020年5月
邓梅华	明溪县总医院	2020年“新时代新三明百名担当作为青年先进”疫情防控青年	中共三明市委、三明市人民政府	2020年5月
邓梅华	明溪县总医院	记功奖励	中共三明市委、三明市人民政府	2020年5月
钟育根	福建省明溪国有林场	安全生产、消防工作目标责任成效显著个人	三明市人民政府	2020年5月
吕靖中	明溪县消防救援大队	优秀共产党员	福建省消防总队	2020年6月
孙丽平	明溪县卫生健康局（挂职）	最美奋斗者	福建省直工会工委、福建省直团工委、福建省直妇工委	2020年6月
张雪英	中共明溪县委宣传部	先进个人	中共福建省委宣传部	2020年7月
苏荣生	明溪县公安局治安管理大队	省打击整治枪爆违法犯罪专项行动成绩突出个人	福建省公安厅	2020年7月
兰贵霞家庭		福建省职工最美家庭	福建省总工会	2020年7月
黄丽娟	邮储银行明溪县支行	党员先锋岗	邮储银行福建省分行	2020年7月
张福梁	福建君子峰国家级自然保护区管理局枫溪管理所所长	2019年度中央苏区工作“嘉奖”	中共三明市委、三明市人民政府	2020年7月
温水木	明溪县人民政府办公室	2019年度“e三明”建设工作嘉奖	中共三明市委、三明市人民政府	2020年7月
黄　隆	明溪县烟草专卖局（分公司）	行业网络培训课程竞赛优秀奖	中国烟草学会	2020年8月
张　瑜	明溪县烟草专卖局（分公司）	行业网络培训课程竞赛优秀奖	中国烟草学会	2020年8月
林曦碧	明溪县林业局	最美科技工作者	中共福建省委宣传部	2020年8月
吴映岚	明溪县委党校（县行政学校）	全省党校（行政学院）系统先进工作者	中共福建省委党校（行政学校）	2020年8月

续表7

姓名	工作单位	荣誉称号	授予单位	授予时间
梁运志	明溪县第一中学	2020年福建省青少年U系列排球锦标赛指导黄德林、石嘉文等获全省男子组第五名	福建省体育局	2020年8月
江　捷	明溪县第一中学	2020年福建省青少年U系列排球锦标赛指导黄德林、石嘉文等获全省男子组第五名	福建省体育局	2020年8月
郑　艳	明溪县公安局治安管理大队	福建省五一劳动奖章	福建省总工会	2020年8月
许锡平	三明市烟草公司明溪分公司	福建省五一劳动奖章	福建省总工会	2020年8月
郑　艳	明溪县公安局治安管理大队	福建省三八红旗手称号	福建省妇女联合会	2020年8月
叶友宾	明溪县消防救援大队	福建好人榜	中共福建省委文明办	2020年8月
温水木	明溪县人民政府办公室	2019年度全市金融服务保障突出贡献个人（记三等功）	中共三明市委、三明市人民政府	2020年8月
叶友宾	明溪县消防救援大队	中国好人榜	中央文明办	2020年9月
郑　艳	明溪县公安局治安管理大队	全国三八红旗手称号	中华全国妇女联合会	2020年9月
刘　巧	三明市明溪生态环境局	第二次全国污染源普查表现突出个人	生态环境部	2020年9月
张　诚	县农业农村局	福建省科学技术进步奖	福建省人民政府	2019年9月
肖秀花	明溪县第一中学	福建省优秀教师	福建省人力资源与社会保障厅、福建省教育厅	2020年9月
陈美娥	明溪县城关中学	福建省优秀教师	福建省人力资源和社会保障厅、福建省教育厅	2020年9月
吴锦楠	三明市明溪生态环境	2019年福建省生态环境保护执法大练兵表现突出个人	福建省生态环境厅	2020年9月
池昌江	中共夏阳乡党委	2020年上半年“五比五晒”及“项目攻坚年”活动嘉奖	中共三明市委、三明市人民政府	2020年9月
张富荣	闽通长运明溪分公司	全国交通运输系统抗击新冠肺炎疫情“先进个人”	交通运输部	2020年10月
赖旺成	三明市明溪生态环境	全国蓝天保卫战表现突出个人	生态环境部	2020年10月
吴绍辉	明溪县社会保险中心	全省人社业务技能比试三等奖	福建省人社厅行风办	2020年10月
张运文	三明市海斯福化工有限责任公司	全国劳动模范	中国共产党中央委员会、中华人民共和国国务院	2020年11月
谌良福	中共明溪县委统战部	福建省抗击新冠肺炎疫情先进个人	中共福建省委、福建省人民政府	2020年11月
夏剑冰	明溪县农业农村局	全省农机安全监理示范岗位标兵	福建省农业农村厅、福建省应急管理厅	2020年11月

续表7

姓名	工作单位	荣誉称号	授予单位	授予时间
叶友宾	明溪县消防救援大队	福建省最美消防指战员	中共福建省委宣传部、福建省消防救援总队、福建省森林消防总队	2020年11月
赖志强	明溪县雪峰宝剑厂	福建省第三届工艺美术设计大赛金奖	福建省工艺美术行业发展促进中心	2020年11月
毛祚胜	明溪县朝南北文化传播有限公司	福建省第三届工艺美术设计大赛银奖	福建省工艺美术行业发展促进中心	2020年11月
毛新华	明溪微雕艺术传习所	福建省第三届工艺美术设计大赛铜奖	福建省工艺美术行业发展促进中心	2020年11月
林中海	夏阳乡人民政府	第四届福建省热心消防公益事业先进个人	福建省消防救援总队	2020年11月
方秋轩	明溪县司法局城关司法所	第一期福建省“平安之星”	中央政法委	2020年12月
卓朝荣	明溪县烟草专卖局（分公司）	2018—2019年度全国无偿献血奉献奖铜奖	中华人民共和国国家卫生健康委员会、中国红十字会总会、中央军委后勤保障部卫生局	2020年12月
戴清华	沙溪乡梓口坊村村民委员会	全国敬老爱老助老模范人物	国家卫生健康委全国老龄办	2020年12月
许裕珍	明溪县委宣传部部务会成员、社科联主席	全省宣传系统先进工作者	中共福建省委宣传部、福建省人社厅	2020年12月
崔　毅	明溪县委统战部	全省统战系统先进工作者	中共福建省委统战部、福建省人力资源和社会保障厅	2020年12月
黄红香	盖洋镇村头村村民	“福建好人”	中共福建省委文明办	2020年12月
李亚清	明溪县档案馆	全省档案系统先进工作者	福建省人力和社会资源保障厅、福建省档案局	2020年12月
吴瑞金	明溪县农业农村局	全省农业农村系统先进工作者	福建省人力资源和社会保障厅、福建省农业农村厅	2020年12月
兰贵霞家庭	明溪县人民检察院	福建省“最美家庭”	福建省妇女联合会	2020年12月
陈琴轩家庭	明溪县胡坊镇肖家山村妇联主席	福建省“最美家庭”	福建省妇女联合会	2020年12月
王孟英	三明市海斯福化工有限责任公司	福建省优秀工会工作者	福建省总工会	2020年12月
罗祥勇	明溪县总工会	福建省优秀工会工作者	福建省总工会	2020年12月
张淑梅	明溪县农业农村局	“三品一标”优秀检查员	福建省绿色食品发展中心	2019年12月
王昌枝	三明市明溪生态环境	2020年度三明市生态文明建设先进个人	中共三明市委、三明市人民政府	2020年12月
黄　伟	明溪县城建监察大队	2016—2020年度三明市生态文明建设先进个人	中共三明市委、三明市人民政府	2020年12月

续表7

姓名	工作单位	荣誉称号	授予单位	授予时间
罗承全	明溪县财政局	2016—2020年度全市生态文明建设先进个人	中共三明市委、三明市人民政府	2020年12月
陈孟亮	胡坊镇	2016—2020年度全市生态文明建设先进个人	中共三明市委、三明市人民政府	2020年12月
蔡建英	中共夏坊乡委员会	2018—2020年度创建全国文明城市工作先进个人	中共三明市委、三明市人民政府	2020年12月
陈昌健	中共夏坊乡委员会	三明市脱贫攻坚工作中表现突出的个人嘉奖	中共三明市委、三明市人民政府	2020年12月
叶　云	胡坊镇	三明市脱贫攻坚工作中表现突出的个人嘉奖	中共三明市委、三明市人民政府	2020年12月

2020年明溪县任高级专业技术职务名表

2020年明溪县任高级专业技术职务一览表

表8

姓名	所在单位	专业技术职务	任职资格时间	聘用情况
陈谷峻	明溪县委党校（县行政学校）	高级讲师	2007年12月	已聘
吴映岚	明溪县委党校（县行政学校）	高级讲师	2011年1月	已聘
涂　艳	明溪县委党校（县行政学校）	高级讲师	2018年10月	已聘
陈蔚辉	明溪县档案馆	副研究馆员	2010年12月	已聘
张乙珍	明溪县农业农村局	高级农艺师	2002年5月	已聘
张起泉	明溪县农业农村局	高级兽医师	2011年1月	已聘
肖连明	明溪县农业农村局	高级农艺师	2011年9月	已聘
张连珠	明溪县农业农村局	高级农艺师	2012年8月	已聘
吴瑞金	明溪县农业农村局	高级农艺师	2013年6月	已聘
饶荣莲	明溪县农业农村局	高级农艺师	2013年6月	已聘
陈家锦	明溪县农业农村局	高级兽医师	2015年1月	已聘
郑建新	明溪县农业农村局	高级兽医师	2015年1月	已聘
陈富英	明溪县农业农村局	高级农艺师	2016年12月	已聘
梁建群	明溪县农业农村局	高级农艺师	2016年12月	已聘
姜祖福	明溪县农业农村局	高级农艺师	2016年12月	已聘
陈基福	明溪县农业农村局	高级兽医师	2016年12月	已聘
张河春	明溪县农业农村局	高级农艺师	2016年12月	已聘
陈会鹏	明溪县农业农村局	高级兽医师	2016年12月	已聘
陈　昇	明溪县农业农村局	高级兽医师	2018年1月	已聘
吴冬梅	明溪县农业农村局	高级农艺师	2018年1月	已聘

续表8

姓名	所在单位	专业技术职务	任职资格时间	聘用情况
沈志坚	明溪县农业农村局	高级畜牧师	2018年1月	已聘
杨如成	明溪县农业农村局	高级农艺师	2018年12月	已聘
张淑梅	明溪县农业农村局	高级农艺师	2018年12月	已聘
陈凤招	明溪县农业农村局	高级农艺师	2018年12月	已聘
黄胜梁	明溪县农业农村局	高级农艺师	2020年3月	已聘
叶孙发	明溪县农机中心	高级会计师	2010年5月	未聘
梁福明	明溪县农科所	高级农艺师	2013年6月	已聘
蒋　华	明溪县农科所	高级农艺师	2015年4月	已聘
吴锡易	三明市公路养护中心明溪分中心	高级工程师	2019年3月	已聘
王庆土	福建海峡科化烽林分公司	高级工程师	2004年12月	已聘
欧仙荣	福建海峡科化烽林分公司	高级工程师	2015年12月	已聘
邓水庄	福建海峡科化烽林分公司	高级工程师	2015年12月	已聘
林日清	福建海峡科化烽林分公司	高级会计师	2014年8月	已聘
邓小芳	明溪县自然资源局土地整理中心	林业高级工程师	2020年2月	已聘
叶顺如	明溪县自然资源局矿产资源站	采矿高级工程师	2019年1月	已聘
徐文贤	三明市明溪环境监测站	高级工程师	2008年12月	已聘
欧建德	明溪县林业局	享受教授、研究员待遇高级工程师	2015年5月	已聘
陈清平	明溪县林业局	林业高级工程师	2001年9月	已聘
邹秀华	明溪县林业局	林业高级工程师	2004年1月	已聘
林曦碧	明溪县林业局	林业高级工程师	2010年4月	已聘
肖书平	明溪县林业局	林业高级工程师	2004年1月	已聘
王清姬	明溪县林业局	林业高级工程师	2014年12月	已聘
肖书富	明溪县林业局	林业高级工程师	2016年5月	已聘
余　明	明溪县林业局	林业高级工程师	2016年5月	已聘
饶金才	明溪县林业局	林业高级工程师	2017年8月	已聘
林志鹏	明溪县林业局	林业高级工程师	2002年2月	已聘
叶伟光	明溪县林业局	林业高级工程师	2020年9月	已聘
张光长	福建君子峰国家级自然保护区管理局	高级工程师	2011年12月	已聘
余迭生	福建君子峰国家级自然保护区管理局	高级工程师	2016年12月	已聘
张素艳	福建君子峰国家级自然保护区管理局	高级经济师	2013年12月	已聘
黄琰彬	福建君子峰国家级自然保护区管理局	高级工程师	2012年12月	已聘
黄敬绥	福建君子峰国家级自然保护区管理局	高级工程师	2004年1月	已聘
严　拓	福建君子峰国家级自然保护区管理局	高级工程师	2016年12月	已聘
赖建明	福建省明溪国有林场	林业高级工程师	2013年12月	已聘
张金发	福建省明溪国有林场	林业高级工程师	2002年2月	已聘
罗　宁	福建省明溪国有林场	林业高级工程师	2005年12月	已聘

续表8

姓名	所在单位	专业技术职务	任职资格时间	聘用情况
林洪锦	福建省明溪国有林场	林业高级工程师	2015年12月	已聘
徐　勇	福建省明溪国有林场	高级会计师	2009年5月	已聘
汤永洪	明溪县人力资源和社会保障局	高级经济师	2015年2月	已聘
李　苹	明溪县人力资源和社会保障局	副研究馆员	2017年12月	已聘
聂菊梅	明溪县委政法委	副研究馆员	2017年12月	已聘
王允和	明溪县住房和城乡建设局	高级工程师	2006年12月	已聘
林友平	明溪县住房和城乡建设局	高级工程师	2009年8月	已聘
程明玉	明溪县住房和城乡建设局	高级工程师	2010年9月	已聘
肖家春	明溪县住房和城乡建设局	高级工程师	2011年12月	已聘
陈岩清	明溪县住房和城乡建设局	高级工程师	2014年12月	已聘
李　甘	明溪县住房和城乡建设局	高级工程师	2015年12月	已聘
张胜珍	明溪县住房和城乡建设局	高级经济师	2011年12月	已聘
黄志超	明溪县住房和城乡建设局	高级工程师	2019年12月	已聘
陈国强	明溪县审计局	高级会计师	2007年5月	未聘
陈美兰	明溪县审计局	高级审计师	2003年3月	未聘
阮金铭	明溪县财政局	高级会计师	2010年5月	已聘
罗承全	明溪县财政局	高级经济师	2010年1月	已聘
杨　琳	明溪县文化馆	群文副研究员	2015年6月	已聘
叶　叙	明溪县少年儿童业余体育学校	高级教练	2019年1月	已聘
陈书宁	明溪县总医院	主任医师	2004年6月	已聘
刘志刚	明溪县总医院	主任医师	2009年10月	已聘
吕锦荣	明溪县总医院	主任医师	2009年9月	已聘
王秀萍	明溪县总医院	主任医师	2011年12月	已聘
张清浪	明溪县总医院	主任医师	2013年12月	已聘
钟章生	明溪县总医院	主任医师	2013年12月	已聘
魏英耀	明溪县总医院	主任医师	2007年11月	已聘
郑发斌	明溪县总医院	主任中医师	2013年11月	已聘
邓先根	明溪县总医院	主任医师	2015年12月	已聘
冯福平	明溪县总医院	主任医师	2015年12月	已聘
陈凤玉	明溪县总医院	主任医师	2015年12月	已聘
吴丽萍	明溪县总医院	主任中医师	2015年12月	已聘
张玖福	明溪县总医院	主任医师	2017年12月	已聘
钟六根	明溪县总医院	主任医师	2017年12月	已聘
叶志强	明溪县总医院	主任中医师	2018年12月	已聘
温建成	明溪县总医院	主任医师	2018年12月	已聘
赖秀琴	明溪县总医院	主任医师	2018年12月	已聘
叶滨成	明溪县总医院	主任中医师（基层）	2019年12月	已聘

续表8

姓名	所在单位	专业技术职务	任职资格时间	聘用情况
郑明井	明溪县总医院	主任中药师	2019年12月	已聘
项燕鸥	明溪县总医院	主任医师（基层）	2020年12月	已聘
肖超扬	明溪县总医院	主任医师（基层）	2020年12月	已聘
黄君燕	明溪县总医院	主任护师	2020年12月	已聘
汤七金	明溪县总医院	主任中药师	2020年12月	已聘
张运辉	明溪县总医院	副主任医师	2007年11月	已聘
余　文	明溪县总医院	副主任中医师	2007年12月	已聘
叶玉瑛	明溪县总医院	副主任医师	2013年12月	已聘
汤凤英	明溪县总医院	高级会计师	2009年6月	已聘
卢金福	明溪县总医院	副主任医师	2014年12月	已聘
李秋发	明溪县总医院	副主任医师	2014年12月	已聘
陈　峰	明溪县总医院	副主任医师	2015年12月	已聘
戴仁海	明溪县总医院	副主任医师	2015年12月	已聘
卢淑华	明溪县总医院	副主任医师	2015年12月	已聘
赖秀英	明溪县总医院	副主任药师	2015年12月	已聘
邓群芳	明溪县总医院	副主任护师	2014年12月	已聘
邱福全	明溪县总医院	副主任医师	2015年12月	已聘
张志峰	明溪县总医院	副主任检验技师	2015年12月	已聘
杨冰霖	明溪县总医院	副主任医师	2015年12月	已聘
曾东生	明溪县总医院	副主任医师	2016年12月	已聘
肖晓东	明溪县总医院	副主任医师	2016年12月	已聘
曾步霖	明溪县总医院	副主任医师	2016年12月	已聘
苏燕珍	明溪县总医院	副主任医师	2016年11月	已聘
饶春梅	明溪县总医院	副主任护师	2017年12月	已聘
邓唐华	明溪县总医院	副主任医师	2017年12月	已聘
罗焕林	明溪县总医院	副主任医师	2017年12月	已聘
邓炎招	明溪县总医院	副主任中医师	2017年12月	已聘
李爱珍	明溪县总医院	副主任医师	2017年12月	已聘
谢德才	明溪县总医院	副主任医师	2017年12月	已聘
李秀琴	明溪县总医院	副主任护师	2017年12月	已聘
赖月萍	明溪县总医院	副主任护师	2017年12月	已聘
汤秀华	明溪县总医院	副主任护师	2017年12月	已聘
陈芳荣	明溪县总医院	副主任护师	2017年12月	已聘
黄喜明	明溪县总医院	副主任护师	2017年12月	已聘
余林根	明溪县总医院	副主任护师	2017年12月	已聘
吴明珠	明溪县总医院	副主任护师	2017年12月	已聘
罗秀文	明溪县总医院	副主任护师	2017年12月	已聘

续表8

姓名	所在单位	专业技术职务	任职资格时间	聘用情况
胡　钢	明溪县总医院	副主任医师	2018年12月	已聘
李殷华	明溪县总医院	副主任药师	2018年12月	已聘
陈全明	明溪县总医院	副主任检验技师	2018年11月	已聘
肖　斌	明溪县总医院	副主任医师	2019年12月	已聘
叶意恒	明溪县总医院	副主任中医师（基层）	2019年12月	已聘
温兆永	明溪县总医院	副主任医师（基层）	2019年12月	已聘
钟　滨	明溪县总医院	副主任医师	2019年12月	已聘
曾雪花	明溪县总医院	副主任中医师	2019年12月	已聘
汤成标	明溪县总医院	副主任中医师	2019年12月	已聘
张雪珍	明溪县总医院	副主任护师	2020年12月	已聘
杨芳辉	明溪县总医院	副主任医师（基层）	2020年12月	已聘
石传水	明溪县总医院	副主任医师	2020年12月	已聘
程永红	明溪县总医院	副主任医师	2020年12月	已聘
揭志红	明溪县总医院	副主任医师	2020年12月	已聘
陈由明	明溪县总医院	副主任医师	2020年12月	已聘
邝文秀	明溪县总医院	副主任护师	2020年12月	已聘
冯秋珊	明溪县总医院	副主任护师	2020年12月	已聘
周雪琴	明溪县总医院	副主任护师	2020年12月	已聘
黄丽真	明溪县总医院	副主任护师	2020年12月	已聘
魏兰春	明溪县总医院	副主任检验技师	2020年12月	已聘

附　录

在县委十二届十一次全会上的报告

县委副书记、县长　苏迎平

（2020年9月17日，根据记录整理）

这次县委全会的主要任务是，以习近平新时代中国特色社会主义思想为指导，全面贯彻党的十九大和十九届二中、三中、四中全会精神，深入学习贯彻习近平总书记对福建、对三明、对明溪工作的重要讲话重要指示批示精神，认真贯彻落实省委十届十次、市委九届十三次全会部署要求，结合明溪实际，科学谋划新的目标和举措，动员全县广大党员干部群众苦干实干、担当作为，更好地统筹常态化疫情防控和经济社会发展，扎实做好“六稳”工作，全面落实“六保”任务，进一步做实“四篇文章”、推进“四个着力”、深化“五比五晒”，全方位推动高质量发展超越，为加快新时代“新福建”、新三明建设作出明溪新贡献。经县委常委会研究，我讲八点意见：

一、领会精神实质，增强全方位推动高质量发展超越的责任感紧迫感使命感。1.全方位推动高质量发展超越，是习近平总书记亲自擘画、亲自部署、亲自推动的重大战略。党的十八大以来，习近平总书记对福建工作作出一系列重要讲话重要指示批示，2014年来闽考察时，亲自擘画建设“机制活、产业优、百姓富、生态美”的“新福建”宏伟蓝图；去年全国“两会”期间亲临福建代表团参加审议并发表重要讲话，提出营造有利于创新创业创造的良好发展环境、探索海峡两岸融合发展新路、做好老区苏区脱贫奔小康、全面推进新时代党的建设等要求；今年5月20日，习近平总书记对福建工作作出重要指示，充分肯定党的十八大以来福建坚持高质量发展取得的成绩，指出在科技创新、产业结构、居民收入等方面存在短板，作出了全方位推动高质量发展超越的战略指引，这是新时代“新福建”建设征程中又一件具有里程碑意义的大事。同时，习近平总书记在闽工作期间两次深入明溪调研指导，在脱贫、产业发展等方面提出重要要求，这都充分体现了习近平总书记对我们的深厚感情。我们要牢记习近平总书记重要嘱托，切实把对习近平总书记的爱戴之情，转化为加快新时代新明溪建设的强大动力，不断开创工作新局面。

2.全方位推动高质量发展超越，是党中央赋予福建的重大历史使命、重大政治责任。全方位推动高质量发展超越，是以习近平同志为核心的党中央着眼祖国统一、实现“两个一百年”奋斗目标、实现中华民族伟大复兴中国梦作出的重大战略举措，既是重大发展任务，又是重大历史使命，更是重大政治任务。省委、市委以强烈的政治担当，相继召开全会，专题部署全方位推动高质量发展超越任务，分别制定出台了“1+3”“1+4”等系列政策文件，为我们树立了标杆。我们要切实提高政治站位，深刻认识到全方位推动高质量发展超越，为促进祖国统一发挥更大作用是福建必须担负起的重大历史责任，进一步增强“四个意识”、坚定“四个自信”、做到“两个维护”，主动融入全省全市全方位推动高质量发展超越大局，以更加扎实的发展成效展现明溪的政治担当和作为。

3.全方位推动高质量发展超越，是新时代新明溪建设的重大历史机遇。当前国家正在制定新一轮苏区振兴发展政策，将持续加大对苏区发展的支持力度，国家中医药管理局对口支援明溪，国家、省、市将陆续出台全方位推动高质量发展超越的系列政策，这对我们来说，是重大历史机遇。我们要增强机遇意识、政策意识，立足当前，着眼长远，主动对接上级政策，谋划思路和项目，争取更多项目、政策、资金支持，扬优势、补短板，实现经济社会发展的“弯道”超车。

二、分析研判形势，科学谋划新的目标和举措。习近平总书记深刻指出：“当前和今后一个时期，我国发展仍然处于战略机遇期，但机遇和挑战都有新的发展变化。当今世界正经历百年未有之大变局，和平与发展仍然是时代主题，同时国际环境日趋复杂，不稳定性不确定性明显增强。我国已进入高质量发展阶段，发展具有多方面优势和条件，同时发展不平衡不充分问题仍然突出。”“逐步形成以国内大循环为主体、国内国际双循环相互促进的新发展格局。”从我县情况看，近年来，全县上下认真贯彻落实习近平总书记重要讲话重要指示批示精神，解放思想、奋发有为，推动各项工作取得新进展、新成效。一是发展质量不断提升。2019年全县地区生产总值107.34亿元，首次突破百亿，比2014年翻了一番；城乡居民人均可支配收入分别为3.26万元、1.69万元，分别比2014年增长1.5倍、1.6倍；高技术产业增加值占规上工业增加值比重为18.2%，居全市首位。二是“三大攻坚战”取得突破。全县所有建档立卡贫困户脱贫、实现“两不愁、三保障”及饮水安全，省级扶贫开发工作重点县顺利“摘帽”退出。全县空气质量稳居全省前十位，近三年县党政领导生态环保目标责任书考核均为优秀，明溪先后获评国家生态县、国家生态文明建设示范县。全县不良贷款率降至1.12%，为近五年最低；扎实推进平安明溪建设，纵深推进扫黑除恶专项斗争，被国家信访局评为信访工作“三无”县(市、区)。三是“四篇文章”不断做实。致力唱响“风展红旗如画”品牌，实施红色基因传承“五个一”工程，完成15个革命旧址修缮方案编制，建成县革命纪念园，苏区政策争取效益逐年提高，明溪被列入国家第一批革命文物保护利用片区县。“三新”产业发展态势良好，引进培育了6家国家高新技术企业、4家上市公司，2019年新材料、新医药、新能源“三新”产业产值、税收分别比增23.96%、64.83%，“再造一个海斯福”目标已实现。生态产业化持续推进，建成淮山、大米、猕猴桃、茶叶等生态硒锌农产品基地10万亩，华山野茶获评2020年“中国名优茶”金奖，鸟类资源保护与发展成效初显，人与自然和谐共生的画卷成为绿色发展的生动体现。“满意在明溪”品牌不断提升，综合市场整治难、停车难、小区物业管理难、背街小巷通行难、如厕难等城市“五难”治理取得阶段性成效，首次跻身省级文明县城。四是城乡建设加快推进。旧城提升与东部新区建设同步推进，城市建成区面积达9.3平方千米，城区完成迎宾大道及圆盘周边立面改造、污水管网新建改造49.2千米等，打通了中山路、紫岭路等城区“断头路”，整治新实验小学路口等交通隐患点；东部新区药谷小镇开发面积528亩，建成碧桂园小区、药谷小镇幼儿园、明洲酒店等基础设施，城市框架不断拉开。重大基础设施持续突破，黄沙坑水库下闸蓄水，莆炎高速、兴泉铁路明溪段即将建成通车，220kV大焦变电站动工建设。乡村振兴稳步推进，开展农村人居环境整治行动，累计建成59个省级美丽乡村。五是民生事业持续改善。先后建成“两公园、两广场、两学校、两大楼”等民生补短板项目，全县普惠性幼儿园覆盖率91.2%，义务教育巩固率98.42%，医疗卫生机构设施设备达标率100%，全县人均预期寿命达80.33岁，百岁老人16名、90岁以上老人455名。六是干部精气神有效提振。树立重实干、求实绩导向，建立激励干部担当作为体系，3年来累计提拔晋级表现优秀的干部174名，表彰、记功、嘉奖339名。实施年轻干部“干细胞”培养工程等，在全市率先构建干部心理健康服务链，干部能力素质显著提升，干事创业氛围不断浓厚，培育了全国“人民满意的公务员”“全国劳动模范”“全国模范退役军人”等多位“国字号”先进。

同时，也要清醒认识到存在的差距和不足。一是经济总量仍然较小。2019年我县GDP、公共财政总收入、地方财政收入分别仅占全市的4.1%、3.13%、3.04%，居全市后列。二是产业结构不优。三次产业结构比例为18.67∶49.93∶31.4，第三产业占比较低。农业产业化、规模化水平不高，缺少有影响力的特色优质农产品品牌。工业产业基础相对薄弱，传统产业转型升级存在困难，新兴产业规模还不够大，目前没有产值超10亿元的企业。服务业短板仍然突出，全县限上商贸企业数量仅占全市的3.49%。三是城乡居民收入不高。2019年城乡居民人均可支配收入低于全市平均水平，贫困人口中因病因残致贫占75.4%，缺劳动力致贫占7.5%，低保兜底对象占27.9%，部分贫困户仍然存在返贫风险。四是城市发展较为滞后。全县常住人口10.3万人，城镇化率为54.4%，低于全市6.5个百分点，人气不足。城市精细化管理能力较为薄弱，全县老旧小区多数无物业团队管理。五是民生短板仍然存在。城区教育学位有差距，临界大班额数占比10%，明溪一中尚未通过省一级达标校评估；师资总量不足，全县教职工结构性缺编较为突出，体育、音乐、美术等学科教师紧缺，教师队伍老龄化严重；教育教学成绩亟待提高。基层医疗卫生机构空编率22.39%，基层医疗卫生机构就诊量占总诊疗量比例48.68%，低于全市平均水平5.83个百分点。全县仅有1家“公建民营”养老机构，乡(镇)敬老院普遍缺乏专职人员和专业人员，入住率仅为54.17%，比全市平均水平低3.9个百分点。我们要科学分析研判当前发展形势，找准优势和短板，乘势而上、锐意进取，全方位推动高质量发展超越。

总的要求是：以习近平新时代中国特色社会主义思想为指导，全面贯彻党的十九大和十九届二中、三中、四中全会精神，深入学习贯彻习近平总书记对福建、对三明、对明溪工作的重要讲话重要指示批示精神，统筹推进“五位一体”总体布局、协调推进“四个全面”战略布局，坚持稳中求进工作总基调，坚持新发展理念，坚持以供给侧结构性改革为主线，坚持以改革开放为动力，主动融入以国内大循环为主体、国内国际双循环相互促进的新发展格局，更好统筹常态化疫情防控和经济社会发展，扎实做好“六稳”工作，全面落实“六保”任务，进一步做实“四篇文章”、推进“四个着力”、深化“五比五晒”，深入实施“小县大城关”战略，加快补齐科技创新、产业结构、居民收入等短板，有效集聚人气，不断推进老区苏区奔小康，全方位推动高质量发展超越，为加快新时代“新福建”、新三明建设做出明溪新贡献。

目标任务是：按照省委、市委全会部署，立足发展实际，主动担当作为，进一步发挥优势、补齐短板，为全省全市全方位高质量发展超越作出明溪新贡献。到2025年，全方位高质量发展超越迈出重要步伐，经济总量占全市比重有新提高，发展质量和效益与全市差距明显缩小。到2030年，全方位高质量发展超越取得明显成效，经济总量占全市比重明显提高，发展质量和效益进一步提升。到2035年，努力达到全市水平，实现局部领先，新明溪建设再上新台阶。

三、坚持创新发展，做强全方位高质量发展超越支撑。要把创新作为第一驱动力，围绕产业链创新链联动发展，营造有利于创新创业创造的良好发展环境，推动创新链、产业链、资金链、政策链“四链融合”，以科技创新催生新发展动能。

1.*要加快产业转型升级*。要深入实施战略性新兴产业倍增计划，坚持“专精特新”发展思路，突出抓龙头、铸链条、建集群，提供优质高效服务，持续做优新材料、新医药、新能源“三新”产业，着力培育一批“金娃娃”企业，打造国内重要的高端氟精细化学品生产基地、国内有影响力的新医药生产基地和有特色的轻型动力锂电池生产基地。要实施技改提升专项行动，发挥各级技改基金、县域产业发展资金等政策实效，支持现有传统企业增资扩产、转型升级、上市融资，实现“老树发新枝”。

2.*要实施创新驱动发展战略*。要围绕产业链部署创新链，健全完善研发投入激励、关键技术联合攻坚、科技成果孵化转化等机制，支持企业建设研发中心、重点实验室等科技创新平台，鼓励开展产学研深度合作，促进科技成果转化运用，推动创新要素向企业聚集。要完善高技术企业成长加速机制，加大科创板、创业板等上市扶持，培育双高企业、单项冠军、隐形冠军、专精特新企业。要强化人才支撑，坚持“事业引才”，深化拓展“五个一”产业人才工作模式，完善引才育才留才系列政策，提供住房、医疗、教育等保障，积极引进培育一批科技领军人才、经营管理人才、高素质技能人才，激发创新创造活力。

3.*要优化创新创业创造环境*。要坚持“亲”“清”新型政商关系，持续开展营商环境对标活动，推动公开承诺整改、年底专题考核、常态化监督，清理不必要的审批事项，提升政务服务效能。要常态化帮扶企业，持续开展“访企业、解难题、促‘六稳’”专项行动，推行重点企业、重大项目专班服务推进机制，“一业一策”“一企一策”解决企业困难需求，积极为项目落地、企业发展协调保障土地、资金等要素。要探索建立创业孵化园，提供政策咨询、项目推介、政务代办、融资贷款等服务，积极搭建青年创业平台，着力“筑巢引凤”。

当前，重点抓好三件事：一要做大做强“三新”产业集群。新材料产业，抓住省、市鼓励支持发展氟新材料的有利契机，做大氟新材料产业园，推动科顺新型防水材料、海斯福四期五期、导洁水处理剂、卓跃氟硅新材料等项目建设，推动新材料产业向系列化、高端化、集群化方向发展。新医药产业，推动中西医融合发展，加快南方制药二期、旻和医药、沃林大健康产业等项目建设，推进紫杉醇类抗肿瘤、异氟烷等药品注册申报及中药制剂、饮片生产，推动新医药产业纵向延伸、横向拓展。新能源产业，推动NMP纳米导电剂、锂电池电解液等项目与宁德时代合作，引进实施锂电池产业链关联项目，加快形成从正极、负极、电解液、隔膜材料到终端产品的完整产业链。二要提升园区发展水平。要实施“一区多园”建设，推进省级经济开发区修编扩区，完善园区水、电、路、气等基础设施建设，加大园区土地征迁力度，重点加快军民融合产业园(一期)约1400亩、奋发山海协作产业园(一期)400亩土地征迁，为海斯福等企业增资扩建和新项目落地提供用地保障。要节约集约用好园区土地资源，有效处置“批而未供”、低效利用土地，“腾笼换鸟”盘活闲置土地和厂房，开展“二次招商”，有序推动城区及周边企业退城入园，严把新项目投资强度关，提高单位面积土地产出效益，打造优质生产要素集中集聚的标准化园区。三要真招商、招真商。要聚焦“专精特新”，瞄准长三角、珠三角、闽西南协同发展区等地区产业梯度转移，围绕建链补链强链，加强产业细分研究，按照“合规合算”、优惠与贡献对等原则，深化以商招商、产业链招商等，健全“一筛二看三详查四比选”招商选资机制，引进实施一批科技型、环保型、税源型的大项目、好项目。

四、注重协调发展，深入实施“小县大城关”战略。随着三明市区行政规划调整，市区吸附能力将加强，如果我们城市发展与市区差距太大，就可能产生“虹吸效应”，出现人流、物流、资金流，往市区倒流。为此，我们要深入实施“小县大城关”战略，这既是发展需要、群众期盼，又是市委对明溪提出的要求。要一体推进城乡协调发展，加快公共服务能力建设，不断提升城市承载力和吸附力，有效集聚人气商气。

1.要建设精美城市。要强化规划引领，围绕“康养绿城、精致侨乡、活力明溪”定位，坚持以人为本、尊重自然、传承历史、绿色低碳的规划理念，高质量编制全县国土空间规划，打造安全高效的生产空间、舒适宜居的生活空间、碧水蓝天的生态空间，推进“山、水、城、人、文”融合。要加快城市建设步伐，突出产城融合、城乡融合，按照“东进、北拓、中提升”发展思路，协同推进园区高质量发展和东部新区建设，加快北部新区整体规划和开发，推动城区提升改造，加大成片旧房收储力度，推进城市公园、各类管网等建设，进一步拉开城市框架，完善城市功能，实现“以产引人、以人兴城”。要强化精细化管理，整合“数字城管”“地理信息系统”“5G+宽带”等资源，建立“城市综合管理服务平台”，用好“e三明”平台，实施城区建筑物外立面整治、智慧社区、绿色景观等工程，建设小而精、小而美城市。

2.要推进乡村振兴。要围绕“20字”总要求和“五个振兴”工作部署，深化农业供给侧结构性改革，加快推动特色农业提质增效，促进种、产、加、销紧密衔接，推动一、二、三产融合发展。要强化乡村规划和城乡融合发展，深化农村人居环境整治，一体推进美丽城市、美丽城镇、美丽乡村建设，构建自治法治德治相结合的乡村善治体系，实现农业强、农村美、农民富。要持续发挥生态、乡村优势，主动融入两岸乡村融合发展试验区建设，为把福建建成台胞台企登陆的第一家园发挥作用。

3.要完善城乡基础设施。要做好“路脉”文章，谋划实施一批交通基础设施补短板项目，持续优化铁路、高速、国省干线、城市道路、农村公路交通路网，畅通城乡发展经络。要做好“水脉”文章，围绕水资源管理、水生态保护和农村饮水安全，完善水利基础设施，推进城乡供水一体化，提升河湖管理水平，全力保护水资源、优化水环境、保障水供给。

当前，重点抓好四件事：一要做细做优规划。规划是发展的先导。要综合考虑人口、经济、国土、生态保护等因素，高质量编制我县国土空间总体规划（2020—2035年），今年年底前完成全县国土空间开发保护“一张图”。要坚持“以产促城、以城带乡”，完善坪埠、上坊等城郊村实用性“多规合一”片区规划，优化城郊空间布局，与中心城市互补，构建城乡新发展格局。二要全力推进“征迁攻坚年”。要严格对照方案明确的时限、任务要求，压紧压实责任，倒排时间进度，拿出真招实招，攻坚难点堵点，年内完成28个项目2433亩土地征收任务。三要做好城市经营。要坚持“房住不炒”定位，科学制定年度供地计划，根据市场需求，合理安排供地节奏，推动房地产市场健康发展，重点推进已出让地块商品房建设，加快城区新地块开发，力争年内供应商品房面积7.5万平方米，提供不同类型房源、梯次房价，满足市民刚性住房需求。四要扎实推进农村人居环境整治。要深化“一革命四行动”，抓好“两高”沿线环境综合整治，加快10个省级乡村振兴试点村建设，重点推动梓口坊村国家级乡村治理示范村和龙湖村、御帘村省级美丽乡村精品示范村建设。

五、倡导绿色发展，推动“绿水青山”转化为“金山银山”。良好的生态是明溪最宝贵的资源。要深入贯彻习近平生态文明思想，正确处理经济发展和生态环境保护的关系，做好做足绿色生态文章，实现生态环境高颜值、经济发展高素质。

1.要提升生态环境质量。要依法、科学、精准打好污染防治攻坚战，实施蓝天、碧水、净土工程，深化河(湖)长制等工作，推进山水林田湖草生态保护修复试点工程，抓好各级生态环保督察反馈问题整改，推动生态环境质量保持全省前列。要严格生态领域监督执法，严厉打击各类破坏生态环境行为，着力解决与群众密切相关的生态环境问题，增强群众环保获得感和认同感。

2.要推进生态产业化。要坚持绿色发展路子，主动融入打响“中国绿都·最氧三明”品牌，发挥“林深水美人长寿”优势，做优“生态+”模式，大力培育生态硒锌农业、文旅康养、观鸟休闲、中医药产业等新业态，提供更多优质绿色产品，加快构建以产业生态化和生态产业化为主体的生态经济体系，争创“绿水青山就是金山银山”实践创新基地，培育经济新的增长点。

3.要健全生态文明建设制度。要巩固国家生态文明建设示范县成果，建立健全生态文明绩效评价考核、生态环境保护责任等机制，认真落实领导干部生态文明建设责任制和离任审计制，严守生态功能保障基线、环境质量安全底线、自然资源利用上线和生态环境准入清单“三线一单”。

当前，重点抓好三件事：一要大力发展中医药事业。要依托国家中医药管理局在职能、人才、政策等方面优势，推动与福建中医药大学、省医药集团等深度合作，加快编制我县大健康产业专项规划，实施中药材“一县多品”建设、硒锌药食同源农产品、中医药技能培训等项目，开发中医药健康旅游线路和产品，建设福建中医药大学(明溪)中医药健康管理示范中心，打造国家中医药健康旅游示范基地、中央苏区中医药健康管理示范区。要推进县、乡、村中医药一体化管理，加强特色中医专科、中医门诊建设，完善乡村中医基础设施，强化中医药专技人才培养，提升中医服务能力。二要打响“森林康养+观鸟休闲”品牌。要深入做好鸟类资源文章，实施区域鸟类资源生态环境保育、鸟类文化建设、森林康养产业示范等工程，推动国际候鸟迁徙通道保护和修复、心海森林康养产业园等项目建设，开发特色森林康养产品，加强与中国鸟网战略合作，办好观鸟论坛及摄影大赛等活动，积极培育创建国家级、省级、市级森林康养基地和省级森林康养小镇。三要加快发展特色现代农业。坚持质量兴农、绿色兴农、品牌强农，加快推进市级水果现代农业产业园和“一县一业”农业主导产业建设，扶持培育农业龙头企业，做优生态硒锌、绿色林业等特色产业，支持淮山、肉脯干等特色农业品牌升级，推进科技特派员集团服务示范区建设，争创国家农产品质量安全县。

六、厚植开放发展，增强发展活力动力。要始终坚定改革开放的决心和信心，准确把握经济发展新动向，抢抓机遇、主动作为，以更深层次改革、更高水平开放应对变局、开拓新局。

1.要用好政策资源。当前我们可以对接争取的政策资源有很多，关键在于如何有效整合，拓展政策运用空间，发挥政策的最大效益。要抢抓国家制定支持福建全方位推动高质量发展超越、新一轮苏区振兴发展等政策机遇，抓住“十四五”规划编制重要窗口期，主动学习先进地区好的经验做法，加强前瞻性思考、全局性谋划、战略性布局、整体性推进，聚焦“两新一重”、民生事业、产业发展等重点领域，注重不同政策之间的关联性、同一政策的衔接性，协同推进政策的研究运用，谋划一批近期、中长期重大产业项目和工作项目，动态更新苏区政策项目库。要坚持“走上去、请下来”相结合，及时了解掌握上级工作动态、政策导向等信息，精准有效开展对接，最大限度争取政策、项目、资金支持，切实把政策资源转化为发展成效。

2.要全面深化改革。要继续用足用好改革开放这个关键一招，聚焦制约经济社会发展的堵点、群众关心关注的难点，进一步解放思想、大胆创新，探索更加务实管用的举措去解决问题、推动工作。要注重制度和治理体系建设，及时将实践证明行之有效的经验做法固化提升为制度机制。

3.要加强对外联通。要主动融入闽西南协同发展区建设，深化明溪—鲤城在产业发展、人才交流、社会事业等多领域深度合作，并发挥兴泉铁路明溪客货运站作用，加快推进奋发山海协作产业园建设，推动与漳州金峰经济开发区协同招商。要用好侨资侨力，深化“回归工程”，加强与海外沟通联络，了解疫情对海外侨胞创业就业的影响，有针对性地搭建侨胞服务平台，探索建设欧洲商品交易中心，鼓励引导侨胞返乡创业就业。要深入推进明台文化、经贸等领域合作交流，落实好台湾居民来明创业就业扶持政策，引导更多的台湾同胞来明旅游观光、投资创业。

当前，重点抓好五项改革：医改方面，要深化“三医联动”综合改革，落实落细深化提升医改20条措施、加强卫健人才队伍建设等文件，推进县总医院综合门诊大楼等项目建设，完善慢性病“一体化”管理机制，深化医养结合，推进“治已病”向“治未病”转变，构建大卫生大健康医疗服务体系。要加快医防融合试点建设，探索中医药在医改中发挥重大作用和医改促进中医药事业发展的“双向”机制，打造具有明溪特色的医改亮点。“放管服”改革方面，要以新行政服务中心投用为契机，全面推行审批服务“马上办、网上办、就近办、一次办”，按照“能进必进、进必授权”原则，推动全县具有行政审批和公共服务事项单位全部进驻行政服务中心，并充分授权窗口实行现场办结，实现更多事项“一趟不用跑”和“最多跑一趟”，提供规范化、标准化、高效化的便民服务，着力打造省内一流的县域行政服务中心。农村改革方面，要加强农村村民住宅规划建设管理，建立“县统筹、乡统管、地统筹、事统管”工作机制，做到“规划一张图、审批一支笔、布局一盘棋、监管一条龙”，解决农村有新房没新村问题。要加快推进瀚仙、胡坊农村新型住宅小区集中建设试点工作。林改方面，要探索推广“林票”制度，完善“村社合一”等合作经营管理模式，促进林业适度规模经营。要抓好林业绿色金融产品创新，总结提升“益林贷”经验，进一步扩大林业普惠金融产品覆盖面。国有企业改革方面，要建立以管资本为主的国有资产监管体制，推动现代企业制度改革，做大做强重点国有企业，促进国有资产保值增值。

七、推进共享发展，增强群众获得感、幸福感、安全感。要坚持以人民为中心的发展思想，把保障和改善民生作为工作的出发点和落脚点，全力办好打基础、利长远、惠民生的好事实事，让人民群众共享改革发展成果。

*1.要建设文明明溪。*要巩固提升省级文明城市创建成果，完善全民参与全民提升的精神文明创建长效机制，深化社区联建联创、志愿服务等工作模式，加快推进新时代文明实践中心试点建设，开展形式多样的群众性创建活动和文明实践，提升“满意在明溪”品牌。要挖掘史前文化、红色文化、闽学文化、侨乡文化等特色文化资源，全面融入城市建设、产业发展、宣传教育等各领域工作中，不断提升城市内涵和品位。

*2.要建设幸福明溪。*要始终把人民对美好生活的向往作为奋斗目标，抓住群众最关心最直接最现实的利益问题，按照急需先行、尽力而为、量力而行的原则，加强普惠性、基础性、兜底性民生建设，不断完善公共服务体系，加快补齐民生短板，努力实现幼有善育、学有优教、病有良医、老有颐养、住有所居。要高质量打赢精准脱贫攻坚战，实施重点人群增收计划，加快培育新的就业增长点和增收渠道，实现城乡居民收入总水平与经济发展水平相适应。

*3.要建设平安明溪。*要打好防范化解重大风险攻坚战，根据新情况、新问题，健全完善政治、金融、安全生产、意识形态、党风廉政、社会稳定等各领域风险防控体系，排查整治各类风险隐患，营造安定稳定的社会环境。要加强社会治安综合治理，推广“平安侨乡志愿者队伍”等群防群治工作模式，有力有效推进扫黑除恶专项斗争“六清”行动，完善社会矛盾多元预防调处化解机制，进一步构建立体化、法治化、专业化、智能化社会治安防控体系。

当前，重点抓好六件事：一要毫不放松抓紧

抓实常态化疫情防控。当前疫情仍在全球蔓延，国内零星散发病例和局部疫情的风险仍然存在，要克服麻痹思想，慎终如始，全面做好“外防输入、内防反弹”工作，坚持常态化精准防控和局部应急处置有机结合，严格对照落实我县应对秋冬季疫情工作方案和应急预案，实行“日报告、周会商、月小结”推进机制，做好核酸检测、专业队伍、隔离场所、防疫物资等各项准备工作，强化村(社区)网格化、精细化管控，做到早发现、早报告、早隔离、早治疗，坚决守住不发生本土病例底线，决不让来之不易的疫情防控成果前功尽弃。二要坚决打赢精准脱贫攻坚战。要聚焦“两不愁、三保障”及饮水安全，按照“四个不摘”要求，落实好深化产业、健康、教育、金融等方面帮扶措施，加强返贫致贫监测预警和及时帮扶，落实农村相对贫困家庭“239”、城市困难家庭“347”帮扶机制，巩固脱贫成果、提高脱贫质量，促进脱贫攻坚与乡村振兴有机衔接。三要推动教育高质量发展。教育是最大的民生，老百姓最关心关注。当前明溪的教育短板仍然突出，究其根源是管理体制机制的问题。要把教育工作摆在突出位置来抓，深入实施教育优先发展战略，坚持硬件软件一起抓，加强教育资源统筹规划，实施城区学校新建扩容，加快实验小学东部校区、实验幼儿园迁建、第三实验小学扩建等项目建设，提高城区学位供给能力。要以提高教育教学质量为导向，聚焦中、高考成绩，深化教育综合体制改革，抓好促进基础教育高质量发展28条措施、“1+4”文件等系列政策的评估问效，全面梳理分析研究近年来中、高考学生成绩情况，找准优势和短板，精准施策，扎实推进，着力办好人民满意的教育。要狠抓师德师风师能建设，实施教师教育振兴行动计划，全面提升教研教学能力，抓紧推进“县管校聘”改革，完善二级绩效考评，推动职称评聘与待遇福利相挂钩，发挥绩效工资的激励导向作用，充分调动教师主观能动性。同时，要注重源头管理，出台相关政策措施，把优质生源留在明溪，切实减少生源外流。四要深入实施红色基因传承“五个一”提升工程。要主动融入长征国家文化公园建设，用好滴水岩红军战地医院、铜铁岭战壕等红色革命遗址，讲好红色故事，发展红色产业，持续唱响“风展红旗如画”这一品牌、修缮保护一批标志性红色文化遗址、建设一个长征国家文化公园、打造一个红色文化宣教馆、规划一条精品红色旅游线路，大力弘扬苏区精神，激励广大干部群众担当作为。五要加快服务业发展。要围绕明溪城市总体规划布局，以欧侨广场、时代广场、金茂广场、东部新区等为核心区，引导商贸企业合理集聚，扶持打造一批与城市发展、产业发展相融合的特色经济商圈。要围绕消费升级和服务创新，积极发展线上经济、家政服务、教育培训等服务新业态，促进生产服务业向社会化、专业化、高端化发展，生活服务业向便利化、品质化、精细化发展。要开展老、小宾馆和招待所整治提升，引导重点酒店提高档次，不断提升旅游服务承载能力和接待水平。六要有效防控风险。要持续深化矛盾纠纷、公共安全风险大排查大化解大整治行动，以有力有效的风险防控，落实保安全、护稳定、促和谐。要防范金融风险，在抓好不良贷款“化旧控新”的同时，高度警惕民间非法集资、地下金融等活动，加强各类投资公司的审批和监管，常态化开展风险隐患排查，严厉打击违法犯罪行为，并有针对性地开展宣传教育，增强群众防范意识，守好自身“钱袋子”，特别强调严禁公职人员参与非法集资、非法吸收公众存款、非法放贷、电信网络诈骗等活动，一经发现坚决依法依规严肃处理。要深入开展安全生产专项整治三年行动，抓好16处安全生产红色隐患整改，抓紧推进房屋安全、“三合一”“二合一”场所等专项整治，保障群众生命财产安全。要加强应急救援队伍建设，完善相关设施设备，常态化开展县、乡、村三级防火防汛应急演练，提升应急处置能力。

八、坚持党建引领，确保各项任务落实落细。 要贯彻新时代党的建设总要求，落实省委“五抓五看”“八个坚定不移”部署要求，坚持党要管党、全面从严治党，为全方位推动高质量发展超越提供坚强保证。

1.*要坚持把政治建设摆在首位*。要深入贯彻落实《中办关于巩固深化“不忘初心、牢记使命”主题教育成果的意见》，学好用好《习近平谈治国理政》和《习近平在福建》等采访实录，持续学懂弄通做实习近平新时代中国特色社会主义思想，自觉用以武装头脑、教育人民、指导实践。要严守政治纪律和政治规矩，严格落实意识形态工作责任制，坚决执行省委“三四八”贯彻落实机制，抓实各级巡视巡察、全面从严治党主体责任检查、督导、审计等反馈问题整改，确保习近平总书记重要讲话重要指示批示精神以及党中央重大决策部署和省委、市委工作要求落到实处。

2.*要持续提振干部精气神*。要加强队伍建设，引导干部加强思想淬炼、政治历练、实践锻炼、专业训练，完善年轻干部、女干部、党外干部培育、选拔、管理、使用机制，打造一支来源广泛、结构合理、素质优良的干部队伍。要激励担当作为，全面贯彻落实各级激励干部担当作为和关心关爱干部政策措施，敢于打破隐性台阶，大胆记功嘉奖、提拔重用在“五比五晒”、项目攻坚等重大专项工作中表现优秀干部，优化绩效、综治、精神文明等考评办法，全面执行二级绩效管理，树立“干多干少、干好干坏不一样”的鲜明导向。要加强基层组织建设，围绕增强政治功能和组织力，统筹推进各领域党的建设质量全面提升，让党旗在各个领域、各行各业、各条战线上高高飘扬。

3.*要一以贯之正风肃纪反腐*。要严格落实中央八项规定及其实施细则精神，常态化推进形式主义、官僚主义整治，巩固为基层减负成果。要聚焦“关键少数”，加强干部“八小时之外”监督管理，持续开展“一季一警示”教育，通报违纪违法典型案例，完善管思想、管工作、管作风、管纪律的从严管理机制。要坚持标本兼治，一体推进不敢腐、不能腐、不想腐，深入整治基层“微腐败”、黑恶势力“保护伞”、政策落实“绊脚石”，推动全面从严治党向基层一线、向群众身边延伸，巩固发展反腐败斗争压倒性胜利，营造风清气正的良好政治生态。

4.*要一竿子插到底抓落实*。要坚持领导带头，弘扬“四下基层”“马上就办、真抓实干”等优良作风，落实“五个十”重点项目工作机制，经常深入项目一线现场办公，协调推动工作，特别是遇到“难、硬、重、新”工作时，县领导要认真分析研究，只要是合法合规的，大胆协调、大胆拍板，第一时间攻坚突破。要加强协调联动，树牢“全县一盘棋”思想，对于县委、县政府的决策部署，主动履职担当，并支持配合其他部门工作，合力推动任务落实。要强化督查问效，加大对重点工作、重点项目落实情况的跟踪、督办力度，对进度滞后的进行点名通报、约谈，倒逼责任落实，确保决策部署有新提升、重点工作有新进展、项目建设有新形象。

同志们，让我们更加紧密地团结在以习近平同志为核心的党中央周围，牢记习近平总书记重要嘱托，在省委、市委的坚强领导下，团结带领全县广大干部群众，不忘初心、牢记使命，苦干实干、攻坚克难，全方位推动高质量发展超越，为加快新时代“新福建”、新三明建设做出明溪新贡献。

在县委十二届十二次全体会议上关于县委常委会工作的报告

县委书记 钟 科

（2020年12月28日）

受县委常委会委托，向全会报告工作。

县委十二届十次全会以来，面对突如其来的新冠肺炎疫情，在党中央坚强领导和省委、市委的正确领导下，县委常委会坚持以习近平新时代中国特色社会主义思想为指导，深入贯彻党的十九大和十九届二中、三中、四中、五中全会精神，认真落实中央和省委、市委决策部署，紧紧围绕统筹推进“五位一体”总体布局和协调推进“四个全面”战略布局，坚持稳中求进工作总基调，坚持新发展理念，统筹推进疫情防控和经济社会发展，团结带领全县广大干部群众锐意进取、真抓实干，大力弘扬“三明实践”，持续做实“四篇文章”、推进“四个着力”、深化“五比五晒”，全方位推动高质量发展超越，保持了经济运行持续健康发展，“十三五”规划主要目标任务即将完成，新明溪建设迈出了新步伐。

一、扛起政治责任，不折不扣推动习近平总书记重要讲话重要指示批示精神和上级决策部署落深落细落实。县委常委会始终把“两个维护”作为最高政治原则和根本政治规矩，坚持和加强党的全面领导，确保上级各项决策部署在明溪落地见效。

（一）坚决贯彻落实党中央决策部署。县委常委会及时组织学习习近平总书记最新重要讲话和指示批示精神、党中央重要文件等，严格执行省委“三四八”贯彻落实机制，开展习近平总书记重要指示批示精神贯彻落实“回头看”。召开县委十二届十次、十一次全会，深入学习贯彻十九届四中全会精神、习近平总书记5月20日重要指示批示精神，制定推进治理体系和治理能力现代化的若干措施和全方位推动高质量发展超越小县大城关聚人气、优化产业结构、科技创新行动计划等文件，部署推动新时代新明溪治理现代化、明溪全方位推动高质量发展超越工作。筹备召开县委十二届十二次全会，深入贯彻十九届五中全会精神，科学谋划我县“十四五”规划和二〇三五年远景目标。

（二）深入学习宣传贯彻党的十九届五中全会精神。县委常委会第一时间召开县委常委会（扩大）会议传达学习，研究部署贯彻落实举措；组织开展宣传宣讲，县委常委带头到乡镇、部门等基层一线宣讲，县委宣讲团深入各乡（镇）党委、县直党（工）委宣讲33场次，开展明溪旅外乡亲“云”宣讲报告会，在明溪在线、微信公众号等平台开设专题专栏，推动五中全会精神进企业、进农村、进机关、进校园、进社区、进网站，在全县上下迅速掀起了学习宣传贯彻热潮。

（三）加强社会主义民主政治建设。支持人大及其常委会依法履行监督权，围绕“一重山”保护、渔塘溪城区段综合治理、水利工程“重建轻管”等工作开展视察、检查和专项调研22次，听取审议专项工作报告8项，交办审议意见13件。支持政协履行政治协商、民主监督、参政议政职能，围绕教育改革、医疗卫生等开展专题调研，委员提案71件全部办结答复。加强和改进统一战线，做好民族、宗教、侨务、台港澳等工作。支持工会、共青团、妇联、残联、工商联等人民团体工作，增强群团组织政治性、先进性、群众性。落实党管武装制度，加强国防动员和后备力量建设，高质量完成动员备战训练和征兵任务，扎实做好双拥工作，推动军民融合深度发展。

二、强化统筹兼顾，奋力夺取疫情防控和经济社会发展“双胜利”。县委常委会坚决贯彻落实习近平总书记“坚定信心、同舟共济、科学防治、精准施策”的重要指示要求，大力弘扬“生命至上、举国同心、舍生忘死、尊重科学、命运与共”的伟大抗疫精神，领导全县上下齐心协力、英勇奋战，全力以赴战疫情、保稳定、促发展。

（一）全力打赢疫情防控人民战争、总体战、阻击战。坚持人民至上、生命至上，第一时间成立县应对新冠肺炎疫情指挥部，组建15个工作组，因时因势部署推进“外防输入、内防反弹”各项措施，严把“五道关口”，织密“五道防线”，构建联防联控、群防群治的“铜墙铁壁”，县内迄今未出现新冠肺炎确诊病例。特别是严防境外疫情输入，及早研判、主动应对，先后制定并更新了9版《严控境外疫情输入的工作方案》，围绕疫区劝导、人员接驳、集中留观、诊疗救治、村（社区）管理等关键环节，突出打好县内、境外“两个战场”，做实找到人、跟紧人、接好人、管住人“四个重点”，建立从境外到国门、从国门到家门的全覆盖、全链条、无缝隙闭环管理体系，工作方案在全省转发推广。强化党建引领，300个党组织、5520名党员奋战坚守，让党旗在防疫斗争第一线高高飘扬。

（二）按下全面恢复经济社会秩序“快进键”。2月15日，制定应对疫情推动农业工业服务业平稳健康发展工作方案，建立县领导挂包帮扶重点企业和项目机制，出台制造业企业用电奖励、扶持服务业渡过难关等政策，兑现减租、减税降费、用电奖补等纾困资金6819万元，指导13家企业列入疫情防控重点保障企业名单，“一企一策”全力打通复工复产“五难”操作链，到3月1日全县93家规模以上工业企业实现100%复工，16个省市重点项目全部开工建设，到3月8日用电恢复率达到100%，上半年主要经济指标实现转正。推动复学复课，各学校因地制宜制定“两案九制”，全县各级各类学校全面安全平稳复课，中高考顺利举行。

三、突出强基固本，坚决打好“三大攻坚战”。县委常委会始终把打好“三大攻坚战”摆在突出位置，聚焦短板弱项，精准施策攻坚，确保全面建成小康社会经得起历史和人民的检验。

（一）扎实推进脱贫攻坚。始终把脱贫攻坚作为全县中心工作，聚焦“两不愁、三保障”及饮水安全，加大产业、就业等帮扶力度，全县1637户4889人贫困人口稳定脱贫，人均纯收入从2016年的3633元增加到2019年的12633元，30个建档立卡贫困村村财年经营收入均在10万元以上，省级扶贫开发工作重点县“摘帽”退出。积极融入三明国家扶贫改革试验区建设，健全完善防止返贫监测机制，巩固拓展脱贫攻坚同乡村振兴有效衔接，及时帮扶221户340人城市困难家庭和77户213人农村相对贫困家庭，促进全面小康“夹心层”群体增收致富。

（二）有效防控风险挑战。防控金融风险，不良贷款率降至1.25%，地方政府债务严格控制在省定限额范围内。抓实安全生产，县乡两级均实行分管应急管理领导AB岗制度，深入推进安全隐患大排查大整治行动，整改安全隐患2272项，获评省“平安农机”示范县。深化平安明溪建设，群众安全感率持续保持全市前列；高质量推进扫黑除恶专项斗争收官战，打掉涉黑组织1个、恶势力犯罪集团或团伙6个，查处涉黑涉恶腐败和“保护伞”13件14人；强化信访积案攻坚，明溪被国家信访局评为信访工作“三无”县，社区矫正管理大队被司法部评为全国社区矫正机构先进集体。

（三）持续提升环境质量。以落实各级生态环保督察反馈问题整改为抓手，打好蓝天、碧水、净土保卫战，深化河湖长制，加强农业面源污染治理及土壤防治，农药使用量、化肥施用量持续下降，空气和水质量居全省前列，明溪获得省环境质量提升奖励，被列入省级全域土地综合整治试点县，连续4年市对县党政领导生态环保目标责任书考核优秀，第二次全国污染源普查工作获国务院通报表扬。

四、致力扬长补短，做实做足“四篇文章”。县委常委会坚持以新发展理念为引领，进一步推动比较优势转化为发展优势，加快培育形成新的增长极。

（一）中央苏区文章。深入实施红色基因传承“五个一”提升工程，中央和省级主流媒体深入我县开展“三明实践”主题采访活动，组建宣讲小分队，对接国家中医药管理局等对口帮扶部门宣讲红色故事，举办第二届“风展红旗如画”红色故事演讲比赛和“云”宣讲报告会，滴水岩获评国家AAA级旅游景区，红七军团铜铁岭战斗旧址列入第十批省级文物保护单位。深入研究运用各级政策资源，今年向上争取资金增长17.06%，国家中医药管理局对口支援明溪，与福建中医药大学开展“大生态、大健康、大保健、大养生”战略合作。

（二）工业产业文章。坚持“专精特新”思路，做大做强“三新”产业，海斯福三期、格林韦尔NMP纳米导电剂、玮士迈锂电池环保装备等项目全面投产，南方制药（二期）、旻和、瑞德医药、沃林大健康等项目部分试产，海西联合药业与浙江昂利康制药开展战略合作，预计今年“三新”产业产值、税收分别增长10%、29%。强化创新驱动，新增国家高新技术企业2家，全县规上工业企业研发经费投入增长30.77%，南方制药获评全国专精特新“小巨人”企业，海斯福、宝福再生资源开发中心两个项目获省科技进步奖。

（三）绿色生态文章。坚持生态产业化、产业生态化，持续打响“生态观鸟+森林康养”品牌，实施国际候鸟迁徙通道保护与修复、省级鸣溪湿地公园、心海高端森林康养中心等项目，鸟类监测管理指挥平台建成投用，武夷山国家森林步道明溪示范段首期竣工，举办首届“黄腹角雉杯”国际观鸟摄影大赛和全省“生态观鸟·森林康养”主题活动，建成印象归化市级森林康养基地。

（四）精神文明文章。以提升“满意在明溪”为目标，建设县新时代文明实践中心，御帘村、检察院、沙溪乡分别获评全国文明村、全国文明单位、全国未成年人思想道德建设先进单位，入选全国先进数量居全市前列。健全常态化城市管理机制，城市管理“五难”治理取得新成效，智慧停车项目、综合市场提升改造工程、活禽交易和屠宰市场等建成投用，新增停车泊位600个，组建小区业主委员会18个。

五、牢记重要嘱托，协调推进“四个着力”。县委常委会紧盯关键环节，久久为功推动，加快建设“机制活、产业优、百姓富、生态美”的新明溪。

（一）着力“机制活”。加大“放管服”改革力度，实施政务服务“好差评”机制，39个部门入驻新行政服务中心，增设24小时自助服务区，实现便民“一站式”服务。深化医改，推进“四级共保”和“4+7”药品集中采购，建立医防协同融合机制，创新“四个三”精细化慢性病管理模式，明溪被列入全市“医防融合”改革试点县。推进农业农村体制机制改革，完成农村集体产权制度改革，所有行政村完成土地确权工作。推进国有企业改革，全面完成国有企业退休人员社会化管理，推动国有资产整合运营，净资产增长18.2%。基本完成乡镇机构改革。

（二）着力“产业优”。发展特色现代农业，实施农产品全产业链综合服务、生态硒锌大米系列食品加工等农业产业化项目，建成猕猴桃、茶叶等硒锌农产品基地10万亩，“华山野茶”获国际茶博会金奖，明溪被列入第三批省级农产品质量安全县创建试点单位。实施新一轮技改提升行动计划，大林森活性炭等9个项目列入省级重点技改项目库，推动传统工业“老树发新枝”。实施“服务业提升年”行动，出台服务业平稳健康发展七条、提振消费五条等刺激措施。

（三）着力“百姓富”。践行以人民为中心的发展思想，持续加大民生投入，全县民生支出占一般公共预算支出80.38%。加强就业市场供需对接，城镇登记失业率控制在2.47%，低于目标任务2.53个百分点。加快补齐民生短板，建成县一中改扩建、县中医院能力提升工程、市民服务中心、大楼公共卫生服务综合大楼等项目，全县义务教育管理标准化学校创建覆盖面达88.9%，学前公办率、普惠率等指标居全市前列，医疗卫生机构设施设备达标率100%，县总医院晋级为二级甲等综合医院，建设福建中医药大学（明溪）中医药健康管理示范中心。致力解决群众“急难愁盼”问题，“e三明”“12345”便民服务平台办理群众诉求件满意率达99.98%。

（四）着力“生态美”。深入贯彻习近平生态文明思想，统筹山水林田湖草系统治理，持续推进水环境治理与生态修复、水土流失治理及农地生态功能提升等工程，完成植树造林1.07万亩，治理水土流失面积2.51万亩，夏阳溪安全生态水系、沙溪流域防洪工程四期王陂堤段基本完工，闽江流域山水林田湖草生态保护修复试点获省上正向激励800万元。实施“一革命四行动”，水冲式公厕实现行政村全覆盖，农村生活垃圾治理、生活污水治理覆盖率分别达100%、86.04%，初级版“绿盈乡村”覆盖面达64.78%。

六、注重项目带动，持续深化“五比五晒”。县委常委会坚持把“五比五晒”作为推动高质量发展的主抓手，以好项目促转型，以大项目增后劲，形成接续发展的良好态势。

（一）抓好策划招商。从战略全局和发展大势出发，把握形势，研究政策，策划“十四五”规划重大项目206个、总投资488亿元。坚持“合算又合规”，深化产业链招商、以商招商等方式，成立广东顺德招商服务站，与漳州金峰经济开发区建立协同招商关系，全年落地开工项目135个，完成投资59.37亿元。

（二）强化攻坚推进。全力推进“项目攻坚年”活动，条块结合、靶向攻坚244个项目，列入市级攻坚项目63个，GDP增长点、投资增长点、税收增长点、招商等攻坚项目均序时完成任务。深入推进“征迁攻坚年”活动，建立“一个项目、一名县领导负责、组建一个专班”机制，“一片一策”推动28个征迁攻坚项目完成土地征收2397亩，攻破解决了南关溪地块等历史遗留征迁难题。

（三）优化营商环境。常态化开展“访企业、解难题、促六稳”专项行动，累计解决企业经营发展问题215个。提升“一企一策”服务，坚持“优惠与贡献对等”原则，为海斯福、南方制药等企业专门制定“一企一策”备忘录，帮助南方制药在新三板完成两轮融资1.3亿元。

七、推进区域协调，加快城乡建设步伐。县委常委会把统筹城乡协调发展作为扩大内需的着力点，加快推进新型城镇化和乡村建设，促进城乡面貌有新改善。

（一）发力城市建设。按照“东进、北拓、中提升”思路，同步推进旧城提升和新区建设，加强公共服务能力建设，不断拉开城市框架，有效聚集人气商气。东部新区通过布局社会事业项目带动发展，建成了明洲酒店、澳莱贝尔国际幼儿园、县级综合档案馆等公共配套设施，实验小学东部校区等项目加快建设，已开发面积528亩。北部新区完成总体规划和控制性详规编制，坪埠东路（二期）征迁顺利突破，红色旅游公路雪城线基本建成通车。城区围绕做足“水脉”“路脉”文章，黄沙坑水库竣工验收，莆炎高速公路明溪段及城区互通连接线建成通车，火车站站房完成主体建设。做好城市经营文章，推动房地产业平稳发展，已出让拍卖土地3宗142.63亩，开发商品房1339套。

（二）推动乡村振兴。实施乡村建设行动，完成10个省级乡村振兴试点村和7个城郊融合村村庄规划编制，夏阳村获评省级乡村振兴实绩突出村，梓口坊村、旦上村绿盈乡村建设入选省乡村振兴案例选编。全面落实“两统筹、两统管”“四个一”要求，9个市县农村新型住宅小区和瀚仙镇、沙溪乡农村村民住宅规划建设管理试点工作有序推进。打好农村人居环境整治收官战，罗翠村、上坊村等列入省级乡村治理示范村，新改建农村公路35千米。

（三）拓展园区平台。加快推进园区提档升级，完成县经济开发区总规修编、工业集中区总规修编及控规编制，新征用土地779亩，园区综合发展水平连续2年居省级扶贫开发工作重点县开发区前5位。主动融入闽西南协同发展区建设，明溪—鲤城山海协作共建产业园新增投资4100万元，奋发山海协作产业园完成征迁438亩，军民融合产业园加快建设。

八、全面从严治党，不断提升党建质量。县委常委会认真贯彻新时代党的建设总要求，落实省委“五抓五看”“八个坚定不移”部署要求，纵深推进全面从严治党，推动全县政治生态持续向好。

（一）一以贯之加强政治建设。强化政治理论学习，把学习宣传贯彻习近平新时代中国特色社会主义思想作为首要政治任务，县委理论中心组围绕《习近平在福建》《中华人民共和国民法典》等内容开展专题学习研讨8次。严守政治纪律和政治规矩，加强干部“八小时之外”管理，自觉做到“五个必须”、防止“七个有之”。严肃党内政治生活，完善党委对重大工作的领导机制，严格执行“三重一大”决策等制度。坚持党管意识形态，推行“六个纳入”“2111”工作机制，建立健全意识形态工作责任制考评、宣传思想工作细则等制度，牢牢掌握意识形态工作主动权。扛起整改政治责任，实行整改落实对账销号，各级巡视巡察、扫黑除恶督导、扶贫检查、审计等反馈问题均序时完成整改。

（二）提振干部精气神。坚持严管和厚爱相结合，全面落实各级激励干部担当作为和关心关爱干部政策措施，优化绩效、综治、精神文明等考评办法，全面执行二级绩效管理，开展“难、硬、重、新”工作专项行动，提拔晋级使用在“五比五晒”、疫情防控等重大专项工作中表现优秀干部83人，表彰、嘉奖、记功干部206人次，培育选树了全国劳模张运文等先进典型，澄清失实举报7件，树立了“干多干少、干好干坏不一样”的鲜明导向。加强干部培养锻炼，深入开展“2020，敢拼会赢”主题活动，举办第二期“干细胞”计划、青年干部培训班，培训年轻干部48人，建立“上推、下挂、外派、重点放”四位一体实践培养链条，先后抽调321名优秀干部到信访维稳、征地拆迁等一线磨炼历练，组织38名业务精干到国家中医药管理局、省委办公厅等上级部门跟班挂职，推动干部能力素质不断提升。加快人才工作步伐，健全人才引进管理制度，加大与省内高校开展人才引育对接力度，今年引进各类人才90人。

（三）加强基层组织建设。践行新时代党的组织路线，突出政治功能，坚持问题导向，分类精准施策，不断提升基层党组织组织力、战斗力。创新党建载体，实施“党建+”模式，打造了22个党建示范点，培育了县司法局“党建+法务”等典型，创建了书记金融助理、老骥工作室、“365”近邻党建等党建品牌；落实“四个一”挂钩帮扶要求，“一支一策”整顿软弱涣散党组织9个，转化率100%；开展两新组织“提质扩面”行动，“两新”组织党的工作覆盖率100%，非公企业党组织、社会组织党组织覆盖率分别为86.7%、80.4%。做好村级组织换届准备工作，深入开展调查研究，围绕村干部履职、班子运行、群众评价等情况，形成研判报告88份，提前排查化解问题63个；全面推行村级后备力量培养“三步走”机制，储备村级后备力量353人。

（四）推进党风廉政建设。坚持“严”的主基调，持之以恒纠治“四风”，严格落实中央八项规定及其实施细则精神，常态化推进形式主义、官僚主义整治，延伸拓展“1+X”监督机制，查处违反中央八项规定精神问题8起8人，形式主义、官僚主义问题17起21人。深化涉黑涉恶、民生领域、移风易俗、扶贫领域等专项治理，深入整治基层“微腐败”，全县立案23件。深化“一季一警示”教育，精准运用监督执纪“四种形态”处理136人，以典型案例通报等形式开展警示教育644场次，受教育1.7万人次。完成88个单位常规巡察和8次专项巡察，十二届县委巡察全覆盖任务提前完成；开展2019年度全面从严治党主体责任落实情况检查，推动整改问题219个、整改完成率99.55%。

县委常委会工作的开展和取得的成绩，是以

习近平同志为核心的党中央坚强领导的结果，是省委、市委正确领导的结果，是全县干部群众团结奋斗的结果。2021年是“十四五”规划的开局之年，也是实现第二个百年奋斗目标的起步之年，我们要更加紧密地团结在以习近平同志为核心的党中央周围，坚持以习近平新时代中国特色社会主义思想为指导，全面贯彻落实党的十九大和十九届二中、三中、四中、五中全会精神，按照省委、市委各项决策部署，进一步增强“四个意识”、坚定“四个自信”、做到“两个维护”，牢记嘱托、苦干实干，为“十四五”明溪发展开好局、起好步，奋力开创新时代新明溪建设新局面。

政府工作报告

——2021年1月6日在明溪县第十七届人民代表大会第五次会议上

明溪县人民政府县长 苏迎平

各位代表：

现在，我代表明溪县人民政府向大会作政府工作报告，请连同《明溪县国民经济和社会发展第十四个五年规划和二〇三五年远景目标纲要（草案）》一并审议，并请各位政协委员和其他列席人员提出意见。

一、2020年和“十三五”时期工作回顾

2020年是“十三五”规划的收官之年，也是明溪历史上极不平凡的一年。一年来，面对严峻复杂的形势，特别是新冠肺炎疫情的冲击，全县各级各部门以习近平新时代中国特色社会主义思想为指导，深入学习贯彻党的十九大和十九届二中、三中、四中、五中全会精神，按照省、市、县委决策部署，统筹疫情防控和经济社会发展，扎实做好“六稳”工作，落实“六保”任务，做实“四篇文章”、推进“四个着力”、深化“五比五晒”，沉着有力应对各种风险挑战，经济社会发展稳中向好，被评为2020年度福建省县域经济发展“十佳”县。预计全县地区生产总值增长4%，地方一般公共财政预算收入增长3%，城镇居民人均可支配收入增长4.6%，农村居民人均可支配收入增长6.7%。一些重要领域、重点工作取得新成效：

——产业实力实现新跃升。“三新”产业逆势增长，预计产值、税收分别增长10%、14.23%。海斯福获评省“专精特新”中小企业、省级高成长培育企业，企业税收是2016年的近2倍，实现“再造一个海斯福”目标；南方制药获评全国第二批专精特新“小巨人”企业、省重点上市后备企业；玮士迈锂电池环保装备成为宁德时代等国内锂电龙头企业的配套装备，被认定为省首台（套）技术装备。

——城乡建设呈现新面貌。东部新区开发有序推进，实小东部校区主体封顶，药谷小镇主干道（一期）基本建成，产城融合发展的空间格局加快形成；莆炎高速明溪城关至建宁段及城区互通连接线建成通车，动车站站房完成主体建设，黄沙坑水库竣工验收。农村人居环境整治三年行动圆满收官，沙溪、胡坊列为省级乡村治理示范乡镇，罗翠等16个村列为省级乡村治理示范村，御帘村获评省“金牌旅游村”。

——生态环境展现新颜值。城区空气质量达标天数比例达100%，空气质量持续保持全省前列，12条小流域全部达到或优于Ⅲ类水质，获省环境质量提升奖励，列入省级全域土地综合整治试点县，第二次全国污染源普查工作获国务院通报表扬，自然资源管理水平居全市前列，全市党政领导生态环保目标责任书连续4年考核优秀。举办首届“黄腹角雉杯”国际观鸟摄影大赛、全省“生态观鸟·森林康养”主题活动。

——社会事业迈上新台阶。澳莱贝尔幼儿园开园招生，县一中教学楼改扩建、县中医院能力提升工程建成投用，市民服务中心、融媒体中心、县委党校培训中心投入运营，县级综合档案馆、公共卫生服务综合大楼即将投用，县总医院晋级为二级甲等综合医院；我县被国家信访局评为信访工作“三无”县，县社区矫正管理大队被司法部评为全国社区矫正机构先进集体。

——疫情防控彰显新担当。面对突如其来的新冠肺炎疫情，全省最早对所有境外入明人员落实健康管理措施，率先制定出台更新9版《明溪县严控境外疫情输入工作方案》，得到省市肯定并推广，县侨联获评省抗击新冠肺炎疫情先进集体，全县未出现疑似或确诊病例。

一年来，我们主要抓了六个方面工作：

（一）致力精准施策，统筹疫情防控和经济社会发展有力有效。面对疫情大战大考，第一时间启动重大突发公共卫生事件一级响应，坚持“外防输入、内防反弹”，压实“四方”责任，落实“四早”措施，把好“五道关口”，织好“五张网”，全县上下众志成城、同舟共济，全力打好疫情防控人民战争、总体战、阻击战。秋冬季以来，突出“一线两重点”，坚持“人”“物”同防，抓实进口冷链食品检测监测等措施；累计安排疫情防控资金4248万元，2个核酸检测实验室建成投用，完成县总医院负压病房改造，防控和救治能力不断提升。生产生活秩序加快恢复，制定应对疫情推动农业工业服务业平稳健康发展工作方案、促进建筑业高质量发展九条措施等惠企惠民政策；“一企一策”帮助海斯福、南方制药、致格公司等企业解决实际问题，推动南方制药在新三板完成两轮融资1.3亿元，指导13家企业列入疫情防控重点保障企业名单；兑现租金减免、用电奖补、设备补助等惠企资金1550万元，全年减税降费5269万元，新增市场主体1069家。举办“首届乐购三明直播节”“农民丰收节”等促销活动，帮助企业及早复工复产，上半年主要经济指标实现由负转正。

（二）致力做实“四篇文章”，高质量发展路子越走越宽。做实老区苏区文章。把握国家新一轮支持苏区振兴发展、国家中医药管理局对口支援明溪等机遇，策划重点对接项目82个，总投资175亿元，累计向上争取资金增长17.26%。融入长征国家文化公园建设，县革命纪念园等六大特色展示点加快推进，万春桥等3处革命文物修缮工程开工建设，滴水岩成功创建国家AAA级旅游景区，红七军团铜铁岭战斗旧址列入第十批省保单位；与国家中医药管理局联合举办红色故事线上宣讲，中央和省级主流媒体深入我县开展“习近平新时代中国特色社会主义思想三明实践”大型采访活动，“风展红旗如画”品牌深入人心。

做实工业产业文章。聚焦“专精特新”，推动“三新”产业高质量发展，海斯福三期全面投产，南方制药二期、旻和医药、瑞德医药、沃林大健康等项目部分试生产，启动实施海斯福四期项目，科顺新型防水材料、卓跃氟硅新材料等项目加快推进；海西联合药业与浙江昂利康制药开展战略合作，瑞博奥脱氧核糖项目基本完成主体建设；康墨改性隔膜、格林韦尔NMP纳米导电剂、玮士迈锂电池环保装备等产业链项目建成投产，“三新”产业税收占总税收34.8%，成为经济增长重要引擎。加强企业技改提升，大林森活性炭等9个项目列入省级重点技改项目库，海斯福获省级技改基金支持1亿元。坚持创新驱动，全县规上工业企业研发经费投入增长30.77%，高技术产业增加值占规上工业增加值达18.2%，居全市前列；新增国家级高新技术企业2家，新获国家授权专利146件，成立省氟新材料工程研究中心，海斯福等企业两个项目获省科技进步奖。

做实绿色生态文章。坚持生态产业化、产业生态化，大力推进全域生态观鸟、森林康养产业发展，成立“村社合一”观鸟合作社5家，心海森林康养项目扎实推进，新增森林人家2个、森林康养基地12个，打造国家、省级森林村庄10个。发展中草药为主的林下经济基地1884亩，组建全市首家中药材农业产业化联合体。坚持质量兴农、科技兴农、品牌强农，与省农科院开展科特派集团服务示范区战略合作，实施首期示范带动项目6个；新增裕相猕猴桃、百思味乌龙茶等绿色食品认证4个，明溪黄桃入选“全国名特优新农产品”名录、“华山野茶”获国际茶博会金奖、博冠黄金果获市级百香果鉴评会金奖，永溪、旦上、温庄获评省级“一村一品”示范村，明溪列入第三批省级农产品质量安全县创建试点单位。保障粮食安全，粮食播种面积完成任务的102%。加强生态保护与修复，完成植树造林1.07万亩，治理水土流失面积2.51万亩，武夷山国家森林步道明溪示范段首期竣工，鸟类监测管理指挥平台建成投用，鸣溪省级湿地公园、国际候鸟迁徙通道保护与修复等项目扎实推进，闽江流域山水林田湖草生态保护修复试点获省上正向激励。

做实精神文明文章。完成“第六届省级文明县城”创建总评迎检，检察院、沙溪乡、御帘村分别获评第六届全国文明单位、全国未成年人思想道德建设先进单位、全国文明村，入选全国先进数量居全市前列。扎实推进城市管理“五难”治理，新增停车泊位600个，智慧停车项目正式运营，综合市场提升改造工程、活禽交易和屠宰市场建成投用，规范临时市场7处。

（三）致力攻坚突破，为经济社会发展蓄势赋能。“五比五晒”项目攻坚深入开展。全力推进“项目攻坚年”活动，实施攻坚项目244个，78个GDP增长点项目新增产值8.49亿元；53个投资增长点项目完成投资22.34亿元；22个税收增长点项目新增税收8326万元；63个招商攻坚项目开工53个，完成投资100.63亿元。新增“五个一批”实施类项目73个，其中32个项目开工建设、41个项目建成投产；16个市级以上重点项目开工建设7个、投产4个，累计完成投资14.34亿元。坚持“合算又合规”，建立“一筛二看三详查四比选”招商机制，深化产业链招商、以商招商，成立广东顺德招商服务站，与漳州金峰经济开发区建立协同招商关系，组织各类招商活动，签约项目182个，落地开工项目135个，完成投资59.37亿元。扎实开展“征迁攻坚年”活动，28个征迁攻坚项目完成土地征收2397亩，征收房屋2.59万平方米，突破坪埠东路（二期）、南关溪地块等历年遗留征迁问题，提前完成县总医院门诊综合楼、民主路改造提升、林业车队地块征迁任务，为城市发展腾出更多空间。

“三大攻坚战”深入推进。脱贫攻坚决战决胜，累计落实扶贫资金3.27亿元，全县1634户4861人贫困人口稳定脱贫，30个建档立卡贫困村村财年经营收入均达10万元以上，省级扶贫开发工作重点县摘帽退出。融入三明国家扶贫改革试验区建设，推行城市困难家庭“347”和农村相对贫困家庭“239”精准帮扶工作机制，221户340人城市困难家庭和77户214人农村相对贫困家庭得到有效帮扶。污染防治成效明显，打好蓝天、碧水、净土保卫战，生态环境质量持续保持全省前列。深入推进河湖长制，河湖“四乱”“五项攻坚”整治常态长效；加强土壤污染防治和风险管控，危废、医废收运处置率达100%，畜禽粪污综合利用率达91.5%；加强农业面源污染治理，农药使用量、化肥施用量同比下降2.25%、2.04%。加快形成绿色低碳生产生活方式，单位GDP能耗下降1%，初级版“绿盈乡村”覆盖面达64.78%。重大风险有效防范，着力稳定金融环境，不良贷款率降至1.1%，地方政府债务严格控制在省定限额范围内。深入推进平安明溪建设，扫黑除恶专项斗争纵深推进，“六清”行动取得实效，严厉打击非法集资、电信诈骗等违法行为，刑事警情下降13.1%，上半年群众安全感率达99.57%，居全市第1位；食品、药品安全保障水平不断提高，深入开展安全生产专项整治三年行动和安全隐患大排查大整治，安全生产形势稳定向好，获评省“平安农机”示范县。

重点改革攻坚持续深化。教育改革稳步推进，完成县一中、二中初高中办学衔接，义务教育管理标准化学校创建覆盖面达88.9%，普惠性幼儿园覆盖面达91.2%。医改持续深入，“全民健康四级共保”“4+7”药品集中采购扎实推进，医保出院患者报销比例提高到70.41%；探索“医防融合”改革，列为全市“医防融合”改革试点县，完成县疾控中心综合改革。林改持续深化，推广发放林权抵押贷款、“益林贷”等贷款1.45亿元。完成农村集体产权制度改革，股权颁证率达100%，胡坊“林票”、夏阳“房票”“地票”试点工作有序推进。加强国企退休人员社会化管理，推动国有资产整合运营，净资产增长18.2%。基本完成乡镇机构改革。

（四）致力统筹协调，城乡发展一体推进。精美城市更具特色。坚持小而精、小而美，按照“东进、北拓、中提升”思路，高质量推进《明溪县国土空间总体规划（2020—2035年）》编制，初步完成生态保护红线、永久基本农田、城镇开发边界“三线”划定，全年保障建设用地654亩。东部新区加快建设，开发面积达528亩，县档案馆周边地块开发有序推进，明洲大酒店正式运营，获评国家三星级旅游饭店；城区功能不断完善，完成经济局宿舍小区、原化工厂房改房老旧小区改造，紫岭路（二期）、红豆杉路人行道、实验小学和消防大队路口改造等项目建成投用，新改建城市道路13千米、城市给排水各类管网25千米。欧侨广场、时代广场、金茂广场等商圈经济、夜经济加快发展，欧陆风情步行街竣工投用，雪峰镇入选中国淘宝镇，人气商气财气加速聚集。

美丽乡村更加宜居。坚持规划先行，完成10个省级乡村振兴试点村和7个城郊融合村村庄规划编制。坚持“两统筹、两统管”，9个市县农村新型住宅小区和瀚仙镇、沙溪乡农村村民住宅规划建设管理试点工作有序推进；深入推进“千村整治、百村示范”工程，龙湖村、御帘村市县美丽乡村精品示范村加快建设，梓口坊村全域土地综合整治项目列入国家级试点，夏阳村获评省级乡村振兴实绩突出村。农村人居环境整治取得实效，水冲式公厕实现行政村全覆盖，户用厕所无害化改造覆盖率达97.2%，农村生活垃圾治理、生活污水治理覆盖率分别达100%、86.04%，新改建农村公路35千米。

基础设施更趋完善。加快园区承载力提升，完成县经济开发区总规修编、工业集中区总规修编及控规编制，新征用土地779.05亩，盘活闲置土地126亩、闲置厂房1.23万平方米，完成二次招商4家，园区综合发展水平连续2年位居省级扶贫开发工作重点县开发区前5位。融入闽西南协同发展区建设，“明溪—鲤城山海协作共建产业园”新增投资4100万元，奋发山海协作产业园首动区完成征迁438亩。红色旅游公路雪城线建成通车，兴泉铁路明溪段扎实推进；夏阳溪安全生态水系、沙溪流域防洪四期工程王陂堤段基本完工，明源水厂厂区主体开工建设；220千伏大焦变完成基础施工，新改建农村电网132千米。

（五）致力补短板惠民生，群众幸福指数持续提升。全县民生支出占一般公共预算支出80.38%，较上年提高3.13个百分点，28个为民办实事项目完成目标任务。坚持稳就业保就业，落实稳岗就业补贴354.89万元，城镇登记失业率2.47%，低于全市2.53个百分点。社会保障更加有力，城乡居民养老保险、城乡基本医疗保险参保率分别达98.36%、99.92%，低保、特困供养标准分别增长19.07%、16.5%，临时救助2620人次，做到应保尽保、应救尽救。民生短板加快补齐，瀚仙中小教学楼、胡坊中心幼儿园扩建等项目建成投用，新增学位990个，实验幼儿园迁建开工建设，启动实施第三实验小学扩建、第三幼儿园新建、城关中学艺体馆等项目；加快县总医院门诊综合楼项目前期工作，中医馆实现乡镇全覆盖，复康中医医院挂牌运营，成立福建中医药大学（明溪）中医药健康管理示范中心，全国第四次中药资源普查、世行贷款医改促进项目有序推进；乡镇敬老院改造提升工程加快实施，老年日间照料中心、农村幸福院覆盖村（居）达70%，3个社区（村）列入全国老年人心理关爱项目点。加快文旅融合发展，完成《南山遗址保护规划》修订，举办红绿村游记、健康跑等文旅活动44场。双拥共建、人民防空、国防后备力量建设进一步加强，全市率先成立退役军人法律援助工作站，完成第三次全国国土调查、农村地籍房屋调查，第七次全国人口普查顺利推进；工会、共青团、妇联、老龄、残疾人和关心下一代等工作扎实开展；统计、科普、方志、档案、移民、侨务、气象、防灾减灾、民族宗教等工作取得新进展。

（六）致力改作风优环境，政府服务提质增效。深化作风建设。严格落实中央八项规定及其实施细则精神，整治形式主义、官僚主义，进一步精简规范各类会议、公文和督查检查考核事项。深化

“放管服”改革，39个部门入驻新行政服务中心；深入推进“互联网+政务服务”，大力推行“五办工作法”，网上可办理事项占审批服务事项达99.7%。深入开展“访企业、解难题、促六稳”专项行动，落实115家企业融资需求3.29亿元、9家企业纾困资金2295万元，解决企业经营发展问题218个；实施突破“难、硬、重、新”工作行动项目6个，配合推动“e三明”扩面提效，“12345”便民服务平台按时办结群众反映事项5304件，群众满意率达99.98%；深入推进二级绩效管理，2019年度绩效考评位居全市第一位；全面落实预算绩效管理，跻身全国财政管理绩效综合评价前100名，获正向激励1000万元。

坚持依法行政。依法全面履行政府职能，持续完善依法行政制度体系，制定法律顾问工作规则，落实行政执法“三项制度”，推行柔性执法，“七五”普法顺利通过省市验收。自觉接受县人大法律监督、工作监督、政协民主监督、监察监督和社会监督，办理落实人大代表建议106件、政协委员提案71件，基本满意率以上分别达100%、97.2%。执行公众参与、专家论证、法律顾问等决策程序，政府决策科学化、法治化、规范化水平不断提升。

防控廉政风险。全面从严治党纵深推进，不断加强党的政治建设，认真履行意识形态工作责任制；强化审计监督，完成审计项目52个，促进增收节支4029万元；牢固树立过“紧日子”的思想，兜牢“三保”支出底线，“三公”经费持续下降；加强重点项目和重点领域廉政风险防控，制定完善财政投资项目评审、财政预算及资金审批管理等工作制度；进一步严肃财经纪律，成立会计核算中心，严厉查处各类违纪违法案件，党风廉政建设和反腐败工作不断深入。

各位代表，2020年工作任务的完成，为“十三五”规划画上了圆满句号。经过五年的艰苦努力，我县经济社会发展迈上了新台阶。五年来，综合实力不断提升。全县地区生产总值年均增长8.1%，突破百亿关口；地方公共财政收入年均增长3.6%；固定资产投资年均增长13.7%；社会消费品零售总额年均增长7%；城镇居民人均可支配收入、农村居民人均可支配收入年均分别增长7.5%、8.4%；金融机构本外币各项存、贷款余额分别是“十二五”末的1.46倍和1.64倍。五年来，发展后劲显著增强。新材料、新医药、新能源“三新”产业集群基本形成，集聚海斯福、科顺、南方制药等企业18家，产值预计突破50亿元，年均增长26%；三次产业比重从2015年的23.9∶44.7∶31.4调整为2019年的18.7∶49.7∶31.6。全县企业研发费用投入比2015年增长100%，引进培育8家国家级高新技术企业，4家上市公司，纳税过百万的企业增加7家；高技术产业增加值占规上工业增加值比重连续五年居全市首位；工业园区入驻规模以上工业企业33家，累计实现税收4.82亿元，比“十二五”时期增长87.9%，亩均税收为全市经济开发区最高。五年来，城乡面貌明显改善。城市建成区面积从5.33平方千米扩展到6.5平方千米，城镇化率从49.7%提高到54.4%，“东进、北拓、中提升”的城市格局逐步形成；创建美丽乡村60个，覆盖面达68.2%，新建农村公路174千米；重大基础设施不断完善，新增高速公路57.7千米；生态文明建设扎实推进，环境质量持续改善，被命名为“国家级生态县”“国家生态文明建设示范县”“国家国土资源节约集约模范县”。五年来，改革开放持续深化。政府机构改革圆满完成；教改、医改、林改等重点领域改革取得突破，“总校制”办学实现幼儿至初中学段全覆盖；组建县总医院，建立县、乡、村一体化县域紧密型医共体；率先在全省推出“益林贷”；组建六大国有龙头企业，国企改制改革迈出坚实步伐。山海协作不断升级，与清华、浙大、福建中医药大学、省农科院等多所高校、科研院所建立战略合作关系，对外合作领域进一步扩大。五年来，人民得到更多实惠。民生重点支出年均占公共预算支出80%以上，五年新增城镇就业0.5万人、农村劳动力转移就业0.46万人；建立城乡低保、特困供养标准自然增长机制，发放各类供养救助资金5780.65万元；教育、卫生、养老等基础设施不断完善，新实验小学、“两公园、两广场”等一批民生工程建成投用；持续深化精神文明建设，跻身省级文明县城，获评第二批国家公共文化服务体系示范区。

各位代表，“十三五”发展成就来之不易，这是在党中央坚强领导下，省委省政府、市委市政府和县委正确领导的结果，是人大政协和社会各界有效监督大力支持的结果，是全县人民解放思想、奋发有为的结果。在此，我代表明溪县人民政府，向全县人民，向全体人大代表、政协委员，向各民主党派、工商联、各驻明单位和驻明部队、政法干警，向各人民团体、无党派人士、离退休老同志和关心支持明溪发展的社会各界人士和海外乡亲及全体纳税人，表示衷心的感谢！

在看到成绩的同时，我们也清醒地认识到发展还面临不少困难和问题，主要有：受全球疫情冲击，经济下行压力仍然较大，部分主要经济指标离年初目标有差距，消费、投资动力不足，中小微企业经营压力大，实体经济发展困难不少；新兴产业规模不大，龙头企业带动能力有限，传统产业改造升级进度不快，营商环境有待进一步优化；城乡发展不充分不平衡，规划建设管理水平有待提升；教育、卫生、养老等优质公共服务供给短板仍然存在；财政增收后劲不强，收支矛盾加大；作风建设有待进一步加强，少数干部担当精神不强，仍然存在不敢为、不愿为、不会为现象，等等。对此，我们要以问题为导向，开拓思路、抢抓机遇、强化举措，切实加以解决。

二、“十四五”时期主要目标任务和二〇三五年远景目标

“十四五”时期是全面建成小康社会、实现第一个百年奋斗目标之后，乘势而上开启全面建设社会主义现代化国家新征程、向第二个百年奋斗目标进军的第一个五年。我们要深刻认识错综复杂的发展环境带来的新矛盾新挑战，善于在危机中育先机、于变局中开新局，推动明溪经济社会发展再上新台阶。

根据县委十二届十二次全会通过的《中共明溪县委关于制定明溪县国民经济和社会发展第十四个五年规划和二〇三五年远景目标的建议》，县政府组织编制了《明溪县国民经济和社会发展第十四个五年规划和二〇三五年远景目标纲要（草案）》（以下简称《纲要》）。《纲要》总结了“十三五”规划的实施情况，分析了“十四五”时期发展机遇和挑战，提出了2035年远景目标和“十四五”时期经济社会发展的指导思想、主要目标、重点任务。2035年远景目标是：到二〇三五年，我县与全省、全市一道基本实现社会主义现代化，全方位推动高质量发展超越各项目标努力达到全市水平，实现局部领先，“机制活、产业优、百姓富、生态美”的新明溪建设再上新台阶。展望二〇三五年，我县经济实力大幅跃升，经济总量和城乡居民收入再迈上新的大台阶，基本实现新型工业化、信息化、城镇化、农业现代化；科技创新能力大幅提高，自主创新能力全面提升；产业结构全面优化，建成现代化产业体系；基本实现县域治理体系和治理能力现代化，人民平等参与、平等发展权利得到充分保障，建成法治明溪、法治政府、法治社会；建成文化强县、教育强县、人才强县、体育强县、健康明溪，市民素质和社会文明程度达到新高度，文化软实力显著增强；广泛形成绿色生产生活方式，美丽明溪基本建成；形成对外开放新格局，开放型经济水平明显提升；人民生活更加美好，城乡发展差距和居民生活水平差距显著缩小，基本公共服务实现均等化，平安明溪建设达到更高水平，共同富裕取得更为明显的实质性进展。“十四五”时期指导思想是：高举习近平新时代中国特色社会主义思想伟大旗帜，深入贯彻党的十九大和十九届二中、三中、四中、五中全会精神，全面贯彻党的基本理论、基本路线、基本方略，紧紧围绕统筹推进“五位一体”总体布局和协调推进“四个全面”战略布局，增强“四个意识”、坚定“四个自信”、做到“两个维护”，坚持党的全面

领导，坚持以人民为中心，坚持新发展理念，坚持深化改革开放，坚持系统观念，坚持稳中求进工作总基调，以全方位推动高质量发展超越为主题，以深化供给侧结构性改革为主线，以改革创新为根本动力，以满足人民日益增长的美好生活需要为根本目标，统筹发展和安全，牢记习近平总书记重要嘱托，持续推进以新思想新理念为指导的“三明实践”，做实做足“四篇文章”、推进“四个着力”、深化“五比五晒”，实现经济行稳致远、社会安定和谐，不断增强人民群众获得感、幸福感、安全感，加快推进新明溪建设。主要目标是：综合实力实现跃升。坚持新发展理念，发展质量和效益与全市差距进一步缩小，经济总量占全市比重不断提高，地区生产总值年均增长6.5%左右。产业结构优化升级，产业发展效益大幅提高，“三新”产业产值突破百亿；增长潜力、内需潜力持续释放，三产增加值逐年提高；农业基础更加稳固，乡村振兴取得新成效。深入实施“小县大城关”战略，城乡一体化和区域协调发展的新格局基本形成。改革开放不断深化。重点领域和关键环节改革取得新突破，市场主体活力更加迸发。区域合作更加深入，发展要素有效流动聚集，开放型经济发展水平持续提高。社会文明程度更高。人民思想道德素质、科学文化素质和身心健康素质明显提高。完善公共文化服务体系，提升公共文化服务水平，文化产业比重持续提升、结构显著优化，人民精神文化生活日益丰富。绿色发展持续巩固。巩固国家生态文明建设示范县成果，大气、水、土壤环境质量保持全省前列，县域国土空间体系更加健全，生态安全屏障更加牢固，能源资源使用效率持续提高。做优做特山水林田湖草综合开发文章，争创“两山”实践创新基地；做大做强绿色GDP，城乡环境更加宜居宜业。人民生活更加幸福。实现更加充分更高质量就业，脱贫成果巩固拓展，居民收入增长与经济增长保持同步。基本公共服务均等化水平稳步提高，教育、医疗、养老、托育、城乡基础设施等领域短板明显改善，多层次社会保障体系更加健全。治理体系更加完善。政府职能加快转变，行政效率和公信力显著提升，社会治理水平明显提高，防范重特大风险体制机制不断健全，突发公共事件应急能力显著增强，自然灾害防御水平明显提升。主要任务是：一是推动质量效率动力变革，构建高质量现代工业体系；二是加快乡村产业深度融合，构建高水平现代农业体系；三是培育服务新业态，构建高素质现代服务业体系；四是坚持创新驱动发展，打造高质量发展新引擎；五是弘扬老区苏区精神，唱响“风展红旗如画”品牌；六是把握对口支援新契机，推进中医药事业发展；七是完善现代基础设施体系，拓展高质量发展新支撑；八是推进“小县大城关”建设，开创城乡融合发展新局面；九是巩固提升生态优势，创新绿色发展新模式；十是持续保障改善民生，提高人民群众幸福指数；十一是强化体制机制创新，深度释放改革开放红利；十二是推进社会治理现代化，建设和谐法治明溪。

三、2021年主要任务

2021年是“十四五”规划的开局之年，也是实现第二个百年奋斗目标的起步之年。我们要认真贯彻落实党的十九届五中全会和中央经济工作会议精神，按照省委省政府、市委市政府和县委决策部署，统筹推进疫情防控和经济社会发展，坚持稳中求进工作总基调，立足新发展阶段，坚持新发展理念，融入新发展格局，把工作重点放在提高发展质量和效益上，继续做好“六稳”工作，落实“六保”任务，持续做实“四篇文章”、推进“四个着力”、深化“五比五晒”，奋力开创新时代新明溪建设新局面，为“十四五”时期开好局、起好步。全县经济社会发展主要预期目标是：地区生产总值增长7.5%左右，地方一般公共财政预算收入增长2%，城镇居民人均可支配收入增长7%，农村居民人均可支配收入增长8.5%。围绕实现上述目标，重点抓好七个方面工作：

（一）融入新发展格局，做大做强实体经济。以供给侧结构性改革为主线，把发展经济着力点放在实体经济上，提高产业链供应链稳定性和竞争力，努力实现一产稳、二产进、三产优，筑牢全方位推动高质量发展超越根基。

大力发展新兴产业。坚持在产业优势领域精耕细作，深入实施优化产业结构行动计划，做强做优“三新”产业，全年完成产值60亿元以上。坚持龙头带动，加快海斯福四期建设，推进5G基础材料、柔性显示材料、含氟表面活性剂等项目转化实施；支持锦浪公司微胶囊发泡剂扩产增效；推动科顺新型防水材料、导洁水处理剂、卓越氟硅新材料年内建成或部分建成，促进中欣氟材落地实施，着力建设国内重要的高端氟精细化学品生产基地。重点推动南方制药二期、旻和医药、瑞德医药达产满产，瑞博奥脱氧核糖项目年内建成试生产，实施药品定制化生产项目，为国内外医药企业提供定制化生产服务；围绕药号申报、成品药生产及中药制剂、饮片产品开发，推动南方制药、海西联合药业、紫杉园等龙头企业与江苏恒瑞、浙江昂利康等知名药企深度合作；深化与福建中医药大学产学研合作，促进企业提档升级，打造国内有影响力的新医药生产基地。支持致格公司引入战略合作伙伴，突破发展制约；推动玮士迈锂电池环保装备、格林韦尔NMP纳米导电剂、康墨改性隔膜项目增产增效；加强与宁德时代、三元厦坞新能源、永安翔丰华等产业链企业合作对接，加快形成从正极、负极、电解液、隔膜材料到终端产品的产业链闭环，全力打造省内有特色的轻型动力锂电池生产基地。

大力改造提升传统产业。聚焦产业基础高级化、产业链现代化，引导机械装备、矿产加工、林木加工等传统产业，通过技改创新、增资扩产等方式实现改造提升，促进“老树发新枝”；加快培育“智能工厂”“数字化车间”，推进智能制造和工业信息化融合发展，力争实施技改项目10个、智能设备改造100台（套），总投资12亿元以上；持续处置批而未供土地、盘活闲置资产，积极稳妥处置“僵尸企业”，加快推进“腾笼换鸟”，力争年内新增规上工业企业5家。

大力发展特色现代农业。落实藏粮于地、藏粮于技战略，坚决遏制耕地“非农化”“非粮化”，稳定粮食播种面积21.8万亩，保障粮食安全。加强种质资源普查，重点保护利用淮山、金线莲、枫溪野生茶等种质资源，推广运用良种良法。发挥传田绿色食品、柳里河生态农业、中城百斯特等龙头企业作用，推广“企业+合作社（家庭农场）+农户”模式，发展淮山、猕猴桃、柑橘、硒锌大米等“一县一业、一乡一特、一村一品”特色产业，稳定生态硒锌产业基地10万亩，新增“三品一标”农产品4个以上；发展休闲农业、农家乐等新业态，让农户在农业全产业链、“一二三产”融合价值链中分享多环节收益。

（二）聚焦“六稳”“六保”，持续增投资促消费。发挥投资的引导和撬动作用，坚持扩大内需这个战略基点，融入国内大循环，积极服务构建新发展格局。

深入开展“五比五晒”。坚定不移抓项目稳投资增动能，深化“五个一批”、重大项目挂包服务工作机制，突出项目开工、投产关键环节，力争新增“五个一批”实施类项目80个以上，投资100亿元以上；重点抓好10个省级以上重点项目，力争6个项目建成或部分建成。紧盯政策导向和资金投向，优化投资结构，拓展投资空间，重点围绕“两新一重”、生态产业、社会民生等领域，谋划一批发展所需、民生所盼的大项目好项目，力争年内策划储备项目200个。坚持科学招商精准招商，持续深化产业链招商、以商招商、云招商等招商模式，力争年内签约落地项目160个，开工建设90个。做实财税金融工作，努力培植财税新增长点。

完善基础设施建设。做好“路脉”文章，建成兴泉铁路明溪段、动车站站前广场与附属道路、客货运连接线，推动胡坊至岩前高速公路、公共交通综合服务项目，促进“四好”农村公路提档升级，新改建农村公路39千米。做好“水脉”文章，建成明源水厂及渔塘溪生态水系综合治理工程、沙溪流域防洪四期工程等项目；逐步实施城乡供水一体化，建立城乡一体供水保障体系。加强农田水利建设，建成高标准农田2.36万亩。完善电网建设，建成220千伏大焦变电站，新改建农村电网82千米。

加快推动消费升级。把扩大消费同改善人民生活品质结合起来，合理增加公共消费，提高教育、医疗、养老、育幼等公共服务支出效率。提质发展服务消费，转型升级批发零售、住宿餐饮等传统业态，大力发展商贸物流、健康养老、家政托育等新业态新模式，力争新增限上商贸和规上服务业企业10家。大力发展生态观鸟、森林康养产业，加快推进鸣溪省级湿地公园、国际候鸟迁徙通道保护与修复、心海森林康养等项目建设；加强与全国鸟类环志中心、北京林业大学、中国鸟网等对接合作，举办生态观鸟嘉年华活动，着力打造一批特色观鸟点和森林康养基地。深化文旅融合，发展乡村生态旅游、红色旅游，培育省级森林村庄4个，争创旦上村、肖家山村国家AAA级旅游景区，打造一批红色文化体验中心，融入三明国家体育消费试点城市建设，建设体育特色小镇，开展一批“运动山水”特色体育赛事，举办首届“老年人体育健身大会”。深入开展“全闽乐购·乐购三明”促消费行动，改造提升商业步行街和城市商圈，培育假日经济、夜间经济，促进线上线下消费有机融合。

（三）坚持生态优先，着力打造绿色发展空间。强化城乡统筹、城乡互补、城乡融合，尊重自然、顺应自然、保护自然，实现人与自然和谐共生。

深入实施大城关战略。围绕“康养绿城、精致侨乡、活力明溪”定位，统筹生产、生活、生态空间，完成国土空间总体规划编制。推进以人为核心的新型城镇化，深入实施小县大城关聚人气行动计划，坚持以产兴城、以城促产，加快推进东部新区开发、北部新区规划建设，推动7个城郊村城乡融合发展，进一步拉开城市框架。坚持“房住不炒”定位，合理有序安排供地节奏，增加商品房和保障房供应，落实商品房政府控价措施，规范二手房交易，促进房地产市场平稳健康发展。实施城市更新行动，加强城市精细化、智慧化管理，强化城市管理“五难”治理，推进老旧小区改造提升，打通坪埠东路（二期）、康乐路等断头路、瓶颈路，整治龙井上片区、新实小片区等一批背街小巷，新改建城市给排水、燃气等各类管网15千米，新增城市绿地1万平方米、绿道12千米。推进文明城市、园林县城创建，加强城市形象宣传，持续增强城市吸引力、市民认同感。

全面推进乡村振兴。实施乡村建设行动，统筹各类资源要素向乡村流动，把乡镇建成服务农民的区域中心，保护传承好历史文化名村、传统村落、民族特色村。加强农村村民住宅规划建设管理，按照“两统筹、两统管”要求，坚持“试点先行、逐步推广”，重点推进9个市县农村新型住宅小区和瀚仙镇、沙溪乡农村村民住宅规划建设管理试点工作，提高农房建设质量，解决好“有新房没新村、有新村没新貌”问题。巩固提升农村人居环境整治成果，抓好“一革命四行动”，推进“两高”沿线环境整治，加快10个省级乡村振兴试点村建设，推进美丽庭院与乡村经济建设，打造一批乡村振兴景观示范带和示范样板乡村。

持续改善环境质量。践行习近平生态文明思想，严格执行“三线一单”环境管控体系，加快创建国家“两山”理论实践创新基地。打好蓝天、碧水、净土保卫战，确保空气质量保持全省前列，II类及以上水质稳中有升，土壤环境质量不断提高。认真落实党政领导生态环保目标责任书，引导企业主动落实污染防治责任，巩固提升中央、省、市生态环保督察反馈问题整改成效，深入推进山水林田湖草系统治理、自然保护地整合优化，深化河湖长制，实施国家节水行动，治理水土流失面积1.6万亩；开展国土绿化行动，推行林长制，完成造林绿化8.85万亩。支持绿色技术创新，提高能源利用效率，推动用能权、碳排放权交易，实现单位GDP能耗持续下降。强化全社会生态环保意识，倡导绿色生活方式，营造绿色低碳生活新风尚。

（四）深化改革创新，增强高质量发展动力活力。着力破除制约高质量发展的体制机制障碍，提高资源配置效率，充分激发市场主体活力和发展内生动力。

深化重点领域改革。推进教育“总校制”“县管校聘”和高考综合改革，深化教育评价、督导改革，完善教师职称评审、聘后管理及“1+4”正向激励机制，不断提高教育质量。深化“三医联动”改革，有序推进医防融合发展，提升应对突发重大公共卫生事件能力。深化企业环境信用评价、排污权交易、环境污染责任保险三项改革。推进林权制度改革，融入三明省级绿色金融改革试验区建设，推广“益林贷”等林业普惠金融产品，创新完善绿色金融体系。加强农村不动产确权登记，稳慎推进农村土地制度改革和“三票制”改革，进一步盘活农村林地、耕地、闲置宅基地和闲置住宅等资源资产，巩固拓展农村集体产权制度改革成果，促进村集体经济健康发展。推行零基预算改革，加快构建预算绩效管理体系。深化国资国企改革，健全国有资本投资、运营体制机制，加快由管企业向管资本转变，做大做强国有资本。

加强科技创新供给。坚持把科技自立自强作为发展的战略支撑，深入实施科技创新行动计划，推动规模以上企业研发活动全覆盖，力争全县R＆D投入增长30%以上，鼓励企业加大研发投入，促进各类创新要素向企业集聚，加快构建以企业为主体的技术创新体系，力争新培育国家级高新技术企业2家，企业工程技术研究中心1个，培育更多“专精特新”企业。支持领军企业组建创新联合体，落实好攻关任务“揭榜挂帅”机制，搞出更多“独门绝技”。加强知识产权保护运用，推进共性技术平台建设，推动产业链上中下游企业融通创新，提高科技成果转移转化成效，力争高技术产业增加值占规上工业增加值比重18%以上。积极引进培养一批“高精尖缺”人才和工匠型人才，深化科技特派员制度，落实积极的人才政策，让科技人才得实惠、受尊重，让创新创造活力充分迸发。

持续扩大对外开放。抢抓国家新一轮支持苏区振兴发展等重大机遇，实施红色基因传承“五个一”提升工程，促成一批重大政策、重大改革、重大项目落地。推动与长征沿线城市交流合作，深入挖掘红色文化，加强红色遗址修缮、红色产业培育，持续唱响“风展红旗如画”品牌。依托兴泉铁路、莆炎高速交通优势和侨乡优势，积极参与国际国内双循环，融入“一带一路”、闽西南协同发展区建设，加强与鲤城区山海协作，推动高质量“引进来”和高水平“走出去”，引导企业开拓多元化市场，促进外贸外资稳定发展。加强园区平台建设，不断提升园区标准化建设水平，坚持“一区多园”模式，推进奋发山海协作产业园建设、工业集中区扩区，深化与漳州金峰经济开发区合作，承接长三角、珠三角、厦漳泉等重点区域产业转移，力争园区企业产值、税收分别增长6%、10%以上，把园区打造为县域经济增长极。

（五）全力保障民生，不断改善人民生活品质。把以人民为中心的发展思想落实到政府各项工作中，坚持急需先行、尽力而为、量力而行，加快补齐民生短板，不断增强群众福祉。

巩固拓展脱贫攻坚成果同乡村振兴有效衔接。坚持以“防返贫、防新贫、稳脱贫、稳增收”为重点，健全完善防止返贫监测和帮扶机制，做好易地扶贫搬迁后续帮扶工作，稳步推进农村相对贫困家庭“239”精准帮扶。注重扶贫产业长期培育，加强扶贫项目资金资产管理和监督，确保公益性资产持续发挥作用，推动产业扶贫向产业兴旺、农民全部脱贫向全面发展转变，推动一批“脱帽”贫困村建成乡村振兴示范村。

完善公共服务功能。扩大优质教育供给，完成实验小学东部校区、实验幼儿园迁建，新增学位1980个，开工建设第三实验小学扩建、第三幼儿园新建等项目，坚持“五育”并举，办好人民满意教育。建设健康明溪，开工建设县总医院门诊综合楼，完善分级诊疗和双向转诊制度，优化医疗卫生服务供给；发展中医药事业，加快推进中医药康复医学中心、健康管理示范中心建设。推广“公建民营、医养结合”养老模式，加快推进居家社区养老服务设施建设和敬老院改造提升工程。发展文体事业，启动县博物馆、非遗展示馆建设，争创南山国家考古遗址公园，创建首批省级全民运动健身模范县。完成2021—2030年新一周期妇女、儿童发展纲要编制工作。

健全社会保障体系。稳定和扩大就业，落实援企稳岗等政策，加强技能培训，扩大公益性岗位，帮扶残疾人、零就业家庭成员就业，重点抓好高校毕业生、农村转移劳动力、退役军人等重点人群就业。推动社会保险提标扩面，城乡居民养老保险、城乡基本医疗保险参保率稳定在98%以上。完善落实低保、特困人员、临时救助、扶残助残等政策，大力发展社会福利和慈善事业，兜牢基本民生保障底线，扎实推进共同富裕。

（六）统筹发展和安全，打造更高水平的平安明溪。贯彻落实总体国家安全观，树立底线思维，增强风险意识，注重堵漏洞、强弱项，下好先手棋、打好主动仗，有效防范化解各类风险挑战。

抓好常态化疫情防控。压紧压实“四方”责任，把外防输入作为重中之重，坚持“人”“物”同防，加强重点地区、重点行业、重点人群精准防控，抓实“一线两重点”工作，守好进口冷链食品“六道关口”，不断查隐患、补短板、堵漏洞，织密织牢联防联控、群防群治疫情防控网。有序开展新冠疫苗接种，构建人群免疫屏障。完善突发公共卫生事件监测预警处置机制，健全医疗救治、科技支撑、物资保障体系，深入开展爱国卫生运动，坚决守住不发生本土病例的底线。

维护社会稳定和安全。完善社会治理体系，健全“乡呼县应、上下联动”工作机制，推进智慧安防小区、农村居安工程建设，提高基层社会治理智能化水平。推进扫黑除恶专项斗争长效常治，加强矛盾纠纷排查化解，坚决打击非法集资、电信诈骗等违法行为。落实安全生产责任，有效遏制安全生产事故发生。完善应急管理体系，建立专业化应急救援力量，提高防灾减灾救灾能力。强化食品药品安全监管，保障“舌尖上”的安全。加强国防动员、双拥共建、后备力量建设等工作，推动军民融合发展，争创省级双拥模范县。

（七）提升治理能力现代化水平，建设人民满意服务型政府。党的领导是做好政府工作的根本保证。要深刻领会党中央在严峻挑战下做好经济工作的五个方面规律性认识，维护党中央权威，坚持人民至上，发挥制度优势，做到科学决策和创造性应对。深化“放管服”改革，增强政府落实力、执行力，不断提升治理能力服务水平，加快建设效能政府、法治政府、廉洁政府。

坚持忠诚干事。始终把党的政治建设摆在首位，深入贯彻落实习近平总书记重要讲话重要指示批示精神，增强“四个意识”、坚定“四个自信”、做到“两个维护”。严守政治纪律和政治规矩，善于用政治眼光观察和分析经济社会问题，把党的领导贯穿政府工作全过程各方面，真抓实干把党中央、国务院和省、市、县委决策部署落实到经济工作中，确保政令畅通、令行禁止。落实意识形态工作责任制，提高舆情应对能力，凝聚推动高质量发展正能量。

坚持依法干事。严格按照法定权限和法定程序履行职责，制定实施“八五”普法规划，配合做好全国法治政府建设示范市创建工作。健全重大政策事前评估和事后评价制度，提高决策科学化、民主化、法治化水平。自觉接受人大法律监督和工作监督、政协民主监督、监察监督，加强审计监督，主动接受社会监督和舆论监督，大力推进政务公开，提升政府公信力。

坚持高效干事。要增强补课充电的紧迫感，注重提升“七种能力”，增强干部“闯”的精神、“创”的劲头、“干”的作风，争当构建新发展格局的行家里手。弘扬“马上就办、真抓实干”优良作风，力戒形式主义、官僚主义。深化“六最”营商环境对标活动，完善政务服务“好差评”机制，做实e三明平台，优化“互联网+政务服务”，拓展“五办工作法”，实现“一趟不用跑”“最多跑一趟”事项占比达95%以上，完成“一事一次办”套餐服务10件以上。开展突破“难、硬、重、新”工作行动和“访企业、解难题、促‘六稳’”专项行动，坚持“一业一策”“一企一策”，着力解决企业实际困难和群众“急难愁盼”问题。完善二级绩效管理，优化综治、精神文明考核办法，树牢干事创业、担当作为的鲜明导向。

坚持廉洁干事。落实中央八项规定及其实施细则精神，树牢过“紧日子”思想，厉行勤俭，反对浪费，深化预算绩效管理，加强财政资金统筹力度，严禁违规安排支出，能压尽压、可省尽省、应保尽保，确保每一分钱都用在刀刃上，兜牢“三保”支出底线。落实全面从严治党主体责任，健全廉政风险防控机制，加大公共资源交易、项目招投标、土地招拍挂、国有资产运营等重点领域监管力度，坚决整治侵害群众利益的不正之风和腐败问题，营造风清气正发展环境。

各位代表！蓝图已经绘就，实干成就未来。让我们紧密团结在以习近平同志为核心的党中央周围，在省、市、县委的正确领导下，凝心聚力、攻坚克难，真抓实干、开拓进取，全方位推动高质量发展超越，以优异成绩庆祝建党100周年，为建设新时代新明溪、开启全面建设社会主义现代化国家新征程努力奋斗！

名词解释

1.“六稳”：即稳就业、稳金融、稳外贸、稳外资、稳投资、稳预期；“六保”：即保居民就业、保基本民生、保市场主体、保粮食能源安全、保产业链供应链稳定、保基层运转。

2.“四篇文章”：即发挥中央苏区优势，唱响“风展红旗如画”品牌；发挥老工业基地优势，推进“老树发新枝”；发挥绿色生态优势，打造“中国绿都·最氧三明”品牌；发挥文明城市优势，提升“满意在三明”品牌。

3.“五比五晒”：即比增长点、晒质量，比拉动点、晒投资，比税收点、晒效益，比补短板、晒三产，比真招商、晒服务。

4.“专精特新”：即专业化、精细化、特色化、新颖化。

5.信访工作“三无”县：即无进京越级上访、无大规模集体上访、无因信访问题引发的极端恶性事件和舆论负面炒作。

6.“四方”责任：即属地、部门、单位、个人责任。

7.“四早”措施：即早发现、早报告、早隔离、早治疗。

8.“五道关口”：即入闽（明）、社区和村、机关企事业单位、家庭和个人、诊所和药店五道管理关口。

9.“五张网”：即外防输入网、核酸检测网、无症状感染者管控网、重点场所防控网、社区（村居）精准防控网。

10.“一线两重点”：即严把肉类和冰鲜进口、销售关，围绕机场、港口、运输、仓储、市场、零售等一条线，重点加强对人员的检测，扩大核酸检测范围，对相关从业人员“应检尽检”，重点加强对各环节环境的全方位检测、消杀和卫生整治。

11.城市管理“五难”治理：即治理停车难、如厕难、农贸市场整治难、背街小巷通行难、小区物业管理难等城市管理问题。

12.“一筛二看三详查四比选”：即一筛，邀请专家进行技术审核，筛除有明显问题的项目；二看，实地察看了解企业生产经营现状、设备资产及安全环保等情况；三详查，详细了解项目核心团队、行业趋势、投资来源、资产负债等情况；四比选，多家企业比选洽谈，掌握谈判主动权。

13.城市困难家庭精准帮扶“347”工作机制：即“三步工作方法、四种原因分类、七项帮扶措施”。三步工作方法：一申请、两审核、两公示；四种原因分类：因病、因残、因学、因灾；七项帮扶措施：就业帮扶、医疗保障、教育资助、住房援助、扶残助残、兜底保障、结对帮扶。

14.农村相对贫困家庭“239”精准帮扶工作机制：即“两类困难家庭认定、三步识别程序、九种帮扶措施”。两类困难家庭：将农村低收入型和农村支出型困难家庭识别为农村相对贫困家庭。三步识别程序：一申请、三审核、两公示一公告。九种帮扶措施：结对帮扶、就业帮扶、产业帮扶、金融帮扶、教育帮扶、医疗帮扶、住房安全帮扶、综合保障帮扶、社会帮扶。

15.河湖“四乱”：即乱占、乱采、乱堆、乱建问题。

16.“五项攻坚”：即开展工业污染、畜禽养殖污染、涉砂行为、城乡生活污水垃圾污染、小水电生态污染等五项专项治理行动。

17.“六清”：即线索清仓、逃犯清零、案件清结、伞网清除、黑财清底、行业清源。

18.“全民健康四级共保”：指在三明市现有医保支付政策的基础上（以医保支付改革为杠杆），并行实施“一组团、一包干、互结算、两确定”的工作机制。

19.“4+7”药品集中采购：即国务院办公厅和国家医保局、卫健委、药监局等部门选择4个直辖市和7个副省级城市，启动国家组织药品集中采购和使用试点工作。三明市积极跟进对接“4+7”集中采购中选结果，让群众用上更多质优价廉的药品。

20.“林票、地票、房票”（三票制）：“林票”：即国有林业企事业单位与村集体经济组织及成员出资出地造林或合作经营现有林，按照“合作经营、量化权益、自由流转、保底分红”的方式，由合作双方按投资份额制发的股权（股金）凭证，具有交易、质押、兑现等权能。“地票”：即以实物（面积）或货币计量的有价票证，反映宅基地资格权使用权、土地经营权和收益权等预期价值。地票包括宅基地地票和耕地地票。“房票”：即村民将农村闲置住宅使用权入股到公司、农民合作社等经营主体，统一用于生产经营，并依据入股方式获取的股金或份额凭证。

21.“两统筹、两统管”：即县统筹、乡统管、地统筹、事统管。

22.“五办工作法”：即推行网上办、掌上办、预约办、邮寄办、智能办工作方法。

23.行政执法“三项制度”：即行政执法公示制度、执法全过程记录制度、重大执法决定法制审核制度。

24.“三保”：即保基本民生、保工资、保运转。

25.“总校制”：即充分发挥优质学校资源优势，组建横向到边、纵向到底的合作型总校，采取“一对多”、同学段的形式开展总校制办学。

26.“两公园、两广场”：即侨乡体育公园、归化公园、时代广场、欧侨广场。

27.“两新一重”：即新型基础设施建设、新型城镇化建设，交通、水利等重大工程建设。

28.“四好”农村公路：即建好、管好、护好、运营好农村公路。

29.“一革命四行动”：即厕所革命、农村垃圾治理、污水治理、农房整治、村容村貌提升。

30.“两高”沿线：即高铁、高速沿线。

31.“三线一单”：即指生态保护红线、环境质量底线、资源利用上线和生态环境准入清单。

32.“两山”：即“绿水青山就是金山银山”。

33.“县管校聘”：即中小学教师及校长归县一级行政部门统一管理，各学校根据需求对教师进行聘任。

34.“1+4”正向激励机制：即指《明溪县基础教育工作绩效考评实施意见（试行）》等“1+4”文件。

35.“三医”联动改革：即医疗、医保、医药改革联动。

36.“零基预算”：即不考虑过去的预算项目和收入水平，以零为基点编制的预算，具体指不受以往预算安排情况的影响，一切从实际需要出发，逐项审议预算年度内各项费用的内容及其开支标准，结合财力状况，在综合平衡的基础上编制预算的一种科学的现代预算编制方法。

37.R&D：即研究与试验性发展。

38.“五个一”提升工程：即持续唱响“风展红旗如画”这一品牌、修缮保护一批标志性红色文化遗址、建设一个长征国家文化公园、打造一个红色文化宣教馆、规划一条精品红色旅游线路。

39.“五育”：即德育、智育、体育、美育、劳动教育。

40.“六道关口”：即远端防控关、口岸检疫关、集中监管关、市场流通关、零售经销关、消费终端关。

41.“七种能力”：即政治能力、调查研究能力、科学决策能力、改革攻坚能力、应急处突能力、群众工作能力、抓落实能力。

42.“六最”：即审批最少、流程最短、成本最低、服务最好、门槛最矮、诚信最优。

索 引

说 明

一、本索引采用主题词分析法，按主题词首字汉语拼音字母顺序排列。

二、栏目、分目标题用黑体字。“专记”“大事记”“名录”“附录”内容不作索引。

三、索引主题词后的数字表示页码。

四、空一字起排的款目为上一主题的“附见”。

A

B

C

D

E

F

G

H

J

K

L

M

N

P

Q

R

S

T

Y

Z